权威·前沿·原创

皮书系列为
"十二五""十三五"国家重点图书出版规划项目

湖南蓝皮书

BLUE BOOK OF
HUNAN

2018 年
湖南经济发展报告

ANNUAL REPORT ON ECONOMY DEVELOPMENT OF HUNAN
(2018)

湖南省人民政府发展研究中心
主　编／卞　鹰
副主编／唐宇文

社会科学文献出版社
SOCIAL SCIENCES ACADEMIC PRESS（CHINA）

图书在版编目（CIP）数据

2018年湖南经济发展报告／卞鹰主编. -- 北京：
社会科学文献出版社，2018.5
（湖南蓝皮书）
ISBN 978 - 7 - 5201 - 2691 - 5

Ⅰ. ①2… Ⅱ. ①卞… Ⅲ. ①区域经济发展 - 研究报
告 - 湖南 - 2018 Ⅳ. ①F127. 64

中国版本图书馆 CIP 数据核字（2018）第 085937 号

湖南蓝皮书
2018 年湖南经济发展报告

主　　编／卞　鹰
副 主 编／唐宇文

出 版 人／谢寿光
项目统筹／邓泳红　桂　芳
责任编辑／陈　颖

出　　版／社会科学文献出版社·皮书出版分社（010）59367127
　　　　　地址：北京市北三环中路甲29号院华龙大厦　邮编：100029
　　　　　网址：www. ssap. com. cn
发　　行／市场营销中心（010）59367081　59367018
印　　装／三河市龙林印务有限公司

规　　格／开本：787mm × 1092mm　1/16
　　　　　印张：26.75　字数：443千字
版　　次／2018年5月第1版　2018年5月第1次印刷
书　　号／ISBN 978 - 7 - 5201 - 2691 - 5
定　　价／128.00元

皮书序列号／PSN B - 2011 - 207 - 2/8

主要编撰者简介

卞　鹰　湖南省人民政府发展研究中心主任、党组书记。历任湖南省委政研室科教文卫处副处长、处长，城市处处长，湖南省委巡视第一组副组长，湖南省委巡视工作办公室副主任，湖南省委巡视工作办公室主任，湖南省纪委副书记。主要研究领域为区域经济、城市发展等，先后主持多项省部级课题研究。

唐宇文　湖南省人民政府发展研究中心副主任，研究员。1984 年毕业于武汉大学数学系，获理学学士学位，1987 年毕业于武汉大学经济管理系，获经济学硕士学位。2001～2002 年在美国加州州立大学学习，2010 年在中共中央党校一年制中青班学习。主要研究领域为区域发展战略与产业经济，先后主持国家社科基金项目及省部级课题多项，近年出版著作主要有《打造经济强省》《区域经济互动发展论》等。

摘　要

　　本书是由湖南省人民政府发展研究中心组织编撰的年度性报告，系统回顾了 2017 年湖南省经济与产业发展情况，展望 2018 年湖南经济与产业发展面临的形势，并针对湖南经济与产业发展中存在的问题提出对策和建议。本书共 6 个部分，包括主题报告、总报告、部门篇、产业篇、专题篇和附录。"主题报告"是省领导对湖南经济与产业发展的重大问题提出的战略构想和发展思路；"总报告"是湖南省人民政府发展研究中心课题组对 2017 年全省经济与产业发展情况的分析研究及 2018 年经济与产业发展的思路和对策建议；"部门篇"是从湖南省直部门角度，对 2017 年全省经济与产业发展情况及 2018 年工作思路、对策的研究；"产业篇"涵盖新能源汽车、新材料、轨道交通装备和长沙高新区、长沙经开区等特色行业以及有代表性的产业园区本年度发展情况；"专题篇"是全省产业经济领域的专家学者对湖南产业发展热点问题的前瞻性研究成果；"附录"记录全省 2017 年经济和产业领域发生的重大事件。

　　2017 年，湖南坚持以习近平新时代中国特色社会主义思想为指导，全面贯彻党的十九大和省第十一次党代会精神，大力实施创新引领开放崛起战略，着力抓产业扶持实体经济，全力打好防范化解重大风险、精准脱贫、污染防治"三大攻坚战"，经济社会保持平稳健康发展。但同时，经济增长动力不强，投资结构不优、后劲不足、消费增速回落、科研投入不足等问题依然存在。2018 年，要全面贯彻党的十九大精神，坚持新发展理念，按照高质量发展的要求，坚持以推进供给侧结构性改革为主线，深入实施创新引领开放崛起战略，推进"三个着力"，突出发展产业、转型升级，统筹做好稳增长、促改革、调结构、惠民生、防风险各项工作。力争实现 2018 年经济增长 8% 左右，居民消费价格涨幅 3% 左右，城镇新增就业 70 万人，一般公共预算收入增长6.5% 以上，万元 GDP 能耗下降 3%，城乡居民收入增长与经济增长基本同步。

Abstract

This book, which is an annual report compiled by the Development Research Center of the People's Government of Hunan Province. It systematically reviews the economic and industrial economic development of Hunan Province in 2017, and looks ahead to the economic and industrial development of Hunan in 2018, and aims at Hunan's economy and industry problems in development propose countermeasures and suggestions. This book consists of 6 parts, including the Keynote Reports, General Reports, Department Reports, Industry Park reports, Expert Reports and Memorabilia. The "Keynote Reports" are overall and forward-looking discussion on Hunan economy and industry working by the leader of the Hunan province; the "General Reports" are 2017 – 2018 annual reports on economic and industrial development situation analysis and prospect of ideas and suggestions by the Development Research Center of the People's Government of Hunan Province; the "Reports of the Department" are studies of the economic and industrial development of the province in 2017 and the ideas and countermeasures for the work in 2018 from the perspective of the direct sector in Hunan Province. The "Industrial Park Reports" cover the development of new energy vehicles, new materials, rail transit equipment, and Changsha High-tech Zone, Changsha Economic Development Zone and other specialty industries and representative industrial parks. The "Expert Reports" are forward-looking research on the hot issue of Hunan industrial development by the economic and industrial field's experts and scholar. of the province's industrial economic field; "Memorabilia" are records of major events of the province's economy and industry in 2017.

In 2017, Hunan adhered to the socialist ideology of Chinese characteristics under the new era of Xi jinping as the guiding ideology, and fully implemented the spirit of the party' Nineteenth Congress and the eleventh provincial party congress, vigorously implemented the strategy of innovation to lead the opening up, and focused on supporting the real economy of the industry, fully fighting against the "three major challenges" —the preventing and eliminating major risks, accurately eliminating poverty, and preventing and controlling pollution, to maintain stable and healthy economic and social development. However, at the same time, there are many problems, such as the impetus for economic growth is not strong, the investment structure is not excellent, the stamina is not enough, the growth rate of consumption declines, and the investment in scientific research is still insufficient and so on. In 2018, we must fully implement the spirit of the Nineteenth National Congress of the Communist Party of China, adhere to the new development concept, according to the requirements of high quality development, insisting on the promotion of supply-side structural reform as the main line, deepen the implementation of innovation and lead the strategy of opening up, and promoting the "three efforts", highlighting the development of industries, transforming and upgrading, and coordinating well the work of stabilizing growth, promoting reform, adjusting the structure, benefiting people's livelihood, and preventing risks. Striving to achieve about 8% economic growth in 2018, increase consumer prices by about 3%, increase urban employments by 700000, increase general public budget revenue by more than 6.5%, reduce energy consumption per 10000 yuan by 3%, the income growth of urban and rural residents is basically synchronized with economic growth.

目　录

Ⅰ　主题报告

Ⅱ　总报告

Ⅲ　部门篇

Ⅳ 产业篇

V　专题篇

VI　附录

皮书数据库阅读**使用指南**

CONTENTS

I   Keynote Reports

II   General Reports

IV Industry Reports

V Expert Reports

Ⅵ Appendix

主题报告

Keynote Reports

B.1
准确把握新时代高质量发展新要求
推动湖南经济社会发展再上新台阶

杜家毫*

　　中央经济工作会议全面总结了党的十八大以来我国经济发展取得的历史性成就、发生的历史性变革,深刻阐述了习近平新时代中国特色社会主义经济思想,科学分析了国际国内经济形势,深入论述了高质量发展,明确提出了今年经济工作的总体要求、主要目标和重点任务。我们要认真学习领会,全面贯彻落实,切实把思想和行动统一到党的十九大和中央经济工作会议精神上来,凝心聚力把产业发展起来、把项目建设起来,推动全省经济社会发展再上新的台阶。

2017年全省经济发展稳中向好、
稳中趋优,总体完成全年目标任务

　　2017年以来,全省上下坚持以习近平新时代中国特色社会主义思想为指

＊　杜家毫,中共湖南省委书记、省人大常委会主任。

导，全面贯彻党的十九大和省第十一次党代会精神，坚持稳中求进，贯彻新发展理念，大力实施创新引领开放崛起战略，着力抓产业扶持实体经济，全力打好防范化解重大风险、精准脱贫、污染防治"三大攻坚战"，科学应对、全面战胜历史罕见洪涝灾害，经济社会保持平稳健康发展。一是经济运行稳中向好。主要经济指标好于上年，地区生产总值增长8%，投资、工业、消费、就业、物价稳定发展。二是质量效益明显提升。一般公共预算收入增长7.4%，非税收入占地方财政收入比重明显回落。规模工业利润增长24.3%。企业效益明显改善，省管国企运营指标大幅增长。三是经济结构不断优化。三次产业结构更趋合理，服务业占比继续上升，农村一、二、三产业融合发展加快，战略性新兴产业和高技术产业保持较快增长。投资结构不断优化，民间投资显著回升，高新技术产业、生态环保投资增速明显快于全部投资增速。消费结构持续升级。四是发展动能加快转化。创新引领作用不断增强，长株潭国家自主创新示范区建设扎实推进，"135"工程建成标准厂房3800多万平方米，引进创新创业型企业6000多家，"四新经济"蓬勃发展。对外开放水平全面提升，进出口总额增长39.8%。五是重点改革取得突破。供给侧结构性改革深入推进，"三去一降一补"成效明显。"放管服"、商事制度等改革走在前列。国企国资改革取得突破，政企政资分开基本完成。农业供给侧、财政金融、投融资、价格等改革加快推进。"互联网＋政务管理服务"、省直机关职工住宅区"三供一业"分离移交改革等顺利推进。六是人民生活持续改善。为民办实事项目全面完成，财政民生支出占一般公共预算支出比重达到70%左右。城乡居民收入增速高于经济增速。新增城镇就业超额完成年度目标。中央环保督察发现问题基本整改到位，洞庭湖综合治理专项行动大力推进。国务院脱贫攻坚巡查整改成效明显，139.5万农村贫困人口脱贫。全省安全生产形势总体向好。

在肯定成绩的同时，也要清醒看到矛盾和问题。主要是：经济增长动力不强，投资结构不优、后劲不足，消费增速回落；实体经济、产业发展成效不够明显，工业经济困难仍然较多；科研投入占比不高，增加财政收入、降低非税收入比重矛盾突出；办事效率不高、投资环境不优的状况仍未根本改变；金融、政府债务、房地产、安全生产风险犹存；脱贫攻坚、污染治理任务繁重；领导经济工作的能力和工作精细化、精准化的水平有待提高，思想观念与新常态、新理念、高质量发展要求不相适应等等。对这些问题，我们要高度重视，认真研究改进。

准确把握新时代高质量发展新要求，认清发展形势，坚定发展信心

做好今年经济工作，必须准确把握发展要求、全面分析发展形势、切实增强发展信心，牢牢把握工作主动权。

准确把握发展要求。中国特色社会主义进入新时代，我国经济发展也进入了新时代，基本特征是我国经济由高速增长阶段转向高质量发展阶段。这次中央经济工作会议的突出亮点，就是明确提出推动高质量发展。这是立足我国社会主要矛盾新变化、经济发展新常态、国际国内形势新特点提出来的，是着眼于实现十九大做出分两步走建设社会主义现代化强国目标提出来的。高质量发展就是能够很好满足人民日益增长的美好生活需要的发展，是体现新发展理念的发展，是创新成为第一动力、协调成为内生特点、绿色成为普遍形态、开放成为必由之路、共享成为根本目的的发展。推动高质量发展就要建设现代化经济体系，坚持质量第一、效益优先，坚定推进供给侧结构性改革，推动质量变革、效率变革、动力变革，加快建设实体经济、科技创新、现代金融、人力资源协同发展的产业体系，构建市场机制有效、微观主体有活力、宏观调控有度的经济体制。我们要紧密结合学习习近平新时代中国特色社会主义经济思想，深刻领会高质量发展的丰富内涵和精神要义，联系本地区本单位实际，提高思想认识、端正发展理念、找准工作重点、认真抓好落实。

科学研判经济形势。总的来看，今年"时"与"势"都于我有利，机遇大于挑战。从国际看，短期企稳向好，中期挑战较多。世界经济缓慢复苏的大趋势没有变，美国经济接近其潜在增长率，欧元区、日本经济继续复苏，新兴市场国家和发展中国家经济总体向好。但受劳动生产率增速低迷、全球债务规模持续攀升、新增长动能缺乏等结构性因素的掣肘，世界经济将继续波动徘徊，国际环境不稳定性、不确定性因素仍然较多。从国内看，党对经济工作的领导坚强有力，我国发展仍处于重要战略机遇期，经济长期向好的基本面没有变，宏观政策连续稳定，经济结构出现重大变革，全面深化改革使经济更具动

力活力。特别是党的十九大胜利召开，为经济发展在理念、战略、举措、预期上注入了强大动能。同时，我国经济运行仍然面临不少困难和矛盾，突出的问题是发展不平衡、不充分。对国际国内经济形势可能出现的变化，我们要密切跟踪、准确判断、未雨绸缪、积极应对，确保战略上更主动、战术上更精准。

切实提振发展信心。信心比黄金更重要，有信心才有定力。我们要对湖南发展保持清醒认知、更加坚定信心。这种信心主要来自五个方面：一是发展定位精准。习近平总书记对湖南提出的"一带一部"定位和"三个着力"要求，为湖南发展明确了定位，为我们做好经济工作指明了方向，这是湖南最大的优势，这五年的实践已经显示了效果。二是发展趋势向好。湖南经济经过几年调整，经济结构出现重大变化，新的动能加速成长，经济企稳向好趋优态势明显，已经进入高质量发展阶段。三是发展战略科学。省第十一次党代会提出的创新引领开放崛起战略符合党的十九大精神、符合湖南实际，在工作实践中不断深化、细化，四大创新、五大开放行动、芙蓉人才计划全面铺开，为经济发展提供强劲动能。四是产业支撑有力。全省上下大兴产业的氛围日益浓厚，新上了一批大项目、好项目，电子信息、移动互联网、汽车、工程机械、新能源、新材料、轨道交通、生物医药、生态环保等产业发展来势很好，经济发展后劲明显增强。五是发展机遇难得。国家支持中部崛起，各种资源向中部汇聚，中部发展势头向好，这几年长沙持续快速发展就是最好的证明。随着科技文化创新体系、现代产业体系、新型城镇体系、综合交通枢纽体系日趋完善，湖南发展势能加速集聚。同时，脱贫攻坚纵深推进，环境治理倒逼淘汰落后产业、催生新兴产业，企业转型升级内生动力不断增强，外部环境支持有力等等，都带来了极大的发展机遇。我们要坚定信心，振奋精神，鼓足干劲，更加奋发有为地做好今年经济工作。

以党的十九大和中央经济工作会议精神为指引，明确今年经济工作的总体要求和基本思路

做好今年经济工作，要全面贯彻党的十九大精神，以习近平新时代中国特色社会主义思想为指导，加强党对经济工作的领导，坚持稳中求进工作总基调，坚持新发展理念，紧扣社会主要矛盾变化，按照高质量发展的要求，统筹

推进"五位一体"总体布局，协调推进"四个全面"战略布局，坚持以推进供给侧结构性改革为主线，深入实施创新引领开放崛起战略，推进"三个着力"，突出发展产业、转型升级，统筹做好稳增长、促改革、调结构、惠民生、防风险各项工作，在打好防范化解重大风险、精准脱贫、污染防治的攻坚战方面取得扎实进展，推动经济社会持续健康发展。

省委考虑，今年经济增长预期目标为8%左右，居民消费价格涨幅控制在3%以内，城镇新增就业70万人，一般公共预算收入增长6.5%以上，万元GDP能耗下降3%以上，城乡居民收入增长与经济增长基本同步。

把今年经济增长预期目标定为8%左右，是省委经过慎重研究确定的，既传递奋发进取的压力，又释放稳中有进、趋势向好的信心。主要基于以下几点考虑：一是与中央部署要求相契合。保持8%左右的增长速度，与党的十九大提出的"坚持质量第一、效益优先""推动经济发展质量变革、效率变革、动力变革"，与中央经济工作会议提出的"推动高质量发展"等要求相一致。主要目的就是把发展着力点引导到创新驱动、提高质量效益、保障改善民生、解决不平衡不充分发展上来，不要盲目追求高速度。二是与全面建成小康社会目标相衔接。根据测算，湖南到2020年如期全面建成小康社会需要年均7.7%以上增长。今年经济增长8%左右，充分考虑了这个发展目标要求，也为今后几年的发展留了余地。三是与经济发展实际相符合。这个速度是在综合分析湖南经济发展现状和趋势基础上提出的，是一个比较稳健的预期指标，既考虑了可能性，也考虑了可行性，特别是考虑了稳定和增加就业的需要。

今年经济工作实践中，必须把握以下几点要求：一要提高政治站位。今年是贯彻党的十九大精神的第一年，是决胜全面建成小康社会的关键一年，是改革开放40周年。我们要提高政治站位，把讲政治落实到经济发展的方方面面，把政治站位提高到贯彻党的十九大精神、习近平新时代中国特色社会主义思想和习近平总书记对湖南提出的"一带一部"定位及"三个着力"要求上来。二要保持战略定力。近年来省委做出的一系列决策部署，比如，实施创新引领开放崛起战略，构建"四个体系"，打造"五大基地"，加强基础设施"四张网"建设，推动"两供两治"，实施"百企千社万户"现代农业发展工程，推进新型城镇化，优化升级传统产业，发展壮大战略性新兴产业，以及"迎老乡、回故乡、建家乡"、鼓励"双创"等等，都是符合湖南实际的，而且在实践中见到明显成效。要保持定力，不折腾、不懈怠、不犹豫，继续往前推进。三要坚持稳中求进。这是治国理政的重要原则，是做好经济工作的方法论。要把握稳中求进的辩证关系和实践要求，既反对消极应付、不思进取，又反对冲动蛮干、急于求成，把该稳的稳住，把该进的进好，不断巩固"稳"的基础，持续增强"进"的动能。四要推动高质量发展。这是党的十九大确定的发展思路。要贯彻新发展理念，坚持以质量效益为中心，以抓改革为重点推动动力变革、以优服务为重点推动效率变革、以促创新为重点推动质量变革，加快形成推动高质量发展的指标体系、政策体系、绩效评价、政绩考核，创建和完善制度环境，加快实现向高质量发展的根本转变。五要大力发展产业。经济发展的根基在实体、在产业。要坚持以园区为载体，以产业链为抓手，以优化环境为基础，以项目落地为关键，以引才聚才为支撑，着力培育、发展、壮大、做优产业。六要突出抓重点、补短板、强弱项。这是推动发展的基本方法。发展中的不平衡不充分就是工作中要突出的重点、要补上的短板、要加强的弱项。紧紧围绕产业发展、对外开放、脱贫攻坚、环境治理、投资环境改善等短板和弱项，集中力量攻坚克难，把重点落实、把短板拉长、把弱项变强。

坚持创新引领开放崛起、突出发展产业
振兴实体经济，促进经济持续健康发展

深入落实"三个着力"要求，大力实施创新引领开放崛起战略，以产业发展为重点，加快建设现代化经济体系。

大力推进产业项目建设。抓经济关键是抓产业、抓项目。今年要开展"产业项目建设年"活动，引导全省各级千方百计谋产业、抓产业。在主攻方向上要突出实体经济。顺应科技革命和产业变革趋势，抓住智能制造这个核心，提质升级传统制造业，加快培育壮大新兴产业，大力促进互联网、大数据、人工智能同实体经济深度融合，扎实抓好20个工业新兴优势产业链，力争在先进储能材料及电动汽车、3D打印和机器人等5～8个重点领域率先突破，推动湖南制造业加速向数字化、网络化、智能化、绿色化方向延伸拓展，努力在中部崛起中形成智能制造高地。从参观长沙的产业项目可以感受到，工

业新兴优势产业链既同其产业链自身的上下游密切联系，也同服务链密切联系，工业的发展必然带动服务业的发展，带动物流产业、进出口贸易的发展。要把工业产业链和服务链、金融链、科研创新链更好地结合起来，使工业产业链不断拉长和完善。要积极发展现代农业，培育和打造一批农业产业化龙头企业，带动发展农产品精深加工业。要大力发展工业设计、现代物流、博览会展等服务业。做强做优影视传媒、动漫游戏、数字创意等文创产业，突出抓好马栏山视频文创园建设。积极发展金融服务业，加强金融与项目精准对接，拓宽企业融资渠道，提高直接融资比重，切实提高金融服务实体经济的质效。加快以"锦绣潇湘"为品牌的全域旅游基地建设，发展旅游装备制造业。在具体抓手上要突出"五个100"。一是抓好100个重大产业建设项目；二是抓好100个科技创新项目，集中力量在新材料、新能源、新一代信息技术、生物医药、机器人、先进轨道交通、重大装备、生态环保、航空产业、军民融合产业、现代农业等领域突破一批关键核心技术和共性技术；三是抓好100个重大产品的创新，在工业、农业、服务业、文创产业等方面打造一批"湖南智造""湖南创造"优秀产品；四是引进100个500强企业，包括世界500强、中国500强、民营500强企业，引进一批大项目、好项目；五是引进100个科技创新人才，深入实施芙蓉人才计划，促进人才队伍建设与产业发展深度融合。当然，100只是个形象说法，在实际工作中力争取得更好成效。要通过"五个100"，把推进产业项目建设落到实处。在工作导向上要突出正向激励。健全完善有利于产业发展的目标体系、支持政策、考核办法、奖惩机制，形成推进产业项目发展的有效机制和政策环境。比如，在投资安排上，进一步优化投资方向和结构，强化产业投资考核，宁可压缩当前不那么急需的城市道路、景观、标志性项目投资，也要扩大产业投资，提升产业投资比重。比如，在干部使用上，把一些能抓产业、善抓项目、长于与企业家沟通合作的干部放到招商引资、园区建设第一线，营造良好干事创业环境。抓产业项目要靠实践经验、靠悟性、靠理解、靠沟通。要注重提高干部招商引资等方面的专业化能力，着力培养一批懂产业、会招商、能和企业家合作共事的干部。

打好"三大攻坚战"。这是决胜全面建成小康社会的重点。要采取超常措施，拿出过硬办法，确保取得实质性进展。一是打好防范化解重大风险攻坚战。强化问题导向、底线思维，加强对重点行业、重点领域、重点区域的风险防范化解。这几年，湖南政府债务急剧扩张，风险不可小看。要摸清政府债务特别是隐性债务底数，明确责任，精准发力，严格控制增量、逐步消化存量，否则就像击鼓传花，传到最后风险就会爆发。要健全社会矛盾排查预警、重大决策社会稳定风险评估、矛盾多元化解机制，严厉打击非法集资、高息揽储等违法违规金融活动，坚决遏制金融市场高杠杆投机炒作，禁止领导干部和国家公职人员参与涉矿涉砂涉房地产等非法入股、地下经营等活动。二是打好精准脱贫攻坚战。坚持把脱贫攻坚作为首要民生工程来抓，聚焦再聚焦、精准再精准，紧盯年度目标、压紧压实责任，用心用情用力推进。要向深度贫困地区聚焦发力，以解决突出制约问题为重点、以重大扶贫工程和到村到户帮扶为抓手，抓紧攻克深度贫困堡垒。脱贫攻坚既要抓当前，也要谋长远，还要可持续。要瞄准易致群众返贫的重点因素，扭住产业脱贫这个关键，大力发展特色农产品种植业、精深加工业，积极发展乡村文化旅游。现代农业对脱贫攻坚功不可没，特别是农业产业化龙头企业带动效应非常明显，茶叶、柑橘、食品加工等一大批龙头企业有力带动了农业产业化，一大批贫困户参与到农业产业化当中。比如怀化市一名返乡企业家，通过发展魔芋产业，带动 8000 户贫困户参与魔芋种植，大幅增加了贫困户收入。开辟农村公路养护、乡村卫生保洁、生态护林等公益性岗位，拓展困难群众就业渠道。把扶贫和扶志、扶智结合起来，增强内生脱贫动力。对已脱贫对象开展"回头看、回头查、回头帮"，实行攻坚期内脱贫不脱政策，确保可持续稳固脱贫。各级各部门要合理确定脱贫摘帽时间，坚持成熟一个摘一个，既防止层层加码、搞短期突击，又防止拖延观望、无所作为。要进一步落实"三走访三签字"要求，强化主体责任，加强考核监督，开展好扶贫领域腐败问题和作风专项治理，对弄虚作假、搞数字脱贫以及贪占挪用扶贫资金的要严肃查处，切实提高群众获得感和满意度。三是打好污染防治攻坚战。生态环境问题根子在粗放型增长方式。各级领导干部要端正发展理念，绝不能有保护、袒护、维护破坏生态环境的行为，绝不能口头上高唱绿水青山、背地里大搞"黑色增长"。要制定作战计划，确定具体战役，一个战役接着一个战役打，确保 2020 年全省生态环境总体改善。持续深入实施大气、水、土壤污染防治行动计划，用好中央环保督察成果，推动解决一批人民群众反映强烈的突出环境问题，以钉钉子精神抓好湘江保护和治理"一号重点工程"及洞庭湖生态环境专项整治。统筹山水林田湖草系统治理，推进生态保护修复，完善五级河长体系，构建涵盖"一湖四水"的全流域生态补偿体系。要继续实施能源、水、建设用地总量和强度"双控"，大力发展绿色环保产业，坚决调整产业结构，从源头上减少和控制污染。习近平总书记在中央经济工作会议上指出，近两年环保部门做了大量工作，要为环保部门点个赞。这几年湖南环境整治很有效，比如洞庭湖核心区几万亩黑杨都清除了，几万亩矮围网围养殖都拆掉了，以前到处是采砂船、运砂船、砂石堆场的状况大为改观，付出了很大的利益代价，很不容易。但这个代价是值得的，最终给人民群众带来了美好生活。

深化供给侧结构性改革。以"三去一降一补"为重点，着力在"破""立""降"上下功夫，把供给侧结构性改革推向深入，不断提高供给质量和效益。去产能要更加注重运用市场化、法治化手段。以处置"僵尸企业"为抓手，严格执行质量、环保、能耗、安全等法规标准，强化产能置换指标交易等市场化手段，引导煤炭、烟花、造纸等过剩产能市场化退出，防止地条钢死灰复燃，统筹做好职工安置、资产债务处置、兼并重组等工作，有效破除无效供给。去库存要更加注重双管齐下、两手发力。坚持"房子是用来住的，不是用来炒的"这个定位，把拓需求与控供给、去库存与促进人口城镇化结合起来，鼓励农业转移人口等新市民在库存较大的三、四线城市和县城购房租房，改变政府作为居住用地唯一供应者、房地产开发商作为住房唯一供应者以及房地产市场中售卖一条腿长、租赁一条腿短的情况，加快建立多主体供应、多渠道保障、租购并举的住房制度，尽快完善促进房地产市场平稳健康发展的长效机制。去杠杆要更加注重疏堵结合、标本兼治。坚持增量控制和存量化解相结合，强化企业资产负债率和资本金约束，有序推进市场化法治化债转股。降成本要更加注重挖掘潜力、狠抓长效。进一步落实减税、降费、降低要素和物流业成本政策，兑现企业技术改造新增税收奖补政策，在降低制度性交易成本、税费成本和要素成本上实现协同发力、形成长效机制。补短板要更加注重精准施策、集中攻坚。把补短板和扩大优质增量结合起来，精准有效改善供给结构，增强发展后劲。加大科研投入，强化科研创新，加快科技成果转化。积极培育共享经济、数字经济、生物经济、现代供应链等新业态新模式，持续在教育、医疗、养老等领域推进"互联网＋"行动，培育一批具有创新能力的领军企业。完善旅游基础设施，提高旅游服务水平，增强旅游供给能力。

实施乡村振兴战略。坚持农业农村优先发展，把实施乡村振兴战略作为新时代"三农"工作的总抓手，建立健全城乡融合发展的体制机制和政策体系，继续推进"三个百千万工程"，加快构建现代农业产业体系、生产体系、经营体系。深入推进农业供给侧结构性改革，推动农业政策从增产导向转向提质导向，加快建设以精细农业为特色的优质农副产品供应基地。加快农业基础设施建设，特别要抓好重点水利设施建设。坚持和完善农村承包地"三权"分置，探索盘活用好闲置农房和宅基地办法，深化农村集体产权制度改革。加强美丽宜居乡村建设，以推进"厕所革命"为引领，全面整治农村村容村貌。统筹区域协调发展，推动资源型老工业城市转型发展，推进湘江新区建设，支持长沙抓好岳麓山大学科技城、高铁新城、临空经济示范区等特色区域发展；推进以人为核心的新型城镇化，提高中小城市公共服务水平，促进城乡一体化发展。

深化新时代改革开放。以改革开放40周年为契机，全面推动改革开放向纵深发展。坚持"两个毫不动摇"，完善产权制度，促进产权激励，认真落实各项产权保护措施，加快完善公平竞争的市场环境，促进民营企业发展。民营经济在湖南经济发展中三分天下有其二，始终是招商引资的重点。要按照习近平总书记的指示要求，多和民营企业家谈心、沟通，建立"清亲"政商关系，增强民营企业家信心，为民营经济发展创造良好条件和机遇。深化土地、劳动力、人才等要素市场化配置改革，减少政府对要素资源的直接配置。扩大"放管服"改革综合成效，全面实施市场准入负面清单制度，进一步深化商事制度改革，逐步赋予省级以下政府更多自主权。重点抓好国企国资改革，稳妥推进国企混合所有制改革试点，全面完成国企"三供一业"分离移交；按照主业归核、资产归集、产业归位的要求，加快推动省属国有资本布局结构调整与企业整合重组，促进国有资本向重点行业、关键领域和优势企业集中；国有资产监管要加快由管企业为主向管资本为主转变，推动国有资本做强做优做大；探索加强党的领导和完善公司治理相统一的有效途径和方式，发挥企业党组织作用，健全公司法人治理结构。

改革离不开开放，开放也是改革。要坚持"引进来"和"走出去"并重，着力构建全面开放新格局，加快开放崛起步伐。有效对接和参与"一带一路"，加强科技研发、旅游、文化等国际交流合作，支持和引导工程机械、轨道交通、装备制造、农产品加工等建立走出去产业联盟，抱团拓展国际市场。加强开放平台建设，在建好湘南承接产业转移示范区基础上，建设覆盖湘南湘中湘西的加工贸易转移试验区。继续组织好"湘品出湘"等活动，提升出口质量和附加值，巩固外贸向好势头。深化以负面清单为核心的外商投资管理制度改革，积极申报自贸试验区，复制推广国内自贸区试点经验，稳定外商投资和经营预期。

提高保障和改善民生水平。全面推进以人民为中心的发展，增加保障和改善民生的服务供给，不断满足人民日益增长的美好生活需要。要把稳定扩大就业摆在突出位置，落实好促进就业创业政策，扎实做好离校未就业毕业生、农村转移劳动力、城镇困难人员、去产能分流职工等群体就业，注重解决好性别歧视、身份歧视问题，提高就业质量和居民收入水平。要加强新市民公租房保障，实施全民参保登记计划，健全医疗卫生服务体系和全民基本医保，加大对特殊困难群体兜底服务，进一步织密扎牢社会保障网。要增强公共产品和社会服务供给能力，实施基本公共服务清单，完善公共服务体系，推进基本公共服务均等化。要特别强调的是，民生建设既要尽力而为，也要量力而行，不能为了改变形象而盲目举债搞工程。要重视解决农民工工资拖欠问题，确保辛苦劳动的农民工们拿到汗水钱。

坚持和加强党对经济工作的领导，切实提高驾驭新时代经济建设的能力和水平

坚持党的领导是做好经济工作的根本原则。要把党的领导贯穿经济建设各领域、全过程，为推动高质量发展提供坚强保证。

坚持把方向、观大势、谋全局。增强"四个意识"，自觉维护党中央权威和集中统一领导，任何工作都要以贯彻党中央决策部署为前提，坚决反对经济工作中的分散主义、自由主义、本位主义、山头主义、地方保护主义。各级党委要深入研究党中央出台的重大方针政策，定期分析经济形势，结合发展实际，明确工作重点和政策举措，确保党对经济工作的领导落到实处。

坚持用心用脑、精准精细。精准发力、精细工作是治理体系和治理能力现代化的重要内容。推进治理体系和治理能力现代化，就要在精细精准上下功夫。经济工作有其内在规律，采取一般化、粗放型领导方法是难以做好的。要

用心用脑、精准精细抓工作，把经济运行情况摸清楚、把问题矛盾弄明白、把对策措施定具体，做到精准发力、精细管理、精明增长。要把握做好经济工作的"时效度"，找准尽力而为与量力而行的平衡点，既把握什么事情该做、什么事情不该做，又把握什么事情该什么时候做、做到什么程度。

坚持学习提升、增强本领。学好用好习近平新时代中国特色社会主义经济思想，掌握科学的经济分析方法，把握社会经济发展规律，提高驾驭新时代社会主义市场经济的能力。要按照党的十九大提出的增强"八种执政本领"的要求，大兴学习之风、调查研究之风，下大力完善知识结构，钻研实际问题，培养专业思维、专业素养、专业方法，克服本领不足、本领恐慌、本领落后的问题，不断提高适应新时代、实现新目标、落实新部署的能力，增强推动高质量发展和建设现代化经济体系的本领。

坚持求真务实、狠抓落实。一分部署、九分落实。要把握方法抓落实，抓住主要矛盾，分清轻重缓急，抓出实际效果。要振奋精神抓落实，善谋善为、敢闯敢干，克服等待、观望和畏难情绪，纠正懒政怠政和为官不为、为官慢为现象。要涵养胸怀抓落实，坚持"功成不必在我、建功必须有我"，对看准的事情，坚持不懈抓、持续用劲抓，抓一项成一项。要改进作风抓落实，驰而不息改作风、纠"四风"，重点整治表态多调门高、行动少落实差等突出问题。

做好今年经济工作任务艰巨、责任重大。让我们紧密团结在以习近平同志为核心的党中央周围，全面贯彻习近平新时代中国特色社会主义思想，深入推动党的十九大精神落实落地，坚定信心、求真务实、埋头苦干，大力推动经济高质量发展，为2020年全面建成小康社会打下更为坚实的物质基础。

B.2
全面贯彻党的十九大精神
推动高质量发展

2018 年，是贯彻党的十九大精神的开局之年，是改革开放 40 周年，是贯彻省第十一次党代会精神、决胜全面建成小康社会、实施"十三五"规划承上启下的关键一年。我们必须全面贯彻党的十九大精神，以习近平新时代中国特色社会主义思想为根本遵循，坚持党对一切工作的领导，坚持稳中求进工作总基调，坚持新发展理念，按照高质量发展的要求，统筹推进"五位一体"总体布局，协调推进"四个全面"战略布局，推进"三个着力"，以推进供给侧结构性改革为主线，深入实施创新引领开放崛起战略，统筹做好稳增长、促改革、调结构、惠民生、防风险各项工作，在打好防范化解重大风险、精准脱贫、污染防治的攻坚战方面取得扎实进展，推动经济社会持续健康发展。

着力打好三大攻坚战

防范化解重大风险、坚决攻克深度贫困、切实解决环境突出问题，努力实现经济社会发展和生态环境保护协同共进，增强人民群众的获得感、幸福感、安全感。

打好防范化解重大风险攻坚战。重点是防范化解政府性债务和金融风险。政府性债务风险方面，坚持遏制总量、化解存量，建立完善政府性债务管控、风险预警、信息披露、化解和应急处置机制，大力开展政府性债务清理核查，完成存量债务置换工作。加快清理整合政府融资平台，确保风险总体可控、风

险等级逐年下降。金融风险方面，健全金融风险应急处置预案，继续开展互联网金融风险专项整治、交易场所清理整顿，严厉打击非法集资等违法违规金融活动。安全风险方面，深入开展"落实企业安全生产主体责任年"活动，强力推进煤矿和非煤矿山、危险化学品和烟花爆竹、道路和水上交通等重点行业领域专项整治，落实重大事故隐患治理"一单四制"，坚决防范和遏制重特大事故发生。加强社会治安防控体系建设。

打好精准脱贫攻坚战。坚持"两不愁、三保障、一接近、一高于"标准，完成130万左右贫困人口脱贫、2200个左右贫困村脱贫出列、16个贫困县脱贫摘帽。深入推进脱贫攻坚"七大行动"，完成9.1万名贫困家庭子女职业教育和职业技能培训，实现28万人易地扶贫搬迁，健全医疗兜底保障机制。向深度贫困地区聚焦发力，加大对深度贫困地区的支持力度，强化贫困老年人、残疾人、重病患者等特定贫困群众的精准帮扶，在14个集中连片贫困县建设"芙蓉学校"。严格扶贫成效考核督查和脱贫退出验收。

打好污染防治攻坚战。打赢长株潭等重点地区的蓝天保卫战，抓好湘江治理和洞庭湖治理。实施大气污染防治专项行动，加强城市扬尘等污染管控，确保全省14个市州城市空气质量平均优良天数逐年增加。完善五级河长制，以全面落实河长制为抓手，完成湘江保护和治理第二个"三年行动计划"，推进洞庭湖生态环境专项整治，加强"四水"源头保护，深入推进黑臭水体整治、畜禽水产养殖污染治理、沟渠塘坝清淤、湿地功能修复全覆盖。实施62个土壤污染防治重点项目，开展长株潭重金属污染耕地修复治理及农作物种植结构调整，实现结构调整、修复治理、休耕100万亩以上。

切实抓好产业项目建设年

发挥市场在资源配置中的决定性作用和更好发挥政府作用，激发各类市场主体活力，做强做优做大产业，推动全省产业迈向中高端水平。

加强投资引导。进一步加大招商引资力度，围绕建设现代产业体系，开展"百千万投资促进计划"，切实加大产业发展、创新驱动、农业农村、生态环保、民生改善等重点领域的投资。提高产业投资在投资考核中的权重，提高技改投资占工业投资的比重，提高民间投资占全部投资的比重。

推进重点项目建设。着力抓好 100 个重大产业建设项目、100 个科技创新项目、100 个重大产品的创新，引进 100 个 500 强企业、100 个科技创新人才。突出抓好园区建设、产业集聚，重点推进磁浮装备产业园、IGBT 研发及产业化、水稻分子育种中心、新能源材料产业基地、新能源汽车生产基地、水口山铜铅锌产业基地、云计算大数据科技产业园、家居智造产业园等项目建设。完善基础设施，加快黔张常、蒙华铁路湖南段、渝怀复线、张吉怀、常益长等铁路项目建设，确保怀邵衡铁路建成通车，完成高速公路建成通车 300 公里以上，干线公路新改建 1000 公里以上。

着力优化营商环境。清理、督办、整改招商引资的违约失信问题，扎实开展招投标违规行为、"雁过拔毛"式腐败等专项整治，开展乱收费乱罚款乱摊派专项治理，解决不作为乱作为问题。落实国务院促进民间投资"26 条"，实施促进民间投资"六大行动"，推动国资、民资、外资的全面对接合作。

深化以供给侧结构性改革为主线的各项改革

以提高经济发展质量与效益为中心，以供给侧结构性改革为主线，进一步深化各项改革，破解发展瓶颈，释放发展活力。

持续推进"三去一降一补"重点工作。去产能方面，推进煤炭行业去产能，严防"地条钢"等违规产能死灰复燃。房地产去库存方面，加快建立多主体供给、多渠道保障、租购并举的住房制度，探索建立房地产租赁市场管理办法。去杠杆方面，出台去杠杆"1＋2"政策体系、降低实体经济企业成本、补短板专项实施方案。降成本方面，调整和公布省、市、县三级涉企收费目录清单，建立涉企收费管理长效机制，进一步降低企业制度性交易成本、税费成本和融资、用电、物流等成本。补短板方面，聚焦综合交通枢纽体系、脱贫攻坚、水利薄弱环节和城市排水防涝、农业可持续发展、服务业优质高效发展、新产业新动能培育、企业技术改造和设备更新等 7 个方面。

突出提高供给体系质量这个主攻方向。坚持"互联网＋"与"＋互联网"并重，推动信息化与制造业融合。加快建设以中国智能制造示范引领区为目标的现代制造业基地，"一链一策"推进 20 个工业新兴优势产业链行动计划，促进制造强省 12 个重点产业创新转型发展，加快钢铁行业智能化、绿色化改造。建设以"锦绣潇湘"为品牌的全域旅游基地，进一步推进红色旅游教育基地建设。改革产业引导扶持资金使用机制，落实促进创业投资发展的政策意见，推动政府引导基金支持债转股项目落地。

进一步激发市场活力。以更大力度深化"放管服"改革，全面实施市场准入负面清单管理制度，推动投资项目、工程建设、民生服务等领域关联事项整合和"全链条"下放，赋予市县政府、园区更多自主权。大力推进"多证合一"、"证照分离"、电子执照等商事制度改革，深化"最多跑一次"改革。加强事中事后监管，强化社会信用监管、信息共享和公示，实现"一处失信、处处受限"。大力推进国企国资改革，持续推进国有资本布局结构调整与企业整合重组，坚决处置"僵尸企业"。探索财政事权与支出责任划分改革，完善县级财力保障机制。推进农村土地所有权、承包权、经营权三权分置，全面完成农村承包地确权登记颁证，深化农村集体产权制度改革。

提高创新驱动能力和开放发展水平

大力实施创新引领开放崛起战略，把创新摆在发展全局的核心位置，把开放作为加快崛起的必由之路，形成政府、市场、企业、社会、全民共推创新和开放的局面。

增强科技创新能力。推进以长株潭国家自主创新示范区为核心的科技创新基地建设，依托岳麓山国家大学科技城创建国家实验室，培育一批国家级企业技术创新平台。大力发展众创空间、星创天地和科技孵化器、加速器，建设潇湘科技要素市场和科技金融服务中心。开展创新型县（市、区）试点，培育15个左右科技成果转移转化示范县，支持8个左右省级产业园区转型为高新区。鼓励园区、企业和高等院校、科研院所开展产学研用协同创新，着力培育创新型中小科技企业，新增高新技术企业800家以上。实施"芙蓉人才行动计划"，抓好高层次科技人才培养和引聚。加速科技成果转移转化，提高全省科技进步贡献率。

加快科技创新突破。聚焦重点产业领域和关键环节，部署一批科技创新项目，攻克一批关键核心技术和共性技术，形成若干战略性新技术、新产品。实施全社会研发经费投入三年行动计划，完善和落实企业研发费用加计扣除、新增研发投入奖补、仪器设备折旧等政策，提高全社会研发经费支出占地区生产总值的比重。大力推动军民融合发展，加快建设省军民融合科技创新产业园，组建智能化技术、惯性技术、北斗导航等一批军民协同创新中心。积极承担种业创新、航空航天、新材料等国家重大科技项目。

提升开放发展水平。实施五大对接行动，确保进出口增长 15%，实际利用外资增长 10%。落实推进国际产能和装备制造合作三年行动计划，鼓励优势企业开展海外并购，支持优势产品开拓国际市场。抓好实体经济、优势产业的招大引强，吸引"中国民营企业 500 强"等各类投资者来湘投资，支持市县、园区开展特色产业链专题招商。吸引湘籍人才回湘投资创业，推进湘商回归项目建设。增强工业园区、综合保税区、口岸等平台服务功能，大力发展临空、临港经济，加快推进国际物流大通道建设。复制推广自贸区模式，深化以负面清单为核心的外商投资管理制度改革，加快国际贸易"单一窗口"和口岸信息化建设。

大力实施乡村振兴和区域协调发展战略

把解决"三农"问题放到重中之重的战略地位，按照"产业兴旺、生态宜居、乡风文明、治理有效、生活富裕"的要求，推进农业供给侧结构性改革，推动农业由增产导向转向提质导向。

推进农村产业兴旺。增强农业综合生产能力。坚持藏粮于地、藏粮于技，严守耕地红线，加强土地整治和中低产田改造，稳定粮食等主要大宗农产品生产。推进产业强农。重点打造 10 个现代农业特色产业集聚区；发展多形式的适度规模经营，培育种养大户、家庭农场、合作社等新型农业经营主体。促进农村一二三产业融合发展，提高农产品精深加工水平，培育农产品加工龙头企业，积极发展林下经济和休闲农业、森林康养、乡村旅游。推进质量强农。建设南繁科研育种园，加强超级稻研究协作攻关与示范推广。支持发展"三品一标"农产品，加快培育"十大农业区域公用品牌""十大农业企业品牌"，大力实施"湖南优质粮油"工程。全程监管农产品质量安全。推进互联网强农。实施"互联网＋现代农业"，扶持 10 个县级电商服务示范中心，推广"益村平台"模式，健全村级电商服务体系。

建设美丽宜居乡村。实施农村人居环境整治三年行动计划，加强对农村建房的规划和管理，推进村容村貌整治全覆盖，加强农村生活垃圾污染整治，农户厕所污水处理或资源化利用率提高 10 个百分点以上。加强景边、山边、水边生态环境修复，创建 300 个美丽乡村示范村，完成 3000 个行政村环境综合治理，让农村好山好水转化成农民的"聚宝盆"。加强城边、路边环境治理，实施农村"双改"三年行动计划。加快涔天河水库扩建灌区工程、莽山水库、毛俊水库、黄盖湖防洪治理等重点水利设施建设，以及农村灾后水利薄弱环节治理，做好洞庭湖北部补水工程及重要堤防加固工程、椒花水库等项目前期工作。

健全城乡融合发展体制机制。加强乡村振兴规划引领，编制城乡融合发展专项规划，保护乡村风貌，保留乡土味道，让农村成为安居乐业的美丽家园。加快形成工农互促、城乡互补、全面融合、共同繁荣的新型工农城乡关系，推进涉农资金整合，发挥财政资金撬动作用，引导保险、金融、民间资金投入乡村振兴。建立健全城乡要素合理流动机制，实行新增耕地指标和增减挂钩节余指标跨地域调剂，打通进城、下乡平等交换渠道，引导市民下乡、能人回乡、企业兴乡。

加强农村基层基础工作。建立健全全民覆盖、普惠共享、城乡一体的基本公共服务体系，推动城镇和乡村基础设施互联互通共享，推动教育、医疗、文化等新增资源重点向农村倾斜。加强农村精神文明建设，培育文明乡风、良好家风、淳朴民风。健全自治、法治、德治相结合的乡村治理体系。加强村级组织建设，培养造就懂农业、爱农村、爱农民的农村工作队伍。

统筹区域协调发展。加强区域合作，全面融入长江经济带建设，对接长三角和粤港澳大湾区。推动长株潭一体化发展，突出抓好规划、交通、公共服务、环境治理等重点工作和特色产业园建设。抓好洞庭湖生态经济区建设，打造更加秀美富饶的大湖经济区。促进大湘南开放发展，加快承接产业转移示范区建设。推动大湘西地区发挥生态优势、资源优势，着力发展农林产品加工、文化生态旅游、生物医药、商贸物流产业。实行"一县一特"，支持县域产业发展，加大财政、金融、土地扶持力度，引导资金、技术、人才、管理等要素向县域流动，发展壮大县域经济。

坚持在发展中保障和改善民生

围绕办好今年 12 件重点民生实事，进一步贯彻落实国家相关民生政策和工作标准，细化责任分工，加强项目管理，建立健全规范的督促检查制度，努力在学有所教、幼有所育、住有所居、老有所养、病有所医、劳有所得等方面取得扎实进展。

优先发展教育事业。办好学前教育、特殊教育，扎实推进城乡义务教育一体化，确保 2018 年基本消除义务教育超大班额。完善职业教育和培训体系，加强技工人才培养，深化产教融合、校企合作，重点在 10 个县推进农村中等职业教育攻坚。扩大和落实高校办学自主权，实施高校"双一流"建设计划，启动高校基础能力建设。深化教育体制机制改革，积极稳妥推进高考改革。农村教师公费定向师范生招生规模扩大到 1 万人以上，依法保障和提高教师待遇。加大家庭经济困难学生资助力度，进一步提高各类教育生均经费水平。支持和规范社会力量兴办教育。

提高就业质量和居民收入水平。实施高校毕业生就业创业促进计划，促进以高校毕业生为重点的青年群体和农民工多渠道就业，稳妥分流安置结构调整企业职工，大力援助残疾人、低保对象、零就业家庭等困难群体就业。实施"创业兴湘乐业富民"工程，抓好 19 个县（市、区）支持农民工等人员返乡创业国家试点工作，创建 10 个创新创业带动就业示范县（市、区）、20 个示范基地、50 个示范乡镇（街道）、100 个示范社区（村）。完善企业工资正常增长和支付保障机制，健全机关事业单位收入分配制度。保障农民工工资足额按时发放。

完善社会保障体系。健全养老保险制度，完善企业养老保险基金征缴目标管理和财政补助机制，继续提高退休人员基本养老金水平和城乡居民月人均基础养老金标准。完善医疗保险制度，提高城乡居民医保财政补助标准，深入推进生育保险和基本医疗保险合并试点，开展长期护理保险制度试点，全面推进以病种付费为主的医保支付方式改革。推动工伤保险基金省级统筹，做好补充工伤保险试点工作。完善最低生活保障制度，确保农村低保标准不低于国家扶贫标准。做好城市困难职工脱困解困工作。加强临时救助工作，完善残疾康复服务。

推进健康湖南建设。坚持医疗、医保、医药联动，健全医联体分工协作机制和现代医院管理制度，巩固破除"以药补医"成果。加强县级医院综合能力建设和乡镇卫生院、村卫生室规范化建设，大力培养全科医生。完善短缺药品供应保障机制，推行高值医用耗材阳光采购，推进"两票制"政策落地见效。强化急性传染病联防联控，加大血吸虫病、慢性病防治工作力度，救治救助8000名无责任主体的农民工尘肺病患者。深入开展爱国卫生运动，加强健康教育和健康促进工作。传承发展中医药事业。大力发展健康产业，加快湖南健康产业园建设。积极推进医养结合，持续降低出生人口性别比和出生缺陷发生率，加强生育全程基本医疗保健服务。完善全民健身公共服务体系，推进县域中小型全民健身中心建设。办好第十三届省运会，积极申办第十五届全运会。

增强文化创新创造力

坚持中国特色社会主义文化发展道路，推动文化繁荣兴盛，加快建设文化强省。

提高社会文明程度。加强爱国主义、集体主义、社会主义教育，深化群众性精神文明创建活动。传承中华优秀传统文化，发展社会主义先进文化。传承红色基因，加强革命历史类纪念设施遗址和爱国主义教育基地建设。加强未成年人思想道德建设和大学生思想政治工作，推进社会公德、职业道德、家庭美德、个人品德建设，培育良好家风、行风、政风。开展移风易俗、弘扬时代新风行动。加强网络空间治理和内容建设，培育积极健康的网络文化。

构建现代公共文化服务体系。加快省美术馆、省体育馆、省图书馆新馆建设，推进基层综合文化服务中心和市县级文化场馆达标。丰富公共文化产品，实施哲学社会科学创新和文艺精品创作、文化名家工程，引导和鼓励社会力量参与公共文化服务。推动文物保护和利用，加强非物质文化遗产挖掘和传承，推进侗族村寨等项目申报世界文化遗产。做好地方志编修工作。扩大对外文化交流，增强湖湘文化影响力。

推动文化产业发展。建设以影视出版为重点的文化创意基地，坚持文化创意与制造、旅游产业融合，传统媒体与新兴媒体融合，发展网络视听、创意设计、动漫游戏、数字出版等新型文化业态，加快建设马栏山视频文创产业园、中南国家数字出版基地、长沙国家级文化和科技融合示范基地等集聚区，培育竞争力强的文化企业。

深化文化体制改革。做强做大做优文化产业集团，改革完善国有文化企业集团和公共文化机构法人治理结构。推动以县级图书馆、文化馆为中心的总分馆制建设。深化文化市场综合执法改革，加强基层执法机构和执法队伍建设。完善文化产权交易机制。

切实改进作风狠抓责任落实

增强"四个意识"，坚定"四个自信"，把贯彻落实习近平新时代中国特色社会主义思想和党的十九大精神作为首要政治任务，自觉在思想上政治上行动上同以习近平同志为核心的党中央保持高度一致，做到信念过硬、政治过硬、责任过硬、能力过硬、作风过硬，做好新时代的答卷人。

狠抓责任落实、任务落小、政策落细、项目落地，把党中央的战略部署转化为本地区本部门的工作任务。不断提高适应新时代、实现新目标、落实新部署的能力，切实增强推动高质量发展和建设现代化经济体系的本领。弘扬敢于担当、崇尚实干、争创一流的优良作风，主动作为，真抓实干，努力将新发展理念贯穿到改革发展全过程。树立正确的政绩观，健全督查问责机制，抓好"关键少数"和公务员队伍建设，严厉整肃庸政懒政怠政行为，对假数据、假政绩、瞒报浮夸等行为零容忍。关注支持基层工作、关心爱护基层干部，为敢于担当、踏实做事、不谋私利的干部撑腰鼓劲。对工作中敢于担当、实绩突出的，要给予重用和奖励；对工作不力、问题长期得不到重视解决的，该约谈的约谈、该诫勉的诫勉。各级领导干部要以上率下，带领广大人民群众，以奋发有为的精神状态走好新时代的长征路，以实绩实效向党和人民交上一份满意答卷。

我们要更加紧密地团结在以习近平同志为核心的党中央周围，落实省委决策部署，求真务实、开拓进取，加快建设富饶美丽幸福新湖南，为实现"两个一百年"奋斗目标、实现中华民族伟大复兴的中国梦作出新的更大贡献！

B.3
推动湖南由农业大省
向现代农业大省转变

——湖南省农产品加工业调研报告

乌 兰*

党的十九大提出"实施乡村振兴战略",其中"产业兴旺"是首要目标。要想实现乡村振兴,必须把发展农产品加工业作为关键环节来抓,着力推进农业现代化,推动湖南省由农业大省向现代农业大省转变。为此,笔者先后深入各市州的100多家企业,就农产品加工业问题做了一些调查研究。今年4月中旬,带领14个市州、省直有关部门及部分企业、园区负责人对河南省的农产品加工业情况进行了一次专题考察。从调研情况来看,湖南省与先进省份比,发展现代农业的主要差距在农产品加工业,潜力和希望也在农产品加工业。

一 湖南省农产品加工业发展基本情况

近年来,全省依托得天独厚的资源优势,认真贯彻落实中央和省委、省政府一系列决策部署,扎扎实实实施"百企千社万户"现代农业发展工程,农产品加工业得到较快发展。

1. 加工总量增长较快

2016年,全省农产品加工业销售收入达到1.345万亿元,近几年保持了每年两位数的速度增长,是全国农产品加工业总量突破万亿元的8个省之一(山东、江苏、河南、广东、湖北、四川、湖南、安徽),也是湖南省仅次于装备制造业的两个超过万亿元的产业之一。全省农产品加工业产值与农业产值

---

* 乌兰,中共湖南省委副书记。

之比达到 2.2:1,大宗农产品加工转化率达到 46%。

2. 产业布局加速集聚

在市场和政策的推动下,农产品加工业逐步向优势主产区和城市郊区集聚。2016 年,长沙市、岳阳市、常德市三市农产品加工业总量分别达到 1824 亿元、1296 亿元、1042 亿元,三市占全省的比例超过了 30%。农产品加工业经济总量过 100 亿元的县市区达到(超过)32 个,其中宁乡市超过 500 亿元。

3. 规模企业逐年增多

全省规模以上企业由 2012 年的 2781 家增加到 2016 年的 4206 家,平均每年增加 350 家。固定资产由 2012 年的 1313 亿元增加到 2514 亿元,增长了 91%。目前,全省过 100 亿元的龙头企业 4 家、50 亿~100 亿元企业 4 家、10 亿~50 亿元企业 60 家,1 亿~10 亿元企业 860 家。

4. 主导产业稳步发展

2016 年,全省粮食、畜禽、果蔬、油料、茶叶、水产品、中药材、棉麻、竹木等九大主导产业稳步发展,其中粮食、畜禽、果蔬、油料发展较快,增速都超过了 14%,分别达到 14.5%、14.2%、14.7%、14.5%,重点培育的粮食、畜禽、果蔬三大产业分别实现销售收入 1890 亿元、1230 亿元、890 亿元,进入千亿产业行列。

5. 产业融合趋势明显

以农产品加工龙头企业为主体,不断延长产业链、提升价值链,带动了"公司+基地+农户"、"公司+专业合作社+电商平台"等模式发展,将农户、企业和客商在园区空间聚集,实现集群化、网络化发展,打造了一些特色优势区域品牌,如宁乡花猪、安化黑茶、华容芥菜等。据对 100 家规模企业问卷调查,80% 的企业都已引入电子商务,销售收入大幅度增长。同时,依托龙头企业,建设现代农业示范园、田园综合体等,设施农业、体验农业、休闲农业等新产业新业态蓬勃发展,一二三产业融合发展成为现代农业的方向和标志。

6. 带动能力有所增强

2016 年,全省农产品加工企业连接基地面积 8750 万亩,比 2012 年增加 180 万亩;带动农户 960 万户,比 2012 年增加 50 万户;直接安置劳动力就业

220 万人，比 2012 年增加 35 万人；年发放劳动者报酬 516 亿元，比 2012 年增加 237 亿元。

调查中感到，湖南省发展农产品加工业取得的成绩来之不易。湖南省的农产品加工业之所以能够过万亿，是全省上下认真贯彻落实省委、省政府决策部署，经过多年不懈努力的结果。但与山东、河南等农产品加工业相对发达省份比较，也还有一定的差距。主要表现在湖南省农产品加工业发展尚不充分，与湖南省丰富的农产品资源还不相称，仍然是湖南省农业农村经济中的短腿。

一是加工转化率不高。目前湖南省农产品加工比重只有 46%，比全国平均水平低 10 个百分点。代表食品行业精深加工水平的食品制造业与饮料制造业占比只有 35%，比全国低 3 个百分点。

二是单个企业规模不大。全省有农产品加工企业 4.8 万家，在全国是比较多的。但企业规模比较小，规模以上企业仅 4000 家，只占总量的 8%。年产值过亿元的农产品加工企业只有 860 家，山东省已达到 2783 家，河南省达到 3500 家。特别是 100 亿元以上以农产品加工为主业的大型企业少，只有唐人神 1 家。而河南有 8 家，其中双汇集团营业收入达 1400 多亿元。

三是产业链条不长。大部分农产品加工企业只从事简单初加工，精深加工和资源综合利用率比较低。湖南省农产品加工业产值占农业产值的比重低，目前只有 2.2∶1，低于全国 2.4∶1 的平均水平，与发达国家 3~5∶1 的比值差距更远。

四是品牌影响力不足。湖南省农产品品牌数量多，其中获"中国驰名商标"企业达 173 家。但真正在全国有影响力、市场占有率高的品牌并不多，缺少像"西湖龙井"茶叶、"三全"速冻食品、"双汇"火腿肠、"北大荒"大米这样响当当的区域公用品牌。

五是可持续发展能力不强。由于湖南省农产品加工企业大多数是小规模经营，其中相当一部分是家庭作坊式企业，有一定规模的企业也多为家族式企业。这些企业自我积累和发展能力有限，缺乏人才支撑，企业管理水平不高，产品研发能力不强，无力投入大量资金进行技术更新和扩大再生产，因此加工技术落后，生产设备陈旧，产品质量不优，营销手段落后，抵御市场风险能力较弱，生命周期较短，难以做大做强。

二 对省内外农产品加工业调研得出的几点启示

中国要强，农业必须强。而通过调研，笔者深切感到，农业要强，首先农产品加工业必须强。从湖南的实际情况看，要把大力发展农产品加工业进而推动农村一二三产业融合发展作为实施乡村振兴战略的"先导工程"来抓。

第一，抓县域经济必须高度重视发展农产品加工业。县域经济不强可以说是湖南省经济的短板和弱项。从大多数县市的情况看，一方面发展高新技术产业的条件不太充分，另一方面，农产品资源非常丰富，发展农产品加工业大有可为。据统计，农产品加工业从业人员中70%以上是农民，全国农民人均纯收入的9%以上直接来自农产品加工业工资性收入，加上关联产业间接收入比重更大。据抽样统计，每亿元加工产值吸纳107人就业，高于制造业的57人。实地调研表明，在一些抓得好的县市区，农产品加工业在带动农民和财政增收方面贡献显著，如安化县的茶叶产业规模达到150亿元，每年提供税收3亿多元。一些地方通过发展农产品加工业，留住了农村资源要素和人气，留住了农业增值增效收益，促进了人才回流、资金回流和劳动力回流，夯实了乡村振兴的基础。因此，发展县域经济，千万不能忽视农业，务必要扭住农产品加工这个"牛鼻子"，加快发展现代农业，争取农业增效、农民增收、财政增税的多赢结果。

第二，必须进一步创新发展理念。新形势下加快农产品加工业发展，需要不断创新发展理念。根据湖南省实际，全省农产品加工业发展应当突出强化三个理念：一是要强化突出特色的理念。湖南省虽然大部分地区为山丘地形，人均耕地少，发展大宗农产品加工缺乏成本优势，但湖南省地方特色农产品品种丰富，可以把特色农产品做好、做优，做到以特色、优质取胜。每个县、每个片区都要形成自己的特色产业，做到一县一特、一特一片、一片一品牌，形成独特的竞争优势。二是要强化集群发展的理念。按照"建链、强链、补链、延链"的总体思路，以农产品加工业为纽带，把农业生产、加工、销售各环节串联起来，打造一批农产品加工专业县、专业镇和千亿级特色农业产业集群。三是要强化三产融合的理念，以做大做强农产品加工为前提，将推动农村一二三产业融合发展作为农业发展的主攻方向，深化各产业龙头企业、农户与合作社的合作、联合与整合，完善利益联结机制，大力发展农产品电商、生态农业、休闲农业等新产业新业态，大力拓展农业多种功能，拓宽农民增收渠道。

第三，必须注重扶优扶强、走龙头带动之路。从各省发展农产品加工业的经验看，政策扶持是重要的抓手。大凡发展水平高的省份都有一系列政策性文件，在用地、用电、财政、金融、物流等方面支持农产品加工业、农业产业化集群发展。近些年，湖南省也出台了一些支持农产品加工业的规划和政策，但这些政策落实不够到位。据不完全统计，近几年中央和省财政用于扶持湖南省发展现代农业及扶贫产业的资金每年高达40亿元左右，但渠道众多、使用分散、方式单一，实施效果不是太理想。山东省为壮大龙头企业，设立了省农牧业产业基金，基金总规模15亿元，主要投资山东境内的现代农业、现代畜牧业及相关产业拟上市或具有高成长性的未上市企业。吉林省利用国家振兴东北老工业基地的机遇，对玉米加工龙头大成公司和肉食加工龙头皓月公司的投入达到几十亿元。湖北省正在举全省之力打造20个农产品加工园区，每个园区由财政投资5000万元。相比之下，湖南省对农产品加工业的财政扶持力度不够，引导集聚效应不强。我们应加强资金整合，发挥财政资金"四两拨千斤"的引导作用，精准扶持一批特色农产品基地、龙头企业和品牌，使一批成长性好的中小企业迅速做大做强，加大带动力度，形成"燎原"之势。

第四，必须推进规模化、品牌化、集群化发展。农产品加工业发展好的省份，大多以农产品加工为全产业链的核心，着力培育"旗舰型"龙头企业，打造国内外市场青睐的知名品牌，发展全产业链增值的农产品加工业集群，建设国家级农业科技园区，走出了一条大企业、大品牌、大集群、大园区"四位一体"的农产品加工业发展路子。湖南省农产品加工企业"小散弱"问题突出，虽然总数达将近5万家，比河南多1.2万家，但营业收入少了1万亿。之所以加工企业规模不大，一个重要的原因是原料基地分散。如湘西自治州有椪柑种植面积85万亩，产量68万吨，分别占全国的10%和13%，涉及115个乡镇，1000多个村，21万农户60万橘农；永州市柑橘产量有近30万吨，但只有约30%是符合加工用的蜜橘，而这30%蜜橘中有90%由于鲜销价格高于加工果价格而流入鲜销市场，最后只有约10%的蜜橘进入加工企业。湖南省农产品资源丰富，优质稻、生猪、茶叶、茶油、水果、禽类等原料量大质优，一些产业的加工已有较好基础，我们应重点扶持湖南省有较强优势和竞争力的产业，通过集聚资源要素、强化科技创新、延长产业链条等手段，打造一批具有湖南特色和独特优势的龙头企业、农业品牌和产业集群。

第五，必须强化科技支撑。科研部门种苗研发引进与推广结合不够紧密。调查中很多农产品加工企业反映，湖南省农业科研部门每年都推出很多农业新品种，品种多而杂，主导品种不突出。据金健米业负责人反映，目前全省市场上常见的优质稻品种就有40多个，"多的不优，优的不多"，有的农民一亩地种出几个品种，参差不齐，难以适应企业规模化、标准化、品牌化发展要求。河南在农业科研方面规划建设了18个国家级研发机构、123个省级研发机构、10个院士工作站、13个博士后工作站、大专院校和科研机构教学科研基地及项目实验室29个，重点推动优质种苗、种养技术、精深加工、产品创新等领域核心技术研发攻关，促进农产品由初加工向深加工、粗加工向精加工转变，农产品科技含量和加工附加值得到显著提高。比如"好想你"将一颗枣开发出600多个系列产品。湖南省共有19个省级独立农业科研机构，有一批著名农业科学家，用占全国3%的耕地生产了占全国6%的粮食。全省农业科技贡献率达56%，高于全国平均水平。但湖南省代表食品行业精深加工水平的食品制造业与饮料制造业占比只有35%，比全国低3个百分点。且大部分涉农企业重生产轻研发，创新能力普遍有待提升。因此，要通过科技创新，推动农产品加工向"高、精、尖"转变、向绿色发展转型，加快形成以市场为导向的农业供给体系。要树立"大食品"观念，把水稻、生猪和油料等大宗农产品的精深加工作为主攻方向，鼓励支持企业加大研发投入，与高校、科研院所合作攻关，围绕主要农产品的精深加工突破新技术、催生新业态、推广新模式，推动农产品加工业的转型升级。

第六，必须借助市场融资。推进农产品加工，除了政府财政专项和优惠政策支持之外，主要依靠企业兼并重组、上市融资、招商引资等方式拓展融资渠道。要在用好用活财政资金、发挥好财政资金引导作用的同时，要更多地运用现代投融资手段解决产业发展的资金难题。应立足"一带一部"定位，主动对接"一带一路"、自贸区等国家战略，加快实施创新引领开放崛起战略，推进由内陆大省向开放强省转变，特别是要借鉴河南、江苏、北京等地的经验，积极帮助农产品加工龙头企业拓宽融资渠道，充分利用国际国内

"两个市场""两种资源",加快"引进来"与"走出去"步伐,实现企业的跨越式发展。

三 进一步加快湖南省农产品加工业发展的几点建议

面对区域经济竞争日趋激烈的发展形势,我们要认真贯彻落实党的十九大和省第十一次党代会精神,站在全局和战略的高度,以全新的发展理念、更加有力的政策措施,推动湖南省农产品加工向更高层次、更高水平迈进,真正把推进农产品加工作为建设现代农业大省的主要抓手、壮大县域经济的主要途径、促进农民增收的主要手段。

1. 科学制订全省农产品加工业发展规划

加快发展湖南省农产品加工业,必须坚持规划先行,高起点谋划。有关部门应抓紧研究,尽快起草好以加快发展农产品加工业为主要内容的农业产业振兴的文件,供省委、省政府决策。主要内容是按照中央实施乡村振兴战略的总体要求,坚持以市场为导向,以科技创新为动力,以带动农业增效、农民增收为根本,围绕发挥湖南农产品优势资源,进一步调整和优化农产品加工业区域布局,突出发展重点产业、扶持重点企业、培育和打造重点品牌,努力提高农产品加工转化率和市场占有率。同时要重点抓好两个规划:一是农业产业规划。要按照"一县一特、一特一片、一片一品牌"来调整农产品生产布局,通过财政资金的扶持引导,推进基地化、规模化、标准化生产。二是农产品加工园区布局规划,学习江苏的经验,重点打造一批农产品加工园区。据调查,企业进入园区,生产成本要降低30%。支持、引导每个县、市建立1个农产品加工园区,培育和引进农产品加工企业和产业链上相关配套企业。加速现有农业产业园转型升级,推进农产品加工与休闲、旅游、康养、文化等产业深度融合,实现全产业链提升、全价值链增值。

2. 采取有效措施做大做强龙头企业

一是打造一批带动力强的龙头企业。围绕建设特色农业产业集群,每个产业重点扶持1~3家标志性龙头企业,力争在五年内全省重点培育年销售收入过100亿元的龙头企业10家、过50亿元企业20家、过10亿元企业80家、过

1 亿元的企业 1000 家。二是支持龙头企业通过兼并、重组、收购、租赁、控股等方式，组建大型企业集团。对销售收入新上 10 亿元、50 亿元、100 亿元台阶的企业，省、市、县财政分别给予奖励。三是支持符合条件的国家级和省级龙头企业在境内外证券市场、债券市场进行融资。重点培育一批企业上市，凡新上市企业，省、市、县财政分别给予奖励。四是增强农业产业化经营外向度。大力支持龙头企业开拓国际市场，促进和帮助其登记备案，获得自营进出口权。五是着力培育农业企业领军人才。湖南省农业企业家不少，但深谙资本运作、通晓政策法规，特别是具有较强坚守意识、专注意识、开拓市场的大企业家不多。建议实施农产品加工企业领军人才培养计划，通过高校深造、组织交流考察、出国培训等方式，对现有重点龙头企业领军人才进行定向培养。同时，建立企业家成长跟踪帮扶机制、激励机制、容错机制，每年评选一批优秀农业企业家，为企业家成长营造良好社会环境。

3. 大力培育农产品品牌

大力实施"品牌强农"战略，主要从三个方面入手：一是提高"十大品牌"含金量。上年"十大品牌"评选，各方面反响很好，撬动作用明显。今年可以考虑上升到省委、省政府决策层面，在宣传推介上年评选的农业十大区域公用品牌的同时，评选十大区域公用品牌、十大产品品牌、十大企业品牌，由省政府授牌。二是整合企业品牌。由于企业品牌是企业持有，从 20 世纪开始，省里就提出要整合企业品牌，但效果不明显。对整合企业品牌，单靠行政手段很难推动，关键要依靠市场力量。要强化财政资金的引导作用，每个主导产业集中扶持打造 1~2 个强势品牌，用市场手段，让优势品牌兼并重组，让小品牌退出市场。三是加大品牌营销和保护力度。加强品牌农产品产地市场建设，配套冷链物流体系，建立区域性农产品加工仓储物流中心。推广"互联网＋"农产品营销模式，广泛开展品牌农产品展示展销活动，通过多渠道、多形式把"湘"字号农产品打出去。在省内主流媒体开辟专栏，集中宣传湖南省知名农产品品牌。同时，抓好标准完善、协同管理和监管保护，严厉打击侵权行为，构建和完善品牌发展和保护机制。

4. 加大优质农副产品基地建设力度

加快发展农产品加工业，基地建设是前提、是基础。湖南省农产品资源丰富、体量庞大，但生产结构单一、品质结构不优、区域结构趋同等问题突出。

要面向市场需求，立足湖南实际，调好、调顺、调优农业产业结构，着力打造以精细农业为特色的优质农副产品供应基地。一是突出重点产业。在产业布局上，既要保持战略定力，巩固提升传统优势产业；又要树立战略思维，大力发展特色优势产业，形成特色鲜明、布局合理、产出高效、错位发展的产业格局。重点打造九大产业，即：粮食、畜禽、油料、果蔬、茶叶5个千亿元以上产业，水产、棉麻、中药材、竹木4个500亿元以上产业。二是突出重点产区。按照资源有优势、产业有基础、市场有潜力"三有"要求，结合国家粮食生产功能区、重要农产品生产保护区、特色农产品优势区布局规划，以"一县一特"为目标，研究细分各区域产业重点，每个县集中培育1个特色产业，实现产业差异化、特色化发展。三是突出重点产品。针对湖南省大宗农产品品种多而杂、适合加工率低的问题，积极推广优质高产、适合加工的主导品种，形成"为加工而种、为加工而养"的种养加格局。大力实施新一轮经济作物新品种换代计划，积极发展柑橘加工型品种，加大对地方特色品种的保护，抓好地理标识农产品开发。

5. 支持农业新产品、新技术、新装备研发与推广

深化农业科技体制改革，着力发挥企业的创新主体作用，以创新引领农业的转型升级。一是加强品种创新。以加工型、地标型优质品种开发为重点，依托省级农业科研院所，加强种质资源收集、引进、保护，建设9大主导产业省级种质资源库。在特色农产品优势区域扶持建设地方名优品种原生境种质资源保护区。依托种子（畜）企业和骨干龙头企业，加快新品种培育、繁殖、示范与推广。二是加强技术创新。完善9大主导产业现代农业产业技术体系，健全省级科技创新联盟，建设省农产品加工技术研发体系。积极支持龙头企业建设国家级和省级实验室、工程技术研究中心、企业技术中心，支持与科研院所开展技术合作，支持引进高素质的科技人才和技术装备。支持农业科研院所和高等院校建设农业综合服务示范基地，鼓励农业科技专家、农业技术推广人员深入优质农产品供应基地一线服务。积极研发推广稻田综合种养、农机农艺轻简化栽培、畜禽粪污资源化利用、精深加工与副产品综合利用等高效生态技术，为农业绿色发展提供技术保障。三是加强装备创新。加快设备和工艺更新改造步伐，充分发挥湖南省装备制造优势，鼓励龙头企业购买科研院所、装备制造企业的最新科研成果和专利技术，采用国际国内领先的一流设备和工艺，

不断提高农产品精深加工档次。

6. 完善农产品加工业发展支撑体系

重点是四个方面：一是强化组织支撑。完善农产品加工业组织管理协调机制，按照打造若干个优势产业集群进行分工，分别成立专门工作班子，整合各方力量，形成领导有力、职责明确、协调高效的工作格局。二是强化政策支撑。深入贯彻落实国务院《关于进一步促进农产品加工业发展的意见》，出台具体实施办法，在金融、税收、用地、用电等方面为农产品加工企业提供优惠。深入开展政策宣传，切实抓好现有政策落实落地。三是强化投入支撑。建立省、市、县农产品加工业专项扶持资金稳定增长机制。整合农业产业化资金，"三园"建设资金对能够整合的项目和资金进行统筹整合，不能整合的由各部门按照产业规划和省里确定的重点企业、品牌、集群、园区，分头扶持、统一考核。创新财政支农机制，全面启动支农涉企资金基金化改革，设立产业集群发展基金、农产品加工专项基金，采取"非对称股权"方式进行投资，发挥财政对社会资本的撬动导向作用。还可以采用担保贴息、先建后补、以奖代补、研发补助等多种方式加大财政对农产品加工业的扶持力度，重点支持新型经营主体培育、优质农副产品基地建设、新产品研发、企业技术改造、冷链物流建设等方面。四是强化金融支撑。积极做好银企对接，推行"政、银、企、保、担、投"联动的信贷合作模式，建立完善政银企合作平台，扎实推进全省农业信贷担保体系建设，完善财银保贷款保证保险有关政策，着力解决好农产品加工业中银行惜贷怕贷、企业渴贷缺贷的突出难题。引导和支持企业上市融资和兼并重组，吸引工商资本入股农产品加工企业，包装发布一批重大农业产业招商项目，实现"大公司进入、大财团融入、大项目带动"。

B.4
坚持创新引领推动文化产业高质量发展

蔡振红[*]

党的十九大报告指出，健全现代文化产业体系和市场体系，创新生产经营体制，完善文化经济政策，培育新型文化业态。湖南认真贯彻落实习近平新时代中国特色社会主义思想和党的十九大精神，大力实施创新引领开放崛起战略，加快构建文化创新体系，打造文化创意产业基地，推动文化产业转换增长动力、提速转型升级，全省文化产业发展质量效益不断提升。

一 文化产业的国民经济支柱性地位进一步巩固

据省统计局初步核算，2017 年全省文化和创意产业增加值首次突破 2000 亿元大关，达 2196.18 亿元，同比增长 14.9%，增速比 2016 年提高了 2.9 个百分点，比 2017 年全省 GDP 增速高 6.9 个百分点，占 GDP 比重达 6.35%，国民经济支柱性地位进一步巩固，呈现出以下几个主要特点。

1. 文化产业整体平稳增长，继续保持良好发展态势

文化产业投资增速稳定，文化消费和文化出口"两驾马车"动力强劲，成为拉动文化产业发展的新动能。湖南文化产业影响力进一步增强，在中国人民大学发布的"中国省市文化产业发展指数（2017）"综合指数排名第七位，为该指数发布以来湖南文化产业的最好成绩，居中西部第一位。文化市场主体进一步壮大。全省规模以上文化企业突破 3100 家，据中宣部改革办联合国家统计局发布的《2017 文化及相关产业统计概览》，湖南规模以上文化企业数量、营业总收入和利润总额分别位居全国第 7、第 7 和第 9。其中，2017 年新增华凯创意、高斯贝尔、中广天择 3 家上市文化企业，全省境内上市文化企业

* 蔡振红，中共湖南省委常委，宣传部部长。

达 8 家，居全国前列。新闻出版、广播影视等文化品牌进一步擦亮。中南传媒位列"全球出版业 50 强"第 6 名，连续 9 届入选全国文化企业 30 强；湖南广电在世界品牌实验室 2017 年"亚洲品牌 500 强"排名第 100 位，居全国省级广电第 1、亚洲电视品牌第 2；浏阳花炮产值世界第一，出口占全国总量的 65%。

2. 媒体融合发展盈利模式逐步清晰，文化新业态增长势头强劲

大力实施媒体融合战略，全省传统媒体和新兴媒体融合发展步伐进一步加快，用户群体迅速扩大，盈利模式逐渐清晰，经济效益初步显现。新湖南全年实现营业收入 2433.25 万元，同比增长 112%，利润 116 万元，同比增长 13.7%，移动客户端下载量达 1870 万，获评 2017 第十届新闻出版业互联网平台优秀创新项目。芒果 TV 全年实现营业收入 35 亿元，同比增长 84%，利润超过 4 亿元，移动端用户达 5 亿，IPTV 运营商业务覆盖用户超过 5500 万，互联网电视终端激活用户数达 6500 万，挺进国内网络视频行业第 4，稳居国有控股视频网站第 1。红网新媒体集团挂牌成立，全年实现营业收入 1.61 亿元，同比增长 29.94%，净利润 456.51 万元，同比增长 11.12%，红网新媒体用户数突破 4150 万。同时，快乐阳光、拓维信息、湖南竞网、天闻数媒、中广天择等一大批民营文化企业大力实施"互联网 +"行动，呈现出以新业态发展引领转型升级的良好局面。

3. 马栏山视频文创产业园等重大项目建设进展顺利，文化产业集聚效应初步显现

全省文化产业园区建设取得良好进展，文化产业园区基地体系基本建立。按照省委书记杜家毫提出"北有中关村，南有马栏山"的要求，马栏山视频文创产业园已揭牌，省政府和长沙市均出台了支持马栏山视频文创产业园建设的政策措施，成立了马栏山文创投资平台公司，发起成立马栏山文创股权投资基金，大型文化企业的招商工作已经启动，芒果大厦、中广天择总部基地奠基，园区与国家超级计算长沙中心、华为、碧桂园等单位签署战略合作协议。目前，园区各项建设任务正加足马力不断推进。全省文化产业园区发展来势喜人，国家级文化产业示范园区——长沙天心文化产业园共入驻文化企业 800 余家，湘潭昭山文化产业园新获得国家级文化示范园区创建资格，首批 15 家省级特色文化产业园区（基地）正加快建设。各园区内重点文化产业项目发挥了很好的示范带动作用，如湖南（益阳）工艺美术创意设计园已建成工艺美

术广场、工艺美术创客园子项目，长沙市梅溪湖国际文化艺术中心已建成开园，美丽中国文化产业示范园一期、华谊电影小镇、恒大童世界、湘江欢乐城、后湖国际艺术园等顺利推进，常德市桃花源古镇、岳阳市屈子文化园、郴州市裕后街文化创意街区、娄底市梅山文化园等项目建设进展顺利。

4. 市州产业发展协同推进，县域文化产业亮点纷呈

区域协同发展步入新阶段，"一核两圈三板块"的产业发展整体布局初步确立，市州和县域文化产业纷纷发力，逐渐形成多点支撑发展新格局。从板块看，长株潭核心区龙头带动效应明显，环洞庭湖、大湘南、大湘西三板块发展势头迅猛，形成产业发展新的增长极，呈现出百花齐放的良好态势。2017年长株潭核心区实现文化和创意产业增加值1217.53亿元，占全省总量的55.44%。环洞庭湖板块、大湘南板块、大湘西板块分别实现增加值387.39亿元、332.90亿元、258.36亿元，同比分别增长15.44%、15.12%、22.36%，均高于全省平均增速。从市州看，各地着力培育龙头企业，产业发展步伐加快。湘潭、邵阳、常德、张家界、益阳、永州、怀化、娄底等8个市增加值同比增长超过15%；长沙、株洲、湘潭、郴州等4个市增加值占GDP的比重超过5%，成为当地支柱产业。长沙市成功加入联合国教科文组织创意城市网络，成为全国首座世界"媒体艺术之都"城市。从县域看，各地结合自身资源优势和文化特色，科学谋划，深挖潜力，文化产业发展有声有色。比如，浏阳市开展"一起来唱浏阳河"文创品牌巡演活动，吸引近30万人参观体验，达成战略合作意向26亿元；宁乡市炭河古城开园仅半年，接待游客180万人次，实现营业额6000多万元；江华县九恒数码年产值达15亿元，实现税收5000万元以上。

5. 文化消费快速增长，为产业整体发展注入新能量

随着居民收入水平的持续提高和消费观念的逐步转变，文化消费潜力不断释放，规模进一步扩大、结构进一步升级。据统计，2017年全省城镇居民人均教育文化娱乐支出3973元、同比增长16.6%，占人均消费支出的比例提高至17.15%，仅次于食品烟酒及居住支出，其中人均文化娱乐支出1826元、同比增长20.6%。农村居民人均教育文化娱乐支出1710元、同比增长15.8%，其中人均文化娱乐支出440元、同比增长17.7%。消费增长和升级成为拉动文化产业整体增长的有效动能。以电影和演艺业为例：2017年全省电影市场

票房收入 15.58 亿元、同比增长 20.78%，总观影人次约 4591 万、同比增长 21.07%，均高于全国平均增长水平。张家界市旅游演艺节目《天门狐仙》和《魅力湘西》共演出 869 场，接待游客 153 万人次，门票收入 1.34 亿元，预计实现净利润 5261 万元。常德市演艺市场繁荣，现有各类演艺团体 2000 多家，年经营收入达 6.5 亿元，山水实景剧《桃花源记》试运营 4 个月以来，共接待游客 6 万人次，总收入 680 万元。省演出公司全年主办 11 场演唱会，其中张学友演唱会到场观众近 10 万人，直接票房收入达 8000 万元。长沙市、株洲市稳步推进国家文化消费试点城市建设，推出文化惠民便民举措，逐步建立促进文化消费的长效机制。长沙市安排政府购买公共文化服务 3000 万元，新增文化消费试点专项经费 1000 万元，推出"十大文化消费项目"等三大主题活动，2017 年人均教育文化娱乐支出 5518 元、同比增长 13.7%。株洲市积极推动"公共文化＋科技"融合发展，在全国率先推出"韵动株洲"文体综合服务云，实现多样化、精准化服务，光明日报刊文推介株洲市文化消费模式。

6. 文化开放崛起步伐加快，对外文化贸易呈现大幅增长态势

随着"一带一路"建设的深入展开和开放崛起步伐的加快推进，湖南文化"走出去"力度不断加大，对外文化贸易规模实现大幅度增长。2017 年全省文化贸易累计进出口总额 22.92 亿美元、同比增长 73%，其中出口额 22.52 亿美元、同比增长 71.5%，总量和增速均创历史新高。中南出版传媒集团等 10 家企业和"宋旦汉字艺术＋文化湖南海外百城展"等 2 个项目入选 2017 ~ 2018 年度国家文化出口重点企业和重点项目。文化企业积极探索"走出去"的新渠道和新模式，对外合作交流领域不断拓展。湖南出版集团全年实现版权输出 275 种，投资入股法兰克福书展 IPR 在线版权交易平台，实现文化产品出口到资本和服务输出的转型升级。湖南广播电视台国际频道将高清信号输出国门，新增高清用户 8 万户，已成功落地亚洲及美洲、欧洲、大洋洲、非洲大部分国家付费电视网络，实现全球信号覆盖，海外用户数接近 400 万户，覆盖人群超过 3000 万，年度营业收入和利润同比分别增长 30.6% 和 36.5%。芒果 TV 积极布局海外业务，《歌手》节目落地哈萨克斯坦，《快乐男声》三大境外唱区共同发力，海外用户规模已超 1206 万，优兔官方频道总点击量超过 47 亿次，观看时长超过 440 亿分钟。

二 深入把握湖南文化产业发展面临的新形势新要求

现在，中国特色社会主义进入了新时代，我国发展正处于新的历史方位。新时代意味着新任务、新要求，新方位意味着新起点、新作为。我国社会主要矛盾已经转化为人民日益增长的美好生活需要和不平衡不充分的发展之间的矛盾。要满足人民过上美好生活的新期待，必须提供丰富的精神食粮。我省文化产业发展面临许多新的机遇和挑战。从国内看，文化产业融合发展的任务更加繁重。《"十三五"国家战略性新兴产业发展规划》把数字创意产业与新一代信息技术、高端制造、生物、绿色低碳等产业纳入战略性新兴产业，并提出推进相关产业融合发展。随着"文化+"行动计划的大力实施，文化创意产业与国民经济第一产业、第二产业深度融合的领域将更加广泛，同时与旅游、体育、健康、养老等社会建设的融合也将加速。文化产业与其他产业融合发展的趋势，一方面为新时代文化产业发展提供了广阔的舞台，另一方面要求我们加强顶层设计，主动积极对接融合发展战略，推动文化产业高质量发展。从省内看，文化产业做强做优的任务更加繁重。省第十一次党代会提出了建设文化强省的战略目标，省委关于大力实施创新引领开放崛起战略的若干意见要求推进文化创新、加快发展文化创意产业，杜家毫书记多次强调新时代要奋力打造文化强省建设升级版。文化产业强是文化强省的重要标志。加快构建文化创新体系，不断完善现代文化产业体系和现代文化市场体系，是推进文化强省建设的重点任务。建设文化强省，迫切需要做强做优文化产业，不断提升湖南文化整体实力和竞争力。从自身看，文化产业实现高质量发展的任务更加繁重。近年来，我省文化产业迅速发展，国民经济支柱性地位进一步得到巩固，但也存在结构不合理、供需不匹配、质量效益不高等问题，特别是传统行业转型升级缓慢、县域和民营文化企业实力单薄等问题，成为我省文化产业发展的突出短板。不断满足人民群众多样化多层次多方面精神文化需求，着力破解发展不平衡不充分新矛盾，迫切需要大力推进文化体制机制创新，努力提升文化产业发展质量和效益。

三 加快构建现代文化产业体系和文化市场体系

2018年是贯彻党的十九大精神的开局之年，是改革开放40周年，是决胜全面建成小康社会、实施"十三五"规划承上启下的关键一年。要以习近平新时代中国特色社会主义思想为指导，全面贯彻党的十九大精神，认真落实省第十一次党代会部署，增强"四个意识"，坚定"四个自信"，坚持稳中求进总基调，坚持贯彻新发展理念，坚持围绕中心、服务大局，坚持以人民为中心的工作导向，紧扣我国社会主要矛盾变化，努力构建优势特色鲜明、创新活力迸发的湖南文化创新体系，确保主要文化指标在全国继续领先并排名前移，文化综合实力位居全国前列。

1. 突出理念创新。发展理念是发展行动的先导。文化产业是朝阳产业，首先要冲破思想观念的障碍，立足现有优势，树立国际视野，用理念创新引领文化发展，进一步巩固影视、出版、动漫游戏、演艺等传统优势行业地位，推动创意设计等新型业态实现快速发展。以湖南广播影视集团为主体，建设具有国际视野的新型影视创意中心；以湖南出版集团为主阵地，建设国际数字出版高地；发挥"浏阳花炮"品牌优势，加快建设全球创意烟花设计基地；振兴湖南动漫游戏产业，加快建设动漫游戏创新基地。

2. 突出体制机制创新。实践证明，湖南文化产业发展的成绩，得益于体制机制的创新，加快文化产业高质量发展，也有赖于文化体制机制的创新。新形势下，要继续破除体制机制障碍，不断释放文化发展新活力。着力创建国家文化与金融合作示范区，深入推进文化金融融合发展，建立健全多层次、多渠道、多元化的文化金融服务体系，解决文化企业融资难融资贵等问题。鼓励各地探索建立居民文化消费评价、反馈和激励机制，通过政府购买、税费补贴、积分奖励等多种手段，引导和支持文化企业提供个性化、多样化的文化产品和服务。持续提升文化开放水平，推动湖湘文化"走出去"，支持长沙创建国家文化出口基地。

3. 突出平台创新。加快构建现代文化产业体系和文化市场体系，需要进一步在平台创新上下功夫。建设马栏山视频文创产业园是省委省政府做出的重大决策，也是推动我省文化创新工作的重要平台，将极大带动我省文化产业发展，因此我们要大力支持马栏山视频文创产业园建成"全国重要的数字视频产业聚集区、高科技展示区、现代服务业示范区"。要立足我省文化资源禀赋，推动湖湘文化创造性转化和创新性发展，引导各地立足区域功能定位，充分利用当地独特资源，通过创意转化、科技提升、市场运作，把资源优势变为产品优势，推动非物质文化遗产"整体保护、活态传承"，建设非物质文化遗产生产性保护基地。要按照省委产业项目年要求，加快推进华谊兄弟电影小镇、南岳天子山火文化园、新华联铜官窑古镇、湘江欢乐城、湘江古镇群等重大文化产业项目建设，带动文化产业加快发展。推动"双创"服务平台、众创空间、初创企业孵化器建设，培育和发展"专、精、特、新、优"的小微文化企业。

4. 突出政策创新。加快构建现代文化产业体系和文化市场体系，要在政策措施上有新突破。主要是加大财政投入力度，进一步优化文化产业发展环境，加大招商引资力度，吸引社会资本投入湖南文化产业发展。要整合省内文化资源，做大做强骨干文化企业，建立健全"两效统一"的体制机制。打造功能性投融资平台，组建国有文化产业投资公司。出台支持政策，支持长沙建设世界媒体艺术之都，将长沙打造成为全国创新创意新高地和世界媒体艺术新坐标。

B.5
推动湖南省商务和开放型
经济高质量高效益发展

何报翔*

一　2017年商务和开放型经济取得显著成效

2017年，湖南商务和开放型经济成效显著，呈现出一些新亮点。体现在几个方面：在指标增速上，全省外贸增长39.8%（增幅居全国第4）、加工贸易增长49.6%、电子商务交易额增长37%、实际使用外资增长12.6%、实际到位内资增长16.9%、对外工程承包和对外劳务合作营业额增长11.7%、社会消费品零售总额增长10.6%，各项指标均保持了较高速度增长。在开放行动上，自省第十一次党代会确立"创新引领、开放崛起"战略以来，全省上下对创新和开放的认识越来越高，行动越来越快。省发展开放型经济领导小组定期研究解决"开放崛起"推进过程中的重大问题，领导小组办公室第一时间组织全省开放强省培训班，宣讲有关政策，并对全省122个县市区全面督导。省直相关部门积极研究出台支持开放型经济发展的具体政策措施，协调解决制约开放发展的瓶颈问题。各市州通过党委中心组学习、召开开放崛起大会、明确年度重点工作、出台有关政策、设立专项发展资金等举措，高效推动开放型经济加快发展。全省各方力量、资源正在向开放崛起加速汇聚，政府带动、部门联动、企业主动的开放发展新格局正在逐步形成。在开放格局上，加速湖南开放发展的"南北两口"基本打开，"北口"岳阳城陵矶"一区一港四口岸"运行步入正常轨道，"南口"湘南三市对全省经济发展的贡献进一步增强。口岸平台更加完善，通关效率进一步提高。湖南对外开放的国际物流通道

---

* 何报翔，湖南省人民政府副省长。

正在加快打通。2017年，成功开通长沙至越南胡志明全货机航线，实现全省国际全货机定期航线零突破；新开长沙至莫斯科以及至埃及开罗、阿斯旺洲际航线，初步实现五大洲国际航线全覆盖；湘欧快线开通6条常规线路，直通14个国家，物流覆盖27个国家和地区。在改革创新上，贸易项下融资政策改革、贸易便利化改革、国际贸易"单一窗口"建设、成品油行政审批体制改革、复制推广自贸区改革试点经验等改革事项有序推进，口岸通关、国际物流、海关特殊管区转型发展、重大经贸活动组织筹备都取得一系列创新成果。在工作绩效上，湖南省优化营商环境、推进内贸流通体制改革，服务贸易创新发展、落实外贸回稳向好及外资政策措施等重点工作，获得国务院和商务部高度肯定，成功跻身为商务领域工作受到国务院表彰激励的全国六个省份之一。

二 准确把握商务和开放型经济发展面临的新形势

当前，国际国内经济形势复杂多变，影响经济增长的各种不确定性、不稳定因素越来越多，我们既要全面预估各种困难，准确把握经济发展的客观规律和复杂形势，又要立足现有基础，综合把握各种有利因素，坚定未来发展信心，找准推动湖南省商务和开放型经济发展的突破点和着力点。

纵观内外环境，湖南省稳增长的压力不小。就国际市场来看，全球经济增长尚处于周期性恢复阶段，结构性矛盾并未解决，贸易保护主义抬头，市场准入环节对技术性贸易壁垒、劳工标准、绿色壁垒等要求越来越苛刻，地缘政治更加复杂。2017年下半年以来，美国政府为刺激经济复苏，打出加息、缩表以及大幅度减税的"组合拳"，对我国的国际收支、外汇储备、人民币汇率都会产生较大的潜在冲击，驱使美国在海外的留存利润大规模回到国内，刺激美国企业撤离中国市场，这将对我国以制造业为代表的实体产业带来较大冲击，给中国吸引外资带来不利影响。就全国来看，我国经济发展正处于速度换挡、结构调整、动力转换的新时期，低成本制造的传统优势明显弱化，新的竞争优势尚未完全形成。劳动力、土地、资源等生产要素成本上升，实体企业制度性成本问题尚未根本解决，环境约束正在加强，民间投资大幅下滑，经济下行压力依然存在，稳增长的任务依然艰巨。从湖南省的实际情况看，经济下行和转型升级的双重压力都比较大。内贸方面，绿色消费、品质消费、个性化消费、中高端消费的需求供给严重不足，低效或低质消费供给过剩，在引导和扩大消费方面尚未真正找到精准发力的突破口，限上企业规模不大、结构不优、增速放缓等问题没有根本性转变。外贸方面，虽然过去保持了高位增长，但总量仍然偏小。受外向型产业偏低、外贸新型业态不多、市场主体偏弱等多种因素制约，2018 年要继续保持高速增长面临较大压力。外资方面，跨国投资虽有回暖迹象，但增长依然缓慢，外商直接投资、外贸实体招商、产业集群集聚，依然是湖南省利用外资的短板。

在正视各种困难的同时，也要看到各种潜在的发展机遇。一是供给侧结构性改革为消费增长注入新动力。虽然经济下行压力大，但消费需求依然旺盛，消费潜力仍然巨大，城乡居民对高端品质消费、绿色有机产品的市场需求日益增长，这为我们实施"优供促销"带来黄金机遇。只要我们持之以恒推进供给侧结构性改革，解决产品有效供给，对接好消费市场，从供给侧精准发力，打造好产品，塑造好品牌，培育好市场，消费增长一定会实现新突破。二是国家战略布局调整带来新机遇。国家正在大力实施的"一带一路"战略，将牵动各种经济要素、资源配置和市场的深度融合，为企业走出去抢抓基础建设、资源开发、新兴产业及贸易往来带来多方面商机。同时，国家创新宏观调控方式，瞄准薄弱环节定向调控、精准发力，也将为湖南省带来更大的政策空间。特别是国家将中西部地区视为最大的回旋余地，对中西部地区实行差别化政策，在基础设施建设、民生改善、推进公共服务均等化等方面对中西部地区有所倾斜，这为我们争取中央更多支持创造了有利条件。三是通过矢志不渝地抓开放、促开放，湖南省现有开放基础越来越好。高速公路、高速铁路等综合交通网络体系更加完备，各类平台功能正在逐步发挥作用，各种业态正在加速汇聚，国际物流通道正在逐步打通，都为我们参与国际国内区域合作和市场分工、加快发展开放型经济创造了有利条件。

三 推动商务和开放型经济更高质量更有效益发展

2018 年是贯彻落实党的十九大精神的开局之年，是改革开放 40 周年，是决胜全面建成小康社会、实施"十三五"规划承上启下的关键一年。全省上下应以习近平新时代中国特色社会主义思想为指引,深入贯彻落实省委、省政府"创新引领、开放崛起"战略,积极进取、开拓创新,努力推动全省商务和开放型经济更高质量更有效益发展。

(一)坚持问题导向,着力破解商务和开放型经济发展瓶颈

制约当前湖南省开放发展的问题还不少,必须深入研究、逐个破解。一是有效破解政策针对性不明显、指导性不够、吸引力不强的问题。要紧紧围绕支持外贸企业做大做强、支持招大引强、促进跨境电商发展、推进国际物流整体优化、支持企业对接"一带一路"、加快推进自贸区改革试点经验推广复制等重点工作,尽快研究出台一些有针对性、有指导性、有差别化的政策措施,进一步提升政策的吸引力、支撑力。二是着力解决平台不优的问题。针对湖南省开放平台数量不少,但作用和效益没有充分发挥的实际,要抓紧研究制订务实举措,全力推进各类口岸平台、海关特殊监管区、省级以上开发园区等开放平台效益提升。要结合改革开放 40 周年经验总结,对长株潭自主创新示范区、洞庭湖生态经济区、武陵山片区脱贫攻坚、湘南承接产业转移示范区等重点片区的改革创新和开放发展情况进行全面回头看,为提升下阶段工作的精准度和实效性总结教训、积累经验。同时,要整合各方资源和力量,进一步加快跨境电商综试区、市场采购贸易、汽车平行进口等重大政策和平台的申报力度,通过开放平台的全面优化整合助推湖南省由内陆大省向开放强省转变。三是加快解决通道不畅的难题。人流、物流必然会带来资金流、信息流、产业流。湖南不沿边、不靠海,要实现与国际市场互联互通,必须依靠航空货运、国际水运、国际班列这三条生命线。一方面,要对已开通运营的国际物流通道进行绩效评估,提升现有物流通道的实际效益;另一方面,要根据招商引资、经济协作、贸易往来、旅游合作的需要,抓紧研究拓展新的人流物流通道。比如,有针对性地研究对韩、对日等近海领域直航,研究湘资沅澧与长江、洞庭水系的无缝对接,研究开通长沙至世界各地的国际货运航线等等。四是立足实体经济发展,鼓励和支持金融改革创新,研究出台相关扶持政策,切实帮助实体经济特别是中小外贸企业破解融资难融资贵的问题。五是认真研究"走出去""请进来"深度不够、经验不足的问题。要以高效筹办中国餐饮食品博览会、中非投资论坛、湖南-长三角投资洽谈周、全国知名民营企业助推中部崛起座谈

会等重点经贸活动为契机，以长三角、珠三角以及"一带一路"沿线国家为重点区域，根据全省产业链需求、项目资源、发展定位，全面加强与国内外两个市场、两种资源精准对接，切实提升"请进来"、"走出去"的精准度和实效性。

（二）突出转型升级，着力提升商务和开放型经济发展水平

一是提升投资拉动的质量。2018 年是全省"产业项目建设年"，要盯住世界 500 强，中国 500 强，民营 500 强，按照省委、省政府要求，力争引进签约重大项目 100 个，洽谈对接 100 个，拜访重要企业 100 家，真正把对接 3 个 500 强工作做实做精。各市州要列出目标企业清单和项目清单，开展一对一精准招商，要利用好全省经贸平台，搞好资源、政策、项目、环境的推介。要通过项目的引进和推进，提升投资拉动的质量。二是加快消费提质的步伐。湖南省在消费领域仍有较大的发展空间。一方面消费的基础性作用发挥还不够，另一方面地方政府习惯于重视投资拉动，对消费拉动没有引起足够重视。消费的转型升级，既涉及供给侧改革，也涉及需求侧改革，既涉及产贸结合，也涉及内外贸结合，还涉及传统产业和新兴产业结合，只有不断创新模式，优化产品供给，才能加快转型升级步伐。2018 年，在消费领域，我们要突出抓好限上企业"破零倍增"和结构优化，新增"破零倍增"限上企业 1000 家；重点打造 100 个特色酒店、100 个特色零售企业、100 个特色餐饮企业、100 个特色商贸服务体、100 个特色电商企业、100 个特色批发市场。要深入实施"优供促销"专项行动，突出抓好县域商贸载体建设、名优湘品供给能力培育、湘品出湘、"湖湘服务"品牌打造以及"互联网＋商贸流通"等工作，推动生产和流通、城市和农村、线上和线下、内贸和外贸融合发展。三是提升开放平台效益和功能。继续抓好自贸区申报和经验推广复制，积极争取中国（湖南）自由贸易试验区尽快获批。加强对国家级经开区和省级园区科学考核和评价，启动实施省级经开区末位淘汰制。继续拓展国际物流通道，巩固提高湘欧快线运营能力，加强回程货物和省内货源组织。继续拓展国际全货机航线和张家界国际旅游航线，发展卡车航班、铁水联运、公铁联运，持续提升口岸通关效率，支持口岸发展大宗贸易，做大做强口岸经济。

（三）强化综合保障，着力凝聚商务和开放型经济发展力量

紧紧围绕省《政府工作报告》确定的外贸增长 15%，外资 10%，社零10.5% 等硬任务、硬指标，进一步优化服务、细化调度、深化改革、强化保障，着力凝聚全省商务和开放型经济发展力量，确保全年目标任务圆满完成。一是优化服务。牢固树立"服务就是生产力"的开放理念，进一步解放思想，在放管服改革上按照习近平总书记在上海自贸区的批示精神，对标国际最高标准，大胆试、大胆闯、自主改。省发展开放型经济领导小组各成员单位要从资源共享、项目审批、土地供应、融资服务、资金支持等方面优化服务、加强配合、搞好联动。各级各部门要转变思路、转变作风、转变服务方式，走进企业、走到基层、走入市场，切实为企业、为市场、为基层搞好服务、保驾护航。二是强化调度。对一些重点指标、重大项目、重要事项分层次、分类别、分区域，定期与不定期专题调度、加强督查检查。需要省级层面研究解决的，省发展开放型经济领导小组会议统筹研究，一般性问题由领导小组办公室牵头研究。各市州、县市区要根据本地实际主动作为、加强调度。将省《政府工作报告》确定的各项指标任务分解到市州、县市区和园区，建立"月通报、季调度、半年奖评、年终考核"的体制机制，通过强化调度着力加强数据分析和形势研判、着力提升商务和开放型经济发展的合力。三是深化改革。湖南开放型经济之所以为短板，根子是思想解放不够，短在基础薄弱，短在项目和人才支撑。必须按照党的十九大关于"构建现代化经济体系"的要求，紧跟国家在商务和开放型经济领域的改革动向，在省委提出的"451"计划中找到定位和切入点，围绕园区管理体制创新、内贸流通领域优化产品供给、通关便利化改革、内外贸融合发展、自贸区改革试点经验复制等重点问题，加大改革创新的力度，通过体制机制创新、放管服改革，为商务和开放型经济发展增添更多的动力，释放更多的活力。四是强化保障。进一步加大人财物等保障力度，科学调度、分配和使用好商务和开放型经济领域的财政专项资金，确保财政资金用在刀刃上，用在补短板，强弱项，促发展上。

B.6
抓住产业兴旺这个关键
全力推动乡村振兴战略实施

隋忠诚*

实施乡村振兴战略，是党中央做出的重大决策部署，党的十九大报告用"产业兴旺、生态宜居、乡风文明、治理有效、生活富裕"的总要求为乡村振兴指明方向、明确路径。乡村振兴重点和首要任务是产业兴旺问题，这是推进农业供给侧结构性改革、补齐全面建成小康社会"短板"的客观需要，也是推动湖南由农业大省向农业强省转变的必由之路。当前，乡村振兴的号角已经吹响，产业振兴也刻不容缓。因此，通过新一轮农业"百千万"工程建设来推动以精细农业为特色的优质农副产品供应基地建设，推动农业农村智慧产业发展，关键在于下好产业兴旺这着"先手棋"，着力实施六大强农行动，才能抢占未来农业发展的制高点。

湖南"三农"发展不足的短板，归根结底是农业产业发展的不平衡、不充分。以生产导向为主的传统农业与市场导向引领的现代农业产业发展理念不适应，重生产端、轻消费端，产品不能成为商品，好产品也卖不出好价钱；"粮猪"型的农业产业结构与差异化、中高端化的消费市场需求不适应，政策资源、产业资源大多集中在低效益的产业，有资源禀赋优势、顺应消费者高端需求的特色优质农产品没有充分挖掘，有效益的产业没有成为农民增收的主导产业；无标识、无认证、无包装的"原生态"农产品与认品牌、重安全、可追溯的消费心理不适应，质量没有摆到第一位，品牌效应弱，消费者不放心；农业三次产业各自发展与一二三产业深度融合、一体发展不适应，农业多功能发掘不深，利益链条联结不紧密，小农户依然是单打独斗；农业科技开发推广

---

* 隋忠诚，湖南省人民政府副省长。

与实际需要不适应，科研与需求脱节，适应特色农产品开发、农机与农艺融合、农产品精深加工等前瞻性和实用性的集成技术不足。下大力气促进产业兴旺，抓住了"三农"问题的"牛鼻子"，握紧了乡村振兴的关键，必须集中发力、久久为功，扎实推动湖南省农业产业加快发展。

推进产业兴旺：乡村振兴的重中之重

乡村振兴二十字总要求，对应"五位一体"的总体布局，首要任务是解决好产业兴旺的问题。之于湖南这样的农业大省，推进产业兴旺对乡村振兴具有十分重要的现实意义。

第一，促进产业兴旺是推动农业供给侧结构性改革的迫切需要。随着我国经济进入新常态，农业的主要矛盾由总量不足转变为结构性矛盾，突出表现为阶段性供过于求和供给不足并存，矛盾的主要方面在供给侧。湖南是农业大省，近年来农业发展不断取得新成就，但农业面临的供需结构性矛盾也更为突出，种植业"一粮独大"、养殖业"一猪独大"的格局还未根本改变，粮食种植用地占全省耕地总资源的80%以上，生猪产值占畜禽养殖的68.4%。农产品品质品种不优，特色产业发展不充分，农业产业竞争力不强，导致农业供给侧结构性改革任务艰巨，这迫切需要以产业兴旺作为切入，把农业从单一的生产环节向产前、产中、产后延伸，形成完整的"从田间到饭桌"的产业链，推动形成更多的新产业、新业态、新模式，促进农业由注重产量发展向更加注重质量发展转变，加快破解湖南省乡村振兴这一现实难题。

第二，促进产业兴旺是解决城乡发展不平衡、农村发展不充分的客观要求。新时代主要矛盾之于湖南而言，最"不平衡"的发展就是城乡之间的发展不平衡，最"不充分"的发展就是农村发展不充分，其突出表现在：农业现代化水平偏低，据农业部监测，湖南省农业现代化水平指数比全国平均低6.29；农产品品质提升任务较重，全省农业"三品一标"产品所占农产品总量不足30%，离国家标准还有10个百分点的差距；城乡居民收入差距明确，城乡居民收入比从1978年的2.57∶1到2017年的2.62∶1，尚未得到根本改变；城乡公共资源配置不均衡，教育资源、医疗卫生服务、社会保障、基础设施建设等都还有相当大的差距；城乡社会投资差距拉大，投资的主体仍然在城市，农村投资明显不足。

解决这一矛盾，必须把产业兴旺摆在核心地位，才能不断增强乡村经济实力，为乡村"五位一体"建设提供物质条件，为农业强、农村美、农民富奠定基础。

第三，促进产业兴旺是补齐全面建成小康社会"短板"的必然选择。全面小康是惠及全民的小康，是"一个都不能少，一项都不能缺，一步都不能慢"的小康。但农业一直是现代化建设的"短腿"，农村一直是全面建成小康社会的"短板"，特别是农村贫困群体的如期脱贫。未来 3 年，湖南省还有 2 个集中连片特困地区、49 个重点县、5871 个村、356 万贫困人口未脱贫，这些贫困地区自然条件差，产业发展水平低，到 2020 年实现所有贫困地区和贫困人口脱贫任务艰巨。补齐全面建成小康社会"短板"，必然要通过促进产业兴旺来带动农村经济快速发展，实现农民增产、收入增加。也只有通过促进产业兴旺，才能为农民持续增收提供可靠的保障，加快提高农民收入水平，不断满足广大农民对提高生活水平和质量的迫切需求和强烈期盼。在全面建成小康社会的决胜期，湖南的首要任务就是以促进产业兴旺为抓手，全力确保占人口绝大多数的农村人口同步迈入小康。

第四，促进产业兴旺是推动湖南由农业大省向农业强省转变的现实需要。产业兴则农村兴，产业强则农业强。多年以来，湖南就是全国的农业大省，农业体量规模较大，全省第一产业增加值与农林牧渔总产值均居全国第 7 位，粮食等大宗农产品产量在全国具有明显优势，2017 年农产品加工业销售收入达到 1.5 万亿元，进入全国七强。但受各种因素的制约，湖南省农业发展仍存在诸多不足，比如，农业效益不高，农业产业链条不长，农产品加工层次不高，初加工多，精深加工率只有 30% 左右，龙头企业不大不强，产业集中度不高。又比如，农业产业规模化经营水平不高，全省人均耕地面积仅有 0.84 亩，小规模种养比重超过50%。再比如，农产品质量标准不高，产品安全监管任重而道远。弥补这些不足，推进产业兴旺是关键之举，通过实施质量兴农、绿色兴农，加快构建现代农业产业体系、生产体系、经营体系，必将加快推动湖南省由农业大省向农业强省转变。

推进产业兴旺：重在以品牌为统揽，实施六大强农行动

推进产业兴旺，促进农业发展由数量增长向质量效益提升转变、由生产过

程向生产效果转变，重点是推进全省农业品牌建设，坚持以品牌为统揽，通过实施六大强农行动，推动湖南省由农业大省向农业强省转变。

第一，以集成化为导向实施品牌强农行动。一直以来，湖南是农业"大"而不"强"，一个重要原因就是缺乏"湘"字号知名农业好品牌、大品牌。这就需要着眼未来发展，把品牌建设作为湖南省现代农业发展的一个重要切入点和突破口，集中力量培育一批底蕴深厚、影响深远、市场前景广阔的农业品牌，推动全省农业农村产业兴旺。一是打造区域公用品牌。支持省级以上龙头企业、产业联盟和行业协会创建地域特色突出、产品特性鲜明的全国知名区域公用品牌，每年筛选2~3个区域公用品牌进行重点扶持，继续支持"安化黑茶"品牌打造，重点支持打造红茶、茶油区域公用品牌。二是打造农业企业品牌。引导同行业、同产品的企业组建大型企业集团，做大做强农业产业化龙头企业。鼓励涉农企业对接资本市场，重点支持推进涉农龙头企业开展股改，推动涉农龙头企业在四板挂牌，争取更多的涉农龙头企业在新三板上市。三是打造特色农产品品牌。按照"一县一特一品牌""一片一品牌"思路，着力打造独具浓郁湖湘特色的地方农业品牌。加强对农产品地理标志商标、知名农业商标品牌的重点保护，营造农业品牌发展良好环境。

第二，以差异化为导向实施特色强农行动。特色农业不是"千篇一律"，而是"万紫千红"；不是简单的一样化、同质化，而是更具比较优势的差异化、特色化。一是突出优质农副产品供应示范基地建设。通过竞争立项的方式，每年支持建设特色优势明显、产业基础好、发展潜力大、带动能力强、符合绿色有机农产品生产要求的省级优质农副产品供应示范基地（示范片），支持创建国家级、省级特色农产品优势区。二是突出现代农业产业园建设。围绕粮食、油料等十大主导产业链，着力支持现代农业特色产业园建设，形成全产业链发展格局。每年支持创建一批产业特色突出、产业集聚度较高、品牌影响较大、产出效益较好的省级现代农业特色产业集聚区（现代农业产业园）。三是突出农民专业合作社和家庭农（林）场建设。加快培育农业新型经营主体，各级财政3年支持1000个农民专业合作社示范社、10000户家庭农（林）场示范场建设。对于符合产业要求的家庭农（林）场示范场，给予一定的信贷补贴。

第三，以标准化为导向实施质量强农行动。提升农产品质量标准化、规范化体系建设尤为重要。一是扩大绿色农产品供给。围绕品牌打造，大力支持开展"三品一标"农产品认证，进一步健全适应农业绿色发展、覆盖产业全链条的农业标准体系，完成制定所有区域公用品牌、特色农产品品牌的省级农业技术规程与地方标准。加快推进规模农业生产经营主体开展标准化生产，支持建设一批果菜茶高质高效创建县和标准化生产示范基地。二是推进农业绿色生产转型。按照"一控两减三基本"要求，结合全国农业绿色发展行动，选择一批重点县开展绿色高质高效整建制创建和特色园艺产品优势区创建。支持发展畜禽水产绿色生态养殖、稻田综合种养、"养殖—沼气—种植"等循环生态农业模式。三是加强农产品质量安全监管。推进农产品质量安全追溯体系建设，实现所有区域公用品牌、特色农产品品牌质量可追溯。建立农产品质量安全全程监管机制，推进市州、县市区、乡镇食品安全和农产品质量安全监管机构标准化建设，加大监管经费保障力度。

第四，以规模化为导向实施产业融合强农行动。推进农村一二三产业融合是促进农业增效、促进农民增收的重要举措。国内外实践表明，集约规模是产业融合发展的主攻方向。一是支持农业龙头企业做大做强。实施"十大农业企业品牌"培育计划，重点培育一批发展潜力大、带动能力强、产值过100亿元的农业产业化龙头企业。支持培育有基础、有优势、有特色、有前景、带动能力强的龙头企业发展。二是推进农产品加工和冷链物流建设。对接国家农产品加工业提升行动，开展农产品产地初加工示范基地建设，重点建设分级、包装、储藏、保鲜、烘干、配送等设备设施。大力发展农产品精深加工，鼓励发展主食加工业。支持农产品产地建设规模适度的预冷、贮藏保鲜等初加工冷链设施，支持农产品批发市场建设冷藏冷冻、流通加工冷链设施建设。三是大力发展农业新产业新业态。实施好国家休闲农业和乡村旅游精品工程，推进农业与旅游、健康、教育、文化产业的深度融合，大力发展休闲观光农业、乡村旅游、森林生态旅游。建设一批功能配套齐全、全国知名的农业公园、森林公园、湿地公园、休闲观光农业园区、星级乡村旅游区、森林生态旅游基地、特色旅游村镇。鼓励发展智慧乡村游，积极发展创意农业以及农业疗养、森林康养等新产业。

第五，以信息化为导向实施科技强农行动。科技创新可以为现代农业发展插上腾飞的翅膀，是实施创新引领战略的重要方面，显著特征是以信息化带动智能化。一是推进农业科技创新。健全省级农业科技创新联盟，加强协同攻关，建设一批省级现代农业产业技术研发中心与成果推广应用平台；支持建设省级农产品加工技术研发体系。以加工型、地标型优质品种开发为重点，加快新品种培育、繁殖、示范与推广，加快水稻分子育种平台和育种园区建设。二是加强科技成果产业化运用。鼓励建设农业科技成果转化交易中心，支持在高等院校、科研院所开展科技成果转化股权和分红激励试点。支持科技特派员、"三区"科技人才、基层科技人员通过技术转让、技术入股、技术承包、技术咨询等形式开展增值服务，合理取酬。采取政府购买服务等方式，引导支持涉农企业等开展农技推广服务，支持市县与农业科研院校共建农业科技示范基地。三是推动科技人员服务农业农村发展。通过招募科技服务团队带动科技人员服务农业农村，组织有"一技之长"的科技人才进村入企为创业者服务，加速创新成果转化成现实生产力。四是推进"互联网＋"与现代农业深度融合。以现代信息技术为依托，探索构建农业农村智慧产业体系。促进信息技术与农业全产业链深度融合，加快推进"信息进村入户整省示范工程"建设，积极推进农业物联网技术的示范应用，率先开展物联网、大数据、云计算、信息服务平台等系统和平台的示范应用。

第六，以全球化为导向实施开放强农行动。发展开放型农业是贯彻开放崛起战略的具体实践，也是赢得全球市场竞争优势的现实选择。一是积极推动农业"走出去"。主动对接和融入"一带一路"，推动湖南优秀农业企业、优质农产品充分利用"两种资源、两个市场"，支持培育具有国际竞争力的跨国农业龙头企业或企业集团。实施好国家特色优势农产品出口提升行动，加快推进湘米、湘油、湘果、湘菜、湘猪、湘渔等农产品出湘出境。二是大力开展涉农招商引资。按照立项一批、开工一批、建成一批、投产一批、储备一批的思路，大力推进涉农招商引资和项目建设。采取多种有效途径，着力引进一批涉农大项目、好项目，建立涉农招商引资考核办法和奖惩机制。三是加强农产品展示展销。鼓励农产品生产经营主体参与会展、展销、节会等活动，搭建农产品展销展示平台。大力推动"湘品出湘"，深化与"一带一路"沿线国家和地区农产品贸易关系。鼓励品牌企业建设连锁店、专卖店等品牌营销宣传窗口。建立省级农产品展示与交易平台，鼓励农产品电商平台开通市县品牌农产品特色馆。

推进产业兴旺：有效保障不可或缺

推进产业兴旺，需要从顶层设计、平台搭建、支撑体系构建等方面着力，才能为产业兴旺各项举措的推进实施提供有效保障。

第一，推动两类顶层设计。一方面，加快出台实施意见。要根据中央 1 号文件和省委 1 号文件要求，按照乡村振兴战略的总体部署，加快推动省政府出台《关于深入推进农业"百千万"工程　促进产业兴旺的意见》，为全省各地落实乡村振兴战略提供具体工作指导。另一方面，加快编制行动方案。根据实施意见的总体部署要求，结合各地区、各部门的具体工作实际，加快编制因地制宜、因事制宜的各类具体行动方案，将实施意见明确的各项目标任务细化分解、压实责任，确保产业兴旺各项措施真正落地落细落实。

第二，打造三大服务平台。一是打造农业综合产权交易平台。鼓励省联合产权交易机构与县市区共建共享县乡村三级联动的农村产权交易体系，引导金融机构提供融资服务。二是打造农业综合信息服务平台。建立完善农业农村公共信息服务网络，提高农业农村信息化服务水平，提高农业生产经营主体生产精细化程度和防控市场风险能力。建设完善"湘农科教云平台"，加快省级智慧农业大数据平台建设。三是打造现代农机服务平台。持续实施"农机千社工程"，打造一批现代农机合作社。发展大型高端农机服务，开展大型农机具融资租赁试点，支持农机服务向农技服务拓展。

第三，构建四大支撑体系。一是构建金融支持体系。推动设立湖南农业产业兴旺基金。鼓励银行、担保、保险围绕品牌打造等联合开发"财银保"、"惠农担"等系列产品，深入开展林权抵押贷款，推广农业 PPP 模式。强化县乡金融服务，推动村镇银行县域全覆盖。积极构建政府推动、市场运作、独立运营的省市县三级服务农业的政策性融资担保体系。稳步扩大"保险＋期货"试点，探索"订单农业＋保险＋期货（权）"试点。加快构建守信联合激励和失信联合惩戒协同机制。二是构建农业社会化服务体系。大力推进农业社会化服务体系建设，深入开展农业生产托管等农业生产社会化服务项目试点，培育发展农业社会化服务组织，建立健全农业生产性服务业标准体系。三是构建农村创业服务体系。积极培育新型职业农民，对接好"百企千社万户"工程，3

年内对围绕品牌建设的"千社"理事长全部培训一次。大力支持农村创业，鼓励建设农村创业孵化平台和职业农民培训平台，鼓励支持返乡下乡人员创业创新项目。四是构建农村电商服务体系。加强与全国互联网大平台合作，推动在湖南设立子公司。打通农产品电商上行通道，打造"湖南电商农家小店"社交销售平台。加强农村电商基础建设，完善县级电商服务中心及村级电商服务体系，完善县域电商物流服务体系建设。

总 报 告

General Reports

B.7

2017~2018年湖南
经济形势发展研究报告

湖南省人民政府发展研究中心课题组*

　　2017年，湖南全省上下按照党中央、国务院和省委、省政府决策部署，深入贯彻落实新发展理念，坚持稳中求进工作总基调，推进创新引领开放崛起战略，狠抓各项政策落实，扎实推进供给侧结构性改革，经济保持平稳向好、结构进一步优化的运行态势。2018年，全球经济将继续稳步复苏，国内经济仍将延续稳中向好发展态势，湖南应以习近平新时代中国特色社会主义思想为指导，深入优化经济发展环境，不断增强经济发展动能，持续提高市场经济主体活力，着力增进人民福祉，推动经济在高质量发展轨道上行稳致远。

---

*　课题组组长：卞鹰；副组长：唐宇文；成员：李学文、田红旗。

一 2017年湖南经济发展情况

（一）湖南经济运行的主要特点

1.经济增速低开回升，经济运行平稳向好

一是经济增长企稳回升，韧性有所增强。2017年，湖南GDP增长8%，与上年持平，其中一季度、上半年、前三季度分别增长7.4%、7.6%、7.5%，增速低开回升，经济运行平稳向好，发展韧性有所增强。二是多数市州经济增速高于上年。全省14个市州中，仅长沙、岳阳、郴州、怀化经济增速低于上年，其余10个市州增速高于上年。三是物价温和上涨。全年居民消费价格同比上涨1.4%，涨幅比上年同期低0.5个百分点。四是境内上市湘企突破100家。全年湖南新增上市公司17家，境内外上市公司总数达到116家；其中，境内上市公司101家，首次跻身全国前十。五是主要经济指标增速高于全国。全年GDP、规模工业增加值、固定资产投资、社会消费品零售总额、出口增速、进口增速分别比全国同期高1.1、0.7、5.9、0.4、22.5、34.6个百分点。

2.农村经济结构继续调整，发展转型稳步推进

一是结构继续调整。2017年，湖南粮食种植面积4862.4千公顷，下降0.6%；粮食总产量2984.0万吨，增长1.0%。蔬菜播种面积、产量分别增长3.0%、4.8%；生猪存栏、出栏分别增长0.8%、3.3%；牛存栏增长1.4%、出栏下降1.7%；羊存栏、出栏分别增长9.1%、3.2%。二是发展转型稳步推进。全省农产品加工企业发展到5.6万家，涌现1084个美丽乡村、4300多家休闲农庄，有32个县结合油菜生产开展了各种形式的油菜花节旅游活动，乡村旅游人数达到436万人次。

3.工业生产增速加快，企业效益明显改善

一是规模工业增加值增速高于上年。全年规模工业增加值增长7.3%，增速比上年同期和2017年上半年分别提高0.4、0.2个百分点，居全国第15位、中部第5位。二是新兴产业增长较快。2017年，湖南高加工度工业、高技术产业增加值分别增长12.2%、15.9%，增速分别比上年加快1.6、4.5个百分

点；其中，汽车制造业、计算机通信和其他电子设备制造业、铁路船舶航空航天和其他运输设备制造业、医药制造业增加值分别增长 44.8%、18.3%、15.8%、13.1%，增速分别比规模工业高 37.5、11、8.5、5.8 个百分点。三是六大高耗能行业比重继续降低。2017 年全省六大高耗能行业增加值仅增长1.8%，增速比规模工业低 5.5 个百分点；六大高耗能行业增加值占规模工业比重为 30.3%，比上年降低 0.3 个百分点。四是企业效益继续改善。2017 年湖南规模工业企业实现利润 1930.89 亿元，增长 24.3%，增速比上年提高19.8 个百分点，比全国平均水平高 3.3 个百分点。

4. 投资增速持续回升，结构进一步优化

一是投资增速持续回升。2017 年，湖南固定资产投资增长 13.1%，增速分别比一季度、上半年和前三季度提高 0.8、0.7、0.5 个百分点，增速居全国第 8 位、中部第 1 位；其中，工业投资全年增速分别比一季度、上半年和前三季度提高 3.5、2.4、3 个百分点。二是投资结构进一步优化。2017 年，湖南服务业、高新技术产业、基础设施投资增速分别比全省投资高 2.9、11.6、2.8个百分点。三是民间投资和房地产投资增速持续加快。2017 年，湖南民间投资增速分别比一季度、上半年和前三季度提高 7.9、3、1.2 个百分点，房地产投资增速分别比一季度、上半年和前三季度提高 11.4、1.2、1 个百分点，民间投资和房地产投资增速分别比全省投资高 1.4、2.8 个百分点。

5. 乡村消费增速高于城镇消费，消费结构继续调整

2017 年，湖南社会消费品零售总额增长 10.6%，居全国第 15 位、中部第5 位；乡村消费增长 11.9%，增速比全省城镇消费高 1.5 个百分点，比全省消费高 1.3 个百分点。限额以上消费中，体育娱乐用品类、文化办公用品类、家电类、中西药品类商品分别增长 10.8%、21.7%、12.4%、12.3%，增速分别比全省消费高 0.2、11.1、1.8、1.7 个百分点；网上零售额增长 41.8%。

6. 进出口快速增长，实际利用外资增长较快

2017 年，湖南出口、进口分别增长 33.3%、53.3%，增速同比分别提高31.8、62.2 个百分点，出口增速居全国第 5 位、中部第 1 位，进口增速居全国第 3 位、中部第 1 位；其中，高新技术产品出口、进口分别增长 44.7%、69.8%；加工贸易出口、进口分别增长 47.7%、60.4%。2017 年，湖南实际利用外商直接投资增长 12.6%，增速比上年同期提高 1.5 个百分点，比全国

高 8.6 个百分点。

7. 旅游业强劲增长，文化和创意产业增长较快

2017 年，湖南实现旅游总收入 7172.6 亿元，增长 31.25%；接待国内外游客 6.69 亿人次，增长 18.25%；全省旅游业增加值 2036.21 亿元，增长 15.67%，占 GDP 的 5.89%，占第三产业增加值的 12.15%。全省规模以上文化和创意产业企业实现营业收入 4385.23 亿元，增长 12.2%，高出全国平均增速 1.4 个百分点；文化和创意产业增加值达 2196 亿元，增加值首次突破两千亿元，占 GDP 比重达 6.35%。

8. 供给侧结构性改革扎实推进，重点领域改革成效显著

2017 年，湖南省委深改组审议重大改革方案 28 个，年初明确的 111 项改革任务已完成 94 项。供给侧结构性改革方面，湖南查处取缔"地条钢"生产企业 12 家，化解煤炭产能 400 万吨；大幅缩短房地产去化周期；规模工业企业资产负债率为 49.8%，同比降低 3 个百分点；规模工业企业每百元主营业务收入中的成本为 83.67 元，比上年降低 0.77 元；主营业务收入利润率为 4.89%，比上年提高 0.59 个百分点。农村改革方面，湖南扎实推进农村土地确权登记颁证工作，已完成任务的 95.98%；农村宅基地制度、集体经营性建设用地入市、农村土地征收制度等三项改革试点稳步推进。商事制度改革方面，全面实行"多证合一"改革，已累计发放"一照一码"企业（含农民专业合作社）营业执照 72.52 万份、个体工商户"两证整合"执照 85.26 万份；截至 2017 年年底，全省新登记各类市场主体 68.32 万户，新增注册资本 1.46 万亿元，与上年同期相比分别增加 21.76% 和 42.32%。

9. 民生保障坚强有力，人民生活继续改善

一是民生支出增长较快。2017 年，湖南一般公共预算支出增长 8.2%，民生支出占全部支出的 70%，其中，社会保障和就业支出、城乡社区支出分别增长 17.9%、14.5%，增速分别比全部支出高 9.7、6.3 个百分点。二是城乡居民收入继续增长。全省城乡居民收入分别增长 8.5%、8.4%。三是就业稳步增长。全省新增城镇就业 75.13 万人，城镇登记失业率为 4.02%，低于 4.5% 的控制目标，为近年来的新低。四是物价水平保持稳定。全年居民消费价格（CPI）总水平上涨 1.4%，工业生产者出厂价格（PPI）上涨 5.8%。五是精准扶贫取得丰硕成果。全省 139.5 万贫困人口脱贫，2695 个贫困村退出贫困村行列，12个贫困县摘帽，特困移民解困避险搬迁安置3.15万人。六是危房改造取得新进展。全省城市棚户区改造39.3万套，农村危房改造23.11万户，国有工矿棚户区改造4000套。

（二）湖南经济运行中存在的突出问题

1. 经济增长下行压力仍然较大

一是湖南经济增速走势弱于全国。2017年，湖南GDP增速与上年持平，而全国同期GDP增速同比提高0.2个百分点。二是工业仍存隐忧。部分传统支柱行业运行低迷，全年湖南专用设备制造业、有色金属冶炼和压延加工业、烟草制品业增加值分别下降6.8%、1.3%、0.7%，石油加工炼焦和核燃料加工业、化学原料和化学制品制造业、非金属矿物制品业、黑色金属冶炼和压延加工业增加值分别仅增长0.1%、0.5%、4%、2.6%。2017年10、11、12月，湖南工业品出厂价格指数分别为106.3%、105.1%、104.3%，连续三个月回落。三是有效投资不足。全年投资增速同比回落0.7个百分点；工业投资增速比全省投资低5.7个百分点，其中工业技改投资仅增长4.4%；基础设施投资增速分别比上年同期和2017年上半年回落10.3、1.4个百分点，呈持续回落之势。四是消费需求不旺。全年消费增速比上年同期和2017年上半年分别回落1.1、0.4个百分点；汽车类、粮油食品类、服装鞋帽针纺织品类、日用品类、建筑装潢材料类、中西药品类、通信器材类增速分别回落5.8、2、1.8、7.6、8.3、6.8、11.1个百分点。

2. 财政收入增长缓慢

一是地方财政收入增速较低。2017年，湖南采取有力措施压减非税收入，财政收入的质量有了明显提高，但由于政策性减税降费力度大、部分企业经营困难等因素，财政增收增长缓慢。全年地方财政收入增长4.9%，增速分别比上年同期和2017年上半年回落2.4、1.6个百分点，比全国同期低2.8个百分点，增速居全国第26位、中部最后一位；其中，非税收入下降13%。二是部分行业税收增长困难较多。电力、电信等行业分别受电价和预征率下调影响，税收逐月持续下降；石油化工因停产检修形成税收减收，部分工业企业减收也较大。

3. 城乡居民增收困难加大

一是城乡居民收入实际增速低于 GDP 增速。全年城乡居民收入分别增长
8.5%、8.4%，扣除价格因素后，城乡居民收入实际增速分别为 6.8%、
7.2%，实际增速均低于 8% 的 GDP 增速。二是城镇居民收入后劲不足。分项
看，2017 年，湖南城镇居民收入中，工资性收入、转移净收入、经营净收入、
财产净收入对收入增长的贡献率分别为 56.0%、26.7%、10.0%、7.3%，城
镇居民收入增长的主要动力来自工资性收入与转移净收入，二者的贡献率之和
达到 82.7%；近年来机关事业单位薪酬改革、公务用车改革、养老金标准连
续提升、医保提标增效等增收政策对居民工资性收入和转移净收入增长有较强
的促进作用，但在政策红利集中释放以后，下一阶段要有新的增长亮点难度加
大。三是农村居民收入增长压力仍然较大。2017 年，湖南农村居民收入中，
工资性收入、转移净收入、经营净收入、财产净收入的增收贡献率分别为
39.2%、37.3%、22.9%、0.6%，资料显示，湖南外出农民工月均收入增速
从 2013 年的 13.9% 下降至 2017 年的 6.5%，增速回落 7.4 个百分点，增速明
显放缓；湖南农村居民经营净收入高度依赖粮食和生猪两大产业，粮价长期比
较稳定，经营生猪等商品收入占比不大，经营净收入短期难以大幅提高。

4. 商品房销售面积增速下滑

受长沙连续出台房地产调控政策的影响，湖南商品房销售面积增速持续
下滑。2017 年，湖南商品房销售面积增长 5.5%，增速比上年同期回落 21.6
个百分点，比全国平均水平低 2.2 个百分点。其中，住宅销售面积增长
2.5%，增速比上年同期回落 24.3 个百分点，比全国平均水平低 2.8 个百分
点。2017 年，长沙市商品房销售面积下降 12.9%；其中，住宅销售面积下降
20.4%。

二　2018年湖南经济发展环境分析和走势预测

（一）2018年湖南经济发展环境展望

1. 全球经济有望继续保持稳步增长

2017 年，全球经济好于预期，主要经济体 7 年来首次出现同步增长，美

国、欧元区、日本等发达经济体经济增速明显加快，中国、印度、印尼和韩国等新兴经济体经济保持较快增长，俄罗斯和巴西已摆脱衰退。2017年，发达经济体整体增长，主要新兴市场经济体基本面改善，全年全球经济增长3.7%左右（各国2017年增速数据来自2018年1月IMF《世界经济展望》，下同），较2016年加快0.5个百分点。展望2018年，尽管依然面临不少不确定性不稳定性因素，如贸易保护主义、货币竞争性贬值、地缘政治冲突等短期风险，但全球经济面临的积极因素不断增多，全球经济有望进入新的增长周期。IMF预测2018年全球经济增长3.9%，增速不仅高于金融危机后2008～2017年年均3.33%的增长水平，也高于1980～2017年3.48%的历史平均值。

（1）美国经济持续复苏后进入稳定增长阶段

2017年，美国经济增长出现波动，一季度增长受季节性因素影响放缓，第二三季度分别增长3.1%和3%，为2014年年中以来表现最好的六个月，第四季度增长2.6%，延续了稳定复苏的势头，消费信心恢复、企业投资意愿增强、出口推动国际收支赤字收窄，制造业复苏是推动美国经济增长的主要因素，全年美国经济增长2.3%左右，较2016年加快0.8个百分点。

展望2018年，美国经济仍将保持稳定增长态势。尽管加息和收缩资产负债表将带来流动性收缩，房市债市股市等资产价格泡沫膨胀带来金融市场风险隐患，政府债务上升和财政赤字扩大使得财政风险进一步凸显，但失业率不仅已经低于金融危机前的最低水平，也低于美联储对长期失业率4.6%的估计值，劳动力市场仍有望保持在充分就业水平，就业改善将带来居民收入的稳定增长，推动居民消费能力和消费意愿增强；出口倍增计划进一步实施将持续改善国际收支赤字情况；制造业复苏、企业盈利改善和设备更新需求有望推动企业投资保持快速增长，特朗普税改政策的落实也有利于带动消费者支出和企业投资扩大，再叠加大规模基础设施投资的刺激，美国经济有望保持稳定增长。IMF预计2018年美国经济增长2.7%，较2017年加快0.4个百分点。

（2）欧元区经济继续保持复苏态势

2017年，受益于国内需求的强劲、全球经济的周期性回暖，欧元区经济复苏势头明显，四季度，欧元区GDP季调后增速达2.7%，创2011年一季度以来的新高，制造业PMI、经济景气指数、Sentix投资信心指数、消费者信心指数也都显示，欧元区经济已走出了欧债危机的阴霾，全年欧元区经济增长

2.4%左右，较2016年加快0.6个百分，创下10年来最快增长纪录；其中德国、法国、意大利预计增长2.5%、1.8%、1.6%，分别较2016年加快0.6、0.6和0.7个百分点。

展望2018年，欧元区经济有望延续复苏势头。尽管劳动参与率下降、结构性失业比重较高的挑战依然存在，部分国家债务依然高企，低通胀对欧元区的威胁仍未消失，工资增速缓慢阻碍了经济内生复苏，再加上加泰罗尼亚"独立"运动可能影响匈牙利、意大利大选，地缘政治风险带来民粹主义抬头。但2018年欧元区财政扩张力度有望加码，尤其是法国等刚完成大选的国家，新政府都在积极推动减税及刺激投资的计划；持续的货币宽松刺激有利于维持低利率，便于充分释放财政政策的"溢出效应"；全球经济保持增长和全球贸易的复苏将带动外需继续改善，有望推动欧洲制造业持续向好；失业率降至金融危机以来的最低，有利于稳定居民收入预期，推动消费支出继续保持较强增长，使得欧元区经济仍将具有一定上升空间。IMF预计，2018年欧元区经济增长2.2%，较2017年小幅回落0.2个百分点。

（3）日本经济增长动能将有所减弱

2017年，日本经济增长超出预期，第一、二、三、四季度GDP年化季率分别增长2.2%、2.5%、2.5%和1.6%，连续8个季度实现增长，创下近30年来最长的增长纪录，但日本经济复苏主要是随外部经济改善的被动增长，全球经济环境的复苏促进了日本出口的增长；原油、天然气等能源价格仍稳定在较低水平，有利于能源进口；再加上政策刺激和2014年安倍政府上调消费税的影响逐步摆脱，国内需求有所好转，全年日本经济增长1.8%左右，较2016年加快0.9个百分点。

展望2018年，日本经济增长动能将有所减弱。外部环境的改善对日本经济的推动有望延续至上半年，出口和制造业改善带来的就业增长有利于居民收入增加，宽松的货币政策和财政政策仍将具备一定的刺激效应；但困扰日本经济增长的人口老龄化、劳动力市场的"二元结构"等问题仍未改善，居民工资增长缓慢，企业投资需求依旧低迷，货币政策边际效应收紧，财政刺激空间有限，再加上民族主义情绪重燃，在一定程度上将影响与中、俄、韩等周边国家的经济往来，日本经济增速将出现回落。IMF预计2018年日本经济增长1.2%，较2017年回落0.6个百分点。

（4）新兴市场经济体经济增长有望进一步改善

2017年，受益于发达经济体复苏、大宗商品价格稳定和国内的改革，主要新兴经济体基本面都有所好转，俄罗斯连续五个季度实现增长，印度第四季度GDP增长7.2%，成为主要经济体中增长最快的一个，巴西GDP连续四个季度取得增长，南非二季度GDP增长脱离技术性衰退。2017年俄罗斯、巴西、南非GDP增长1.8%、1.1%、0.9%，分别较2016年加快2、4.6和0.6个百分点；印度2017年GDP增长6.7%，较2016年回落0.4个百分点。

展望2018年，新兴市场经济体的增长有望进一步提速。尽管发达国家货币政策退出或将引发资金流出和流动性紧张，并使得汇率将承受较大的压力；贸易保护主义抬头导致贸易投资环境更加严峻；民粹主义愈演愈烈，地缘政治风险居高不下，影响部分新兴市场国家政局的稳定性。但全球经济增长带动需求回升，石油、铁矿石等大宗商品和初级产品价格有望保持稳中略升态势，有利于俄罗斯、巴西等大宗商品出口国收入增长；发达经济体稳健复苏有利于拉动新兴市场出口，对新兴市场经济体稳步增长形成支撑；部分新兴经济体致力于推进改革和经济结构调整，出台各类经济刺激政策，如过去两年印度政府实施了大幅开放FDI投资、清理银行坏账、消费税改革以及"废钞"等诸多结构性改革，巴西政府推出限制公共开支计划，推进养老制度改革，巴西央行连续9次降息，随着政策的落实和经济秩序的重构，有望推动这些国家经济增长反弹。IMF预测，2018年，新兴市场经济体有望实现4.9%的经济增长，增速高于4.5%的历史平均水平，并较2017年加快0.2个百分点，其中印度、巴西增速将达到7.4%、1.9%，分别较2017年加快0.7、0.8个百分点；南非GDP将增长0.9%，增速与2017年持平；俄罗斯GDP将增长1.7%，较2017年回落0.1个百分点。

2. 国内经济仍将延续稳中向好发展态势

2017年，我国经济运行延续了十八大以来稳中有进的发展态势，经济运行亮点纷呈，结构不断优化，新旧动能加快转换，质量效益有所提升，经济形势好于预期，全年GDP增长6.9%，经济增速自2011年以来首次回升。

（1）保持经济稳中向好有众多支撑因素

2018年是我国进入全面贯彻落实十九大精神的第一年，也是"十三五"规划承上启下的关键一年，将决胜全面建成小康社会，开启新时代全面建设社会主义现代化国家新征程，保持国内经济稳定发展面临较多有利条件：一是外部经济环境稳步改善，美国经济稳健复苏，欧元区不确定性明显下降，发展中国家基本面普遍改善，全球经济有望开启新一轮复苏和增长周期，国际贸易形势好转，大宗商品价格保持稳定，有利于我国扩大出口、深化合作、拉动增长。二是新时代中国特色社会主义思想明确了发展方向、发展方式、发展动力、战略步骤等基本问题，为加强创新、推进改革、扩大开放指明了前进方向，随着新时代中国特色社会主义思想的进一步贯彻落实，必将极大激发全社会创造力和发展活力。三是新兴动能持续快速成长，经过近年来的快速发展，国内经济增长新动能不断壮大，2017年，装备制造业和高技术产业增加值分别增长11.3%、13.4%，增速分别高于全部规模工业4.7、6.8个百分点，较上年分别加快1.8、2.6个百分点；信息传输、软件和信息技术服务业，租赁和商务服务业，科学研究和技术服务业三大门类增加值占GDP比重达到8.0%，较上年提高0.5个百分点，分享经济、平台经济、数字经济发展势头良好，为经济平稳增长注入强劲动力。四是内需仍有扩张空间，从消费需求看，为满足人民日益增长的美好生活需要，旅游、通信、教育、文化、医疗保健等消费升级相关产品仍将保持快速增长；从投资需求看，尽管基础设施投资快速增速的势头难以持续，房地产市场调控会对房地产投资产生不利影响，但租赁市场和保障房投资仍将对房地产投资构成支撑，盈利明显改善有望推动制造业投资加快增长，民间投资增速随着营商环境的改善有望逐步加快，固定资产投资仍有望保持稳健增长。

（2）经济发展面临的挑战不容忽视

我国经济发展中也面临诸多挑战，从长期来看，发展不平衡不充分的一些突出问题尚未解决，发展质量和效益还不高，创新能力不够强，实体经济水平有待提高，生态环境保护任重道远。具体到2018年，一是淘汰落后产能、生态环保压力下的限产政策等仍将影响部分传统行业生产。二是金融领域蕴含风险隐患，近年来，金融问题叠加周期性、结构性、体制性矛盾，形成了当前金融领域内的影子银行、银行不良贷款、企业债、互联网金融、房地产泡沫、地方隐性债务、违法违规集资等风险隐患，具有极大突发性、传染性和危害性。三是存在地方政府隐性债务风险，主要包括融资平台无序扩张、政府购买服务异化、基金融资"明股实债"等违规债务风险，规范地方政府融资行为使得部分基建项目面临较为突出的融资难题，已开工项目面临资金链断裂风险等。四是房地产市场泡沫影响经济稳定运行，高房价影响群众切身利益，各种社会资本涌入加剧了房地产市场的扭曲，并在一定程度上挤出了实体经济的发展，而房地产市场一旦深度调整，将会打击一系列相关行业的正常发展，并造成金融乃至经济动荡。

（3）财政货币政策基本取向保持稳定

一是积极的财政政策精准有效。积极的财政政策短期内仍将延续，在财政收入保持稳定增长的同时，全国赤字率控制在3%，地方政府专项债券发行力度有望适度加大；同时，积极财政政策的重点将由增加总量转向减税为主，减税的重点集中在降低企业增值税和所得税税率企业降税，个税改革也有望加快推进；财政支出结构进一步优化，民生、创新、绿色发展等薄弱领域和重点领域建设仍将获得重点支持。

二是稳健的货币政策适度中性。货币政策放松或收紧的可能性都不大，社会融资规模将保持平稳扩张，社会流动性合理充裕，既能保证实体经济增长的合理、正常资金需要，又能防止金融加杠杆卷土重来、防止房地产泡沫进一步膨胀与金融风险过度上升；严格的金融监管和金融去杠杆仍将深入推进，通过调控和监管引导信贷资金流向实体经济和"小微""三农"等社会薄弱环节，实现"强实抑虚"；公开市场操作、窗口指导等具有预调微调、结构优化功能的政策手段将进一步运用，信贷结构将不断优化。

（4）省内经济将保持稳中向好趋优态势

2017年，湖南经济增速与上年持平，经济运行平稳向好。2018年，世界经济持续稳定复苏，国内经济向好因素不断累积，湖南经济增长向好趋优态势将面临较多有力支撑。从生产端来看，随着传统行业供需关系逐步改善，企业效益好转，工业发展的新兴动能稳步增强，工业生产有望稳中略升。从需求端来看，投资仍将保持较快增长，国家有望加大对生态环保、民生项目的投资力度，企业利润持续改善将推动制造业投资回升，投资环境进一步改善使得民间投资有望保持稳定增长；消费继续保持平稳增长，城乡居民收入稳步增加为消费增长提供良好基础，服务消费、中高端消费等新兴消费需求旺盛，网上商品零售快速增长，为消费增长提供了新的空间，社会保障体系不断完善有助于消除居民消费后顾之忧；外贸进出口增速尽管高位回落，但仍将保持较快增长，作为湖南主要出口市场的美国、欧盟、东盟地区经济将保持稳定增长，湖南与"一带一路"沿线国家投资和经贸合作新增长点不断增多，开放崛起战略的深入推进使得外贸环境持续改善，将进一步降低贸易成本，激发外贸活力。随着供需两端均略有好转，2018年湖南将继续保持稳中向好趋优的发展态势。

（二）湖南经济发展前景预测

1. 经济增长稳中向好趋优，GDP增长8%左右

展望2018年，世界经济持续稳定复苏，国内经济向好因素不断累积，湖南加快推进创新引领开放崛起战略，各项改革继续深化，积极开展产业项目建设年活动，新旧动能转换仍将加快，传统产业继续转型升级，2018年湖南有望继续保持稳中向好趋优的发展态势，预计全年GDP将达到38500亿元，增长8%左右，其中第一产业、第二产业、第三产业分别增长3.2%、7%和10%左右。

2. 工业生产稳中略升，规模工业增加值增长7.5%左右

展望2018年，工业生产面临的有利因素方面，一是需求端总体改善，随着去产能的深入推进，钢铁、煤炭、烟花爆竹和有色等传统行业供需关系逐步改善，全球经济复苏也使得外需增长稳定；二是企业效益好转，2017年全省规模工业企业利润增长24.3%，增速比上年提高19.8个百分点，效益改善有利于企业家信心的恢复，推动企业增加投资、扩大再生产；三是工业发展的新兴动能稳步增强，2017年，全省规模工业中高加工度工业、高技术产业实现增加值占比分别达到38.0%和11.3%，分别增长12.2%和15.9%，增速分别比上年加快1.6、4.5个百分点；高新技术产业增加值增长14.7%，增速明显快于全省规模工业，高新技术产业、战略性新兴产业未来仍将维持良好发展势头。

不利因素方面，一是在需求不旺、去产能推进和生态环保压力下，以重化工为主的生产性工业持续放缓；二是工业投资持续低位震荡，2017年全省工业投资增长7.4%，增速比全省投资低5.7个百分点，导致未来工业增长后劲乏力；三是工业领域部分新兴动力增速开始回落，如汽车制造增速已连续6个月小幅回落，电子信息已连续4个月小幅回落，汽车制造和电子信息制造业在

经历了较长时间的高速增长后，出现放缓势头，在新兴增长点不多的情况下，对未来工业生产影响较大。综合判断，2018年，湖南工业生产有望略有回升，预计全年规模工业增加值增长7.5%左右。

3. 投资保持较快增长，固定资产投资增长12.5%左右

展望2018年，支撑湖南固定资产投资增长的有利因素主要有：一是全国投资稳中向好带来的机遇，改革开放以来，历次党代会后的第二年一般都是投资增长的高点，预期2018年国家仍将加大对基础设施、生态环保、民生项目、重点产业和社会事业的投资力度，湖南作为中部省份，在上述各方面有望获得国家更大的支持力度；二是在企业利润持续改善后，制造企业的投资能力和意愿增强，占全部固定资产投资比重超过30%的制造业投资有望回升；三是通过深化放管服改革、简化投资程序、优化投资流程，投资环境进一步改善，湖南民间投资增长势头有望继续保持。

不利因素方面，一是在国家推进金融领域去杠杆、保持中性货币政策下，财政部等六部委又联合出台了规范地方政府举债融资的措施，使得地方政府投资资金来源受到较大限制；二是新开工项目投资不足影响投资增长后劲，2017年，湖南在建新开工项目计划总投资下降9%，新开工项目完成投资下降2%，将极大影响后续投资增长；三是房地产市场调控将导致房地产开发投资增速出现一定程度回落；四是基建投资增速仍将回落，随着PPP项目的规范发展，项目入库、融资和央企参与三方面门槛提高；许多PPP优质项目已经落地，PPP项目投资额增速将出现整体回落；再加上城市轨道交通建设申报门槛的提高，基建投资增速仍将继续回落。综合判断，2018年湖南固定资产投资小幅回落，预计全年增长12.5%左右。

4. 消费继续平稳增长，社会消费品零售总额增长11.2%左右

展望2018年，消费将继续发挥对经济发展的基础性作用，促进消费增长的有利因素有：一是近两年来全省城乡居民收入都保持在8.5%左右，为后期消费稳步运行提供良好基础；二是消费结构升级仍在推进，旅游、信息、文化、养老、体育等新兴消费需求旺盛，网上商品零售快速增长，为消费增长提供了新的空间；三是社会保障体系不断完善、保障水平逐步提高以及社保覆盖面不断拓宽，有助于消除居民消费后顾之忧。

不利因素方面，一是汽车领域优惠政策效应递减和汽车市场的逐步饱和将

导致汽车消费减慢；二是房地产调控将抑制关联商品如家电、家具、装修等消费的增长；三是在持续保持了几年的快速增长后，消费增长显露疲态，尤其是粮油食品、服装鞋帽和日用品等基本生活类商品销售明显放缓；四是实体经济尤其是小微企业不景气带来工资增长缓慢或失业问题，也在一定程度上会对消费造成不利影响。综合判断，2018年，湖南社会消费品零售总额将保持平稳增长，预计全年增长11.2%左右。

5. 进出口增速高位放缓，出口总额（人民币，下同）增长25%左右，进口总额增长30%左右

展望2018年，支撑湖南外贸增长的因素依然较多，一是全球经济复苏，尤其是作为湖南主要出口市场的美国、欧盟、东盟地区经济将保持稳定增长，有利于湖南外需的平稳稳定增长；二是通过积极参与国家"一带一路"战略，推进国际产能转移与合作，湖南与"一带一路"沿线国家投资和经贸合作新增长点不断涌现，与乌克兰、匈牙利等国家的贸易量有望保持高增长态势；三是开放崛起战略的深入推进使得外贸环境持续改善，国际贸易"单一窗口"推广建设，湘欧快线纳入中欧班列，海关全面实施全国通关一体化改革，外贸环境的大幅改善将进一步降低贸易成本，激发外贸活力；四是国家将出台鼓励进口的政策。

不利因素方面，一是民粹主义和贸易保护主义下的各类非关税类贸易壁垒增加，阻碍全球贸易的企稳回升；二是美联储加息及启动缩减资产负债表，对国际金融市场和各国货币政策带来一定冲击；三是全球地缘政治形势复杂，恐怖袭击、地缘冲突等突发事件较多，国际大宗商品价格震荡波动，影响国际经济和贸易的稳定性；四是国内企业的成本、价格等传统比较优势削弱，发达国家"再工业化"及东南亚等国家产业承接带来的双重压力依然较大。再加上外贸增长的高基数，综合判断，2018年，湖南外贸进出口增速将从高位有所回落，预计全年出口总额增长25%左右，进口总额增长30%左右。

6. 物价水平保持温和上涨，CPI、PPI分别上涨2%、3.5%左右

展望2018年，CPI将保持温和上涨态势，农产品价格在大幅下跌后进入温和回升通道，加上食品价格进一步走高，季节性因素也将推动鲜果蔬菜价格上涨；但由于消费品市场供过于求，工业品价格上涨对消费价格的传导作用有限，流动性稳中趋紧，CPI上涨空间有限。PPI涨幅将出现回落，虽然供给

侧结构性改革和生态环保标准趋严会影响部分工业品供给，但随着两者趋于"常态化"，供给对价格上升的"弹性"可能下降，生产领域供大于求局面仍然存在，国际大宗初级产品价格将维持震荡走势，国内原材料价格涨幅将会趋缓，再加上翘尾因素明显减弱的影响，PPI涨幅将出现较大回落。综合预计，2018年湖南CPI、PPI分别上涨2%、3.5%左右。

三 2018年湖南经济工作对策建议

（一）以贯彻落实党的十九大精神为契机，深入优化经济发展环境

一是以新发展理念引领全省经济社会发展实践。习近平新时代中国特色社会主义思想，是新时代做好一切工作的根本遵循和行动指南，全省上下各地区、各部门、各行业必须学懂弄通新思想、新理念，坚持学以致用，把新的发展理念贯彻体现到每一项具体工作中，确保全省经济社会发展始终沿着正确的方向前进。

二是深入贯彻落实《对接"北上广"优化大环境行动导则》。应加快建立全省营商环境考核评价机制，着力解决影响企业在建设、运营、发展全周期面临的突出问题，努力打造便捷高效的政务环境、宽松有序的市场环境、配套完善的商务环境。

三是着力推进减税降费，减轻实体经济负担。在特朗普减税新政和湖南税费负担偏重的双重压力下，必须加大宣传力度，加强督查检查，推动国家和湖南出台的减税降费政策执行到位；必须加大税收返还和减免力度，利用湘江新区、长株潭自主创新试验区等平台，针对重点发展产业，在企业所得税优惠、企业高管个人所得税返还等方面继续出台强有力的优惠政策；必须继续清理涉企收费，切实规范企业普遍反映存在的名目繁多会费、保证金和较高的项目申报费用。

（二）以产业项目建设为重点，不断增强经济发展动能

一是大力推进新兴产业项目建设。今年是湖南"产业项目建设年"，应以

此为契机，抓住智能制造这个核心，扎实抓好20个工业新兴优势产业链，发展壮大轨道交通、电子信息、工程机械等优势产业；加快发展金融、工业设计、现代物流、会展等生产性服务业，做强做优影视传媒、动漫游戏、数字创意等文创产业。

二是加快传统产业技术改造升级。针对湖南工业技改投资增长乏力的状况，在机械、有色、建材、冶金、石化等传统千亿产业中，引导支持骨干企业围绕改造提升工艺、技术、装备水平，降低资源能源消耗、减少污染物排放，提高安全生产能力等进行技术改造；同时筛选一批发展潜力大、市场前景好的中小企业技术改造项目，通过政府搭建银企合作平台解决技术改造资金需求，增强企业核心竞争力。

三是加大产业项目招商引资力度。围绕先进轨道交通装备、工程机械、新材料等领先优势产业和新一代信息技术、海工装备、航空航天装备、无人化装备等战略性新兴产业，深入实施"对接500强、提升产业链"行动，以湘籍或具有在湘教育、工作背景的企业家为纽带，有针对性地引进世界、中国和民营企业500强企业，实现强链延链补链，推动产业集聚集群发展。

四是不断加强产业园区载体建设。从省级层面进一步推进园区清理整顿、功能优化和提质升级。提高园区管理服务水平，进一步完善现行国家级、省级产业园区管理体制，推行小管委会、大公司的管理体制，创新园区服务体系，推行清单管理模式和园区审批"一口受理""透明办理"和"网上办理"，支持园区建设研发设计、检验检测、技术转移、知识产权、科技金融等创新创业服务机构和公共平台。增强园区综合承载能力，着力推进产业融合、产城融合、区县融合，促进产业、商业、生活、文化旅游等有机结合，推动产业园区由封闭型区块向城市综合功能区转型。

（三）以改革开放创新为抓手，持续提高市场经济主体活力

一是坚定不移将新时代湖南改革推向深入。深化供给侧结构性改革，以转型升级、生态环保为方向，大力破除无效供给，进一步巩固去产能、去库存和去杠杆成果，防止出现反弹。着力推动省属国有企业深化改革，进一步完善国有企业监管体制，推进混合所有制改革，让国有企业主业归核、资产归集、产业归位，提高经营管理水平，增强核心竞争力。扩大"放管服"改革综合成

效，逐步赋予省级以下政府更多自主权，不断完善市场准入负面清单制度，着力规范、简化行政审批流程，大力推进"互联网＋政务服务"，全面提升政务服务标准化水平，着力提升行政效能和政府办事效率。

二是深入贯彻开放崛起战略。有效对接和参与国家"一带一路"战略，向西融入西部大开发，对接亚欧大陆桥和"丝绸之路经济带"，向南融入珠三角，向北、向东利用长江水道、沪昆高铁连接长三角，对接"海上丝绸之路"，积极拓展与巴西、尼日利亚、俄罗斯、乌克兰等国家经济合作；加强开放平台建设，积极申报自贸试验区，大力推进大通关体系建设，加强口岸基础设施建设，引进培育外贸综合服务中介企业，简化出口拼箱货物通关操作流程，全面推行海关、检验检疫、边检、路政、海事等部门"一站式"作业，实行"联合查验、一次放行"。

三是大力实施创新引领战略。统筹推进以科技创新、产品创新、文化创新、管理创新为重点的全面创新，切实抓好 100 个重大科技创新项目和 100 个重大产品创新项目建设，深入实施"芙蓉人才计划"，着力加大对海内外高层次人才、青年人才的引进力度，逐步缩小湖南与湖北、安徽在国家千人计划创业人才和创新人才引进方面的差距，增强人才对创新引领战略的支撑能力。

四是大力实施乡村振兴战略和区域协调发展战略。乡村振兴战略方面。要按照产业兴旺、生态宜居、乡风文明、治理有效、生活富裕的总要求，加快推进农业农村现代化。要加快农村改革步伐，完善承包地"三权"分置制度，稳步开展"两权"抵押贷款试点，探索发展农宅合作社；深化农村集体产权制度改革，推进经营性资产折股量化。要构建现代农业体系，以农产品加工和农村"双创"为重点促进农村一二三产业融合发展，培育壮大林下经济和休闲农业、森林康养、乡村旅游、农村电商等新产业新业态。要改善农村生产生活条件，建设美丽宜居乡村，实施农村人居环境整治和农村"双改"三年行动计划，加快农村电网、宽带、公路、水利、饮水、照明等设施建设与改造。区域协调发展战略方面，要健全城乡融合发展体制机制，促进城乡要素合理流动，实行新增耕地指标和增减挂钩节余指标跨地域调剂，建立健全城乡一体的基本公共服务体系，推动城镇和乡村基础设施互联互通共享。

（四）以决胜全面建成小康社会为目标，坚决打好防范化解重大风险、精准脱贫、污染防治三大攻坚战

一是打好化解重大风险攻坚战。严格控制地方政府债务，规范各类政府融资平台举债行为，加快推出、推进各类"PPP"项目，化解政府隐形债务风险；密切关注房地产市场调控可能带来的资金断裂风险，高度重视金融领域存在的影子银行、互联网金融及违法违规集资风险。

二是打好精准脱贫攻坚战。进一步向深度贫困地区聚焦发力，不断拓展"四跟四走"产业扶贫思路，加大易地扶贫搬迁、生态补偿和社会保障兜底力度，稳步做好教育扶贫阻断贫穷代际传递链条，进一步完善扶贫工作的监督考核机制，利用好互联网等技术手段，减少不同层级、不同部门的重复检查考核，让扶贫干部聚焦扶贫主业。

三是打好污染防治攻坚战。积极构建山水林田湖草生命共同体，深入推动湘江保护和洞庭湖生态环境治理，加大主要污染物减排力度，着重减少铅砷等重金属和农业面源污染，着力提高工农业废弃物资源化利用水平，大力推广环境污染第三方治理、PPP等新型商业模式，深入做好清水塘等历史遗留工矿土壤污染治理与修复、重金属污染耕地修复等生态治理修复工作，推动生态强省建设取得实质性进展。

（五）以推动民生事业发展为依托，着力增进人民福祉

一是优先发展教育事业。推进幼有所育、学有所教，推动城乡义务教育一体化发展，高度重视农村义务教育，办好学前教育、特殊教育和网络教育，开展规范中小学办学行为专项整治。完善职业教育和培训体系，加强技工人才培养，深化产教融合、校企合作。扩大和落实高校办学自主权，实施高校"双一流"建设计划，启动高校基础能力建设，实现高等教育内涵式发展。健全学生资助制度，进一步提高各类教育生均经费水平。加强师德师风建设，打造高素质教师队伍，扩大农村教师公费定向师范生招生规模。

二是提升医疗服务水平。继续深化医药卫生体制改革，加大卫生事业投入力度，切实保障各项医改政策落实。积极推进公立医院综合改革试点，深化城乡卫生一体化改革，加快县级医院综合能力建设和乡镇卫生院、社区医院、村

级卫生室标准化建设，提高基层医疗卫生服务水平，促进基本公共卫生服务均等化。支持社会办医，大力发展健康产业，加快湖南健康产业园建设。积极应对人口老龄化，构建养老、孝老、敬老政策体系和社会环境，推进医养结合，加快老龄事业和产业发展。完善全民健身公共服务体系，推进县域中小型全民健身中心建设。

三是坚持就业优先，以创业带就业，提高城乡居民收入。推进城乡统筹就业，加强公共就业服务体系建设，完善市场导向的就业机制，切实做好高校毕业生、就业困难群体和农民工帮扶就业工作。把创业带动就业作为扩大就业的主渠道，建立健全政策扶持、创业培训和创业服务工作机制，认真落实财政投入、税费减免、小额贷款和公益性岗位开发等方面的优惠扶持措施，鼓励和扶持更多劳动者自主创业。要完善劳动、资本、技术、管理等生产要素参与分配的制度，调整收入分配格局。鼓励农民优化种养结构，大力发展现代农业，巩固提高经营性收入；引导富余农村劳动力向非农产业和城镇转移就业，增加农民工资性收入；严格落实惠农政策，完善补贴方式，增加转移性收入；大力推进农村产权制度改革，切实增加农民财产性收入。

四是加快完善城乡社会保障体系，逐步提高保障水平。要健全养老保险制度。完善城镇职工和城乡居民基本养老保险制度，健全企业养老保险基金征缴目标管理和财政补助机制，继续提高退休人员基本养老金水平和城乡居民月人均基础养老金标准。要完善医疗保险制度。提高城乡居民医保财政补助标准，改革城镇职工基本医疗保险个人账户制度，深入推进生育保险和基本医疗保险合并试点，开展长期护理保险制度试点，全面推进以病种付费为主的医保支付方式改革。要推动工伤保险基金省级统筹。做好补充工伤保险试点工作。要完善最低生活保障制度。确保农村低保标准不低于国家扶贫标准，做好城市困难职工脱困解困工作。要统筹城乡社会救助体系。完善社会救助、社会福利、慈善事业、优抚安置等制度，加强临时救助工作，健全农村留守儿童和妇女、老年人关爱服务体系，完善残疾康复服务。

B.8
2017~2018年湖南
产业经济发展研究报告

湖南省人民政府发展研究中心课题组*

2017年，全省上下坚持以习近平新时代中国特色社会主义思想为指导，全面贯彻党的十九大和省第十一次党代会精神，产业经济运行平稳，产业效益明显提升，产业结构不断优化，新兴产业加快壮大，产业经济发展总体稳中向好、稳中趋优。本文在总结2017年产业经济发展基本情况的基础上，客观分析研判2018年产业发展面临的形势，提出引导产业高质量发展、强化功能平台协同、优化产业发展环境、吸引产业人才集聚等多条促进湖南产业经济发展的对策建议。

一 2017年产业经济运行基本情况

（一）三次产业增长情况

2017年，全省实现地区生产总值34590.56亿元，增长8%，与上年持平，高于全国平均水平1.1个百分点。

1. 第一产业

2017年，第一产业增加值3689.96亿元，增长3.6%。农林牧渔业实现总产值6269.46亿元，同比增长4.0%；实现增加值3852.88亿元，同比增长3.9%，比上年加快0.4个百分点。分行业看，农、林、牧、渔及农林牧渔服务业增加值分别增长3.1%、9.0%、2.6%、6.5%、8.9%。粮食种植面积4862.4千公顷，同比减少28.2千公顷，下降0.6%；单位面积产量6136.9公

---

* 课题组组长：卞鹰；副组长：唐宇文；成员：禹向群、李银霞、文必正、侯灵艺、贺超群、言彦。

斤/公顷，同比增加98.4公斤/公顷，增长1.6%；总产量2984.0万吨（596.8亿斤），同比增加30.8万吨，连续多年稳定在600亿斤左右，比上年增长1.0%。经济作物有增有减。全省各地积极发展肥用油菜、饲料油菜、菜用油菜和观光油菜等，且因油菜结荚成熟晾晒期温高光足，油菜籽生产良好，预计全年产量214.95万吨，增长2.1%。棉花全年播种面积92.9千公顷，同比减少10.7千公顷，下降10.3%；单位面积产量1144.5公斤/公顷，同比减少40.5公斤/公顷，下降3.4%；总产量10.6万吨，同比减少1.7万吨，下降13.8%。蔬菜生产势头良好，预计2017年蔬菜播种面积1473.1千公顷，产量4393.5万吨，同比分别增长3.0%、4.8%。生猪生产保持稳定，生猪存栏3968.1万头，增长0.8%；出栏6116.3万头，增长3.3%；能繁殖母猪存栏396万头，增长0.5%；猪肉产量449.6万吨，增长3.4%。草食牧业稳中有增，牛存栏379.4万头，增长1.4%，出栏140.9万头，下降1.7%；羊存栏577.3万头，出栏748.6万头，分别增长9.1%、3.2%。家禽养殖略有下降，全省家禽出笼4.2亿羽，下降1.0%；禽蛋产量103.2万吨，下降1.4%。农产品加工业快速发展，全省农产品加工企业发展到5.6万家，对蔬菜、水果、畜禽、水产品等农产品进行深加工，增加附加值，八成以上农业企业带动农民增收。此外，湖南省农业委员会和湖南省财政厅联合出台《关于推进2017年农村一二三产业融合试点工作的实施意见》，确定望城区、祁东县、炎陵县、韶山市、洞口县、平江县、安乡县、永定区、赫山区、汝城县、桂东县、零陵区、洪江市、新化县、凤凰县、花垣县等16个县（市区）开展农村一二三产业融合发展整县推进试点；确定衡南县、邵东县、桃江县、江永县、通道县等5个县市区开展以乡（镇）为单位融合试点，分别支持1000万元和200万元。2017年湖南农业以发展精细农业、推进农业供给侧结构性改革为主线，以三个"百千万"工程为抓手，科学应对经济下行压力加大、历史罕见自然灾害等不利因素影响，主要农产品量稳质提、结构趋优见新、链条加粗延伸、竞争力提升增强、生态转好向绿、发展短板加快补齐、改革稳步推进、发展活力竞相迸发，初步实现了农业发展由重数量向数量质量效益兼顾、传统种养业向产加销深度融合、分散生产向合作联合经营转变。

2. 第二产业

第二产业增加值14145.49亿元，增长6.7%。工业运行总体保持平稳向好发展。2017 年，全省规模工业增加值同比增长 7.3%，居全国第 15 位，中部第 5 位。与上年比，工业增速加快了 0.4 个百分点，增速全国排位前移了 1 位。分季度看，全省规模工业增加值累计增速自一季度增长 7.3% 逐步调整到前三季度增长 6.7%，随后逐步企稳回升，呈现出一个探底回升"V"形反转的总体态势。工业增速有所加快，波动幅度更趋平缓，短期小幅波动现象虽然存在，但发展基础逐步夯实，未出现增速大起大落的不利状况。装备工业持续发力。2017 年，装备制造业主要构成行业中，汽车制造业实现增加值增长 44.8%，对规模工业增长贡献率达 24.8%，拉动全省规模工业增长 1.8 个百分点；计算机、通信和其他电子设备制造业增长 18.3%，对规模工业增长贡献率达 15.0%，拉动全省规模工业增长 1.1 个百分点；通用设备制造业增长 16.9%，对规模工业增长贡献率达 10.8%，拉动全省规模工业增长 0.8 个百分点；另外，金属制品业、铁路船舶航空航天和其他运输设备制造业、电气机械和器材制造业、仪器仪表制造业增加值同比分别增长 15.5%、15.8%、10.3% 和 12.8%，均对规模工业增长发挥了较强的拉动作用。消费品工业稳步增长。2017 年，全省规模工业中农副食品加工业、食品制造业增加值同比分别增长 7.5% 和 12.2%，分别拉动全省规模工业增长 0.5 和 0.3 个百分点，贡献率分别为 7.0% 和 4.5%。医药制造业增加值同比增长 13.1%，拉动规模工业增长 0.4 个百分点。在规模总量相对较小的其他行业中，酒、饮料和精制茶制造业增加值增长 12.9%，皮革、毛皮、羽毛及其制品和制鞋业增长 19.8%，家具制造业增长 12.4%，增速均高于规模工业平均水平，增长贡献不容小觑。

建筑业运行平稳。前三季度，全省资质以上总承包和专业承包建筑业企业 2257 家，同比净增 178 家，完成建筑业总产值 5427.15 亿元，同比增长 11.5%，增速比上年同期提高 0.9 个百分点。其中，建筑工程产值 4717.47 亿元，同比增长 10.6%，占全部建筑业总产值比重为 86.9%；安装工程产值 389.76 亿元，增长 22.8%；其他产值 319.91 亿元，增长 12.3%。建筑业总产值中，装饰装修完成产值 215.21 亿元，增长 19.7%；在外省完成的产值 1863.06 亿元，增长 11.3%。全省建筑业企业实现营业收入 5069.54 亿元，增长 10.1%；实现利润总额 152.93 亿元，增长 6.3%；上缴增值税 92 亿元。国有企业增速稳定，经营效益较好。前三季度，国有及国有控股企业完成产值 2293.3 亿元，增长 9.9%；营业收入 2316.68 亿元，增长 10.2%；实现利润总额 60.08 亿元，增长 13.1%，占全部利润总额的比重为 39.3%；上缴增值税 34.1 亿元。此外，湖南省装配式建筑推进力度明显加大，综合实力位居全国前列。长沙市荣获国家装配式建筑示范城市，远大住工等 9 家企业获评国家装配式建筑产业基地。到 2017 年底，全省累计实施装配式建筑项目 2472 万平方米，共建成装配式建筑生产基地 20 个，11 个市州已建好标准化的装配式建筑生产基地，基本实现市州全覆盖，年产能达 2500 万平方米。娄底、邵阳建成农村装配式建筑 PC 工厂，株洲生产基地正在建设之中。2017 年全省市州中心城市共完成新建装配式建筑面积 722 万平方米（含装配式地下管廊、桥梁等市政工程），实现直接生产总值 150 亿元，带动上下游相关产业总产值超 250 亿元。重点推进地区（长沙、株洲、湘潭三市）完成 460.4 万平方米，积极推进地区（长株潭以外其他市州）完成 261.58 万平方米。除永州、张家界、衡阳三市未完成年度占比任务外，其他市州均完成了年度占比任务，全省新建装配式建筑占新建建筑面积的比例达到 11.61%，为省委、省政府下达年度目标任务的 116%。

3. 第三产业

第三产业增加值 16755.11 亿元，增长 10.3%。1～11 月，全省规模以上服务业企业 4940 家，同比增长 21.0%，实现营业收入 2861.15 亿元，同比增长 20.1%，增幅高于全国平均水平 6.2 个百分点，在全国各省市中排名第 3 位。其中，其他营利性服务业企业 2032 家，实现营业收入 1249.42 亿元，同比增长 28.3%，增幅高于全国平均水平 9.2 个百分点，在全国各省市中排第 12 位。铁路运输业、租赁业、商务服务业、科技推广和应用服务业、生态保护和环境治理业、机动车电子产品和日用产品修理业、其他服务业、社会工作、文化艺术业、体育 10 个行业快速增长，营业收入增速均在 30% 以上。营业利润增长较快，规模以上服务业企业实现营业利润 264.56 亿元，同比增长 28.2%。从行业来看，商务服务业、新闻和出版业、研究和试验发展成为增长主动力，分别实现营业利润 64.68 亿元、14.84 亿元、6.99 亿元，拉动全行业增长 4.4 个、4.1 个、2.7 个百分点。税金增幅环比上升，企业税负低于上年同期。规模以上服务业税金 86.80 亿元，同比增长 7.9%，税负比率为 3.03%，比上年同期下降 0.3 个百分点。从服务业重点领域来看。1～11 月，规模以上生产性服务业、科技服务业、高技术服务业、服务业战略性新兴产业分别实现营业收入 2145.16 亿元、1677.72 亿元、1127.05 亿元和 519.78 亿元，分别增长 19.4%、20.3%、14.0% 和 16.6%。房地产开发投资平稳增长。全省房地产开发完成投资 3060.06 亿元,同比增长 15.0%。其中,住宅完成投资 1941.72 亿元,增长 15.3%;办公楼完成投资 142.59 亿元,下降 2.3%;商业营业用房完成投资 581.66 亿元,增长 9.1%。全省商品房销售面积 7118.34 万平方米,同比增长 4.8%。其中,住宅销售面积 6188.05 万平方米,增长 1.4%;办公楼销售面积 112.07 万平方米,增长 31.0%;商业营业用房销售面积 574.86 万平方米,增长 35.9%。商品房销售额 3659.92 亿元,同比增长 14.1%。其中,住宅销售额 2948.87 亿元,增长 9.0%;办公楼销售额 100.34 亿元,增长 28.5%;商业营业用房销售额 510.95 亿元,增长 43.6%。11 月末,全省商品房待售面积 2107.88 万平方米,同比下降 31.4%。其中,住宅待售面积 1087.89 万平方米,下降 39.9%;办公楼待售面积 74.37 万平方米,下降 21.1%;商业营业用房待售面积 602.11 万平方米,下降 14.1%。旅游及相关产业增加值 2036.21 亿元,比上年增长 15.7%(未扣除价格因素);比同期国内生产总值现价增速高 7.7 个百分点;比同期第三产业增加值现价增速高 1.2 个百分点;占 GDP 的比重为 5.9%,比上年提高 0.3 个百分点,较 2012 年提高 0.85 个百分点。长沙市、株洲市、湘潭市、衡阳市、岳阳市、常德市、张家界市、郴州市 8 个市州的旅游及相关产业增加值突破百亿元,其中长沙市突破 500 亿元。

(二)产业结构变化情况

从三次产业结构来看,服务业比重进一步提升。全省三次产业结构调整为 10.7∶40.9∶48.4,与上年相比,第三产业比重提高了 2 个百分点。第三产业增加值增长 10.3%,比第二产业快 3.6 个百分点,对经济增长的贡献率达 58.1%。从工业内部结构看,中高端产业比重进一步提升。全省规模工业中高加工度工业、高技术产业实现增加值占比分别达到 38.0% 和 11.3%,增长 12.2% 和 15.9%,增速分别比 2016 年加快 1.6 个和 4.5 个百分点。与此相反,原材料工业和高耗能行业增速大幅低于规模工业平均增速,比重出现下降。原材料工业、六大重点高耗能行业增加值分别占全部规模工业的 19.6% 和 30.3%,仅增长 0.3% 和 1.8%。从投资结构看,投资结构继续优化,主要表现为:民间投资快速增长,增长 14.5%,比 2016 年提高 10.7 个百分点,大力改善营商环境、促进民间投资加快发展的政策取得明显成效；产业投资较快回升，一批重特大工业项目相继开工建设，全年工业投资增长7.4%；产能过剩领域投资快速下降，全省黑色金属矿采选业投资下降27.2%，有色金属矿采选业投资下降13.5%；高新技术产业投资快速增长，全省高新技术产业投资增长24.7%，高于全部投资增速11.6个百分点。从园区集聚来看，省级及以上产业园区规模工业增加值同比增长10.3%；增加值占全部规模工业的69.7%，比重比上年提高4.0个百分点，工业向园区集中发展的推进步伐坚实稳定。从新动能来看，全省高新技术企业新增574家，达到3584家，实现增加值8119.95亿元，增长14.7%，明显快于地区生产总值增速。1~11月，规模以上服务业战略性新兴产业营业收入增长16.6。新产品快速增加，新能源汽车增长17.6%，智能手机增长26.9倍，数控金属切削机床增长92%，技术陶瓷制品增长125.8%。新业态蓬勃发展。初步统计，网上零售额增长41.8%，远高于全社会消费品零售总额增速。网上零售的高速增长也带动了快递、移动互联网等业务快速发展，规模以上快递业企业完成快递业务量增长21.8%，移动电话4G用户数增长21.6%，移动互联网接入流量增长209.7%。

（三）工业行业效益情况

2017年，湖南规模以上工业企业累计实现主营业务收入39463.9亿元，同比增长12.4%，增速比上年加快4.8个百分点。盈亏相抵后实现利润1930.89亿元，增长24.3%，增速比上年加快19.8个百分点，增速位居全国第14位，比全国平均水平高3.3个百分点。每百元主营业务收入中的成本为83.67元，主营业务收入利润率为4.89%。29个大类行业利润增长。2017年，全省规模以上工业39个大类行业均实现盈利，29个大类行业利润比上年增加。其中，专用设备制造业实现利润144.12亿元，增长近2倍，拉动全省利润增长6.2个百分点；黑色金属冶炼和压延加工业实现利润92.08亿元，增长3.2倍，拉动全省利润增长4.5个百分点；化学原料和化学制品制造业实现利润162.11亿元，增长34.0%，拉动全省利润增长2.7个百分点；非金属矿物制品业实现利润172.00亿元，增长20.9%，拉动全省利润增长1.9个百分点；农副食品加工业实现利润150.88亿元，增长16.7%，拉动全省利润增长1.4个百分点。以上5个行业共拉动全省利润增长16.7个百分点。国有及国有控股企业利润增长 58.5%。2017 年，全省规模工业国有及国有控股企业实现利润 374.21 亿元，比上年增长 58.5%，拉动全省利润增长 8.9 个百分点；非公有制企业实现利润 1508.96 亿元，增长 18.0%，拉动全省利润增长 14.8 个百分点；股份制企业实现利润 1549.02 亿元，增长 27.7%，拉动全省利润增长 21.7 个百分点；外商及港澳台投资企业实现利润 174.44 亿元，增长 25.2%，拉动全省利润增长 2.3 个百分点。大型企业利润增长 59.0%。2017 年，大型企业实现利润 497.96 亿元，占全省规模工业利润的 25.8%，比上年增长 59.0%，拉动全省利润增长 11.9 个百分点；中型企业实现利润 554.1 亿元，增长 18.6%；小型企业实现利润 871.91 亿元，增长 13.7%。

二 产业发展形势

（一）全球经济复苏现象明显，总体外围环境转暖

一是美国等发达国家经济增速加快。2017 年底，美国国会参议院通过 30 年来最大规模的减税法案，美联储也启动年内第 3 次加息。美国税改将吸引全球资本回流美国，刺激美国经济，2018 年美国经济有望进一步增长。美国投资银行美银美林预测称，2018 年美国经济将增长 2.4%，高于 2017 年的 2.2%，税改方案将令美国经济增速提高 0.3 个百分点。欧洲经济持续复苏。2017 年三季度，欧元区季调后的同比增速达 2.5%，创下 2011 年一季度以来的新高。欧元区核心国家和边缘国家携手复苏，欧盟所有成员国也有望实现十年来首次共同正增长。二是新兴经济体涨势犹存。2017 年，新兴经济体对全球经济增长贡献率达到 75%，是全球经济主要的贡献者。2018 年，新兴经济体经济增长风险提高，不确定性增加。但对于新兴经济体的活力，各方依然普遍看好。国际货币基金组织预测，2018 年，新兴经济体和发展中国家经济增长率将进一步升至 4.9%，达到 5 年来的峰值。其中，新兴经济体对全球经济增长贡献有望达到 77%，较 2017 年上升 2 个百分点。此外，随着石油、天然气等大宗商品价格回升，俄罗斯、巴西等新兴经济体受益匪浅。"一带一路"建设也将给新兴经济体和发达经济体提供更多合作空间。

（二）全国经济迈进新时代，产业发展环境进一步优化

2017 年，我国国民经济保持稳中向好的发展态势，显示出较强的稳定性和韧劲。1～11 月，全国规模以上工业增加值同比增长 6.6%，比上年同期加快 0.6 个百分点。服务业生产指数同比增长 8.2%，比上年同期加快 0.1 个百分点。全国固定资产投资（不含农户）575057 亿元，同比增长 7.2%。社会消费品零售总额同比增长 10.3%，其中全国网上零售额 64306 亿元，同比增长 32.4%，比上年同期加快 6.2 个百分点。联合国发布的《2018 年世界经济形势与展望》显示，2017 年，全球经济增长的 1/3 依仗中国。日前，世界银行、国际货币基金组织、经济合作与发展组织等纷纷上调对 2018 年中国经济增速的预期。诸多国际机构最新研究普遍预测，2018 年，中国经济将继续保持强势增长，经济企稳和再平衡进程的持续推进将吸引更多海外投资者。从国内看，党的十九大标志中国特色社会主义进入新时代，确定新时代的奋斗目标和战略安排。2018 年首次国务院常务会议的首个议题，是部署进一步优化营商环境。李克强指出，按照党的十九大和中央经济工作会议精神，改革创新体制机制，进一步优化营商环境，是建设现代化经济体系、促进高质量发展的重要基础，也是政府提供公共服务的重要内容。新时代提出的新目标和新任务，营商环境的进一步优化，供给侧结构性改革不断深化，新兴动能快速成长，都将成为 2018 年产业发展的强劲动力。

（三）全省经济步入高质量发展阶段，产业氛围日益浓厚

习近平总书记对湖南提出的"一带一部"定位和"三个着力"要求，为湖南发展明确了定位，为湖南做好经济工作指明了方向。全省经济经过几年调整，经济结构出现重大变化，新的动能加速成长，经济企稳向好趋优态势明显，已经进入高质量发展阶段。中部崛起、长江中游城市群建设等一系列国家战略的实施，给了湖南难得的发展机遇。全省上下大兴产业的氛围日益浓厚。省委经济工作会议将 2018 年确定为湖南省的"产业项目建设年"。全省将突出产业发展，计划投资 1960.47 亿元，支持 192 个重点项目建设。加快建设以中国智能制示范引领区为目标的现代制造业基地，"一链一策"推进 20 个新兴优势产业链行动计划，促进制造强省 12 个重点产业创新转型发展。将园

区作为主阵地，创建先进储能材料、电动汽车、3D 打印、机器人等一批省级特色产业园，争取新增 2~3 家国家级开发区。重点抓好 100 个重大产业项目、100 个围绕产业发展的重大科技创新、100 个重大产品创新、引进 100 个 500 强企业和 100 名科技创新人才，积极构建现代产业体系。在一批大项目、好项目的有力支撑下，电子信息、移动互联网、汽车、工程机械、新能源、新材料、轨道交通、生物医药、生态环保等产业发展良好势头将继续保持，经济发展后劲将明显增强。

三　2018年推进湖南产业经济发展总体思路

2018 年是贯彻党的十九大精神的开局之年，是改革开放 40 周年，是决胜全面建成小康社会、实施"十三五"规划承上启下的关键一年。分析当前经济形势，明确 2018 年产业发展思路，对于抓好 2018 年经济工作，推动全省各项工作实现良好开局，具有重大而深远的意义。

（一）指导思想

坚持以习近平新时代中国特色社会主义思想为指导，全面贯彻党的十九大和中央经济工作会议、省第十一次党代会以及省委经济工作会议精神，坚持稳中求进工作总基调，贯彻新发展理念，紧扣社会主要矛盾变化，按照高质量发展的要求，统筹推进"五位一体"总体布局，协调推进"四个全面"战略布局，坚持以深化供给侧结构性改革为主线，深入实施创新引领开放崛起战略，推进"三个着力"，突出发展产业、转型升级，着力抓产业扶持实体经济，全力打好防范化解重大风险、精准脱贫、污染防治"三大攻坚战"，推动经济社会持续健康发展。

（二）发展思路

湖南产业发展要突出"三个着力""四大体系""五大基地"这个抓手，着眼于抓改革、优服务、促创新三大任务，突出抓产业发展重点、短板、弱项，以园区为载体，以产业链为抓手，以优化环境为基础，以项目落地为关键，以引才聚才为支撑，大力推进产业项目建设，着力培育、发展、壮大、做优产业，加快形成以现代农业为基础、战略性新兴产业为先导、先进制造业为主导、现代服务业为支撑的现代产业格局。

农业方面，积极发展现代农业，培育和打造一批农业产业化龙头企业，带动发展农产品精深加工业。以绿色发展和市场为导向，深入推进农业生产转方式，实现农业高产、高效、可持续发展。以精细农业为发展特色，更加注重精细生产、精细耕作、精细管理，全面实行标准化、清洁化、资源化生产。以农业全产业链条为发展路径，拓宽发展理念，跳出耕地抓生产，大力开发农业农村新产业新业态，构建现代农业产业体系、生产体系、经营体系，提高精细农业发展层次和水平，拓展发展空间和价值空间。

工业方面，抓住智能制造这个核心，提质升级传统制造业，加快培育壮大新兴产业，大力促进互联网、大数据、人工智能同实体经济深度融合，扎实抓好20个工业新兴优势产业链，推动工业产业链和服务链、金融链、科研创新链更好地结合，拉长和完善产业链条，力争在先进储能材料及电动汽车、3D打印和机器人等5～8个重点领域率先突破，推动湖南省制造业加速向数字化、网络化、智能化、绿色化方向延伸拓展，努力在中部崛起中形成智能制造高地。

服务业方面，大力发展工业设计、现代物流、博览会展等服务业。做强做优影视传媒、动漫游戏、数字创意等文创产业，突出抓好马栏山视频文创园建设，加快建设以影视出版为重点的文化创意基地。积极发展金融服务业，加强金融与项目精准对接，拓宽企业融资渠道，提高直接融资比重。加快以"锦绣潇湘"为品牌的全域旅游基地建设，推进红色旅游教育基地建设。

（三）工作重点

开展产业项目建设年活动。加强投资引导，围绕建设现代化产业体系，开展"百千万投资促进计划"，切实加大产业发展、创新驱动、农业农村、生态环保等重点领域的投资。推进重点项目建设，抓好100个重大产业项目、100个重大科技创新项目、100个重大产品创新项目，引进100个500强企业、100位科技创新人才；抓好新能源汽车、新材料、无人化装备等项目以及马栏山视频文创产业园等各类产业园区建设；抓好云计算、大数据平台等新兴应用基础设施项目建设。

提高供给体系质量。突出精细农业特色，创建一批绿色高产高效基地，推广一批绿色高产高效技术，叫响一批绿色农产品品牌，以绿色高产高效彰显农业品质，推动农业提质增效。注重运用市场化、法治化手段去产能，注重双管齐下、两手发力去库存，注重疏堵结合、标本兼治去杠杆，注重挖掘潜力、狠抓长效降成本，注重精准施策、集中攻坚补短板，提高供给质量和效益。

增强科技创新能力。积极对接国家科技创新2030重大项目编制，推动建设若干国家重点实验室、国家工程（技术）研究中心、企业技术中心和新型技术创新研究院。狠抓重大关键共性技术研发攻关，建立跨区域、跨部门、跨系统的协同创新机制。狠抓创新投入，实施全社会研发经费投入三年行动计划。狠抓创新团队培育，实施"芙蓉人才工程"。加快建设军民融合科技创新产业园，组建智能化技术、无人化装备等军民协同创新中心。

提升开放发展水平。有效对接和参与"一带一路"，加强科技研发、旅游、文化等国际交流合作。支持和引导工程机械、轨道交通、装备制造、农产品加工等建立走出去产业联盟。继续实施湘商回归工程，围绕重点产业的关键链条、关键技术开展精准招商。继续深化以负面清单为核心的外商投资管理制度改革，积极申报自贸试验区，复制推广国内自贸区试点经验，推进国家级高新区、经开区和保税区建设。推进口岸提质升级和海关特殊监管区发展。

四 2018年湖南产业发展建议

2018年，要继续深入推进供给侧结构性改革，实施创新引领开放崛起战略，围绕产业项目建设核心工作，引导产业高质量发展，强化功能平台协同，营造宜产宜业宜商的产业环境，加大引才聚才力度，着力培育、发展、壮大、做优产业。

（一）引导产业高质量发展

引导智能化发展。落实"长株潭衡'中国制造2025'试点示范城市群建设推进计划（2017~2019）"，实施智能制造工程，通过智能制造引导湖南省制造业高质量发展。重点形成一批智能制造示范项目、车间、企业、技术、装备和产品，为智能制造生态体系打下基础。一要做好智能制造试点示范和转向项目的创建评选工作。深度梳理现有智能制造项目，归纳实施办法，组织开展经验交流并有序推广，带动行业智能化升级。如三一集团的基于车间物联网系统的三围生产监控解决方案、中车株机的轨道交通车辆转向架智能制造车间项目、梦洁家纺的智能制造工厂示范项目、博世汽车（长沙）的工业4.0示范项目等。二是建设公共服务平台。建设智能化技术公共服务平台，建立科研创新共同体，重点推进前沿技术和关键共性技术研发、技术转移扩散和首次商业应用。建设智能企业孵化平台、合作交流平台、知识产权服务平台、标准研发平台和工农监测服务平台。

推进融合化发展。一是推进"互联网＋重点领域"融合发展。通过互联网促进产业创新式发展，实现产业组织、商业模式、供应链模式的转型升级和提质增效。发展"互联网＋农业"，基于互联网建设农业生态环境监测、智能农机研发、农产品监测和食品溯源平台、农产品电子商务等。发展"互联网＋制造"，通过互联网开展柔性制造、定制化生产等先进制造模式。发展"互联网＋服务业"，提升医疗健康、养老服务、文化教育、旅游交通、金融物流等领域的网络化和智能化水平。二是推进军民融合发展。提升军民协作深度和广度，以改革突破体制机制障碍，畅通军民间技术、人才和市场流动双向通道。引导社会资本参与军工企业股份制改造，开展联合攻关，加强关键技术研究，加快基础领域科技创新，推进军民技术双向转移和转化应用。加快推进军民融合"一区七基地"建设。形成长沙军民融合产业示范区、株洲航空动力军民融合产业基地、湘潭海洋与特种装备军民融合产业基地、岳阳卫星导航军民融合产业基地、平江军民融合产业基地、衡阳核电核能军民融合产业基地、益阳高技术船舶军民融合产业基地、益阳特种装备产业基地协调发展新格局。三是促进产业交叉融合发展。推动产业链围绕价值增值纵向融合，鼓励轨道交通、工程机械、节能与新能源汽车等优势产业与省内新材料、电子信息、装备制造、生产性服务业等上下游企业深度对接、协同发展，形成具备外向辐射力和内聚吸引力的产业集群。鼓励产业链依托先进技术横向嫁接和跨界融合。探索超算技术、IGBT技术、3D打印、装配式建筑等领先技术在传统制造、生活领域等的跨界应用，拓展发展空间。

践行绿色化发展。加快构建投入低、消耗少、污染轻、产出高、效益好的产业结构，形成绿色环保低碳的生产方式。一是加大传统产业绿色化改造。对于冶金、有色、化工、建材等能耗较高、排放较大的传统产业，加速淘汰落后产品和设备，以技术装备改造为核心实施绿色升级。推行工业企业清洁生产审核，继续组织实施"百家企业节能节水改造工程"和"千家企业清洁生产推进工程"，全面提升企业资源能源利用效率和清洁生产水平，促进企业持续健康发展。加大绿色装备技术的应用推广，全面推广非电中央空调、高效电机等重大节能技术装备；脱硝脱硫除尘、废渣废水废气治理等环保技术装备；余热余压回收、水循环利用、重金属污染减量化等绿色工艺技术装备和轻量化、低功耗、易回收的技术工艺和终端产品。二是大力发展节能环保产业。积极引进培育节能环保龙头企业，省内重点节能环保企业做大做强，对节能环保产业重点项目在用地保障、项目审批、银行信贷等方面给予优先考虑，支持省内龙头企业开拓省外、境外市场。加大财政金融税收扶持力度，尽快设立、运营长株潭节能环保产业投资基金，加大相关专项资金的整合力度，简化资金申报程序，落实各项奖励补助；采取投资奖励、补助、担保补贴、贷款贴息等多样化的奖补措施，加大对资源回收利用行业的税收优惠力度。规范节能环保市场秩序，重点规范项目招投标环节和竣工验收环节，严格查处各类违法违规行为。加强行业自律，建立行业内企业黑红名单制度和同业信用等级评价制度，遏制恶性竞争。三是推广绿色工厂、绿色园区理念，形成示范效应。积极创建绿色工厂，引导企业集约利用厂区；推广厂区光伏站、储能系统等，提高清洁和可再生能源使用比例；对物料严格分选、分别堆放，避免二次污染；优先选用先进的清洁生产技术和高效末端治理装备；降低厂界环境噪声、振动以及污染物排放，营造良好的职业卫生环境；提高工厂一次能源利用率，有效利用生产余（废）热。发展绿色园区，提高园区土地节约集约利用水平；推行热电联产、分布式能源及光伏储能一体化系统应用；加强水资源循环利用，推动供水、污水等基础设施绿色化改造；推动园区内企业间的原料互供、资源共享和废物资源循环利用；提高园区信息、技术、商贸等公共服务平台。

（二）强化功能平台协同

提升园区承载能力。扩大省内园区"飞地"试点范围。从省级层面部署"飞地园区"工作，出台专门政策，由点对点的企业转移转变为区域对区域的产业转移，由单纯的资金承接转变为管理与项目的复合承接，实现园区利益共赢。鼓励"飞地园区"合作方共同设立投融资公司，采取"PPP"模式，吸引社会资本参与园区建设、运营。

促进开放功能平台协同。继续积极申报自贸区试点，优化现有开放平台布局，强化开放平台协同。一是促进开放平台政策要素协同。探索建立开放创新政策一体化申报实施机制，对有需求的开放创新政策实行"一方牵头、多方配合，联合申报、共同实施"，避免重复申报，提高工作效率。推动自贸试验区试点政策共享共用。探索、研究、复制上海自贸区创新制度，各综合保税区应结合自身实际，向国家有关部门申请政策落地，强力推动"跨境电商"、"贸易多元化"、"内销选择性征税"、"增值税一般纳税人资格"等试点政策在全省各开放平台落地。二是促进开放平台功能定位协同。突出开放平台规划衔接，实施错位发展。建立开放平台规划衔接制度，在省内现有5个海关特殊监管区域及各产业园区发展基础上，根据各地外经贸发展情况、货物进出口量、加工贸易发展情况以及综合经济实力，依托港口和区域功能优势，省级层面加强对全省海关特殊监管区域在布局规划、招商引资、项目建设、复制自贸区创新制度等方面加强统筹考虑，形成地区差异化，凝聚产业特色，实现各开放平台定位不重复、规划不冲突，推动开放平台差异化发展，减轻内耗压力。搭建省内多式联运主骨架。依托城陵矶新港水铁公集装箱多式联运示范工程项目获批契机，重点推进岳阳城陵矶港、长沙港水铁公集装箱多式联运项目。推进岳阳市公路甩挂运输试点，支持衡阳红光物流园、株洲B保物流中心、郴州市兴义物流园、娄底市诚通物流园发展公铁联运。依托黄花临空经济区发展"空铁联运"，强化连接火车南站与黄花机场之间的磁悬浮轨道的联络作用，尝试磁悬浮货运模式，实现空铁客运、货运的"无缝衔接"；积极申请修建连接京广、蒙华的货运连接线，有效盘活黄花机场、"湘欧快线"霞凝货场和长沙新港之间的货运资源。同时，积极推进建设国际多式联运监管中心，支持省内骨干运输企业向多式联运经营人、综合物流服务商转型。

（三）优化产业发展环境

深刻理解并贯彻李克强总理"营商环境就是生产力"的指示，对标国际标准，把营商环境塑造为湖南产业发展的核心竞争力。一是深入推进商事制度改革，激发市场主体活力。进一步推进"多证合一"和"证照分离"改革，全面实现企业"一照一码";进一步推进"互联网+政务服务",建立涵盖所有业务、适用所有企业类型的全程电子化登记管理系统,实现电子营业执照跨区域、跨部门、跨领域互通互认互用;进一步优化市场退出机制;深化"最多跑一次"改革,提升商事登记效能。全面落实"双随机、一公开"监管改革,优化监管方式,确保监管全覆盖;加强企业信用监管,完善守信激励、失信惩戒措施,加大信息归集共享和公示力度,实现对企业违法行为的"一处失信,处处受限";加大竞争执法力度,坚决制止查处垄断和不正当竞争行为,清理废除妨碍统一市场和公平竞争的各种规定和做法。二是继续清理涉企收费,降低企业生产经营成本和制度性交易成本。实行涉企收费目录清单制度,在《湖南省定价目录》基础上全面梳理各项涉企经营服务性收费,采用取消收费、放开政府定价、降低收费标准等方式,降低企业经营服务性费用成本。结合"产业项目建设年",重点规范建设领域的涉企收费,全面清理规范住建、规划、国土等部门从申报立项到竣工验收等各环节、全流程的涉企收费情况。实施涉企收费公示制度,通过政府门户网站集中公示收费项目和收费标准,接受社会监督,增强政策透明度。三是塑造"亲"、"清"新型政商关系,以培育企业家精神和工匠精神为核心的政商新生态。界定政府"权力清单",以制度厘清权力边界;界定企业"负面清单",明晰企业经营权限,保障企业的合法权益和企业形象。大力弘扬企业家创新精神,形成尊重知识、尊重创新、宽容失败的文化氛围。树立亲商、护商、扶商的人文环境,提振企业家在湘发展的信心和动力。

(四)吸引产业人才集聚

以"芙蓉人才计划"为总纲,推进引才、聚才、铸才、育才、扶才、优才等六大人才工程,引进培育紧缺人才,尽快形成湖湘人才群,为湖南产业发展提供人才支撑。一要大力发展人力资源服务产业,通过市场实现人才资源的有效配置。申报创建长株潭人才改革试验区,以湘江新区、长株潭国家自主创新示范区为改革平台,对三市现有人才政策进行整合、创新,建立与国际规则接轨的人才政策体系。引进知名人力资源机构入湘发展、鼓励开展高端引才服务。鼓励具有行业影响力的企业或协会组织将行业峰会、人才峰会引入湖南,在展开技术对接、项目合作的同时,可以借此平台发布各类人才政策,人才洽谈对接,吸引同行人才加盟。二要搭建平台,鼓励湘籍人才回湘创业就业。与省外、海外湘籍同乡会、同学会建立长期联系,组织湘籍人才座谈会,或邀请湘籍人才返湘参观考察,鼓励以柔性引进的方式返湘创新创业。聘请在行业内具有一定影响力和号召力的人才为"人才特使",通过人才牵线搭桥,集聚人才资源和项目资源。畅通人才推荐渠道,面向全社会公布,对引进人才做出贡献的个人或机构予以表彰、奖励,形成良好的人才氛围。三是要形成覆盖人才选育用留全周期的政策支持体系。实行各类人才"零门槛"落户政策,推行"先落户后就业",设立"社区公共户",建立统一落户管理平台。加强人才住房保障,对高层次及急需紧缺人才提供人才公寓租赁服务。建立高层次人才"湖湘人才绿卡"服务制度。对持卡人按标准提供住房、配偶就业、子女入园入学、医疗、出入境和停居留便利、创业扶持等服务保障。鼓励人才带高新技术研发成果、专利技术等自主知识产权项目在湖南企业实现成果转化和产业化,完善人才税收优惠政策,对新办的属于20条新兴工业产业链的企业,享受企业所得税"两免三减半"的优惠政策等。

B.9
2017年湖南全面
深化改革形势及2018展望

曾剑光*

2017年是全面深化改革向纵深推进的关键一年。一年来，在以习近平同志为核心的党中央坚强领导下，在省委深改组的有力推动下，全省上下深入贯彻党的十八大、十八届历次全会、十九大及中央深改组历次会议精神，全省改革呈现出全面推进、重点突破的良好态势。全年共召开省委深改组会议6次，审议重大改革方案28个。要点确定的111项改革任务完成94项，正常推进12项（因上位政策出台较晚而正在推进事项），暂缓4项（因上位政策未出台或省领导指示暂缓事项），取消1项（已合并至其他改革事项）。

一　高位强力推动，改革领导提升新高度

面对新形势和新任务，省委深改组不断提高政治站位，全面加强党对改革

---

* 曾剑光，湖南省委改革办专职副主任，省委政策研究室副主任。

工作的领导。

1. 准确把握方向

省委深改组严格按照"三个不能变"的要求，坚持对标中央要求，对标发展需要，对标基层实际。注重贯彻中央部署。及时传达、深入学习十九大精神、习近平全面深化改革重要思想和中央深改组历次会议精神，在供给侧结构性改革、国防与经济建设融合发展、农村三权分置、环保生态红线划定、教育医疗体制改革、监察体制改革等四梁八柱性质改革的方面，严格按照中央要求不折不扣进行贯彻落实。注重结合湖南实际。坚持各项改革向"创新引领开放崛起"战略聚焦发力，针对制约湖南发展的突出短板和瓶颈制约，创新体制机制，突出国企国资改革、财税体制改革等发展难点专题攻坚，着力补齐开放型经济、实体经济、民生福祉等领域的制度短板。注重回应基层需要。牢固树立以人民为中心的改革价值取向，大力推进"一湖四水"环保综合治理、整治"雁过拔毛"式腐败、机关事业单位"三供一业"分离改革等。

2. 统筹谋划全局

省委深改组充分发挥总揽全局、协调各方的改革领导核心作用，统筹谋划改革布局，科学确定改革重点。坚持突出重点。2017年的全省改革要点中明确改革事项111项，比2016年减少165项，实现了以数量的"减法"换取质量的"加法"。重点聚焦供给侧结构性改革、教育综合改革等13项当前需持续推进的重大改革，以及国企战略重组、农村土地制度改革等10项当前需重点突破的重要改革。坚持分类推进。把全省改革事项科学划分为三种类别，采取不同的方式推进。对直接落实类改革，及时贯彻、严格落实；对持续推进的重大改革，周密部署、跟踪问效；对重点突破的当前重要改革，集中精力、集中攻坚。坚持精准施策。以问题为导向，准确把握全省各项重点改革推进过程中存在的突出问题，有针对性地实化细化改革举措，集聚资源、合力攻坚。

3. 研究制定政策

省委深改组坚持把科学制定出台改革文件作为指导和推动全省改革工作的基础，确保各项改革有力有序稳步推进。聚焦重大战略。针对性地制定出台了《关于大力实施创新引领开放崛起战略的若干意见》、《关于支持贫困地区发展产业扩大就业若干政策》等改革文件，有力地推动了"创新引领开放崛起"、脱贫攻坚等重大战略的实施。聚焦重点领域。制定出台了《湖南省省属国有资本布局结构调整与企业重组整合总体方案》、《关于统筹推进县域内城乡义务教育一体化改革发展的实施意见》、《关于推进安全生产领域改革发展的实施意见》等改革文件，狠抓稳增长、促改革、调结构、惠民生、防风险等方面的重点改革。聚焦健全机制。制定出台了《关于分类推进重大改革落地见效的意见》，明确建立联席会议制度、构建协同推进平台、完善督察督办机制，有效健全了改革推进制度框架体系。

4. 带头狠抓落实

省委、省政府主要领导坚持亲力亲为抓改革，充分发挥了模范带头作用。亲自抓部署。书记、省长亲自挂帅领衔10项重点改革，起到以上率下、层层抓改革的带头示范作用。省委书记杜家毫全年两次主持召开专题议事会听取改革办汇报，对改革工作作出指示。亲自抓把关。书记、省长坚持既挂帅又出征，针对国企战略重组、洞庭湖生态环境治理、河长制等重大改革事项进行深入调研，对相关改革方案出台严格审议把关。亲自抓协调。书记、省长注重统筹各方力量，亲自协调推进"互联网+政务"、机关事业单位"三供一业"分离改革、绩效考核改革等，亲自调度监察体制改革、财税体制改革等重大改革事项。亲自抓督察。书记、省长既抓改革的谋划部署，又抓督察落实，紧盯重大改革方案的落地见效。特别是对亲自领衔的10项重大改革，安排省委改革办、省委督查室定期开展督察，下发督察通报，责令限期整改。

二 紧盯重点任务，改革成效取得新突破

严格按照《中共湖南省委全面深化改革领导小组2017年工作要点》中明确的全年各项改革任务，系统推进各领域的重点改革，取得了明显成效。

1. 着眼增添发展动力，全面深化经济领域改革

聚焦重点领域和关键环节，经济体制改革的牵引作用不断加强。

经济体制改革方面：着力推动煤炭、钢铁企业去产能，查处取缔"地条钢"生产企业12家，化解煤炭产能400万吨，大幅缩短房地产去化周期，出台一系列降低企业制度性、生产性成本的政策措施，全年减负800亿元左右。

大力构建创新体制机制，全省科技进步贡献率由52.3%提高到55%，湖南省创新驱动发展受国务院办公厅通报表扬。着力构建开放型经济体系，全省进出口总额增幅居全国第四。推进国企国资和混合所有制改革，组建湖南国有资产经营管理公司，政企政资分开基本完成。被纳入国家第二批市场准入负面清单制度改革试点省份。全面实施企业建议注销登记改革和"多证合一、一照一码"改革，全省新登记各类市场主体68.32万户，新增注册资本1.46万亿元，同比分别增长21.76%、42.32%。大力推进简政放权，省级财政专项减少到78项，省本级取消行政许可事项307项，行政审批中介服务事项129项，全面运行投资项目在线审批平台，株洲市建设投资项目审批时间由200天以上缩短到70个工作日左右；郴州市"一次办结"事项达1651项事项，占总事项的94%；浏阳市在全省率先推行"最多跑一次"改革，取得积极成效。深化价格体制改革，做到定价目录之外无定价权。复制推广自贸试验区经验，全面实施检验检疫通关一体化，全面启动中国国际贸易"单一窗口"标准版落地湖南试点工作，在湘投资"世界500强"达到167家。深化财税体制改革，涉农资金整合试点得到中央高度肯定。深化公共资源交易改革，建成公共资源交易服务平台，并实现国家级、省级、市级电子交易公共服务系统互联互通。

农村改革方面：扎实推进农村土地确权登记颁证工作，已完成任务的95.98%。农村宅基地制度、集体经营性建设用地入市、农村土地征收制度等三项改革试点稳步推进。长沙市土地合作经营"鹊山模式"在全市推广，衡阳耒阳市打造了农房抵押贷款全国试点的"耒阳模式"。村集体资产股份制改革试点有力开展，资兴市承担的全国首批农村集体产权制度改革试点任务圆满完成，雨花区、汉寿县、龙山县、常宁市纳入全国第二批农村集体产权制度改革试点县。创新农村投融资机制，在51个贫困县深入推进统筹整合使用财政涉农资金试点，统筹整合工作在全国绩效考核中排第三。湘潭市全年整合涉农资金1亿元左右，梅林桥现代农业示范园整合资金做法在全省推广。优化农村金融服务，农村"两权"抵押贷款试点深入推进。农业保险基层服务体系不断完善，农村信用社改制进展平稳。高标准农田建设综合改革、农业水价综合改革、供销合作社综合改革、农垦改革等各项改革扎实推进，岳阳市供销合作社综合改革率先突破，取得明显成效。

2. 着眼改善人民福祉，全面深化民生领域改革

人民有所呼，改革有所应。聚焦经济社会发展和人民群众关注的热点、难点、痛点问题，人民群众幸福感、获得感、安全感进一步增强。

社会体制改革方面：省本级及长沙市、常德市实现了五险统一征收。基本医保跨省结算实现全省覆盖。全面完成医疗保险制度的整合和政策衔接改革。统筹推进中小学考试招生制度改革和城乡义务教育均衡发展，2017 年底全省72% 以上的县（市、区）实行义务教育基本均衡。2017 年起新增 1 亿元，专门用于消除大班额奖补。积极推进高校"双一流"建设，实施高校编制管理改革。加快医联体改革，全省三级公立医院全部参加医联体建设并发挥引领作用。探索按病种分级诊疗模式，家庭医生签约服务快速发展。全省公立医疗机构全面实施药品购销"两票制"改革，启动公立医院薪酬制度改革试点。全面实施按病种收付费，加大对公立医院改革的财政补偿力度。三医联动改革成效显著，每千张常住人口医疗机构床位数由 2012 年 4.43 张增加到 6.27 张。启动公立医院人事编制管理改革。完善矛盾纠纷多元化解机制，永州网格化治理经验被国家部委领导多次肯定。加快安全生产领域改革，建立重大事故隐患治理"一单四制"制度。进一步完善省国有文化资产监督管理委员会运行机制，不断优化国有文化企业法人治理结构。建立省级公共文化服务体系示范区考评体系，长沙市获批国家公共文化服务标准化示范地区。

生态文明体制改革方面：健全"一湖四水"管理体系，全面实施河长制，省市县乡村五级河长体系基本建立，绿色发展指数位列全国第 8 位，全省地表水 419 个省控断面水质总体为优。积极筹备省以下环保机构监测监察执法垂直管理制度改革。在全国率先将全省环境保护执法机构纳入政府行政执法机构保障序列。健全生态环境保护市场化机制，开展节能减排和生态保护，大力推进火电、造纸、有色等重点行业排污许可制度改革。实行资源能源总量和强度双控制度。积极推动建立湘资沅澧流域生态补偿机制，完成国家生态环境损害赔偿制度改革试点工作。城步南山森林公园试点稳步推进。深化领导干部自然资源资产离任审计试点工作，将绩效评估和审计评价结果作为领导干部考核、任免、奖惩的重要依据。

3. 着眼促进公平正义，全面深化民主法治领域改革

坚持把全面深化改革与全面依法治省一体部署、一体落实、一体督办，充

分发挥司法公正对法治的保障支撑作用。

司法体制改革方面：实行司法人员分类管理制度，全面完成员额制改革。积极推进工资制度改革，员额法官检察官改革工资全部发放到位。扎实开展司法责任制改革，建立新型办案机制。推进内设机构改革，充实办案人员力量。大力推进省以下法院、检察院人财物省级统管体制改革。积极推进以审判为中心的刑事诉讼制度改革，推进繁简分流和多元化纠纷解决机制改革。深化警务机制改革，全省已有 14 个市州公安局、126 个县市区公安（分）局建立了"4＋X"警务工作模式。推动市县两级公共法律服务中心建设和管理，全省建成 132 个公共法律服务中心。湖南省律师参与化解和代理信访案件改革经验被中央政法委推介。

民主法治领域改革方面：加快建立省人民政府向省人大常委会报告国有资产管理情况制度。全面支持民主党派、无党派人士加强民主监督。探索开展市场监管领域综合执法改革，提高市场监管综合执法工作水平。

4. 着眼加强党的建设，全面深化党建纪检监察改革

把改革精神贯穿于全面从严治党全过程、各领域，不断深化党的建设制度和纪检监察体制改革。

党的建设制度改革方面：着力完善干部选拔任用、干部管理、干部监督、干部培养等制度体系，大力开展全省优秀年轻干部培养选拔，大力推进选调生制度改革创新，定向 14 所全国重点高校选拔选调生 287 名。深入推进支部设置标准化、组织生活正常化、管理服务精细化、工作制度体系化、阵地建设规范化等党支部"五化"建设。深入实施"芙蓉人才行动计划"，重点开展智汇潇湘引才、发展高地聚才、名家名匠铸才、青年菁英育才、固基兴业扶才、崇绩重能优才"6 大人才工程"。

纪检监察体制改革方面：认真贯彻落实中央改革要求，全面完成省、市、县三级监察体制改革。全面完成省、市、县三级纪检派驻机构改革任务，选优配强纪检派驻干部，人员配备到位。创新方式方法，将常规巡视与机动巡视相结合，狠抓问题整改落实。全省各市州、各县区已全部设立巡察办，开展扶贫领域专项巡察，推动全面从严治党向基层延伸。大力开展"雁过拔毛"式腐败专项整治，怀化"互联网＋监督"经验在全省推开，全省查处扶贫领域问题 9269 件，追缴资金 3.9 亿元。

三　创新方式方法，改革机制构建新格局

坚持以规矩定方圆，不断完善改革运行的体制机制，构建系统完整的制度框架，确保各项改革任务落地见效。

1. 强化责任落实机制

构建责任体系。坚持把改革作为"一把手"工程，形成推进改革的强大力量。全面压实各级深改组、专项小组、改革办、改革牵头部门、改革参与单位等主体的改革责任。优化组织体系。将所有非常委副省长增列为省委深改组成员，分管副省长增列为各专项小组副组长，有效推动了各项改革任务的顺利开展。将司法和社会体制改革专项小组分为司法体制改革专项小组和社会体制改革专项小组，促进专项小组牵头部门更好地发挥作用。

2. 完善工作推进机制

健全台账管理制度。对改革要点确定的改革任务建立台账，逐项确定完成时间、牵头单位和责任处室、审议层级等具体要求，实行销号管理。健全改革推进机制。综合运用进度监测、督察督办、评估考核等三个落实抓手，对重点改革任务进行全程跟踪、全面监测。健全经常性报件制度。定期调度和综合改革总体进展情况以及重大改革推进情况，及时反馈领导批示落实情况。经常性开展改革调研，报送调研报告。健全评议评审机制。对改革文件的制定出台，召开内评会、专家咨询会等，开展评议评审，提高科学性。

3. 健全督察考核机制

加大督察力度。严格落实《湖南省全面深化改革督察办法》中"六必督、六必查、六必究"的要求，将计划督察与随机督察相结合、全面督察与重点督察相结合、专题督察与专项督察相结合，探索开展第三方评估。今年组织了涵盖 7 项改革任务的中期督察以及 11 项专项督察，以及开展了 7 个改革事项事前事中事后第三方评估。加大考核力度。继续把全面深化改革作为重要内容纳入全省绩效考核，坚持公平公正公开的原则，对改革落实不力的省直部门和市州依规严格扣分，考出了可信度、积极性、凝聚力。

4. 创新激励约束机制

完善容错纠错机制。严格按照"三个区分开来"的要求，健全鼓励创新、

宽容失败、允许试错的制度机制，旗帜鲜明地为敢于担当的干部担当，为敢于负责的干部负责。长沙、怀化、郴州、永州等地纷纷出台了相关文件。完善追责问责机制。严格落实《关于分类推进重大改革落地见效的意见》等有关规定，对改革工作推进不力、进展缓慢的省直部门和市州，予以通报批评。

四 大力宣传推介，改革氛围呈现新气象

充分挖掘和总结改革典型案例和成功经验，加强正面宣传和引导，改革氛围愈发浓厚。

1. 积极宣传改革成就

全省各级各部门认真组织观看了《将改革进行到底》专题政论片，开展了热烈地学习讨论。推出了《湖南改革路》系列专题报道，《"数"说湖南深改成绩单：20多项改革走在全国前列》经验报道，积极宣传推介近年来湖南省改革成就。

2. 评选管理创新奖项

为更好推动"创新引领开放崛起"战略的落实，省委、省政府首次进行了管理创新奖评选，评选了10个管理创新案例，并在全省复制推广。常德、衡阳、娄底、益阳、郴州等地积极对标，分别开展了改革创新奖评选。

3. 扎实推进改革试点

认真承接落实中央部署的各项改革试点任务，中央在湖南省部署的160项试点任务，已完成35项，正在按计划推进125项。积极鼓励基层结合群众期盼和发展需要，自主开展改革探索。例如，张家界市大力推进全域旅游系统性改革试点，取得初步成效；澧县"锦绣千村"农民专业合作社模式取得显著成效；长沙县、娄星区法院等推进"三分式审理"和简易案件先行速调改革成效明显。

4. 大力推介经验典型

加大改革成功经验的宣传推介，培育了一批在全国有影响、有地位、有特色的改革亮点。例如，华菱集团、中联重科等省属国企"主业归核、资产归集、产业归位"改革典型经验在《人民日报》头版头条刊发；"三级一体"警务机制改革获得公安部大力推介；"四跟四走"精准扶贫经验得到人民日报大

力推介；"互联网＋监督"管理创新获得王岐山同志高度肯定；娄底市探索构建村级"微权力"风险防控体系入选十大"2017中国改革年度案例"等。

回顾一年的工作，我们更加深刻地体会到，推进改革工作必须提高站位强化党的领导、必须合力攻坚突出重点任务、必须加强统筹完善工作机制、必须动真碰硬狠抓督察落实。同时，我们也清醒地认识到，当前改革仍存在一些急需破解的难点堵点问题：有的改革举措受部门利益束缚，推进难度较大；有的改革部署和政策措施落实不到位，一些改革方案创新突破力度不大；有的把改革当成"筐"，什么都往里面装；有的改革项目协同推进和落实机制不健全，基层改革专职力量配备不足；有的改革举措老百姓感知度不高，获得感有待提升。破解这些问题是下步加强和改进湖南省改革工作的努力方向。

2018年是贯彻落实党的十九大精神的开局之年，是改革开放40周年，全省全面深化改革的总体思路是：深入学习贯彻党的十九大精神和习近平全面深化改革重要思想，坚持党的领导，牢牢把握改革的正确方向，按照党中央确定的全面深化改革总目标，围绕全省重大战略和省委、省政府中心工作，聚焦"抓重点、补短板、强弱项"，对标中央部署、对标湖南实际、对标基层需要，按照高质量发展的要求，突出重点，分类施策，强化改革责任落实，健全改革工作机制，着力增强改革的系统性、整体性、协同性，保持工作力度和连续性，推动思想再解放、改革再深入、工作再抓实，有计划有秩序推动各项改革落地见效，奋力在新起点上实现新突破。

一是全面落实中央部署。对标十九大战略新布局，全面科学准确把握中央改革精神、改革部署和改革要求，在新起点上谋划和推进改革。着力补齐重大制度短板，着力抓好改革任务落实，着力巩固拓展改革成果，着力提升人民群众获得感，推进基础性关键性改革取得实质性成果。统筹好十八大以来部署的改革举措和十九大新提出的改革任务，全面盘点十八大以来部署还未落实的改革，加快把欠账补上去，确保中央各项改革部署在湖南省落地生根。

二是精准聚焦湖南省实际。进一步突出重点，攻克难点，在破除各方面体制机制弊端、调整深层次利益格局上再拿下一些硬任务，重点推进国企国资、垄断行业、产权保护、财税金融、乡村振兴、社会保障、对外开放、生态文明等关键领域改革。同时，紧扣全省"创新引领、开放崛起"战略，从基层和群众关心的问题上找突破口，推出具有地方特点的改革，突出抓好省委深改组已经明确的13项重大改革和当前需重点突破的10项重要改革，推动湖南省创新开放、国企发展、"互联网+政务"、社会信用体系建设、产业金融服务体系等领域不断取得改革新进展。

三是着力创新工作方法。坚持系统推进的方法。探索组合式、集成式、联动式等系统方法，在推进区域系统性改革的基础上，分领域推出系统性改革，不断增强改革的系统性、整体性、协同性。坚持专题攻坚的方法。牢牢抓住"牵一发而动全身"的改革事项，由各级各部门"一把手"挂帅，集聚资源、全力攻坚，力争干一件成一件。坚持试点探索的方法。鼓励基层创新，积极发现和总结改革经验成效，对已经形成较好经验的抓紧总结和推广；对领域相近、功能互补的开展综合试点；对未达到预期效果的提前预警、督促落实。根据新形势新要求，统一部署一批新试点，为推进改革新任务探索探路。坚持调查研究的方法。结合全省"抓重点、补短板、强弱项"大调研活动，将重点改革中存在的突出矛盾和问题摸清摸准摸透，把改革工作做深做实做细。

四是不断健全推进机制。探索建立重要改革联席会议制度，加快健全完善改革协调推进平台。完善责任机制，推动各改革主体各司其职、各负其责。完善督察机制，扩充督察内容、整合督察力量、提高督察频率、狠抓问题整改，对不作为的，抓住典型，严肃问责。完善考核机制，结合绩效考核改革，调整优化对改革工作的考核办法与指标体系。

五是大力开展宣传推介。大力开展改革开放40周年纪念活动，统筹抓好各项总结和宣传工作。全面总结、积极宣传五年来全面深化改革取得的理论创新、制度创新、实践创新成果，把抓好宣传推介作为扩大改革影响力、提升群众感知度的重要举措。继续开展管理创新奖评选工作，大力挖掘和推介改革先进经验，积极向中央推介湖南省改革典型案例。

B.10
2017年湖南经济
形势分析及2018年展望

胡伟林 *

一 2017年湖南经济社会发展基本情况

2017年，面对复杂多变的国内外形势、历史罕见的洪涝灾害影响，在省委、省政府的坚强领导下，全省坚定不移落实新发展理念，按照"三个着力"要求，大力实施创新引领开放崛起战略，加快建设"四大体系"、"五大基地"，全力打好"三大战役"，强力推动产业兴湘、产业强湘，保持了经济稳中向好、稳中趋优的发展态势。全年地区生产总值达到3.46万亿元，增长8%，较为圆满地完成了年度目标任务。

（一）扎实推进供给侧结构性改革，实体经济的景气度稳步回暖

"三去一降一补"深入实施。取缔"地条钢"生产企业12家，化解煤炭落后产能400万吨。商品房待售面积下降30.5%。签约市场化债转股项目4个、规模300亿元。全年为企业减负922亿元左右。基础设施、民生、生态投资分别增长15.9%、12.8%和12.5%。实体经济效益改善。1~11月，规模工业企业利润增长24.1%，资产负债率下降2.2个百分点。全年一般公共预算收入4565.7亿元，增长7.4%，非税收入占比下降6.3个百分点。农村一二三产业融合发展加快，全省农产品加工企业达到5.6万家。粮食总产596.8亿斤。

---

* 胡伟林，湖南省发展和改革委员会党组书记、主任。

（二）全面实施创新引领开放崛起战略，产业发展的中高端化日趋明显

创新引领作用不断增强。高新技术产业增长14.7%，占GDP的比重提高1.5个百分点。科技进步贡献率56%，提高1.4个百分点。"135"工程引进双创型企业6000多家。新增国家级高新区1家、省级高新区11家。新增规模工业企业超过1000家。积极运用高新技术、"互联网+"改造提升重点产业，全省规模工业增长7.3%。互联网服务营业收入、旅游总收入增速超过20%，服务业增加值达到1.68万亿元，增长10.3%。对外开放水平全面提升。对外投资额居中部第一。成功举办"港洽周"、泛珠联席会议等重大经贸活动。长沙临空经济示范区获批，黄花综保区封关运行。进出口增长39.8%，实际利用内外资分别增长16.9%和12.6%。

（三）积极挖掘和释放内需增长潜力，经济运行的稳定性逐步提高

投资达到3.13万亿元，增长13.1%，增速居中部省份第一。其中，高新技术产业投资增长24.7%，民间投资增长14.5%，同比加快10.7个百分点。307个省重点建设项目完成年度计划的131.5%。华大基因落户湘江新区，新能源、轨道交通、汽车、大数据等领域一批重大产业项目相继竣工投产，常益长高铁开工建设。深入推进十大扩消费行动，消费升级步伐加快。网络购物、移动支付、共享经济迅速壮大，网上零售额增长41.8%，全社会消费品零售总额达到1.49万亿元，增长10.6%。

（四）持续深化重点领域和关键环节改革，内生增长的驱动力不断增强

"放管服"改革，清理规范省级行政审批中介服务事项27项，省市县行政许可事项分别精简40%、46%和26%，县级公共资源交易平台全部撤销。"多证合一、一照一码"全面实施。2500多家行业协会商会与行政机关脱钩。国企国资改革，省属国有资本布局结构调整与企业整合重组取得突破，国企公司制改制任务全面完成。财政金融改革，有序推进水利、交通领域事权与支出

责任划分改革试点，着力整治平台公司违规举债、变相融资行为。新挂牌农商行4家，17家企业成功上市。投融资改革，投资项目在线审批平台全面应用，PPP项目联审机制初步建立。价格体制改革，启动实施钢铁、水泥行业差别电价，全面放开食盐价格；修订《湖南省定价目录》，实现目录之外无定价权。

（五）突出抓好环境治理和脱贫攻坚，人民群众的获得感持续提升

以湘江保护与治理"一号重点工程"、洞庭湖生态环境专项整治为重点，抓实中央环保督察整改，打响环境治理战役"夏季攻势"，统筹整治大气、水、土壤环境。全省地表水水质总体为优，14个市州城市空气平均优良天数比例达81.5%。万元GDP能耗下降5%左右。大力推进脱贫攻坚。全年可实现140万左右贫困人口脱贫、完成35万人易地扶贫搬迁任务、12个贫困县摘帽。14件民生实事均完成或超额完成任务。财政涉民支出占比达71.3%。开工棚户区改造41.19万套，改造农村危房23.11万户，巩固提升农村饮水安全153.13万人，3.6万户因灾损毁住户春节前可全部搬进新居。全年新增城镇就业75.1万人；全体居民人均可支配收入增长9.4%；物价涨幅1.4%；常住人口城镇化率达到54.6%。

二 2018年湖南经济发展环境的判断与把握

2018年，全省发展环境总体有利。一是以习近平同志为核心的党中央的坚强领导将凝聚发展的强大合力。在习近平新时代中国特色社会主义思想的指引下，发展动力和活力将不断汇集，发展质量和水平将不断提升。全面实施科教兴国、乡村振兴、区域协调发展等重大战略，发展基础和支撑将不断夯实。二是宏观政策的累积效应有望加速释放。积极的财政政策突出聚力增效，注重减税降费、提高财政支出的公共性和普惠性、促进区域协调发展。稳健的货币政策突出松紧适度，引导更多资金投向实体经济、小微企业和"三农"领域。精准的产业政策更加有力有效，推动重点行业提质增效和转型升级。统筹协调的区域政策突出重点、区别对待，加大贫困地区支持力度。三是全面深化改革带来的积极变化正向纵深拓展。市场经济体制机制不断完善，特别是随着供给

侧结构性改革深入推进，钢铁、煤炭、工程机械等行业供求关系有望持续改善，金融、房地产等领域风险有望逐步化解。四是创新引领开放崛起战略形成的新动能新空间迅速壮大。四大创新、五大开放行动、芙蓉人才计划全面推进，产业兴湘氛围日益浓厚，电子信息、汽车、工程机械、生物医药、生态环保等产业来势向好，发展后劲明显增强。五是市场信心稳定向好的态势还将延续。各方面预期大都较为积极。

但当前全省发展不平衡不充分的问题比较突出：一是宏观环境不稳定不确定性因素较多。美联储和欧洲央行已实施或宣布收紧货币政策，加上美国税改，将对全球产业布局、资本流动带来影响。二是省内结构性矛盾仍然突出。新动能的成长短期内还不能完全对冲传统产业衰退的影响。三是实体经济发展面临不少制约。企业财务负担可能加重，制度性交易成本、物流成本总体偏高，人工成本趋势性上升。四是补齐发展短板压力增大。生态环境恶化趋势没有根本性扭转，深度贫困区按期脱贫任务艰巨。此外，金融、房地产等领域风险隐患也不容忽视。

三 2018年湖南经济社会发展的主要任务

主要预期目标是：地区生产总值增长8%左右，服务业增长9.5%，规模工业增长7.5%，投资增长11.5%，消费增长10.5%，进出口增长15%，一般公共预算收入增长6.5%以上，全体居民人均可支配收入增长8%以上，物价涨幅控制在3%以内，城镇新增就业70万人，城镇调查失业率和登记失业率分别控制在5.5%和4.5%以下。重点抓好以下10项工作。

（一）持续深化供给侧结构性改革，提升供给体系和产业发展的质量优势

紧扣"产业项目建设年"，着力抓好100个重大产业建设项目、100个科技创新项目、100个重大产品的创新，引进100个500强企业和100个科技创新人才，推动构建现代产业体系。加强现代制造业基地建设。继续实施制造强省"1274"五年行动计划，抓好长株潭衡"中国制造2025"试点示范城市群建设，积极申报国家级示范区。实施制造业重大技改升级工程、"制造+互

联网＋服务业"等专项行动，加快传统产业转型升级。大力开展质量提升行动，创建"三品"工程。继续实施小巨人企业培育计划。加快新兴产业发展。落实新兴优势产业"一链一策"推进措施，力争在 5～8 个领域率先突破。推进新兴产业投资基金市场化运作。加强军民融合科技创新产业园建设，打造国家级军民融合创新示范区。实施"湖湘服务"品牌战略，推进服务业"双百"工程和集聚区提升工程。抓好郴州国家服务业综合改革试点，推进马栏山视频文创产业园等重大项目，打造以影视出版为重点的文化创意基地、以"锦绣潇湘"为品牌的全域旅游基地。扎实推进"三去一降一补"。从总量性去产能转向结构性优产能为主，关闭退出小煤矿 90 个，处置"僵尸企业"100 家以上。抓紧建立多主体供给、多渠道保障、租购并举的住房制度。完善去杠杆政策体系，谋划发行债转股专项债券，充实债转股后备项目库。落实已出台的各项减税降费措施，进一步降低企业各项成本。聚焦综合交通枢纽体系、脱贫攻坚、新产业新动能培育等，精准有效改善供给结构。创新发展产业园区。开展园区管理体制改革试点。加强园区基础设施和公共服务设施建设，基本实现污水、固废集中处理设施全覆盖。实行园区考核末位淘汰制度。支持 8 个左右省级产业园区转型为高新区，争取新增 2～3 家国家级高新区。

（二）全面推进创新引领开放崛起战略，增强现代化经济体系建设的动力支撑

深入实施"451"行动计划，推动形成全面创新、全面开放新格局。加快科技文化创新体系建设。健全创新型经济评价指标体系和监测评估机制，推广科技成果"三权"改革试点经验。启动科技成果转化贷款风险补偿，建设潇湘科技要素交易市场。实施芙蓉人才计划。启动"全社会 R&D 投入三年行动计划"。加强创新平台建设。围绕打造科技创新基地，实施长株潭国家自主创新示范区"三年行动计划"，建设一批国家重点实验室、国家工程研究中心、企业技术中心和新型技术创新研究院，启动湖南省科技大数据中心建设。共建一批产业技术创新战略联盟。推动众创空间市州和高新区全覆盖。坚持引进来与走出去并重。主动对接 500 强企业，继续实施湘商回归工程。全面推行外商投资负面清单管理。落实推进国际产能和装备制造合作三年行动计划，引导工

程机械、轨道交通等优势领域建立"走出去"产业联盟。巩固外贸向好势头。推进口岸提质升级和海关特殊监管区发展。以邵阳保税改革试点为契机，探索内陆地区开放崛起新路径。复制推广自贸区试点经验，力争在汽车平行进口、跨境电子商务等方面取得突破。积极申报自贸试验区。继续组织"湘品出湘"等活动。全面优化营商环境。落实《对接"北上广"优化大环境行动导则》。推广"最多跑一次"审批服务模式，对重点产业建设项目推行"预审代办制"。继续清理规范涉企收费，持续开展物流业降本增效专项行动。全面清理政府违约失信行为。

（三）大力实施乡村振兴战略，建设农业农村现代化保障体系

继续推进三个"百千万"工程，着力深化农业供给侧结构性改革。加快农业农村改革。积极推进承包地"三权"分置，完成农村土地承包经营权确权颁证扫尾工作。抓好农村集体资产清产核资和产权登记。开展农民以土地经营权入股农民合作社、农业产业化龙头企业试点。鼓励发展土地股份合作社等新型土地流转模式，创建省级家庭农场、农民合作社。打造以精细农业为特色的优质农副产品供应基地。启动划定粮食生产功能区、重要农产品生产保护区和特色农产品优势区。打造30个优质农副产品供应示范基地和20个现代农业综合园区。支持发展"三品一标"。实施"互联网＋"现代农业行动和快递下乡工程，推进农村一二三产业融合发展。改善农业生产条件。加快涔天河水库扩建灌区项目、莽山水库、毛俊水库、黄盖湖防洪治理等重点水利设施建设。完成364万亩高标准农田建设任务。推动水稻生产全程机械化，加强超级稻研究协作攻关与示范推广。培育农业社会化服务组织和乡村能人。建设美丽宜居乡村。实施农村"双改"三年行动。推进农村环境综合整治省域覆盖试点，完成3000个行政村农村环境综合整治，创建300个美丽乡村示范村。改造农村危房10万户。积极推动农村"厕所革命"。

（四）突出扩大有效投资和促进消费升级，巩固经济持续稳定增长的基础条件

发挥投资对优化供给结构的关键性作用。实施"百千万投资促进计划"。优化投资方向。扩大产业投资，推进"三链"融合，实施好20个工业新兴优

势产业链行动计划。继续实行省领导联系重大产业项目机制，强化产业投资考核。稳定基础设施投资，围绕打造综合交通枢纽体系，加强"四网"、物流基础设施建设，抓好黔张常、张吉怀、常益长高铁和"气化湖南"、新一轮农网改造、"无线城市"等重大项目；确保怀邵衡铁路建成通车，新增高速公路300公里以上，新改建干线公路1000公里以上。增加生态民生投资，加大"一湖四水"治理、基本公共服务均等化等领域投入。提升品质消费投资，建好全域旅游、健康湖南等领域重大项目。强化资金保障。加大财政性资金投入，推进政府融资平台市场化转型。大力发展直接融资，促进股权投资发展，支持优质企业上市融资，鼓励金融机构扩大有效信贷投放。完善和落实民间投资支持政策，实施民间投资"六大行动"。增强消费对经济发展的基础性作用。落实十大扩消费行动等政策，支持发展网络消费、分享经济、体验经济等消费新业态新模式。打造一批电子商务平台和本土网店。加快城市物流配送、县乡村三级物流配送体系建设。

（五）落实区域协调发展战略，统筹建设新型城镇体系。提升区域发展整体水平

积极对接长江经济带、粤港澳大湾区和泛珠区域，有效开展基础设施、产业发展等领域协同合作和共建共享。加快长株潭一体化发展。支持长沙创建"三个中心"，鼓励湘江新区率先发展，推进湖南金融中心建设，抓好"四位一体"城市群交通网络以及21个特色产业园建设。落实"共抓大保护、不搞大开发"的要求，推进洞庭湖生态经济区绿色转型发展。加强承接产业转移示范区及湘粤开放合作试验区建设，促进湘南开放发展。发挥大湘西地区生态和资源优势，培育壮大农林产品加工、文化生态旅游、生物医药等主导产业。有序推进新型城镇化。落实"人钱"、"人地"挂钩等政策，探索建立农业转移人口市民化激励机制。深化新型城镇化综合试点改革。增强市州中心城市辐射带动作用，推进县域产城（镇）融合，实施"一县一特"战略，积极培育特色小（城）镇。启动城市"双修"十大工程。改造城镇棚户区27.76万套。推动资源型老工业城市转型发展。抓好城区老工业区、独立工矿区改造搬迁，采煤沉陷区综合治理及娄底、衡阳、郴州等资源型城市转型发展，加快株潭娄产业转型升级示范区建设。

（六）以完善产权制度和要素市场化配置为重点，全面深化经济体制改革

构建市场机制有效、微观主体有活力、宏观调控有度的经济体制。产权保护制度，落实保护产权实施意见，建立产权保护协调工作机制。推进以产权保护为重要内容的政务诚信建设。出台激发和保护企业家精神的政策措施。要素市场化配置改革，落实创新政府配置资源方式实施意见，减少政府对资源的直接配置。完善土地二级市场制度建设。健全劳动力、人才社会性流动机制。"放管服"改革，实施市场准入负面清单制度。逐步赋予省级以下政府更多自主权，推广部分省直管县赋权目录。推进商事登记便利化。加快"互联网+政务服务"改革。国企国资改革，以管资本为主转变国资监管职能。稳妥推进国企混合所有制改革试点和员工持股改革试点。抓好国企内部"三项制度"改革。全面完成国企"三供一业"分离移交。财税金融体制改革，加快预算制度改革，全面实施绩效管理。分领域推进财政事权和支出责任划分改革，健全省对下转移支付制度。鼓励银行设立中小微企业金融服务机构，健全担保和再担保制度，大力发展村镇银行。投融资体制改革，开展民间投资报建事项清理，推进先建后验"企业投资承诺制"试点，逐步推开"多本合一、多评合一"。价格体制改革，制定政府定价的重要商品和服务价格管理办法，推进医疗服务价格改革，扩大电力直接交易规模。

（七）强化问题导向底线思维，打好防范化解重大风险攻坚战

加强重点行业、重点领域、重点区域的风险防范化解。防控政府性债务风险。加强政府投资项目管理，严格按照"财力能承受、项目可持续、承诺能兑现"的总体要求，谋划和推进基础设施和民生项目，严防"政绩工程、面子工程"形成的政府债务负担。强化政府投资项目概算约束，严禁擅自扩大建设规模、提高建设标准。严格依规实施PPP、政府购买服务、政府投资基金等项目，严禁以项目建设名义变相举债。防控金融风险。守住不发生系统性金融风险的底线。继续开展互联网金融风险专项整治、交易场所清理整顿，严厉打击非法集资、高息揽储等违法违规金融活动。积极推进市场化债转股，积极推进省市两级金融安全区达标单位创建。同时，推进金融业综合统计和监管信

息共享，推动建立统一的金融监管协调机制。加强社会信用体系建设。进一步完善信用数据归集共享机制，提升平台网站服务功能，力争联合奖惩备忘录实现全覆盖。积极创建国家级信用示范城市试点。

（八）系统推进环境保护与治理，打好污染防治攻坚战

坚持增量控制与存量治理并举，不断提升生态治理能力。预期生态投资增长12%。强化重点区域治理。打好水污染治理攻坚战，全面完成湘江保护和治理第二个三年行动计划，并向"一湖四水"延伸。实施洞庭湖生态环境专项整治三年行动计划。整治城镇黑臭水体150个。启动"蓝天保卫战"行动，确保14个市州城市空气质量平均优良天数比例逐年提高。实施62个土壤污染防治重点项目，开展长株潭耕地修复治理及农作物种植结构调整，实现结构调整、修复治理、休耕100万亩。加大生态修复力度。加强生态文明建设目标评价考核。完善五级河长体系。探索建立资源环境承载能力监测预警长效机制，划定并严守生态保护红线。推进南山国家公园体制试点建设。抓好石漠化综合治理、新一轮退耕还林、矿山地质环境生态修复等重大工程。推动绿色低碳发展。推行环境污染第三方治理、合同能源管理、特许经营等市场化模式。继续实施能源、水、建设用地总量和强度"双控"。开展循环发展引领行动，逐步实施生产者责任延伸制度。

（九）集中精力精准发力，坚决打赢脱贫攻坚战

保证现行标准下的脱贫质量，实现130万以上农村贫困人口脱贫、2200个左右贫困村脱贫出列、16个贫困县脱贫摘帽。着力攻克深度贫困堡垒。以武陵山、罗霄山片区两大集中连片特困地区为主战场，以革命老区、民族地区及11个深度贫困县为重点，继续推进专项扶贫行动，着力加大产业脱贫，增强内生脱贫动力。加大因病致贫、返贫对象帮扶救助。完成9.1万名贫困家庭子女职业教育和职业技能培训，建设2600个村级光伏扶贫电站，在14个集中连片贫困县建设"芙蓉学校"。继续开展驻村帮扶、企业帮扶和社会力量帮扶。落实"三走访三签字"要求，严格考核督查和脱贫退出验收。扎实推进易地扶贫搬迁。按照"搬得出、稳得住、有事做、能致富"的要求，落实国家政策和红线标准，做好后续产业就业扶持，确保完成28万人的年度易地扶贫搬迁任务。

（十）坚持以人民为中心，增加保障和改善民生的服务供给

预期民生投资增长 12%。稳定扩大就业。扎实做好离校未就业毕业生、农村转移劳动力、城镇困难人员等重点群体就业，以及去产能下岗职工安置工作。支持发展就业吸纳能力强的劳动密集型产业。实施"创业兴湘就业富民"工程，抓好 19 个国家返乡创业试点。健全失业动态监测预警机制，加强公共实训基地建设。完善社保体系。健全养老和医疗保险制度。划转部分国有资本充实社保基金，进一步提高退休人员基本养老金、城乡居民人均基础养老金和城乡居民医保财政补助标准，全面推行以病种付费为主的医保支付方式改革。构建解决拖欠农民工工资长效机制。健全社会福利、社会救助、慈善事业、优抚安置等制度，加大对城乡低保家庭、残疾人、流动人口、留守儿童等的关爱保护和兜底服务。强化公共服务。加大财政投入，实施 8 大领域 92 项基本公共服务清单。推动城乡义务教育一体化发展，促进学前教育普惠发展，基本消除义务教育超大班额。深化产教融合、校企合作，加快高校"双一流"建设。支持社会力量办医，推进医养融合，力争每千名老年人口养老床位数达到 32 张。构建现代公共文化服务体系，加强优秀传统文化保护，提供更多更优文化产品。健全覆盖城乡的公共法律服务体系。同时，强化社会治安综合治理，加强安全生产，守好社会稳定底线。

B.11
2017年湖南科技创新
形势及2018年展望

赖明勇*

一 2017年湖南科技创新工作情况

2017年，全省科技战线坚决贯彻新发展理念，全面落实创新引领开放崛起战略，推动创新资源更加聚焦省委、省政府重大战略部署，科技改革发展继续稳步提升，高新技术产业实现增加值8120亿元，同比增长14.7%，高出GDP增速6.7个百分点；实现技术合同交易额203亿元，同比增长92.3%；新增高新技术企业1030家，同比增长46%，总数突破3000家；17项科技成果获国家科学技术奖励，科技进步贡献率提高1.3个百分点，为全省经济社会持续平稳健康发展，提供了重要的动力引擎和支撑。

（一）科技创新为"三大战役"决胜攻坚提供关键支撑

一是转型升级方面，聚焦全省10大重点产业和20条新兴优势产业链，布局12个省科技重大专项和40项战略性新兴产业科技攻关项目，首次启动实施52个创新创业技术投资项目，为经济社会发展注入新动能。湖南获中央引导地方科技发展专项资金居全国第5位；获国家自然科学基金经费首次突破6亿元，同比增长14.3%。二是环境治理和民生改善方面。实施区域性环境治理科技创新工程，集中开发并应用一批水污染、固体废弃物相关的治理、修复、监测等关键技术，支持建设了一批环境保护科学观测研究站。编制完成地方标准《湖南省两型产品认定规范》。联合卫计委支持组建6个省级临床医学研究

---

* 赖明勇，湖南省政协副主席，民建中央常委、湖南省委主委，省科技厅厅长。

中心和 7 个临床医疗示范基地。启动临床医疗技术创新引导专项，引导 21 家医疗机构和科研单位共同出资实施项目 185 个。三是科技精准脱贫攻坚方面。深入实施湘西科技开发、科技支撑县域经济发展、科技成果转移转化示范县、中药材全产业链创新等专项，增强科技扶贫力量，推动县域特色产业培育，强化科技扶贫考核。全省目前共有在岗科技特派员 4235 名、"三区"科技人才 1000 名深入扶贫一线，开展成果转化、技术培训和创新创业，建立农业农村信息化服务站点 1500 余个，极大激活了贫困地区的内生发展动力。

（二）科技创新综合实力跃升为建设科教强省打下坚实基础

一是重大科技创新成果持续涌现。第三代杂交水稻育种、虚拟轨道列车、1000 千伏现场组装式变压器、首颗微重力化学卫星"陈家镛一号星"等创新成果持续提升湖南科技影响力在国家"减少奖励数量、提高奖励质量"的大背景下，湖南获国家科学技术奖励 17 项，较上年增加 5 项，居全国第 9 位。"袁隆平杂交水稻创新团队"荣获国家科技进步一等奖，全国仅有 3 个，是中部地区唯一获此殊荣的创新团队；中南大学成果填补了 2009 年以来本省人口健康领域获国家奖的空白。获第十九届中国专利奖 19 项，其中获奖数连续两年保持 3 项（全国共 20 项）。二是科技园区提质升级步伐加快。出台实施《湖南省高新技术产业开发区创新驱动发展提质升级三年行动方案（2017～2019 年）》。常德获批国家级高新区。新增省级高新区 11 家，总数达 25 家。积极推进郴州创建国家可持续发展议程创新示范区。三是人才和平台建设取得新进展。4 人当选中国工程院院士，12 人入选国家青年"千人计划"，29 人入选国家"万人计划"，5 人获"国家杰出青年科学基金"，7 人获"国家优秀青年科学基金"。培育支持 19 名省科技领军人才、6 个创新团队、40 名湖湘青年英才。争取国家自科基金委初步同意与湖南建立联合基金，强化在现代种业、生态农业、新材料等领域的基础研究。新增省级重点实验室 40 家、工程技术研究中心 44 家、科技条件服务平台 1 家。四是科技创新服务能力进一步加强。印发贯彻落实《法治政府建设实施纲要（2015～2020 年）》实施方案。围绕省"十三五"科技创新规划，着力推动省政府工作报告重点任务和 74 件省领导批示落实，规范监管和督查运行管理，提高执行力。现场办理 31 件科技创新相关建议提案，切实将代表委员的建议转化成政策举措，省政协 1 号提案办理得到各方充分肯定。科技管理信息系统建设加快，协同办公系统、移动终端投入使用。科技湖南微信公众号、红网科技频道上线运行，搭建了全媒体宣传平台，全年召开新闻发布会 6 场，国内主流媒体报道大幅增多、达 1000 余条，为科技改革发展营造了良好的舆论氛围，中宣部对"湖湘脊梁·湖南科学家事迹展"发布《新闻阅评》，予以肯定和推介。

（三）协同推进科技创新的体制机制加快完善

一是深化科技计划管理改革。首次将金融机构、产业技术联盟纳入项目推荐单位范围，科技重大专项采取联评联审和联合推进机制，强化科技计划实施过程监督，完善科研诚信"黑名单"管理，推行科技报告制度。全年立项项目数较上年减少30%，单个项目平均资助强度增加近 3 倍，采取后补助方式安排经费近 3 亿元。二是实施研发投入行动计划。建立联席会议制度，印发实施《湖南省加大全社会研发经费投入行动计划（2017～2020 年）》，明确了各方责任和重点举措。三是实施"科技＋"行动。与教育、卫计等部门签订了合作框架协议，设立了科教、科卫联合基金。《湖南省科技创新重点工作及责任分工》经省政府同意印发，会同省教育厅编制《湖南省建设科教强省规划》。四是改革人才激励评价机制。会同省职改办出台自然科学研究系列职称申报评价办法，将科技人才按科学研究、技术研发、产业化支撑及科技公共服务等进行分类评价，更加强调实绩和市场评价。

（四）长株潭自创区引领全面发展的"创新核"作用得到充分释放

围绕"三区一极"发展定位，先后出台了规划纲要、若干意见、三年行动计划等政策文件，设立了专项资金，启动了空间规划调规扩容，规划方案通过专家论证。编制了《科技创新基地建设方案》和自创区规划展示中心改建选址方案。会同省委组织部印发《长株潭高层次人才聚集工程实施方案（试行）》，引进高端人才近 200 名。自创区技工贸收入即将突破万亿元大关。长沙高新区创新综合实力在全国 156 个国家级高新区中排第 13 位，较上年提升 3 位，株洲、湘潭高新区均提升 5 位。激光陀螺、北斗卫星导航、碳纤维等一批高端军工成果实现在湘落地转化，省军民融合科技创新产业园开工建设，5 家企业入驻，10 余家企业达成入园意向。启动军民融合知识产权运营服务试点，完成首批军用自主可控安全计算机产业化项目和软件无线电项目相关知识产权转让工作。

（五）科技成果转化显著提速

出台《湖南省促进科技成果转移转化实施方案》，推进 5 家试点单位深化科技成果"三权"改革。搭建省科技成果转化公共服务平台，启动建设潇湘科技要素市场，建立省科技成果转化项目库，首批入库成果 1600 项。组织 15 个科技成果转移转化示范县市和 11 家科技服务机构进行对接。全年实现技术合同成交额 203 亿元，同比增长近一倍。启动"投贷联动试点"，设立了投贷联动基金。加快推进支撑型知识产权强省建设试点，获批建设中国（长沙）知识产权保护中心，省重点产业知识产权运营基金投入运行，每万人有效发明专利拥有量上升至 5.09 件，同比增长 24.8%。

（六）普惠共享的创新服务体系更加健全

新增国家级科技企业孵化器 3 家、众创空间 18 家、星创天地 20 家；新建省级科技企业孵化器 14 家、众创空间 57 家、星创天地 45 家、产业技术创新联盟 9 家、科普基地 25 个；三一众创入选第二批国家专业化众创空间。科研设施和科研仪器开放共享服务平台全年对外提供服务 70 余万次。第四届省创新创业大赛吸引 1914 个项目团队参赛，25 个项目在全国总决赛中获奖，均创历届新高；36 家参赛企业、团队与投资机构达成意向投资 12.4 亿元；25 家企业、团队获得长沙银行意向授信 2.8 亿元。第二届中国创新挑战赛湖南赛区中 14 个技术需求企业与 16 个挑战单位签订了意向合作协议。出台《湖南省"十三五"科学技术普及发展规划》，成功举办 2017 湖南科技活动周，开展了"湖南科学之夜"等重大科普活动。

（七）科技开放合作交流步伐加快

启动省级国际科技合作基地建设，组织开展了"一带一路"科技创新合作交流活动，组织签署了一批科技项目和创新平台合作文件，与相关国家在水稻、智能高端装备、新能源、生物医药等领域开展合作研发，提升科技创新国际化水平。落实省政府与北京大学的战略合作协议，推进湘潭大学与北京大学共建湖南先进传感与信息技术创新研究院。举办 2017 年湖南"港洽周"科技创新与产业发展专题对接会，6 个项目进行现场签约。举办 2017 年长江经济带科技资源共享论坛，达成 18 项战略合作协议，央视、人民网、科技日报等主流媒体集中宣传推介。组织了大学生创新创业菁英、科技创新管理干部等 150 人次赴国（境）外培训。

（八）市州科技创新亮点纷呈

长沙、株洲、湘潭部署实施了一批重大科技创新项目和标志性工程，着力打造"科创谷""动力谷""智造谷"，科技研发投入力度显著提升。长沙研发投入达 256 亿，占 GDP 比重突破 2.5%；株洲预计提升至 2.4%；湘潭提升至 2.1%。衡阳以创建国家创新型城市为抓手，加快完善科技创新体系。常德、怀化、娄底、岳阳扎实推进国家级高新区、农业科技园区和省级高新区创建，强化创新引领平台支撑。益阳、邵阳、永州、张家界培育高新技术企业成效显著，总数较上年实现翻番。郴州通过人才引进奖励、发放科技创新券等举措，不断强化企业创新主体地位。湘西州积极探索科技人才服务脱贫攻坚新机制，由科技特派员牵头组建的电商平台获农业部、国家扶贫办充分肯定。根据省政府办公厅《关于对真抓实干成效明显地区加大激励支持力度的通知》，推荐了一批落实创新引领战略政策措施真抓实干成效明显的市州。

二 2018年湖南科技工作展望

2018 年是贯彻党的十九大精神的第一年，也是落实省第十一次党代会精神、加快推进省"十三五"科技创新规划承上启下的关键一年。做好 2018 年科技创新的各项工作，意义十分重大。

总体思路：全面贯彻党的十九大精神，以习近平新时代中国特色社会主义思想为指导，坚持党对科技工作的全面领导，贯彻落实新发展理念，按照高质量的发展要求，深入推进创新引领开放崛起战略，聚焦实体经济，聚焦转型升级，聚焦民生改善，落实"产业项目建设年"部署，加快推进一批重大科技创新项目和区域性科技创新工程；深化科技体制改革，强化企业技术创新主体地位，健全高效协同的创新引领体制机制，促进科技与经济社会发展深度融合，为建设富饶美丽幸福新湖南提供战略支撑。

主要预期目标：实施100项左右的重大科技创新项目，前瞻部署一批基础研究和应用基础研究项目，争创一批国家级高新区、创新基地、中心平台，全省R&D投入强度达到1.9%左右，新增高新技术企业800家以上，高新技术产业增加值增速达到14.5%，技术合同成交额同比增长15%，科技进步贡献率提高到57%。

为了实现上述目标，必须重点抓好以下几个方面工作。

（一）部署推进"100个"重大科技创新项目，支撑转型升级和现代化经济体系建设

一要抓好项目遴选和储备。对接国家发展战略，聚焦特色优势产业和市州需求，强化国际国内科技创新动态的研究，结合各市州实际，凝练一批重大科技创新项目。优先选择具有前瞻性、颠覆性、引领性技术创新成果，能够为促进产业转型升级、促进新技术、新产品、新业态、新模式、非常规、跨越式发展，打牢基础和提供战略支撑的项目。二要强化资金保障。优先向国家推荐"100个"重大科技创新项目，择优纳入新一轮科技部与湖南省政府科技工作会商议题，争取建立部省共同出资、联合组织实施国家科技重大项目的运行机制。将"100个"重大科技创新项目需求纳入省级科技创新计划申报指南支持范围，按程序进行择优支持。鼓励市州、园区对"100个"重大科技创新项目进行配套投入，积极引导社会资金投入。三要完善推进机制。加强部门协同和省市县联动，在财政专项、财税政策、产业政策、金融政策、产业基金等方面，加大综合支持力度。建立全程跟踪服务、动态管理和绩效考评机制，对于当年不能启动或质量不高的项目严格执行退出制度，将项目承担单位、市县组织实施项目情况纳入相关考核评价体系，强化奖惩问责。四要强化基础研究支撑。加快推进国家自然科学基金与湖南建立联合基金，完善战略性前瞻性基础研究布局。加大省自然科学基金实施力度，培育壮大基础研究人才队伍。

（二）大力发展民生科技，助力民生改善和污染防治攻坚战

一要健全民生技术创新体系。加快推广水、土、大气污染治理先进技术，

在环境生态、生命健康、公共安全等事关人民福祉的重点领域，加强疾病防治、预警监测、安全检测、污染防治、生态修复、数字诊疗装备、农机智能装备等关键共性技术开发和示范推广，实现由点及面的突破。二要构建可持续发展科技支撑体系。加快推进郴州创建国家级可持续发展议程创新示范区，启动省级可持续发展议程创新示范区建设，破解关键瓶颈问题，打造一批可持续发展现实样板。三要加强健康科技攻关。对接"健康中国2030"战略，深入推进临床医学研究中心和基地建设，完善疾病协同创新网络，加快诊疗技术和新产品的研发和推广应用。加强老龄化服务关键技术、中药品种开发、医疗器械重大产品等领域攻关。

（三）扎实推进县域创新驱动发展，服务精准脱贫攻坚和乡村振兴战略

一要大力培育特色县域经济。聚焦县域支柱产业发展、特色产业培育和重点企业技术创新需求，布局建设一批创新型县（市）。加快建设科技成果转移转化示范县，对首批15个示范县开展中期评估，继续择优选择一批创新基础好的县市，指导编制建设方案，成熟一个、支持一个，打造一批产业特色突出、创新能力可持续和技术转移服务体系完备的县域经济发展示范县。二要实施乡村振兴科技行动计划。启动实施乡村振兴产业专项，开展智慧乡村建设，依托湖南省国家农村农业信息化综合服务平台，推动全省农业物联网、农业生产智能化管理、农产品质量安全溯源等信息管理与示范，促进农业信息化与农业产业融合发展。三要实施科技精准扶贫行动计划。深入推进中药材全产业链创新工程，启动实施茶产业链技术创新工程，实施贫困地区特色产业培育、科技特派员和科技专家服务团专项行动，开展协同攻关、成果推介、技术培训、院士专家基层行等活动。

（四）加快建设科技创新基地，打造多点支撑的区域创新格局

一要扎实推进自创区建设"三年行动计划"。加快空间规划调规扩容，构建"一区三谷多园"发展格局，推动自创区发展空间向长株潭周边辐射，创新资源向岳阳、娄底、衡阳、郴州等地辐射。加快推进自创区规划展示中心可行性研究、规划设计、施工建设等工作。围绕自创区专项实施，布局建设一批

重大科技创新项目，加强高端创新人才（团队）引进培育。进一步深化科研院所改革。二要"以升促建"加快园区提质升级。大力推进创新型产业集群培育、科技创新服务体系建设、体制机制改革创新"三大工程"。积极推进岳阳、娄底创建国家级高新区，新增8家左右省级高新区，支持益阳、张家界申报国家农业科技园区，指导长沙、永州创建国家级农业高新技术开发区。三要推进军民科技深度融合发展。加快推进湖南省军民融合科技创新产业园建设，组建自主可控、智能传感、无人平台、软件无线电、北斗导航、光工程、高分遥感、航空航天新材料等军民协同创新中心。四要建设重大创新基地。争创1~2家省部共建国家重点实验室，争取建设国家产业技术创新中心，加快建设洞庭湖国家野外科学观测研究站等一批创新平台。大力培育省重点实验室、工程技术研究中心、众创空间、星创天地等创新平台。五要建设湖南省科技大数据中心。建设科技政务服务平台和科技公共服务平台，整合科研仪器设施、科研机构、科技文献、科技人才等数据，开发多种应用，为社会公众、政府管理层、科技中介机构提供全方位服务。

（五）加快健全科技创新服务体系，深化政产学研用金协同创新

一要改革科技计划组织实施机制。突出强化顶层设计、主动布局和协同创新，大力实施"科技+""+科技"行动，聚焦存量科技资金整合投入，建立跨区域、跨部门、跨系统的协同推进的新机制。二要健全企业为主体、产学研协同的技术创新体系。建立技术需求清单制度，构建产业技术创新战略联盟等服务平台。出台培育和支持高新技术企业的专门政策，面向科技型中小企业、创新创业团队（个人）发行科技创新券，加强认定、评价管理和普惠化支持。三要加快技术转移服务体系建设。建好潇湘科技要素市场，设立湖南军民融合成果转化投资基金，争取国家科技成果转化引导基金参股，引入专业化团队运作。加快发展科技服务业，培育一批科技服务骨干企业，提升科技服务市场化水平。四要加强科技法治建设。积极做好《湖南省高新技术发展条例》修订工作，完成《湖南省实施〈中华人民共和国促进科技成果转化法〉办法》修订前期调研工作。推进知识产权强省建设，加强知识产权创造、运用和保护，支持高校设立知识产权中心，建设知识产权纠纷多元化解平台。

（六）不断创新服务和支持机制，激发科技人才和全社会创新创业活力

一要落实"芙蓉人才行动计划"，深入实施长株潭高层次人才聚集工程，建立人才需求清单，加大科研经费、补贴、奖励等综合支持力度。二要创新人才计划实施机制，健全"人才、项目、平台"三位一体的培养模式。完善联合研发攻关、共建平台机构、建立院士工作站等多种形式的柔性引才机制。三要建立党政领导干部对口联系科技人才的常态化服务机制，对青年科技人才实行"一对一"服务，为特殊人才提供"个性化"服务，为创新创业大众提供普惠共享服务。加强科技创新管理干部、大学生科技创新创业菁英、企业家、科研骨干、技术经纪人培训。四要加强对科技人才创新创业、成果转化激励等政策落实情况的调研和评估，打通关键堵点。继续办好创新创业大赛、工业设计大赛、创新挑战赛，开办海外专场，完善"以赛代评""以奖代补"的创新发现和对接支持机制。加大科普工作力度。举办好2018年科技活动周系列活动，认定和建设一批科普基地，不断提升公民科学素养。

（七）大力加强科技合作交流，拓展创新开放发展空间

一要对接国家"一带一路"发展规划和湖南省开放崛起"五大行动"，重点布局一批省级国际科技合作基地，加强科技创新平台共建、研发项目合作、技术培训和人才交流。二要组织与北京大学、清华大学、中国科学院、中国工程院、香港应用科技研究院、台湾电机电子工业同业公会等开展合作对接，围绕湖南科技发展战略，促成一批重大科技项目和创新平台落地湖南。三要组织泛珠三角科技创新合作对接。举办第二届亚欧城市水管理研讨会、湘台科技创新与产业合作高峰论坛、科技外交官湖湘行等活动。

（八）着力健全协同推进机制，汇聚创新引领发展合力

一要发挥省部会商的平台作用。依托省政府与科技部建立的新一轮部省会商机制，加快推动第一次会议议题落实，尽快筹备召开第二次会议，凝练重大需求，争取国家更大支持。二要全力实施加大全社会研发经费投入行动计划。加强统计动态监测和督查，强化省直各部门、市州政府、园区、企业和其他各

类创新主体的责任。大力落实高新技术企业、科技型中小企业研发费用加计扣除等税收优惠政策。省本级财政新增预算4亿元，专项用于企业新增研发投入奖补。三要统筹推进科教强省、创新型省份建设，建立健全市州、县市区、园区、企业创新能力评价体系和监测评估机制，加强激励和引导。四要加强科技监督评估服务体系建设。突出项目绩效评估服务，推进实现合规性监督和绩效监督评估并重。完善科研诚信建设，加强科技报告体系建设考核，全面推广科技报告制度。

B.12
2017年湖南工业和信息化
发展情况及2018年展望

曹慧泉*

一 2017年所做的主要工作

全年规模以上工业实现增加值增长 7.3%，"四个一"目标全面实现，全省规模工业增加值接近 1.1 万亿元，新增规模工业企业 1000 户以上，汽车产量突破 100 万辆，培育千亿工业企业 1 家。特别是华菱集团迈上千亿台阶，标志着湖南企业发展进入千亿时代。

1. 坚持稳中求进，工业经济运行出现新气象

精准施策抓运行监测协调，将重点监测范围扩大到 100 家重点企业、30个重点县市区和 50 个重点园区。想方设法推动企业入规，全年新增规模工业企业突破 2000 户，连续三年超过 1000 户，年均拉动全省规模工业增长 1 个百分点以上。长沙、株洲等市新增入规企业均超过 200 户。加强煤电油气运综合协调，为企业发展和工业稳增长提供了有力支撑。2017 年全省规模工业企业主营业务收入、规模工业增加值分别达到 39463.9 亿元、10911.91 亿元，增长12.4%、7.3%。

2. 突出试点示范，制造强省建设取得新进展

衡阳市成功获批纳入长株潭"中国制造 2025"试点示范城市群建设。长株潭衡"中国制造 2025"试点示范城市群建设推进大会召开，成为开展试点示范工作新的起点，各项工作稳步推进。益阳、岳阳、娄底等市州加快推进制造强市建设。发布的三批共 150 个制造强省建设重点项目加快推进，长沙博世

---

* 曹慧泉，湖南省经济和信息化委员会党组书记，主任，省国防科技工业局局长。

工业4.0项目成为中部地区示范项目，蓝思科技三期暨总部基地、中兴通讯长沙研发生产基地、长城电脑株洲基地等项目投产达效，比亚迪汽车工业基地、泰富重工智能制造生产基地等项目建成或部分投产，中电信息安全与军民融合产业基地、中联重科麓谷第二工业园、国家"两机"专项中国航发株洲航空动力产业园、彩虹邵阳特种玻璃等项目进展顺利，一批在谈项目积极推进。凝结众多湖南制造元素的C919大型客机、鲲龙AG600水陆两栖飞机成功首飞。

3. 聚焦工业新兴优势产业链，部分领域实现新突破

出台《关于加快推进工业新兴优势产业链发展的意见》，衡阳、娄底、郴州等市州因地制宜加快培育特色新兴优势产业链。再次发布3个产业链技术创新路线图，集中70%的制造强省建设相关资金支持工业新兴优势产业链发展。2017年初确定重点推进的先进轨道交通装备、航空航天（含北斗）、先进储能材料及电动汽车、3D打印及机器人、中药等5个工业新兴优势产业链加快突破，全球首列无轨列车在株洲亮相，株洲获批国家首批通航产业综合示范区，山河科技高原型轻型运动飞机获得适航认证，填补了国内空白。

4. 努力打好转型升级攻坚战，提质增效出现新变化

出台工业企业技术改造税收增量奖补试行办法，华菱、中联、三一等一批企业突破困境，实现凤凰涅槃。移动互联网产业继续保持43%的高速增长，2017年实现营业收入845亿元。坚决打击取缔"地条钢"企业12家，淘汰落后和化解过剩产能任务全面完成。实施消费品工业"三品"专项行动，新增了一批独家品种，培育了一批"湖湘精品"，发展了一批特色产品。6家单位获批国家第一批绿色制造示范单位，9个项目列入2017年国家专项，评估认定了一批省级绿色工厂、绿色园区、两型工业企业。工业节能降耗、清洁生产、再生资源综合利用和工业污染防治工作扎实推进，一批节能环保企业发展壮大，绿色制造理念更加深入人心。

5. 着力推进"三个融合"，融合发展迈上新台阶

推进两化融合。在装备制造、钢铁、有色、石油化工、烟花陶瓷、医药食品、纺织服装等7个行业推进20个"制造业＋互联网"示范工程。坚持把智能制造作为两化融合主攻方向，10个项目列入2017年国家专项，新增全国智能制造示范企业6家。新认定一批省级智能制造示范企业、示范车间。推进军民融合深度发展。体系效能型军工核心能力建设深入推进，全年高新技术武器

装备科研生产任务圆满完成，一批重点武器装备亮相朱日和阅兵。规划并启动全省军民融合公共服务体系建设，成功举办军民深度融合发展推进会以及"走进商飞"产业项目对接会，推动中央军工集团与省内相关单位签署 35 项合作协议，民参军企事业单位总数突破 100 家。推进制造业与服务业融合。大力实施"制造＋互联网＋服务"专项行动，推动制造业企业与设计服务单位合作对接，全省已认定 27 家省级工业设计中心，拥有 2 家国家级工业设计中心，泰富重装被评为国家服务型制造示范企业，株硬集团等一批企业和产品被评为制造业单项冠军示范企业、单项冠军产品。

6. 找准发展重点，非公经济、大中小企业融通发展迈出新步伐

建立非公经济和中小微企业运行监测分析制度、指标体系、企业诉求意见处理工作机制，深入开展"扶助小微企业专项行动""精准服务进园区"等活动，为精准培育规模工业企业提供了坚实基础。大力实施"小巨人企业培育计划"，认定的 232 家小巨人企业逐步成为制造强省建设和工业新兴优势产业链的重要支撑力量。积极实施"全省中小企业领军人才培训工程"和"中小企业银河培训工程"，首批认定 32 家省级企业人才培训示范基地。引导民营企业建立现代企业制度，推动中小企业和非公经济加快管理升级。不断加强全省中小企业公共服务平台网络运营管理，培育和认定核心服务机构 266 家、省级中小微企业创业创新基地 104 家。2017 年全省非公经济增加值增长 8.4%。

7. 注重精准服务，企业发展环境有了新改善

全年组织开展各类产业合作对接活动 41 场次，深受企业好评。推动落实税收优惠政策、清理规范涉企收费、降低涉企经营服务性收费、清理规范保证金、降低用工用能物流成本，减轻企业负担超过 800 亿元。持续开展百家重点骨干企业精准帮扶等系列服务企业活动，天仪卫星发射频率审批难等一批企业现实问题得到解决。组织企业参与国家和省多项技能竞赛，大力弘扬"工匠精神"。推动电力体制改革不断深入，组建相对独立的湖南电力交易中心有限公司，准入 3900 多家企业进入市场交易。长沙市出台含金量非常高的"长沙工业 30 条"，湘潭、衡阳等市州创新缓解企业融资难措施，各地扎实开展企业帮扶活动，共同为企业发展营造良好环境。

8. 持续深入加强党的建设，全面从严治党和依法行政进入新阶段

认真组织学习贯彻党的十九大精神和习近平新时代中国特色社会主义思

想，坚决落实中央和省委关于全面从严治党要求，不断强化党风廉政建设主体责任和监督责任，全面夯实基层党建基础，健全完善党建工作规章制度。全面推进法治政府建设，《湖南省电力设施维护和供电秩序维护条例（修正）》顺利出台，《湖南省实施〈中华人民共和国中小企业法〉办法》修订工作已经启动。依法强化无线电监管，查处打击"黑广播"、"伪基站"、违规设台等案件220多起、无线电干扰事件90余起，圆满完成十九大期间无线电保障任务，维护了空中电波秩序。持续推进全省经信系统规范行政执法示范单位创建，落实"谁执法谁普法"责任制，工作经验得到省委肯定和表扬。

二 2018年湖南工业和信息化发展形势展望

党的十九大强调把发展经济的着力点放在实体经济上，工业和信息化以及国防科技工业发展，必将迎来更多改革红利、政策红利和新的发展机遇。21世纪以来特别是最近五年经济的稳步增长，也为湖南工业和信息化以及国防科技工业发展奠定了良好基础。但是，湖南省工业运行仍处于爬坡过坎的关键时期。工业转型升级基础不牢、动力不强、进度不快，工业发展不平衡、不充分等深层次结构性矛盾尚未得到根本缓解，迈向高质量发展阶段面临不少困难挑战。

省委经济工作会议和政府工作报告明确提出，2018年全省规模工业增加值增长7.5%。2018年全省工业和信息化工作要以习近平新时代中国特色社会主义思想为指引，全面贯彻新发展理念，深入贯彻落实党的十九大精神、中央和省委经济工作会议的决策部署，深入实施创新引领开放崛起战略，坚决落实省委确定的"产业项目建设年"活动部署要求，始终把工业稳增长作为首要工作任务来抓，把制造强省建设作为中心工作来抓，优先发展工业新兴优势产业链。全面完成政府工作报告提出的目标任务，为建设富饶美丽幸福新湖南做出更大贡献。重点是突出抓好制造强省建设八大重点工程。

1. 实施精准服务能力提升工程，促进制造业稳步发展

一是精准落实"产业项目建设年"的部署要求。对省委确定由经信部门牵头进行协调的100个重大产品创新项目，每个项目省经信委将明确1名委领导负责，项目所在市州和县市区经信部门以及园区都要明确1名领导负责联

系、1 名工作人员每月定期调度，共同做好相关服务工作，积极推进项目实施。要继续加强前三批制造强省重点项目服务、推动尽快建成投产，年内再启动 1~2 批制造强省重点项目。二是精准培育规模企业和上台阶企业。摸清小微企业底数，精准调度年内计划入规企业成长状况。大力支持过 50 亿元企业尽快向百亿企业迈进，百亿以上企业向 300 亿、500 亿、800 亿、1000 亿元迈进，力争 2~3 年内再培育 1~2 家千亿元企业或世界 500 强企业。三是精准推进产业开放合作。支持企业积极融入"一带一路"，加强国际合作、拓展国际市场。持续组织开展产业合作对接，并不断提升精准对接水平。要以工业新兴优势产业链为突出重点，积极对接 500 强企业、军工央企，推进省内配套对接。四是精准推进政策服务。推动企业技术改造新增税收奖补等政策精准落地，梳理减轻企业负担政策和措施，逐项抓好落实。五是精准协调能源保障。认真研究煤电油气相互替代、互为补充和支撑的解决方案，倒逼能源生产供应企业增强社会责任感，为企业稳增长、为人民群众便利生活提供有力保障。

2. 实施试点示范攻坚工程，创建"中国制造2025"国家级示范区

一是重点推进长株潭衡试点示范城市群建设。发挥长株潭衡"中国制造2025"试点示范联席会议制度作用，加强重点项目建设的调度协调。长株潭衡四市要按照"每月有进展，每季有活动，半年有汇报，年底有总结"的要求，定期向制造强省建设领导小组及其办公室报告进度，力争尽快创建为"中国制造 2025"国家级示范区。2018 年要组织汇报会听取汇报，并将试点经验向全省推介。二是重点推进制造业创新中心创建工作。要围绕攻克行业关键共性技术，在制造强省建设重点产业领域和工业新兴优势产业链中，认定一批省级制造业创新中心，支持创建工业互联网创新中心，力争在创建国家级制造业创新中心上取得突破，引领全省制造业加快创新发展。三是重点推进智能制造示范企业和车间建设。要努力夯实智能制造标准、核心支撑软件、工业互联网等智能制造三大基础，培育推广离散型智能制造等 5 种智能制造新模式。大力推进智能制造关键技术装备在制造强省 12 大重点产业领域的集成应用。集中财力，大力支持企业进行智能制造技术改造，力争年内再创建 10 家智能制造示范企业、20 个智能制造示范车间。2018 年，要组织一次全省制造业企业观摩学习活动，引导企业主动提升数字化、网络化和智能化水平。

3. 实施工业新兴优势产业链梯度培育工程，打造优势产业集群

一是要抓好跟踪服务。对2017年率先取得突破或部分突破的工业新兴优势产业链，继续大力支持做大做优做强，努力从中培育一批单项冠军。二是要积极支持争取新突破。2018年，要集中各类资源，重点支持电子信息、新材料、新能源、先进装备制造等产业领域再突破5个左右产业链。围绕工业新兴优势产业链，年内再组织发布3个产业链技术创新路线图，认定一批省级企业技术中心，支持有条件的企业创建国家技术创新示范企业。借助"港洽周"、"沪洽周"等平台，围绕建链补链延链强链，组织开展2～3场新兴优势产业链专题招商活动，引进一批重大产业项目、重点企业、研发中心。三是要不断培育新的优势产业链。力争通过3～5年的努力，20个工业新兴优势产业链构建起完整链条、形成规模效应，培育3～5个具有国内行业核心竞争力的优势产业，打造1～2个具有全球影响力的产业集群。

4. 实施制造业与互联网深度融合工程，提升两化融合发展水平

一是加快发展服务型制造。支持一批服务型制造示范企业、项目和平台，发展个性化定制服务、融资租赁、网络精准营销、全生命周期管理以及在线支持服务、整体解决方案、工程总承包和供应链管理、服务外包等商业模式。把发展工业设计作为重要举措，组织开展工业设计团队赴重点园区对接等活动，年内再认定一批省级工业设计中心，促进设计服务与制造业融合发展。二是积极推进"互联网+"。促进数字经济发展，支持云计算、工业大数据、物联网等技术研发和综合应用，加快发展移动互联网产业，大力发展工业电子商务，支持建设一批面向制造业的"互联网+"双创平台。三是重点推进"+互联网"。贯彻工业互联网发展"323"行动、工业互联网三年行动计划、工业互联网安全防护提升工程等国家政策措施，组织开展工业互联网试点示范。实施"制造业+互联网"专项行动，推进制造业企业云平台建设，支持中小企业"上云"。抢占先机支持车联网和智能网联汽车发展，并在传统制造业领域实施一批试点示范企业或项目。组织开展"制造业+互联网"智慧园区示范建设、两化融合管理体系贯标试点示范和"中小企业+互联网"行动，引导企业运用信息化手段提高生产经营效率。

5. 实施产业创新发展工程，增强企业核心竞争力

一是加强技术突破。对接国家"一揽子"突破行动，编制发布《湖南省

制造业关键共性技术发展导向目录（2019）》，实施一批关键共性技术项目，推动关键共性技术率先在省内实现产业化。二是加快成果转化。加强知识产权创造、保护和应用，开展企业知识产权运用创造和品牌经理培训，组织认定一批省级知识产权运用标杆企业、省级工业质量标杆和省级工业品牌培育示范企业，继续组织实施100项重点新产品研发项目、100项重点专利技术转化和产业化开发项目，加快新产品研发和成果产业化。三是加大新产品推广应用。对接国家工业强基"一条龙"应用计划，加快重点产品和工艺的示范应用。组织企业申报国家首台（套）重大技术装备保险补贴、新材料首批次应用保险补偿项目，认定和奖补省级首台（套）重大技术装备、首批次重点新材料产品分别达到50项以上。

6. 实施军民融合项目攻坚工程，推动军民融合深度发展

一是推进一批军民协同创新项目。用好并完善现有军民两用技术双向转化平台，鼓励创建国防科技重点实验室，加强军民融合协同创新科技攻关，力争在航空航天及配套等产业和国防科技创新能力建设领域取得突破。推动出台军民科技成果转移转化政策，加快推进创新成果在经济建设和国防建设领域的应用。二是建设一批示范园区项目。积极推动长株潭地区创建国家级军民融合创新示范区，支持株洲航空产业园等军民融合产业示范基地建设，组织高质量园区产业对接活动，引导军民融合项目向园区聚集。三是实施一批军民融合特色优势产业项目。全面落实湖南省与国家国防科工局以及军工央企、高校、科研院所的战略合作协议，抓好"两机"重大专项、国产大飞机重大专项有关在湘研制项目等国家重点支持的军工科研项目建设，重点支持航空航天、民用核能以及具有军工技术优势的电子信息、工程机械、新材料、新能源等产业发展。

7. 实施"三品"工程，树立"湖南品质""湖南质量"良好形象

号召全省工业企业开展"企业质量效益年"活动，将增品种、提品质、创品牌"三品"工程由消费品工业领域逐步扩大到所有制造业领域，推动制造向"质造"转变、产品向品牌迈进。一是深入实施消费品"三品"专项行动。严厉打击制售假冒伪劣产品特别是医药食品制造领域的失信行为，推进食品工业企业诚信管理体系和重点产品追溯体系建设。支持企业适应消费升级趋势，开展个性化定制、柔性化生产，丰富和细化产品种类。引导企业树立质量

为先、信誉至上的经营理念，强化品牌意识，打造百年老店。二是深入推进原材料工业供给侧结构性改革。对接国家原材料质量提升专项行动，力争一批新材料纳入国家新材料"折子工程"。落实属地责任制和问责制，坚决防止"地条钢"等落后产能和非法产能向湖南省转移。在水泥行业全面推行错峰生产，引导钢铁、有色、煤炭、烟花爆竹、民爆等领域过剩产能加快市场化退出。推进打击稀土违法违规行为专项行动，推动稀土行业整合。全面启动城镇密集区中小型危化品企业和存在重大风险隐患的大型危化品企业搬迁改造工作。三是加快发展绿色制造。深入贯彻落实绿色发展理念，大力推广绿色节能环保新技术、新工艺、新产品。加大绿色制造体系创建力度，力争新创建 5 家以上国家级绿色工厂和 1 家以上国家级绿色园区，评估认定一批省级绿色工厂、绿色园区。继续开展省级两型工业企业认证工作，逐步完善湖南工业节能标准体系，加强工业节能监察。组织实施百家节能环保企业培育工程，壮大节能环保产业。紧密结合湘江保护和治理"一号重点工程"，以长株潭"两型"试验区、湘江流域和环洞庭湖经济区为重点区域，组织 100 家以上工业企业开展自愿性清洁生产审核、推广应用清洁生产技术。引导企业开展资源综合利用工作，支持企业申报国家资源再生利用准入规范企业和重大示范工程建设项目，推进机电设备再制造产业发展。探索新能源汽车动力电池综合回收利用试点。利用综合标准依法依规推动落后产能退出。

8. 实施"小巨人"培育工程，提升中小企业和非公经济持续发展能力

大力实施"小巨人"培育工程，力争年内重点培育 200 家左右小巨人企业，集中力量支持一批小巨人企业成长为行业领军企业或单项冠军，推动一批小巨人企业上市，促进大中小企业融通发展。一是要充分激发企业活力。大力开展"精准服务进园区"活动，帮助中小企业和非公企业享受各项扶持政策。宣传贯彻新修订的《中小企业促进法》，抓紧修订《湖南省实施〈中华人民共和国中小企业法〉办法》。引导民营企业建立现代企业制度，帮助企业对接多层次资本市场，组织实施中小企业管理升级活动。二是进一步完善公共服务体系。加快中小企业公共服务平台网络建设，全面提升省平台综合服务能力，鼓励支持条件成熟的县市区、工业园区和重点产业建设综合窗口平台，力争全年新建县市区综合窗口平台 37 个。支持中小微企业创业创新，开展"创客中国"湖南中小企业创新创业大赛暨优秀项目服务对接活动，营造良好的创新

创业环境。三是加大产业人才培养力度。大力弘扬企业家精神和劳模精神、工匠精神，深入开展中小企业领军人才培训、中小企业"银河培训工程"和"十行状元、百优工匠"竞赛活动，培育一批优秀企业家和湖南工匠、中国工匠，造就一批制造强省建设英才。支持先进轨道交通装备、工程机械、新材料等重点优势产业领域引进一批中高端人才。委属院校要深入推进校企合作，建立起适应企业需求、具有湖南特色的企业人才联合培养机制。四是大力开展企业服务活动。继续对规模工业企业进行精准帮扶，大力开展形式多样的中小企业和非公经济服务活动，组织开展金融支持小微企业、中小企业融资超市等系列金融服务活动，以及中小企业服务对接会、中小企业"走出去"等主题活动，提升服务中小企业和非公经济的效果。

B.13
2017年湖南财政运行
情况及2018年展望

石建辉*

一 2017年全省财政工作进展

2017 年,面对经济下行压力依然较大、减税降费力度空前、虚增收入大幅压减、洪涝灾害历史罕见的困难和挑战,全省财政系统深入学习贯彻习近平总书记系列重要讲话精神,紧紧围绕省委、省政府决策部署,有效发挥财政职能作用,统筹做好稳增长、促改革、调结构、惠民生、防风险各项工作,较好地服务了全省经济社会发展大局。

(一)财政收入实现总量、质量"双提升"

坚持量质并举抓收入,健全收入征管体系,强力整治虚增收入行为,进一步做大做实了财政收入"蛋糕"。据快报数反映,全省一般公共预算总收入4565.7 亿元,增长 7.38%,超额完成了年初预算"6%以上"的预期增幅目标,其中,地方收入 2756.7 亿元,增长 4.9%,上划中央收入 1809 亿元,增长 11.4%。分结构看,税收收入完成 3567.8 亿元,增长 14.9%,是 2012 年以来增长最快的一年。税收增长较快,主要得益于供给侧结构性改革效果逐步显现,经济基本面改善,企业效益回暖,烟草、房地产等支柱税源行业表现好于预期,同时税务部门严征细管、查漏清欠,切实将经济增效转化为财政增收。全省纳入一般公共预算管理的非税收入完成 997.9 亿元,下降 13%,占地方收入的比重为 36.2%,比上年下降 6.3 个百分点,剔除"营改增"体制调整

---

* 石建辉,湖南省财政厅党组书记、厅长。

和新增建设用地有偿使用费转列一般公共预算因素，同口径下降7.9个百分点。

（二）服务经济发展成效明显

通过争取中央支持、调整支出结构、盘活存量资金等措施，较好地保障了全省重大政策和重点工程资金需求，2017年全省一般公共预算支出达到6857.7亿元，较上年增长8.18%。全面落实稳增长调结构八条财政政策，引导各类资本支持实体经济发展。大幅减税降费，营改增累计减轻企业税负200多亿元，省级涉企行政事业性收费只保留1项，省级政府性基金项目全部取消。运用财政奖补政策资金，支持化解钢铁、煤炭、烟花爆竹等行业过剩落后产能。大力支持科技创新，设立长株潭国家自主创新示范区建设专项资金，组建省级重点产业知识产权运营基金。加大环保投入力度，推动实施湘江治理保护、洞庭湖水环境综合整治、重金属耕地污染治理等重大专项行动。国际财经交流合作取得新突破，成功争取到第四届对非投资论坛承办权，世界银行支持的"湖南省政府性债务管理能力提升发展政策贷款项目（DPL）"在国内首次落地。

（三）支农力度持续加大

大力支持精准扶贫，省级扶贫专项达到33.7亿元，较上年增长33.8%。深入推进贫困县涉农资金统筹整合，全年下达整合资金206亿元。充分发挥农开系统主力军作用，投入资金12.5亿元，建成高标准农田91.3万亩。推动实施"优质粮食工程"和"粮食安全工程"，打造"湘"字号粮油品牌。筹集资金6.4亿元，支持实施农业两个"百千万"工程。安排资金8亿元，加快推进农村"三产融合"、村级集体经济发展、电子商务进农村试点。完善以绿色生态为导向的农业补贴制度，在全国率先推行惠农补贴"两卡两折"改革。改组成立湖南省农业信贷担保有限公司，搭建服务"三农"新金融平台。开辟资金绿色通道，启动巨灾保险试点，全力支持抗洪救灾。投入资金近5亿元，支持119个县市区建设美丽乡村。成功争取到财政部田园综合体建设、农村综合性改革"两项试点"。

（四）民生保障能力进一步提升

全面落实教育优先发展战略，义务教育经费保障机制实现保障政策、补助标准和分担比例"三个统一",普通高中和职业院校生均拨款水平进一步提高,高校"双一流"建设正式启动实施。完善社会保障体系,企业退休人员养老金实现"十三连调",城乡居民基础养老金最低标准提高到每人每月85元,比国家标准高出15元。农村低保标准提高到3026元/年,与国家扶贫标准实现"两线合一"。推动落实新一轮积极就业政策,帮助重点群体创业就业。支持发展医疗卫生事业,城乡居民基本医疗保险财政补助标准提高到每人每年450元,基本公共卫生服务财政补助标准达到每人每年50元。深入实施文化惠民工程,推动文化事业和文化产业协同发展。

(五)财税改革取得积极进展

完成大气和水污染物环保税地方配套立法,砂石资源税实行分档从量计征。全面落实预算公开负面清单制度,湖南省地方预决算透明度继续保持全国前茅。强化政府预算全口径统筹,转列一般公共预算统筹使用的政府性基金累计达到19项。推动专项资金深度整合,省级专项从上年的82项压减到78项。省以下法院、检察院财物省级统管取得阶段性进展,278家省以下两院纳入省级预算管理。财政事权与支出责任划分改革在水利领域破题。深化财政投资评审制度改革,推动评审关口向预算编制环节前移,向财政投资的所有项目覆盖。扎实做好债务摸底、平台公司清理、存量债务置换、违法违规举债整改等工作,确保了政府性债务风险总体可控。全面实施预算绩效管理,财政资金使用效益进一步提升。

(六)财政管理更加规范

坚持勤俭节约办一切事情,"三公"经费继续保持只减不增。围绕财政中心工作开展重大专项检查,推动实现人大预算联网,推广运用"互联网+监督"。下大力气盘活财政存量资金,2017年底全省国库库款余额较上年下降38%。修订省直行政事业单位国有资产配置预算标准和资产处置办法,提高了资产配置效率。深入推进政府采购"放管服"改革,市场主体代理政府采购业务实现零门槛。加快推进非税收入电子化收缴,湖南省成为全国首个通过电子凭证库实现非税收入缴库的省份。启动"电子财政"建设,促进财政信息系统互联互通。全面加强会计人才培养,积极推动会计领域行政审批制度改革，进一步提升了行业服务管理水平。狠抓省委专项巡视反馈意见整改，进一步提升了政治站位，堵塞了管理和制度漏洞。认真履行党风廉政建设"两个责任"，营造了风清气正的政治生态。

在总结成绩的同时，也要清醒地看到，随着经济发展进入新常态，湖南财政工作和财政运行也面临不少困难和挑战，主要是：财政收入增速放缓，支出刚性增长，预算紧平衡的局面还将持续；收入质量不高，挤水分与稳增速面临两难；政府性债务规模居高不下，隐性债务急剧扩张；财税改革进展不均，资金使用绩效有待提高；部分财政干部的素质和能力还有待提升。这些问题，需要在以后的工作中采取有力措施，逐步加以解决。

二　新时代全省财政改革发展的新思路与新要求

党的十九大深刻阐述了新时代中国共产党的历史使命，把习近平新时代中国特色社会主义思想确定为党的行动指南，对新时代推进中国特色社会主义伟大事业和党的建设新的伟大工程做出了全面部署，进一步指明了党和国家事业的前进方向。财政是党和国家事业的重要组成部分，是国家治理的基础和重要支柱。全省各级财政部门一定深入学习贯彻党的十九大精神，高举习近平新时代中国特色社会主义思想伟大旗帜，立足我国发展新的历史方位，紧扣社会主要矛盾变化，找准职能定位，理清工作思路，推动新时代全省财政工作再上新台阶。

（一）坚决维护和加强党对财政工作的领导，切实提高政治站位

强化"财"自觉服从服务于"政"的意识，坚决维护和加强党对财政工作的领导，确保财政工作始终坚持正确的政治方向。把学习好、宣传好、贯彻好党的十九大精神作为当前和今后一个时期的首要政治任务，在学懂、弄通、做实上下功夫，推动十九大精神在全省财政系统落地生根、开花结果。切实提高战略思维能力、辩证思维能力、创新思维能力、法治思维能力和底线思维能力，着眼全省发展大局思考、处理和解决问题，更好地服务省委、省政府重大决策部署，算好账、管好钱，当好参谋。全面加强党组班子自身建设，用铁的纪律和规矩管好队伍，确保信念过硬、政治过硬、责任过硬、能力过硬、作风过硬。

（二）牢固树立新发展理念，推动财政经济高质量发展

坚定不移贯彻新发展理念，加快建设现代化经济体系，推动实现更高质量、更有效率、更加公平、更可持续的发展。把深入推进供给侧结构性改革作为主题主线，充分发挥财税政策的导向作用，持续推进"三去一降一补"，促进生产要素合理配置，推动形成优质高效多样化的供给体系。把创新开放作为首要动力，促进财政资源向创新开放的关键领域和薄弱环节培植，蓄积发展新动能，厚植竞争新优势，推动实现质量变革、效率变革、动力变革。把发展产业、培植财源作为长远之策，沉下心来研究产业、培育产业、发展产业，为经济增效、财政增收提供坚实的产业基础。

（三）突出抓重点、补短板、强弱项，促进如期全面建成小康社会

把握好财政有所作为的边界和重点作为的领域，集中财力把重点落实、把短板补齐、把弱项变强。支持打好防范化解重大风险攻坚战，开好"前门"，堵"后门"，在消化存量债务的同时，严格控制新增债务。支持打好精准脱贫攻坚战，集中财力精力，瞄准特定贫困群众，聚焦深度贫困地区，帮助实现全体人民共同富裕。支持打好污染防治攻坚战，强化资金保障，完善绿色财税政策，推动形成绿色发展方式和生活方式。支持实施乡村振兴战略，逐步缩小城乡二元差距，促进区域均衡协调发展。

（四）深入推进财税改革，加快建立现代财政制度

紧跟中央财税改革部署，紧密联系湖南实际，在更高的起点谋划和推进改革，力求取得新的突破。科学界定各级财政事权和支出责任，合理确定共享税在各级政府的分享方式及比例，增强财政困难地区兜底能力，加快建立权责清晰、财力协调、区域均衡的政府间财政关系。进一步提升预算的全面性、规范性、透明度，推进预算科学精准编制，增强预算执行刚性约束，全面实施绩效管理，加快建立全面规范透明、标准科学、约束有力的预算制度。全面落实中央税制改革部署，深化税收制度改革，健全地方税体系。

（五）坚持以人民为中心的发展思想，稳定可持续增进民生福祉

以财政投入强度保障民生温度，抓住人民群众最关心、最直接、最现实的利益问题，一件事情接着一件事情办，一年接着一年干，让老百姓感觉到变化、享受到实惠。统筹安排民生支出，既保障传统民生需要，又满足新型民生诉求，把民生保障工作做到人民群众的心坎里。加强预期引导，完善制度设计，考虑财政承受能力，不做超越发展阶段的承诺，坚决反对民粹主义和福利主义。区分民生事项类型，合理分担各方成本，避免政府"包打天下"。推行政府购买服务改革，鼓励社会力量参与，努力实现共建共享。

三　2018年全省财政工作安排

2018年是贯彻党的十九大精神的开局之年，是改革开放40周年，是贯彻省第十一次党代会精神、决胜全面建成小康社会、实施"十三五"规划承上启下的关键一年。从湖南省经济运行走势来看，稳的格局在巩固，进的走向在延续，好的态势更明显，但国内外经济环境依然错综复杂，结构调整和动能转换还存在一些矛盾和困难，发展中面临的不确定性因素仍然较多。就财政而言，税源结构根本改善还需时日，结构性减税降费、压减非税收入、改善收入质量等利长远的改革举措对当期的减收影响还将持续，而扩投资、调结构、兜底线、惠民生的支出需求进一步攀升，财政收支紧平衡更为突出。综合考量全省财政经济形势，2018年全省和省级一般公共预算收入按增长6.5%以上安排，同时继续实施积极财政政策，进一步调整支出结构，着力保障好各项重点支出需要。重点抓好以下六个方面的工作。

（一）聚力增效实施积极财政政策，推动经济高质量发展

研究出台《贯彻落实创新引领开放崛起战略的若干财政政策》，从支持全面创新、全面开放、人才引进、优化环境等方面入手，厚植发展优势，促进财政经济良性互动。启动实施"新财源建设工程"，推动实施"五个100"，支持20个工业新兴优势产业链建链、强链、补链、延链，加快建设现代产业体系。严格落实各项结构性减税政策，切实减轻企业税费负担。探索设立湖南中小企

业股权投资基金，创新政府采购合同融资、知识产权质押融资等政策工具，缓解企业融资难题。调整财政性存款分配办法，对扶持省内重大产业发展的金融机构给予倾斜支持。建立健全财政投入保障机制，支持实施乡村振兴战略，努力让农业成为有奔头的产业，让农民成为有吸引力的职业，让农村成为安居乐业的美丽家园。

（二）牢固树立以人民为中心的发展思想，统筹做好民生保障工作

继续把民生作为优先支出方向，民生支出占比稳定在70%左右。加大财政扶贫投入力度，省级专项向全省11个深度贫困县、549个深度贫困村倾斜，着力支持贫困地区发展产业、扩大就业、改善基础设施条件。合理引导社会预期，科学确定保障项目和水平，均衡政府和社会负担，推动在幼有所育、学有所教、劳有所得、病有所医、老有所养、住有所居、弱有所扶上取得新进展。以"一湖四水"为重点，支持打好污染防治攻坚战，让人民群众享受到更多优质的生态产品。全面实施市县法院、检察院财物省级统管，为社会公平正义和安全稳定提供有力保障。

（三）以更大力度、更高要求和更实举措，纵深推进财税改革

主动跟进和全面落实中央税制改革部署，做好配套立法工作，构建收入稳固、税负公平、调节有力的地方税制度体系。继续加强全口径预算统筹，提高国有资本经营预算、政府性基金预算调入一般公共预算的比例。全面清理重点支出与财政收入、地区生产总值增幅挂钩事项，切实增强预算统筹能力。推进财政资金深度整合，省级专项资金数量压减至75项。实施政府支出经济分类科目改革，更加科学地反映财政支出活动。完善预算支出定额标准，强化预算评审作用。在交通、教育、医疗卫生等领域探索财政事权与支出责任划分改革。完善省对下转移支付制度体系，提升市县政府基本公共服务保障能力。

（四）严管控、严监督、严整治，全力防范化解政府性债务风险

加快存量债务置换进度，2018年8月前全面完成存量债务置换。在土地

储备、政府收费公路、轨道交通等领域开展项目收益与融资自求平衡的专项债券发行试点。推进平台公司清理，注销一批、整合一批、转型一批，并实行数量控制和名录管理。对PPP、政府购买服务实行负面清单管理，严禁违规融资担保。对市县政府债务风险实行分色预警，并根据风险级次实施不同的管控措施。按照全口径、全覆盖的要求，清理核实全省政府性债务，摸清底数。建立定期报告机制，市县党政主要负责人对报送债务数据真实性、完整性负责。建立政府性债务风险防控联席会议制度，实行跨部门联合监管，增强工作合力。

（五）深入推进依法理财，确保财政资金安全、规范、高效使用

扎实开展财政"七五"普法，加快推进法治财政示范点建设。继续把压减非税收入、提高收入质量作为全年工作重点，提升财政运行的质量和可持续性。进一步提高部门预算细化度，加快预算执行进度，更好地发挥积极财政政策效应。开展省级专项资金2015～2017年管理使用情况以及2018年预算执行进度整体绩效评价，评价结果与专项资金存设和规模挂钩。深化政府采购"放管服"改革，适度提高分散采购限额，扩大预算单位选择采购方式及评审专家的自主权。严格执行国库集中收付制度，加强单位账户管理，确保财政资金始终在安全轨道内运行。加大财政监督力度，坚决查处各种扰乱财经秩序、蚕食财政资金的行为。

（六）深入推进全面从严治党，打造高素质专业化干部队伍

牢固树立"四个意识"，严格遵守党的政治纪律和政治规矩。把学习贯彻习近平新时代中国特色社会主义思想作为推进"两学一做"常态化制度化的主要内容，深入开展"不忘初心、牢记使命"主题教育。加强各级财政领导班子建设，不断提高党组把方向、谋大局、定政策、促改革的能力和定力。强化财政干部教育培训，尽快补上能力短板、素质短板、方法短板。密切关注"四风"问题新动向，从具体问题抓起，从日常小事严起，一个节点一个节点坚守，一个问题一个问题解决，积小胜为大胜，严防各种不良之风卷土重来、反弹回潮。全面推进财政源头反腐机制建设，大力支持驻厅纪检组运用"四种形态"监督执纪问责。

B.14
2017年湖南住房和城乡建设
情况及2018年展望

鹿　山*

一　2017年湖南住房和城乡建设工作发展情况

2017年，全省住房城乡建设系统以迎接十九大、学习贯彻党的十九大精神为首要政治任务，坚持以人民为中心，坚持五大发展理念，倾力打造"人文住建、绿色住建、智慧住建"，积极推进城市"双修"、农村"双改"，圆满完成了年初确定的各项目标任务。

（一）新型城镇化建设加快推进

全省城镇化水平持续高速增长，2017年全省常住人口城镇化率达到54.6%，同比提高1.85个百分点。完成国家和省级新型城镇化第一阶段试点工作评估。规划体系更为完善。组织开展了长株潭都市区一体化、长株潭湘江两岸（城区段）整体风貌等重大规划研究，审查了娄底城镇带、郴州大十字城镇群等城镇体系规划。完成30个城市（县城）总体规划修改工作，镇域村镇布局规划覆盖率达85%。全面启动全省村庄规划"全覆盖"工作。城镇建设更有品质。长沙市被列为全国第二批城市设计试点城市，湘潭市等3个城市被列为全国第三批城市双修试点城市。地下综合管廊开工33个项目、90.39公里，开工率102%，累计建成89.45公里。海绵城市试点累计建成项目154个，在建96个，常德市穿紫河治理项目纳入中央十八大生态文明建设成果展出。新增国家园林城市（县城）5个、国家级风景名胜区2处、全国特色小镇

---

* 鹿山，湖南省住房和城乡建设厅党组书记、厅长。

11 个、省级美丽乡镇 28 个。管理执法更加规范。率先全国颁布《湖南省城市综合管理条例》，推动处级城管执法干部轮训和持证上岗，城市综合管理和执法逐步规范。长沙、株洲、邵阳等地出台了城管改革方案。娄底等 13 个市州建成市级城管平台，衡阳、永州等 11 个市州统一城管执法队伍制式服装。

（二）住房保障水平大幅提升

棚改工作超额完成。2017 年，全省各类棚户区改造开工建设 41.19 万套，为国家计划数的 102.98%，完成投资 2111 亿元。持续加快推进公租房分配，新增公租房分配入住 19.06 万套，为国家计划数的 309.92%。下达中央和省级专项补助资金 173.52 亿元。湖南省被国务院评为 2016 年棚户区改造工作真抓实干、成效明显的 5 个省份之一；长沙市住保局被住建部评为住房城乡建设系统全国先进集体。农村危改提标提质。全年实际改造完成 18.64 万户，完成率 144%；争取国家危房改造补助资金 17.64 亿元，位列全国第四。全省危房改造补助标准提高到 24480 元/户，同比增加 12200 元/户。全面推进 C 级危房加固改造，在全国率先制定加固改造专项方案和技术导则，得到住建部肯定。开展"雁过拔毛"腐败问题专项治理和农村危房改造大普查、交叉检查，建立易地扶贫搬迁督查长效机制，有效保障了贫困户住房质量。湘西自治州、长沙市完成率超过 300%，桂东县、茶陵县、宁远县等地县级投入超 1 亿元。

（三）房地产市场调控成效显现

严格贯彻落实中央和省委、省政府决策部署，坚持"房子是用来住的，不是用来炒的"定位，以"稳房价、去库存、建机制、防风险"为工作重点，分类调控，因城因地施策，房地产市场总体保持平稳运行。全年完成房地产开发投资 3426.13 亿元，同比增长 15.9%；商品房销售面积 8532.25 万平方米，同比增长 5.5%，商品房库存去化周期 10.1 个月，较 2016 年底缩短 4.7 个月。全省住房公积金归集 530.45 亿元，同比增长 15.75%；提取 314.49 亿元，同比增长 18.39%；"非体制内"新增 126.75 万人。长沙市连续出台"限购、限贷、限售、限价"调控政策，遏制了房价过快上涨态势。湘潭、株洲、张家界、岳阳、常德等地分别采取停止购房奖励、收紧房贷政策、加大住房供应、严审网签价格等调控政策，确保了当地房地产市场基本平稳。三四线城市房地产库存明显下降。深化"住房＋金融＋互联网"探索，初步建成全省住房租赁监管服务平台。

（四）城乡人居环境持续改善

城市"双修"农村"双改"计划全面启动。出台《湖南省城市双修三年行动计划（2018～2020年)》和《湖南省农村双改三年行动计划（2018～2020年)》，为解决城乡建设"不平衡不充分"问题明确了主攻方向，城乡基础设施建设的系统性、全局性不断增强。城市配套设施更加完善。黑臭水体整治效果显著，130个整治达标（135个竣工），超额完成任务。启动了10个生活垃圾焚烧处理设施建设，建成2个。全年新增污水处理能力28万吨/日，13座污水处理厂完成提标改造，县以上城镇污水处理率达到95.35%。"气化湖南工程"加速推进，建成9条管道，新开工建设7条管道。农村人居环境有效改善。全面完成中央环保督查反馈问题整改。新建成乡镇污水处理厂52座，新增处理能力9.16万吨。开展行政村垃圾治理，新增垃圾处理建制村7003个，全省进行垃圾处理的行政村比例达85.6%，同比增长23.6%。完成洞庭湖沿岸垃圾清理专项行动，清理河湖岸线4463公里，湖区农村实现垃圾治理全覆盖。长沙、常德、岳阳、郴州农村污水垃圾处理成效显著。全省新增全国农村生活垃圾分类和资源化利用示范县5个、全国改善农村人居环境示范村12个。争取中国传统村落166个，获中央专项资金4.35亿元。

（五）建筑业转型发展效果突出

全年建筑业总产值达8422.86亿元，同比增长15.3%；特级企业同比增长23.1%，增长数量创历年之最。"一带一路"地区成为湖南省建筑业"走出去"的对外承包工程主战场，仅湖南交水建集团就在16个国家承接了施工项目31个。装配式建筑产业地位加强。圆满承办全国装配式建筑工作会议。装配式建筑综合实力位居全国前列，全年实施装配式建筑项目721万平方米，9家企业获批国家装配式建筑产业基地，长沙市获评国家装配式建筑示范城市，吉首市"装配式建筑＋精准扶贫"在全国首开先河。举办2017湖南"筑博会"，吸引30余个国家和地区、20个外省市区参展参会，签约金额600亿元。建筑业信息化进度加快。构建了建筑信息模型应用推广政策体系，建立BIM

技术创新战略联盟、公共信息平台，联盟成员达98家，BIM技术加速应用到规划、设计、施工、运维等环节。株洲、娄底城建档案馆推行电子档案归集，形成较好示范带动。绿色建筑和建筑节能推广加速。发布绿色建筑设计等技术标准20项，为建筑业转型提供了有力支撑。民用建筑节能率提升到65%。湘江新区绿色建筑成片发展，实现可再生能源集中供能。株洲市超低能耗建筑示范位居全国前列。建筑业"放管服"改革加码。新下放1项省级行政审批事项、取消3项，取消资质审批初审环节。建立全省施工图管理信息系统，实行"互联网＋图审"，推进施工图审查政府购买服务。建筑市场信用体系建设加速，率先全国建立招投标活动"打招呼"登记报告和招投标失信"黑名单"制度。大力推进工程总承包和全过程工程咨询。建筑工程造价管理水平不断提升。质量安全管理力度加大。开展全省工程质量安全提升行动，全面组织安全生产标准化考评、重点领域和薄弱环节专项整治，推动"双随机、一公开"监管执法，严厉打击"三包一挂"，规范建筑市场和施工现场行为。全省建筑施工安全生产形势平稳，湘西自治州连续八年未发生质量安全事故。湖南省连续两年摘取9项鲁班奖，创历史纪录。

（六）党风廉政建设从严从实

始终把加强党风廉政建设摆在更加突出的位置，坚持把抓好党建作为最大政绩。切实履行"两个责任"。严格执行党的纪律，强化廉政监督，稳步推进"两学一做"常态化教育，扎实抓好党的十九大宣传学习贯彻。坚决改变管党治党宽松软状况，成立厅直机关纪委，推动厅直各党支部抓好支部标准化建设，认真落实好"三会一课"制度和每月一次的主题党日活动。坚持不懈抓好作风建设。贯彻落实中央八项规定和省委九条规定，认真整改省委巡视组反馈问题，紧盯官僚主义、形式主义新问题、新动向，出台关于"纠四风转作风"十九条规定，坚决防止"四风"问题反弹。坚定不移地推动党风廉政建设和反腐败斗争。开展警示教育、拒收红包礼金、廉政风险防控、严肃工作纪律等专题活动，严防公职人员插手工程招投标"打招呼"。成立行业党委，切实加强所属行业协会学会党建工作，7家行业协会与行政机关机构脱钩。开展行业精神文明建设，省公积金系统在全国住建系统文明创建工作会上作典型发言；长沙、怀化、邵阳三市公积金管理中心获评全国文明单位。株洲公积金管理中心获评全国先进集体，湘西自治州公积金管理中心获评全国青年文明号。省建设工程质量安全监督系统荣获"全省文明行业"称号。与此同时，老干、工青妇、档案、信访等工作稳步推进，政务服务、后勤保障周到细致，公务用车管理严格规范，干部培训、风景研究保护等工作成效显著。

回顾一年的工作，我们充分体会到，推动住房城乡建设事业持续健康发展，坚持党的领导是抓好住建工作的根本前提，人民群众是推动住建事业发展的决定力量，推动创新引领开放崛起是住建事业再铸辉煌的必由路径，推进供给侧结构性改革是住建事业健康发展的动力源泉，全面从严治党是住建事业的坚强保证。

我们清醒地认识到，全省住房城乡建设工作还存在许多问题与不足，也面临不少困难和挑战。发展不平衡不充分的问题在住房城乡建设领域依然突出，与人民群众日益增长的美好生活需要还有很大差距。一是住房工作仍需加强，促进房地产市场平稳健康发展的长效机制尚未建立，住宅区域供应、保障性住房和商品房结构供应不平衡，租赁市场发展不充分，地方"搭车"棚改搞城市建设，公租房建设时空错配、管理运营跟不上。二是管理服务仍需改善，招投标依然还存在市场各方主体行为不规范、政策执行不统一的现象。三是人居环境整治任务重，污水垃圾等配套建设存在短板。四是全面从严治党还需进一步深化，党风廉政工作仍需不断加强，人才队伍培育仍需加大力度等等。对这些问题，我们必须认真对待，并加以解决。

二 坚决将十九大有关住房城乡建设的重大决策部署落到实处

党的十九大精神是住房城乡建设事业发展的根本遵循和行动指南。学习宣传贯彻党的十九大精神，是当前和今后一个时期全党全国的首要政治任务。我们必须要认真领会，在学懂、弄通、做实上下功夫。

（一）必须坚持以习近平新时代中国特色社会主义思想统领住房城乡建设事业发展

习近平新时代中国特色社会主义思想是党的十九大的灵魂，包含了"新时代"、"新征程"、"新矛盾"、"新方略"、"新举措"和"新要求"等内容，具有逐次展开的内在逻辑结构，是马克思主义中国化的最新成果，是开展住房城乡建设工作的行动指南，为我们指明了新时代住房城乡建设事业发展的方向和路径。我们要坚定自觉地以习近平新时代中国特色社会主义思想武装头脑，学思践悟，充分运用历史思维、战略思维、辩证思维、创新思维、底线思维，学深学透学活，使之在住建领域落地生根、开花结果。

（二）必须把准社会主要矛盾变化对住房城乡建设工作的内在要求

十九大做出了我国社会主要矛盾已经转化为人民日益增长的美好生活需要和不平衡不充分的发展之间的矛盾的重要论断。我们要精准把握社会主要矛盾变化对住房城乡建设工作提出的新要求，把更多的精力放在解决发展不平衡不充分的问题上。尤其要坚持走新型城镇化之路，着力统筹城乡发展，加快农业转移人口市民化，形成大中小城市和小城镇协调发展、城乡融合发展的格局。要把解决不平衡不充分的矛盾落实到转变规划建设管理行动上，使城乡规划由"千城一面""贪大求洋求怪"向保护传统历史文化、凸显地方特色转变，使城镇建设从注重建高楼、大广场、宽马路等"面子"工程，向更加注重供水供气、排水防涝、垃圾污水治理等"里子"工程转变，使城镇管理由传统简单粗放式向人文智慧精细化转变，真正促使城镇发展从注重"规模和速度"向"品质与内涵"转变。

（三）必须坚持稳中求进的总基调，走高质量发展之路

十九大报告指出，我国经济已由高速增长阶段转向高质量发展阶段，正处在转变发展方式、优化经济结构、转换增长动力的攻关期。新时代新常态下，做好住房城乡建设工作，要始终坚持稳中求进工作总基调，必须坚持质量第一、效益优先，在推动质量变革、效率变革、动力变革上求突破。我们要把准稳中求进的要求，将"稳"落实到坚定不移地稳控房价、防范化解房地产市场风险上，落实到建筑工程施工安全、城市安全运营管理上。"进"就是要把高质量发展的要求，转化为住建领域创新引领、开放崛起的实际行动，推动建筑业向工业化、智能化、信息化升级，推动建筑方式创新，推广通用化、模数

化、标准化设计方式和建筑信息模型技术，不断提高智能化、精细化管理水平。

（四）必须牢固树立社会主义生态文明观，把城乡人居环境治理提升到前所未有的高度

十九大报告强调，绿水青山就是金山银山，我们要建设的现代化是人与自然和谐共生的现代化。十九大将美丽中国作为建设社会主义现代化强国目标，提出人与自然是生命共同体，必须尊重自然、顺应自然、保护自然，把生态文明提升到前所未有的高度。我们要牢固树立正确的政绩观，从内心认识到绿色发展的重要性，在城乡人居环境治理上强化决心和担当，着力生态修复城市修补，大力开展农村人居环境整治行动，加快生活污水治理，强化土壤污染管控和修复，加强固体废弃物和垃圾处置，形成节约资源和保护环境的空间格局、产业结构、生产方式、生活方式。

（五）必须坚持以人民为中心，把人民对美好生活的向往作为住建工作的奋斗目标

带领人民创造美好生活，是我们党始终不渝的奋斗目标。"以人民为中心"是十九大报告的"初心"，更是贯穿习近平新时代中国特色社会主义思想的主线。坚持以人民为中心，就是要把人民对美好生活的向往作为我们住建工作的奋斗方向。既要抓经济建设，满足人民群众就业、收入等物质方面的需要；更要注重抓全面发展，满足人民群众在法治、公平、正义、安全、环境等方面的需要，更好推动人的全面发展、社会全面进步。住建系统是民生领域的重要部门，我们要全面贯彻以人民为中心的发展思想，不断提升住房保障水平，保护历史文物、传承传统文化，持续完善就学、就医、就业、交通、防灾等城乡配套基础设施，促进共建共治共享，使人民更有获得感、幸福感、安全感。

三　2018年湖南住房城乡建设的工作任务

当前，住房城乡建设领域已成为全省实施"创新引领、开放崛起"战略

的主战场，成为落实"三个着力"、打好"三大攻坚战"、构建"四大体系"的主阵地，成为保障和改善民生的主平台。新时代，我们既要着重抓好"双修双改"等各项硬任务的落实，也要保持定力，坚持"人文住建、绿色住建、智慧住建"这个长期发展目标，切实将"三个住建"的要求贯彻到城乡规划建设管理的全过程。

——要持之以恒打造"人文住建"。坚持以人民为中心，自觉在规划建设管理过程中强化人文意识，崇尚人文精神；"放管服"改革、重大决策的制定要多作换位思考，多考虑"问计于民、问计于企、问计于基层"；要在行政服务中更加注重体现人文关怀，着重解决好"程序之繁、办事之难、关卡之痛"等突出问题；要更加注重公共配套、城市管理等软实力提升，用高水平的城市管理提升城市人文品质、彰显城市精神。全系统要大兴调查研究之风，学懂弄通城乡建设和管理这门科学，用科学态度、先进理念、专业知识来做住房城乡建设工作。

——要持之以恒打造"绿色住建"。"绿色住建"的内涵是"人和自然环境的协调发展"。住建系统要切实转变理念，形成绿色价值取向和绿色思维方式。要加快构建绿色标准体系，以规划建设管理制度改革和推行强制性标准为手段，强化规划统筹管控，逐步建立城乡建设领域绿色发展标准体系。要培育绿色生产方式，以"科技含量高、资源消耗低、环境污染少"为目标，加快传统建筑业转型升级步伐。要倡导绿色生活方式，大力建设绿色城镇和美丽乡村，鼓励引导绿色居住、绿色出行，形成崇尚绿色生活的良好风尚。

——要持之以恒打造"智慧住建"。从城市工作系统性、全局性出发，着力打破部门壁垒，朝着"平台共建、资源共享、信息互通"的方向努力。要善于采用 BIM、大数据、云平台等新技术，以智慧统筹住房城乡建设发展；要努力夯实智慧住建的发展基础，按照《智慧住建发展规划 2018~2020》的要求，加快住建系统信息化和数字化建设，加快推进智慧规划、智慧建设、智慧城管、智慧房产和智慧政务建设，使城乡规划更加科学，城市建设更加有序，城市管理更加精细，政务服务更加便捷，行业管理更加高效，努力做强智慧住建，为智慧城市建设与管理破题。

2018 年是贯彻党的十九大精神的开局之年，是改革开放四十周年，是决胜全面建成小康社会、实施"十三五"规划承上启下的关键一年。新时代赋予了住建系统新使命。做好今年全省住房城乡建设系统工作的总体要求是：以习近平新时代中国特色社会主义思想为指导，深入贯彻党的十九大、中央经济工作会议和全国住房城乡建设工作会议精神，全面落实省委十一届四次全会、省委经济工作会议和省"两会"精神，坚持以人民为中心，坚持发展新理念，按照高质量发展要求，聚焦"不平衡不充分"问题，抓重点、补短板、强弱项，全力打造"人文住建、绿色住建、智慧住建"，全面推进"双修双改"，在"三个着力"中落实住建行动，在"三大攻坚战"中展现住建担当，以新发展回应人民群众的新期盼，以新成绩为建设富饶美丽幸福新湖南做出新贡献。

2018年要重点做好以下六个方面的工作。

（一）全面推进"城市双修、农村双改"计划

今年是全面推进"双修""双改"落地显效的第一年。"双修""双改"是湖南省坚持"一尊重五统筹"，加快推进新型城镇化建设、提高城镇化质量的最主要载体，是贯彻落实乡村振兴战略，着力解决城乡发展不平衡、农村发展不充分矛盾的最重要抓手。

聚焦攻坚战抓重点。住房城乡建设系统是打好精准脱贫、污染防治战的主力军。以农村危房改造为抓手，打好脱贫攻坚战。全省今年要改造危房15万户以上，16个脱贫摘帽县要全部完成改造，其他县要完成50%的存量。省厅将加强调度督查，委托第三方开展存量核查，召开危改问题整改会，对存在水分的市县坚决通报问责、减扣指标、降低补助。各地要全面推进C类危房加固改造，扎实核查存量，做到对象精准，不漏一户，不过度鉴定，加大资金配套和整合力度，实施差异化补助，兜底保障深度贫困户。以农村人居环境整治三年行动为平台，打好农村污染防治战。突出农村垃圾污水治理，新建集镇污水处理设施107处，抓好已建设施规范运行管理；集中整治垃圾围村现象，力争所有乡镇和90%行政村的生活垃圾得到治理，达到国家验收标准；大力推进农村"厕所革命"，开展农户卫生厕所建设和改造，厕所污水处理或资源化利用率提高10%以上。加大低成本、易普及的农村污水垃圾处理技术和模式推广、应用，推动乡镇污水处理收费政策落实。开展农村公共空间整治和美化亮化绿化，推进村容村貌整治全覆盖。以城镇水环境综合治理为抓手，打好城

镇污染防治战。全面整治城镇黑臭水体，组织对已完成治理的项目开展效果评估和销号工作。推动县城和乡镇黑臭水体整治。2018 年完成城镇黑臭水体整治 150 个，其中市级 33 个、县城 76 个、乡镇 41 个，洞庭湖区和湘江流域各市县区整治完成 1 个以上。地级及以上城市建成区黑臭水体消除比例平均达到 80%，长沙市保持长治久清。

聚力打基础补短板。要以完善配套设施为主攻点，夯实城镇发展基础。加快城市排水防涝设施建设，各地要重点推进地下排水管渠、雨水源头减排工程、城市排涝除险设施、城市数字化信息管理平台等工程建设，推进易涝点整治，强化排水设施运行养护，加快排水防涝项目建设进度。推进城镇污水垃圾处理设施建设，加快污水处理厂提标改造、管网雨污分流，提升污水收集处理效率。深入推进综合管廊和海绵城市建设试点，加强技术指导，开展专项督查，对省级试点进行考核评价。加大海绵城市建设推进力度，推广常德海绵城市试点经验，制定海绵城市规划建设管理办法，将海绵城市建设要求纳入城市新区建设和老旧城区改造的规划、建设、管理全过程。开展违法建设专项治理工作，将违法建设专项治理范围扩大到 100 个市县。6 月底前，所有县城要完成建成区违法建筑调查认定，开展集中整治行动。到今年底，设市城市和县城查处存量违法建设比例分别不低于 70% 和 20%。

围绕创特色强弱项。推进生活垃圾分类。长沙市要加快推进生活垃圾分类试点，强制推行，形成示范。其他市州要结合实际，积极推进。各党政机关、医院、学校等公共机构要先行实施生活垃圾强制分类。加快生活垃圾终端处理设施建设。各地要根据垃圾分布情况，按照"城乡统筹、区域统筹"的原则，制定生活垃圾处理设施建设规划，完善垃圾收运体系，加快垃圾转运站建设，加大生活垃圾焚烧处理设施、餐厨垃圾资源化利用设施建设力度。全面推进老旧小区改造。印发《湖南省城市老旧小区提质改造三年行动方案（2018～2020）》。长沙市要率先抓好老旧小区改造试点工作。各地要完成摸底调查，制定政策方案，编制三年工作规划和年度计划，率先提质改造环境条件较差、配套设施破损严重、群众反映强烈的老旧小区。配套完善非机动车道、人行道、过街通道等便民设施，以及智能停车场、充电基础设施等新型市政设施。推进乡村建设试点示范。继续做好第五批中国传统村落推荐工作。按照突出特色、分类指导的原则，选择部分镇村开展农村"双改"示范，建立试点示范中期评估、期满验收和动态管理制度。抓好污水和垃圾治理示范县、人居环境改善示范村、美丽宜居小镇（村庄）和美丽乡镇等建设。加强农村建房规划管理。开展农村住房建设管理立法调研。各地要结合村庄规划管控，建立健全乡镇规划建设管理机构，配足专职专业人员，保障经费，完善机制，逐步解决农村住房建设散、建得乱、建得差的问题。

立足促落地建机制。坚持省级统筹、市县为主，"一城一策"，有序开展。构建推进机制。全面实施政策清单和项目清单制度，4月底前完成省级政策清单、实施评估、考核监督等配套政策制定。省厅将全面强化督查调研，适时召开全省"双修双改"推进现场会。各市县人民政府要担当"双修""双改"主体责任，强化组织领导，成立主要负责同志挂帅的"双修""双改"工作领导小组，设立专门的办公室，建立推进协调机制，集中力量推进；4月底前要完成本地区"双修""双改"工作方案制定和项目清单编制，并报省厅备案；各市州要加强自查，打通落地"最后一公里"。强化保障力度。坚持"地方和市场为主"的筹资方式，积极吸引社会资本参与"双修""双改"；探索建立专项基金，加强与金融机构合作，以市、县为单位，实行项目整县打包打捆、整体融资。

（二）切实抓好城乡规划工作

习近平总书记考察北京市时提出"要立足提高治理能力抓好城市规划建设"。新版总体规划编制不同于以往技术修改，而是以城市规划为"龙头"，以"多规合一"为路径，构建空间规划体系，重构政府行政审批流程，推动政府职能转变，促进政府治理体系和治理能力现代化，实质上是一次规划体制、机制的深层次改革，是一场规划革命。

强化规划统筹。完善省规委工作机制，建立"智库"，借用"外脑"，切实加强对重大规划的统筹、指导和研究。加大国家新型城镇化试点工作力度。推进省级空间规划，加快编制城镇增长边界规划，实现省级层面"全域管控"和"多规合一"。加快建设全省"多规合一"的空间规划信息平台。探索推进规划体制、机制的系统改革，优化规划编制实施体系，建立分级编制审批机制。各地要充分发挥各级规划委员会"统筹规划、规划统筹"的职能，提高规划权威性，强化规划约束管控作用。

完成新版总体规划编制前期工作。印发《湖南省新一版城市总体规划编制工作方案》，重点选择2个地级城市和2~3个县级城市开展总体规划编制试点。各市县今年要完成六项任务：一要全面摸清现状，开展现版总规实施评估，找准突出问题。二要对照全面建成小康社会的指标体系，按照"缺什么、补什么"的思路，编制2018~2020年三年行动计划。三要全面分析和评价资源禀赋、生态环境和发展水平，明确城市定位；长沙市要"胸怀全国，放眼世界，在全国全球发展格局中找准定位"，突出省会和长江中游城市群中心城市定位。各地要提高站位，明确城市定位，围绕"建什么样的城市"和"怎样建设城市"，推动外延扩张型规划转向内涵型规划。四要建立"上下联动、规委牵头、部门协作"的协调机制，党委、政府一把手要亲自抓规划，要"共同规划、开门规划"，把总体规划的编制变为市民共建共享共治城市的过程。五要建立规划核心指标体系，对核心指标完成情况实行"一年一体检，五年一评估"。六要划定"一区一线"，构建"城乡统筹、全域覆盖、要素叠加"的一张蓝图。

抓好专项规划编制。重点编制教育、医疗、养老、轨道交通、综合防灾等专项规划，全面完成省级以上产业园区控规；注重加强历史文化名城、街区和历史建筑物保护，完成历史文化名城、名镇、名村、街区保护规划编制。推进村庄规划全覆盖，压实区县市人民政府编制村庄规划的主体责任，坚持因地制宜、经济适用，优先编制扶贫攻坚、易地扶贫搬迁、美丽乡村及试点示范村的村庄规划，有序推进全省村庄规划全覆盖，2018年全省要完成编制8400个村庄规划和建房说明书。

（三）完善住房供给和保障体系

坚持房子是用来住的，不是用来炒的定位，加快建立多主体供给、多渠道保障、租购并举的住房制度，形成供求总量基本平衡、结构基本合理、房价与消费能力基本适应的房地产市场供需格局。

深化住房制度改革。出台各类住房的品质评价标准，加快建立公租房、限价商品房和普通商品房并存的多层次住房供应体系。大力发展住房租赁市场，会同相关部门，研究制定金融、财税支持政策，支持专业化、机构化住房租赁企业发展；鼓励住房租赁消费，积极推进租购同权，适时提高住房公积金租房月提取最高限额；出台公租房租赁补贴政策，根据保障对象情况和地方经济承受能力逐步扩大租赁补贴范围。支持合理的住房需求，长沙等省内房价较高的城市，要建设一批限价商品房，满足中低收入家庭的住房刚性需求。继续落实"湘十条"去库存政策，大力支持农民工进城购房。提高住宅产业化发展水平和全装修房比例，不断提升楼盘品质，激活和支持改善型住房需求。

坚决抑制投机炒房。保持房地产市场调控政策连续性和稳定性，坚持调控决心不动摇、政策方向不改变、力度不放松。各地要认真落实好调控的主体责任，坚决遏制房价过快上涨势头。长沙等已出台调控政策的城市要严格落实现行调控措施，坚决遏制投资投机性需求。房价上涨压力较大的其他市县，要避免盲目推进棚改货币化安置，严格住房公积金提取、贷款政策，并考虑适时推出调控举措。要加强部门联动，配合金融部门加强资金管控，防止资金违规进入房地产；配合国土部门改进土地供应方式，提高租赁住房、限价商品房的供地比例。力争今年年底前建成集监管、服务、市场、交易为一体的省市县共用的房地产监管平台，实现对房地产全产业链的动态监管。

强化保障性住房建设管理。实施2018～2020年棚改三年行动计划。坚持全覆盖、保基本、多层次、可持续的基本方针，严格棚改标准，回归棚改本义。坚持巡查督查和通报约谈制度，狠抓项目进度，提高工程质量，加快配套建设，确保今年28.6万套棚改任务圆满完成。各地要全面推行"两轮征询"制度，做细做实征收拆迁、行政审批、资金筹措等前期工作，尊重群众意愿，合理引导预期。抓好公租房分配管理。力争全省列入国家计划开工建设的公租房项目在6月底前全部竣工验收，年底前基本分配到位。开展保障房小区配套和运营服务示范创建。各地要合理确定准入条件，优先保障环卫、公交等行业困难群体，将符合条件的新就业无房职工、外来务工人员和青年医生、青年教师等纳入保障范围，对低保、低收入住房困难家庭要应保尽保。

（四）深化城市管理体制改革

城市管理执法体制改革事关城市发展、群众利益、政府形象，是推动城市管理向城市治理的必由路径，是构建现代化城市治理体系的重要一环。各地务必高度重视，狠抓落实，攻坚突破。

坚定不移深化城管执法体制改革。各地要坚决贯彻落实中发〔2015〕37

号和湘发〔2016〕30号文件精神，认真执行《湖南城市管理条例》，不折不扣地完成中央和省委、省政府部署的规定任务。整合市政公用设施运行管理、市容环卫管理、园林绿化建设维护管理和城市管理执法职能，积极稳妥推进城市管理机构综合设置。划清职能职责边界，推动住建领域行政处罚权集中行使。各地要实事求是，因地制宜，稳步推进综合执法工作，在6月前完成此项任务。株洲、邵阳、长沙、张家界、益阳、郴州、娄底等已制定城管改革方案的地区要尽快组织实施，推动落地见效；其他市州要抓紧研究出台方案，奋力追赶进度。长沙、岳阳、娄底等市要尽快落实城管执法人员制式服装订制配发工作。张家界等市县要加快数字城管平台建设，所有市县的数字城管平台要在6月前建成，实现全省全覆盖。

强化城管改革落地推进督查。会同省委改革办、省编办、省法制办开展改革落地督查工作。各地要担起改革主体责任，组织市县对照改革任务要求开展全面自查，紧盯进展缓慢的市县和进展滞后的任务，强化攻坚力度。城管部门要充分发挥协调作用，积极向党委政府汇报，争取支持；主动与相关部门沟通，形成合力，共同推进。

提高城市综合管理服务水平。坚持共谋共建共管共评共享，以社区为单元，规范秩序、改善环境、完善设施，开展共同缔造行动。推进"绿色生态城区"、"绿色生态社区"创建工作。加强城市管理执法队伍作风建设，持续开展"强基础、转作风、树形象"行动，不断提升文明执法水平。加强城市运营安全监管，建立供水、供气、城市桥梁等设施运营安全督查长效机制，推进既有设施定期检测、维修加固和提质改造，提高市场化、信息化管养水平。规范物业管理，出台《湖南省物业管理条例》，强化地方政府物业管理职责，推广"互联网＋现代物业"。

（五）着力推动建筑业转型升级

全面贯彻"适用、经济、绿色、美观"的建筑方针，推动建筑业向工业化、绿色化、智能化转型升级，提高建筑业发展质量，助力建设现代化经济体系。

全力推动建筑业绿色发展。推动出台《湖南省绿色建筑发展条例》，制定《湖南省绿色住建发展三年行动计划（2018～2020）》和绩效评价指标；建立绿色（装配式）建筑标准化研究中心，编制绿色设计、施工、评价等通用标准；推广应用绿色施工、建筑垃圾再生利用、污水处理、绿色建材等新技术、新工艺、新材料、新产品。加快装配式建筑推广，力争全省市州中心城市装配式建筑占新建建筑比例达到15%，长株潭地区达到25%；城镇绿色建筑占新建建筑面积比例达到40%，进入全国先进行列；绿色建材在新建建筑中的使用比率达到40%，实现普及化和规模化应用；建筑节能65%标准在新建建筑和既有建筑改造执行率达到100%，在长株潭地区探索实施75%节能技术和超低能耗建筑技术应用；推进浅层地源热泵等可再生能源建筑规模应用。

支持引导建筑业"走出去"。拓展湖南省建筑业对外承包工程的发展空间，以东南亚、南亚、中亚、非洲等地区为重点，扩大交通、能源、建筑等领域的工程总承包规模。协助做好湖南省对外承包工程项目配套服务。重点培育水电八局、中建五局、湖南建工、湖南交水建集团、远大住工等一批对外承包龙头企业。成立省级建筑业国际产能合作企业联盟，围绕装配式建筑、中低速磁悬浮、电站、公路桥梁等建设领域打造产业集群，鼓励大型建筑企业、中小企业合作"抱团外拓"。

加快推进建筑业信息化。加快推进建筑信息模型（BIM）技术在工程建设全周期的集成应用。推动建筑企业研发推广"互联网＋智慧"工地管理系统，推行建设工程电子档案归档管理，推进绿色模板施工技术应用。推动劳务用工管理模式创新，全面实施建筑劳务用工实名制管理，建立全省建筑工人信息库，打造全省建筑劳务市场供需对接平台，探索建筑劳务用工"大数据"管理模式，助推建筑产业工人就业创业。完善省建筑市场监管公共服务平台功能，促进企业库、人员库、项目库、诚信库互联互通。

全面强化质量安全管理。深入推进工程质量安全提升行动，落实项目经理记分管理制度，推行质量安全监理报告试点。深化安全生产标准化考评工作。落实重大事故隐患治理"一单四制"，抓好监督规范化层级考核和责任追究。突出重点领域和薄弱环节的专项治理。建立建筑市场信用信息认定、采集、交换、公开、评价、使用及监管机制。严厉打击非法违法建设和违规违章作业行为，坚决遏制较大以上生产安全事故。

持续深化行业"放管服"改革。持续推进工程总承包和全过程工程咨询试点，提高工程建设质量和效益。深化施工图审查制度改革，建立多审合一并联审核机制，升级湖南省施工图管理信息系统平台。深化园区"先建后验"改革试点。抓好招投标新政策全面实施，建立健全招投标诚信体系，加强招投标领域违法违纪等行为的查处，实行招标代理动态管理、备案、联合查处、开评标远程监管等新模式。加强工程造价计价依据执行情况检查，全面启动定额编制修订工作。启动修正《湖南省风景名胜区条例》。

（六）加强住房城乡建设系统队伍建设

党的十九大对推进党的建设新的伟大工程做出了战略部署。要坚决贯彻新时代党的建设总要求，以党建统领队伍建设，推动全面从严治党迈向纵深，打造一支思想过硬、作风优良、业务精湛、服务一流的建设湘军。

以政治建设统领党的建设。旗帜鲜明讲政治，牢固树立"四个意识"，严格遵守政治纪律和政治规矩，坚决维护以习近平同志为核心的党中央权威和集中统一领导。以党章为根本遵循，严格执行新形势下党内政治生活若干准则。把学习贯彻习近平新时代中国特色社会主义思想作为"两学一做"常态化、制度化的主要内容。开展"不忘初心、牢记使命"主题教育，提升党员干部的理想信念、宗旨意识和党性修养。扎实推进支部建设标准化、组织生活正常化、管理服务精细化、工作制度体系化、阵地建设规范化，把支部建设成为坚强的战斗堡垒。

持之以恒纠"四风"、转作风。住建系统各级领导干部要以身作则，一级做给一级看，一级带着一级干，要求别人做到的自己首先做到。要密切关注"四风"问题新动向，聚焦形式主义、官僚主义的新表现，严防各种不良之风卷土重来、反弹回潮，以过硬的措施和办法，在全系统营造风清气正的良好政治生态。

坚持不懈抓好党风廉政建设。住建系统各党组织书记要认真履行第一责任人责任，对本组织的政治生态负责；班子成员要自觉履行"一岗双责"，把党风廉政建设融入分管业务工作中，强化职责内重点领域、关键环节的风险防控。各党组织要进一步加强党风廉政教育，筑牢"不想腐"的思想防线；支持所在单位纪检机构的监督执纪问责，畅通党内外监督渠道，以"零容忍"的态度正风肃纪，强化"不敢腐"的震慑效应。

深入推进政风行风建设。坚持问题导向，严肃整治在工程质量安全等检查、企业资质等行政审批、评先评优评奖等事项办理过程中"索拿卡要"问题。强化工程建设领域的监督执纪，加强保障性住房、农村危房改造等民生工程监管，深入开展"雁过拔毛"式腐败问题专项整治，严惩截留侵吞资金、优亲厚友等违法违纪行为。在全系统推行"五讲四美""四个倡导"，深化"创先争优"意识，加强精神文明建设，促进政风行风持续好转。

强化行业队伍能力建设。组织开展"建筑强企"命名活动，实行专项表彰奖励，制定专门支持政策，打造"湖湘建造"品牌企业。实施"建筑业人才培训百千万工程"，开展乡镇规划建设管理干部轮训，强化县乡两级管理人员、技术人员培训力度。今年要全面轮训城管执法干部，培训农村建筑工匠1万人以上。

B.15
2017年湖南交通运输发展
情况及2018年展望

周海兵*

一 2017年交通运输主要工作

2017年，在省委、省政府的坚强领导和交通运输部的大力支持下，省交通运输厅党组紧紧围绕"建设人民满意交通"总要求，团结带领全省交通运输系统广大干部职工，统筹推进稳增长、促改革、调结构、惠民生各项工作，妥善化解重大难题、重大挑战、重大风险，圆满完成全年各项目标任务，推动全省交通运输事业发展迈上了新台阶。

（一）服务经济发展能力持续增强

2017年完成交通固定资产投资803.72亿元，超额完成年度投资任务，为全省稳增长做出积极贡献。新开工高速公路400公里，永吉、益娄、武靖、张桑、炎汝扫尾段等5条（段）高速公路建成通车，全省高速公路新增通车里程340.97公里，通车总里程达6419公里，跻身全国前五。新改建干线公路1108.09公里。农村公路提质改造13320.99公里，完成安防工程14810.8公里，实施危桥改造1239座，均超额完成年度目标任务。建成农村客运招呼站3000个。深入开展"四好农村路"建设，长沙县获评全国示范县。湘江二级航道二期工程、沅水浦市至常德航道建设工程等水运重大项目稳步推进。外联内畅的开放型交通网络格局更加完善。项目规划计划管理更加科学，部省交通发展战略合作协议顺利签订，"十三五"规划中

---

* 周海兵，湖南省交通运输厅党组书记、厅长。

期调整稳步推进,"十三五"规划内项目前期工作全面启动,发展后劲不断增强。

(二)交通运输保障水平明显提高

公路水路客运量、旅客周转量、货运量、货物周转量分别完成10.19亿人次、529.65亿人公里、22.19亿吨、3487.13亿吨公里,集装箱吞吐量59.43万标箱。圆满完成重大节假日、重点时段运输保障任务,节假日高速公路拥堵问题有效缓解,特别是面对历史罕见的洪涝灾害,交通运输系统主动作为,有力保障了全省公路水路交通畅通,得到部省充分肯定和社会各界一致好评。物流业"降本增效"成效明显,降低社会成本48.12亿元。城乡运输服务协调发展,新增通客车建制村595个,建制村通客车率达98.88%。全面完成省际市际客运班线实名制售票和验票工作。充分利用油补政策引导城乡公交优先发展。运输领域试点工作有序开展,完成常德、娄底、张家界全国第三批公交都市创建申报,启动嘉禾县、湘潭县全国城乡交通运输一体化示范县建设,深入推进第一批无车承运人试点,成功申报岳阳城陵矶新港多式联运试点项目。

(三)交通扶贫攻坚取得阶段成效

坚决落实部省共建协议和交通扶贫支持政策,继续对贫困地区交通建设投入实行倾斜,51个贫困县完成交通投资338.89亿元,占全省交通投资的42%。贫困地区交通运输条件进一步改善,新增高速公路通车里程235公里,古丈、桑植、绥宁、城步等4个县实现30分钟上高速公路;新改建干线公路663公里、农村公路7501公里、客货运站场12个,建成农村客运招呼站1276个。在省委、省政府的大力支持下,实施25户/100人以上自然村通水泥(沥青)路建设,12个2017年拟脱贫摘帽贫困县率先启动建设。积极探索推行"交通扶贫+特色产业""交通扶贫+电商""交通扶贫+乡村旅游"等扶贫新模式,交通扶贫攻坚先行引领作用进一步凸显。

(四)重点领域改革有力有序推进

一是高速公路管理体制改革取得重大突破。坚决落实省委、省政府工作部署,省高速公路管理局整体转企,省高速公路集团正按现代企业制度抓紧组

153

建，改革后高速公路建设运营管理平稳有序。二是"放管服"改革取得新进展。行政审批事项由 45 项精简到 18 项。所有行政许可和公共服务事项全部进入省"互联网＋政务服务"一体化平台。行权履责形成"三清单七目录一平台"格局。三是新业态管理日趋规范。12 个市出台网约车相关政策，长沙市颁发首批《网络预约出租汽车经营许可证》，共享单车、共享汽车管理不断加强。四是交通项目监管机制不断创新。马安、益南高速公路项目建设管理体制改革形成试点经验，高速公路项目设计施工总承包模式在龙琅、祁常、江杉等项目全面铺开。五是综合交通运输协调机制加快完善。省综合交通运输工作领导小组正式成立，初步构建统筹协调推进综合交通枢纽体系建设的良好格局。六是创新驾培服务模式。全省 730 所驾培机构提供"计时收费、先培后付"服务，覆盖率达 82%。

（五）交通管理服务不断提质升级

一是"两保一优一树"活动扎实开展。高速公路安全保障和疏堵保畅能力不断增强，管理服务水平持续提升，尤其是通过全面开展服务区污水治理，强力推进服务区"厕所革命"，完成 13 个样板示范项目建设，服务区形象明显好转。湖南高速公路花垣、湘潭、长沙、珠山等四家服务区获"全国百佳示范服务区"荣誉称号。二是建设市场监管取得实效。全面启动益马高速、湘江二级航道二期工程等省级品质工程示范创建。全面推进电子招投标，加大围标、串标等行为惩戒力度，27 家公路施工企业和 13 名从业人员被纳入黑名单。大力开展在建工程项目从业人员履约管理，查处违约人员 249 人次，形成强力震慑，戴东昌副部长给予批示肯定。2017 年度部国省干线公路养护检查保持全国前列，干线公路服务区建设稳步推进，圆满完成部生命安全防护工程示范省验收，事故多发点（段）整治任务基本完成。三是信息化与交通运输服务深度融合。强化信息化统筹管理与信息资源整合共享，信息化工程建设加快推进。公交一卡通互联互通进展顺利。湖南省 136 个二级以上客运站实现联网售票，覆盖率达到 94%。12328 电话系统基本实现部、省、市三级联网。ETC 用户达到 261 万。四是法治部门建设成效明显。《湖南省水上交通安全条例》颁布施行。重大行政决策合法性审查制度、重大合同管理办法等制度相继出台。重大遗留问题依法有序应对，厅本级牵头办理行政复议案和行政诉讼案 11 件，无一败诉。内控标准化管理全面启动，实施办法和考评细则同期实施，信息管理系统上线运行，重点督办事项全部落地落实。五是绿色智慧交通建设取得新进展。长益扩容和益南高速公路国家级绿色公路示范项目、岳阳港"绿色港口"示范工程顺利推进。开展水运污染专项整治"百日行动"，督促整改各类船舶污染问题 3562 项。关停、拆除长江沿线及洞庭湖自然保护区非法砂石码头 115 个。矮寨悬索大桥关键技术成果荣获国家科技进步二等奖，5项成果获中国公路学会科技奖，5 项成果获省科学技术奖。

（六）安全生产创近年来最好水平

突出抓好安全生产责任落实，"党政同责、一岗双责、三个必管"安全生产机制进一步健全，各级交通运输部门责任不断压实。铁腕推进"隐患清零"行动，排查整改隐患近 36 万个，强力扭转湖南省连续三年发生重特大道路交通事故的不利局面，得到部省主要领导的批示肯定，工作经验在全国交通运输工作会议上推介。始终保持公路治超严管重罚高压态势，进一步巩固扩大治超战果，查处非法超限超载车 38294 台次，卸载货物 29 万多吨，取缔非法源头企业 822 家，彻底摧毁违法"货车联盟"，公路站点超限超载率稳控在 1% 以下。深入开展以道路运输、水上交通、建设施工等领域为重点的交通运输安全专项整治，有序推进"平安高速"三年行动计划，不断强化安全生产监管，有力保障安全生产大局稳定。2017 年交通运输行业安全生产事故件数、死亡人数同比分别下降 12.9%、58.97%，为近五年来最少，圆满实现省委、省政府提出的"三下降一绝不"目标。

（七）党的建设和精神文明建设实现新提升

一是思想政治建设进一步加强。深入学习贯彻党的十九大精神，轮训厅直系统党员干部 6076 人次，实现十九大精神培训全覆盖；扎实推进"两学一做"教育常态化、制度化，严格落实"三会一课"制度，认真开展支部主题党日活动，试行党政负责人家访制度，全系统展现出风正、心齐、气顺的良好氛围。二是基层组织不断夯实。强力推进厅直单位党委换届选举，认真开展民主评议党员和基层党建述职工作，党建制度建设步伐加快。坚持正确选人用人导向，加大干部教育培训力度和优秀年轻干部培养选拔力度，厅系统超职数干部基本消化到位。三是党风廉政建设见实效。配合抓好巡视"回头看"，推进巡视反馈问题整改落实销号，深入推进涉砂涉矿等经营性活动专项整治，开展拒收拒送红包礼品礼金活动，强化重点领域和关键环节廉洁风险防范，成立厅直机关纪委，全系统党风廉政建设不断加强。四是精神文明建设成果丰硕。省交通质安局通过全国文明单位复查。6个集体获全国"青年文明号"，6个单位获全省"文明窗口单位"。组织开展"十佳营运汽车驾驶员"等五个"十佳"评选，2家单位获评全国2017年春运"情满旅途"活动先进集体。五是主动发声讲好交通故事。全方位多层次宣传交通发展成效，中央、部省主要媒体报道湖南省交通新闻数量大幅增长，行业认知度明显提升，交通运输正能量不断凝聚。

2017年，邮政工作取得新成绩。制定实施促进快递业发展的政策措施，"快递下乡""快递入区"成效明显，邮政服务水平稳步提升，寄递安全进一步夯实，邮政行业发展态势持续向好，全年业务总量、业务收入同比分别增长34.36%、24.23%。

二 2018年交通运输工作展望

2018年是全面贯彻落实党的十九大精神的开局之年，是决胜全面建成小康社会、实施"十三五"规划承上启下的关键一年，是改革开放40周年，也是谋划交通强国建设的起步之年，做好各项工作至关重要。交通运输工作的总体要求是：全面贯彻落实党的十九大精神，以习近平新时代中国特色社会主义思想为指导，按照中央经济工作会议、省委经济工作会议、全国交通运输工作会议和省"两会"部署，紧扣高质量发展要求，坚持以供给侧结构性改革为主线，以改革、创新、开放为动力，以构建综合交通枢纽体系为抓手，以建设人民满意交通为目标，着力推动交通运输行业质量变革、效率变革、动力变革，着力推进综合交通、智慧交通、绿色交通、平安交通建设，着力提升行业现代治理能力和服务品质，着力打好防范化解重大风险、精准脱贫、污染防治攻坚战，为决胜全面建成小康社会、加快建设富饶美丽幸福新湖南当好先行，奋力谱写建设交通强国的湖南篇章。

2018年，围绕推动高质量发展，重点抓好十项工作。

（一）加快构建高质量交通基础设施网络

一是稳定交通基础设施投资。计划完成交通基础设施投资 750 亿元。其中：高速公路投资 206 亿元，建成通车 300 公里以上。干线公路投资 322 亿元，加快普通国省道建设，新改建 1000 公里以上，年内完成"十三五"规划全部国道建设的前期工作。农村公路投资 142 亿元，完成自然村通水泥（沥青）路建设 2 万公里，提质改造 8000 公里，安保工程 1 万公里，继续实施危桥改造、渡改桥建设。站场建设投资 55 亿元，加强物流园区、货运枢纽和客运站场建设，建成农村客运招呼站 2000 个。水运建设投资 23 亿元，加快湘江二期、沅水浦市至常德、洞庭湖澧县安乡至茅草街等项目建设，推进岳阳港城陵矶港区、长沙港霞凝港区等港口建设。信息化建设投资 2 亿元，进一步完善综合交通运输运行协调和应急指挥系统、交通运输行政执法综合管理信息系统等。二是强化要素保障。完成"十三五"交通规划中期评估和调整。完善"十三五"规划项目实施机制。争取提高地方政府专项债用于交通建设的额度，实行省补资金安排与交通目标考核挂钩。积极采取推行 PPP 模式、发行收费公路专项债等方式，强化高速公路建设资金保障。加强项目建设用地和征拆保障。加快项目前期工作，让项目等资金。积极开发新项目，做好项目储备。三是加强项目建设管理。加强项目设计、施工、质安标准化建设和工程造价管理。深入实施"品质工程"示范创建。继续在新开工公路和水运项目全面实行征地拆迁总包干。进一步规范建设市场监管，整合监管力量，统筹监管处罚，形成监管合力，同时畅通申诉渠道、加强自身监管。以更严更实举措在全系统深化在建项目从业人员履约情况专项行动。强化 BOT 项目履约监管。全面推行电子招投标。规范专家库管理。健全信用评价体系，强化信用结果运用。

（二）坚决打好交通扶贫脱贫攻坚战

坚持把交通扶贫作为第一民生工程。一是大力完善贫困地区交通基础设施。计划投资 288 亿元，实施干线公路改造建设 2800 公里、农村公路窄路加宽 6000 公里，处置公路安全隐患、建设生命安全防护工程 7000 公里，实施危桥改造 400 座，脱贫摘帽县具备条件的建制村全部实现通客车。二是建立健全自然村通水泥（沥青）路建设工作机制。按照"三基本三确保"要求，出台各市州实施方案和细则，在 3 月底前完成统一招标工作。签订省、市、县三级目标责任状，按照"省级统筹、市级组织、县负主责、统一建设"模式压实各级责任，并纳入脱贫攻坚和重点民生实事考核范围。积极协调财政部门及时拨付省级奖补资金，确保项目顺利推进。三是创新和落实交通扶贫政策。落实部省共建协议要求，简化贫困地区公路建设审批程序，争取更多涉农资金整合用于贫困地区交通设施建设。继续做好慈利县定点扶贫和联点督查工作。大力支持贫困地区资源路、旅游路、产业开发路建设，积极推行"交通运输 +"生态旅游、特色产业、电商快递等扶贫新模式，进一步增强贫困地区自我发展能力。

（三）积极服务国省重大战略实施

充分发挥交通先行作用，为国省重大战略实施提供坚实交通保障。一是加快构建长江经济带高质量综合立体交通走廊。继续推进干线航道治理和支线航道建设，重点抓好湘江 2000 吨级航道二期、湘江永州至衡阳三级航道建设一期工程等重点项目。配合完成涵盖长江干线的港口深水岸线资源监测系统建设。加快实施长株潭、岳阳等重点港口建设，完善港口集疏运系统。深入推进省际高速通道建设和普通国省道升级改造，提升主要经济干道服务能力。二是主动服务乡村振兴战略。扎实推进"四好农村路"建设，进一步完善体制机制，重点打造一批省级示范县，争创一批全国示范县，同时继续开展示范路和示范乡镇创建。统筹城乡道路客运一体化建设，创新农村客运发展模式，完善农村客运网络体系。出台农村客运营运补贴办法，确保农村客运"开得通""留得住"。实施"快递下乡"和农村电商邮政寄递工程，促进建制村直接通邮。三是落实区域协调发展战略。大力推进长株潭交通一体化，加快优化岳阳、郴州、怀化等区域中心城市交通网络，提升服务区域经济发展能力。围绕"产业项目建设年"活动，推动产业园区和经济轴带等重要经济节点道路建设，促进交通互联互通。依托 A 级以上景区和重要旅游资源点，继续实施旅游通景公路建设，打通旅游公路"最后一公里"。

（四）纵深推进关键领域改革攻坚

一是持续深化供给侧结构性改革。突出"三去一降一补"重点任务，制定促进物流业"降本增效"实施方案。落实收费公路"营改增"工作。继续实行绿色通道和节假日免费通行政策。利用通行费9折优惠政策鼓励使用"湘通储值卡"结算。二是有序推进体制机制改革。抓好全省交通运输系统承担行政职能事业单位改革试点。抓紧推进厅机关及涉改厅直单位"三供一业"分离移交改革工作。三是稳步推进出租汽车行业改革。贯彻国家深化出租汽车改革意见,推动传统出租汽车经营服务模式创新。规范发展网络约租车,督促指导地方政府妥善处理出租汽车经营权等矛盾纠纷,促进行业平稳有序发展。四是协调抓好各项试点改革。跟踪指导邵阳市和耒阳市、吉首市全国综合行政执法体制改革试点,支持岳阳、湘潭等市开展省级交通运输综合行政执法改革试点。深化多式联运试点建设,开展甩挂运输试点。落实长途客运实名制。五是持续深化"放管服"改革。全面清理规范行政审批中介服务事项。大力推进商事制度改革,确保18项工商登记后置审批事项目录管理100%、信息公示100%。积极推行"双随机"抽查机制。继续实行"互联网+政务服务",理顺工作机制,加快推进"线上线下"两个平台建设,真正让数据"多跑路"、群众"少跑腿"。六是扎实做好高速公路体制改革后续工作。按照改革实施方案,理顺原高管局承担的行政许可、行业监管及相关公益性职责,配合处理好整体转企后各类矛盾和重大遗留问题。

(五)持续提升行业综合治理能力

一是深化"厕所革命"。全面推进高速公路服务区厕所升级改造,严格高速公路服务区"厕所革命"考核,打造一批全省样板示范服务区卫生间。启动干线公路服务区建设和加油站厕所升级改造。二是加强基础养护。积极开展"精准养护"。加强养护工程监管,全面落实四级巡查制度。推进农村公路群众性养护体系建设。研究设置面向贫困群众的农村公路养护公益性岗位。实施公路建设管理体制改革、养护运行机制改革,积极推进公路养护市场化。三是推动公路治超长效化。全面启动高速公路入口治超,完成高速公路匝道收费站入口称重检测设备安装建设。扎实开展车辆运输车规范运营专项治理年活动。严格落实"一超四罚"和"黑名单"处罚机制。优化考评,将考核结果与超限超载率、处罚率、大中修资金安排等挂钩。进一步强化科技治超力度,抓好治超联网工作，推进治理车辆超限超载联合执法常态化制度化。确保全省高速公路收费站入口平均超限超载率和国省干线公路超限超载率降至1.5%以下。四是加快运输服务转型发展。引导客运企业整合重组，打造大型骨干龙头企业。大力发展定制客运、旅游客运、观光客运等模式，积极培育无车承运人等新业态。加强道路运输经营质量信誉考核。抓好驾培服务改革工作。五是推进法治政府部门建设。依法化解重大遗留问题，妥善应对仲裁诉讼案。完善项目建设管理相关制度，有效防范法律风险。深入推进内控标准化管理，完善信息管理系统和配套制度，抓好重点工作督办，真正让内部感到有压力、外部感到有效率、人人感到有动力。

（六）坚持不懈抓好平安交通建设

安全生产只有进行时、没有完成时，任何时候都不能麻痹大意、放松警惕。必须十分珍惜当前来之不易的良好局面，进一步牢固树立安全生产"红线"意识和"底线"思维，把安全生产各项要求贯穿落实到交通运输全行业全领域，全力推动安全生产形势持续明显好转、稳定好转、根本好转。一是深化"隐患清零"行动。总结推广工作经验，打造"隐患清零"行动升级版。全面推行"一单四制"，集中整治营运驾驶员、客货运车辆、客货运站场和运输企业存在的隐患和薄弱环节，防范和坚决遏制重特大事故发生。建设"隐患清零"信息化系统，制定道路运输安全"隐患清零"管理办法，构建安全管理长效机制。二是强化安全生产责任。完善"党政同责、一岗双责、齐抓共管、失职追责"的安全生产责任体系，健全安全生产监管责任清单，强化企业安全生产主体责任，确保安全生产责任落实到每个环节、每个岗位、每个职工，形成全链条、无断层的责任体系。三是推进重点领域安全监管。扎实推进交通运输安全生产打非治违"百日行动"。水上交通领域，强化"四类重点船舶"监管，全面开展渡口清理整顿，加强水上安全现场监管和联合巡航。道路运输领域，强化"两客一危"车辆和铁路专用线社会道口安全监管，加强重点营运车辆联网联控和客运站场视频监控。工程建设领域，深入开展"工程质量安全年"活动、工程建设质量安全隐患专项整治活动，坚决防止质量安全事故发生。四是夯实安全生产基础。深入开展"落实企业主体责任年"、安全生产"监管执法年"、"平安交通"等系列创建活动。完善推进安全生产领域改革发展政策措施，出台隐患排查和治理制度规范。加强安全文化建设。落实军民融合发展要求，积极做好交通战备工作。强化春运、暑运、黄金周等重点时段安全监管和应急值守，做好极端天气的预防、预警、防范和应急保障工作。

（七）加快建设创新型交通运输行业

一方面，大力推进智慧交通建设。重点推进高速公路智能交通管理，以长张高速长益段为试点，借鉴先进地区经验做法，形成一套操作性强、可复制的运行模式和工作体系，年内完成试点工作，并在全省范围内尽快推广。积极开展交通运输领域大数据应用，纵深推进"互联网＋"交通运输，建立健全智慧交通大平台。以行业基础数据中心建设为依托，大力实施公路治超信息系统、道路客运联网售票系统、交通运输物流信息共享平台、渡口渡船信息管理系统等项目。积极推广交通一卡通、高速公路不停车手机支付、船舶自动识别系统等新技术新成果。进一步加大高分影像遥感技术应用范围。支持行业科研平台建设。支持长株潭智能公交建设。支持岳阳建设智慧物流信息平台，创建"国家创新发展现代物流城市"。另一方面，大力推进绿色交通发展。抓好株洲绿色交通城市、益南高速绿色公路、岳阳港绿色港口建设，完善绿色公路示范项目建设行动方案，形成可复制、可推广的经验。推广使用清洁能源车船。大力实施公交优先战略，支持长沙、株洲、常德、娄底、张家界开展"公交都市"创建。规范共享单车、共享汽车发展。实施洞庭湖生态环境交通专项整治三年行动计划，开展湘江航运污染防治第二个三年行动计划，实施交通运输水环境保护和水运绿色发展三年行动计划。开展公路钢结构桥梁建设重难点问题研究，实施长益扩容高速公路钢结构桥梁应用试点。

（八）扎实办好交通民生实事

一是建设自然村通水泥（沥青）路 2 万公里。二是提质改造农村公路 8000 公里。三是完成安防工程 1 万公里。四是改造危桥 1063 座。五是新增通客车建制村 172 个，建制村通客车率达到 99.66%。六是建设三级农村客运站 10 个。七是机动车驾驶培训服务模式改革覆盖率达到 100%。

（九）持续深化行业文明建设

一是推进文明单位创建。积极践行社会主义核心价值观，深入开展"爱岗敬业、明礼诚信"主题实践活动。弘扬"航标灯""铺路石"和"两路"精神，提炼和弘扬新时代交通精神，培育新时代交通文化。争创省直文明标兵单位。大力开展推选"感动交通年度人物""青年文明号""文明示范窗口"宣传活动和志愿服务活动。办好交通大讲堂。创建一批全国百佳示范服务区。深入开展劳动和技能竞赛，进一步加强劳模宣传，继续开展"模范职工之家"创建。二是加强人才队伍建设。鲜明"重品行、重实干、重公认"导向，坚持用好干部标准选人。持续优化交通运输人才队伍结构，提升党员干部干事创业的能力和本领。加大干部选任、交流和培训力度。关心青年干部成长，加强和改进离退休干部工作。支持交通职院实施人才培养质量工程，推动创建"双一流"高职院校取得实质性进展。办好交通医院，服务"健康湖南"。三是强化宣传综治工作。做好新时代行业宣传和思想文化工作，高度重视新闻舆论工作，开展重大主题宣传，讲好交通故事。加强交通门户网站建设和网络舆情应对工作。统筹抓好社会综治、信访维稳、后勤保障等基础工作，优化干事创业环境。四是提高群团工作水平。发挥工、青、妇、团等群团组织和行业学会、协会作用，凝聚交通运输行业发展合力。以党建带群团组织建设，进一步增强群团组织的政治性、先进性、群众性，全面提升群团工作整体水平。

（十）全面加强党的建设

坚持以习近平新时代中国特色社会主义思想为指导，全面加强交通运输领域党的建设，为推动交通运输高质量发展提供坚强政治保障。一是深化党的政治建设。认真学习贯彻党的十九大精神，牢固树立"四个意识"、坚定"四个自信"，坚决执行上级大政方针和决策部署。巩固扩大"两学一做"学习教育常态化、制度化成果。深入开展"不忘初心、牢记使命"主题教育。严肃党内政治生活，严格落实"三会一课"、民主生活会等制度。深入推进党支部标准化建设，加快基层党建工作示范点建设。抓紧推进任期届满的厅直单位党组织换届。二是恪守管党治党责任。牢固树立抓好党建是最大政绩的理念，深入落实"两个责任"，推进全面从严治党向基层延伸。完善党建工作述职评议机制，强化结果运用，增强述评实效。健全党建工作考核评价体系，把党建工作成效作为硬性指标纳入综合考核重要内容。三是抓实党风廉政建设。坚决把纪律和规矩摆在前面。全力支持驻厅纪检组履职尽责。持之以恒正风肃纪，持续深化"四风"问题、"雁过拔毛"式不正之风和腐败问题专项整治。风气不是要求出来的，而是带出来的，领导干部要以身作则、率先垂范，带头遵守党风廉政各项规定。大力推进党风廉政制度建设，扎紧制度"笼子"，规范权力运行。坚持以"五个过硬"的要求，扎实推进基层党组织建设。全面推进党务公开。加强内部审计监督，增强监督合力。

B.16
2017年湖南农业农村发展
情况及2018年展望

刘宗林*

一　2017年湖南农业农村发展情况

2017 年，全省各级各部门认真贯彻中央和省委、省政府"三农"工作决策部署，有效应对经济下行、历史罕见自然灾害等不利因素影响，以发展精细农业、推进农业供给侧结构性改革为主线，以三个"百千万"工程为抓手，着力推进结构调整、产销对接、绿色发展、改革创新，农业农村经济呈现稳中有进、稳中向好的发展态势。全年实现农林牧渔业增加值 3853 亿元，比上年增长 3.9%，农村居民人均可支配收入 12936 元，比上年增长 8.4%。主要体现在以下六个方面。

（一）结构调整力度大，农业质量效益明显提高

"三区"划定进展顺利，落实水稻生产功能区 3850 万亩、油菜籽生产保护区 1500 万亩、棉花生产保护区 100 万亩。早稻调减 56.1 万亩，高档优质稻发展到 1021 万亩，粮食产量与上年基本持平。蔬菜、茶叶、水果、油茶等经济作物加快扩面提质，经作产值占种植业产值的比重达到 70% 以上。生猪规模化养殖比重达到 45%，累计创建养殖特色产业园 89 个，牛、羊等草食动物加快发展，名特优水产品增长 14%。家庭农场、农民合作社、农业社会化服务组织迅速发展，农村土地集中率达到 42.48%。发展"三品一标"农产品 3500 件，安化黑茶、碣滩茶分别被评为中国十大茶叶区域公用品牌、中国优

*　刘宗林，湖南省委农村工作办公室主任，湖南省农业委员会党组副书记、主任。

秀茶叶区域公用品牌，华容芥菜、宁乡花猪、黔阳冰糖橙获全国"2017 百强农产品区域公用品牌"称号。

（二）环境治理措施实，农村生态转绿向好

洞庭湖生态环境专项整治全面推进，湘江干流禁养区规模养殖全部退出，恢复发展绿肥 1000 万亩以上，主要农作物测土配方施肥率达 90% 以上，农药施用量同比下降 5%。长株潭重金属污染耕地修复治理试点取得阶段性成效，顺利通过国家第三方评估。落实耕地休耕面积 20 万亩。稻田综合种养面积达到 320 万亩，扶持林下经济项目 109 个。标准化基地面积达到 4200 万亩。规模养殖场粪污处理设施配套率达 69%，新建有机肥加工厂 73 家，废弃物资源化利用模式、经验在全国推广。实施节水农业技术 4100 万亩次以上，农业灌溉用水减少约 1 亿立方米。完成营造林 1212 万亩，完成退耕还林 8 万亩，63 个县市区纳入重点生态功能区并实施减伐。

（三）农村三产高速增，农业链条加粗拉长

规模以上龙头企业发展到 4500 家，农产品加工业完成销售收入 1.5 万亿元，增长 11.5%，成为全国总量突破万亿元的 9 个省份之一，是湖南省仅次于装备制造业的两大万亿产业之一，农产品加工业与农业产值之比提高到 2.3:1，粮食、畜禽、果蔬、棉麻、竹木成为千亿产业。新获评全国休闲农业与乡村旅游示范县 2 个、中国美丽休闲乡村 5 个，打造休闲农业与乡村旅游精品线路 41 条，休闲农业实现经营收入 400 亿元，增长 20% 以上。森林公园实现旅游综合收入 485 亿元，同比增长 16.5%。县级电商服务运营中心覆盖率达 86%，物流网络覆盖 86% 的行政村，56% 的农产品加工企业开展了电商销售，开设网上特色馆 30 多个。认定省级现代农业产业园 530 个，其中综合产业园 100 个、特色产业园 430 个。在 24 个县市区开展农村一二三产业融合试点。

（四）科技创新成效好，农业技术装备水平提升

超级杂交稻百亩示范片亩均产达 1149 公斤，刷新世界纪录，镉污染防治等技术研发取得新成果，"万名"工程稳步实施，农业科技进步贡献率达到

58%。科技成果转化收益、科技人员兼职取酬等制度有效落实。累计扶持现代农机合作社718家,洞庭湖区农机化提升工程稳步实施,全省农机总动力达到6250万千瓦,主要农作物平均机械化率达48%,其中水稻机插率提高到29.6%。农业物联网建设资金投入6.68亿元,远超前5年总和,累计建成村级益农信息服务站点2250个,1806个乡镇(乡镇合并前)建成光网宽带,农业农村综合信息服务体系覆盖率达95%,1062家企业开展了农业物联网建设。

(五)城乡融合进展快,共享发展基础持续夯实

"百城千镇万村"工程扎实推进,在3807个行政村开展人居环境综合整治,累计建成县级以上美丽乡村示范村1415个。农村基础设施和公共服务加速向农村地区延伸,洞庭湖垸蓄洪安全建设、涔天河水库、莽山水库等重大项目进展顺利,累计建成高标准农田1980万亩,100%的乡镇和具备条件的建制村通沥青(水泥)路,乡镇通客车率达99.96%,农村自来水普及率达76.6%,行政村光网通达率达85%,90%的乡镇卫生院、40%的村卫生室实现标准化,建设村级综合文化服务中心4000个,近一半的村建立村级综合服务平台。精准扶贫精准脱贫深入实施,实现110万贫困人口脱贫、2500个以上贫困村出列、10个以上重点县脱贫摘帽,贫困发生率降到3.86%。

(六)农村改革步子稳,发展活力不断增强

农村承包地确权登记颁证基本完成,让农民吃上了"定心丸"。全国第一批农村集体产权制度改革试点县工作圆满结束。开展了财政农业产业发展专项股份量化支持村集体经济发展试点。浏阳市农村宅基地制度、集体经营性建设用地入市和土地征收制度改革试点形成制度性成果。农业"三项补贴"制度改革深入推进,在51个贫困县开展"财银保"贷款保证保险试点。涉农资金整合试点稳步开展。开办农村"两权"抵押贷款业务的县市区达到51个。启动合作社内部资金互助试点。农村供销合作社改革稳步推进,组建了南华供销投资管理有限公司,在岳阳市和20个县市区启动综合改革示范工程,恢复发展基层社1774个、村级综合服务社2.3万个。省市县乡村五级河长体系基本建立。林业、农垦等改革步伐加快。

但是,也存在以下几个方面的问题:一是农业供给质量不优。农产品特色

不明显、品质较差，农业产业链条偏短、附加值较低，迫切需要调整优化农业区域、产业和产品结构，提高整体效益。二是农村绿色发展任重道远。农业面源污染加剧，农村森林、湖泊、河流等生态环境保护与治理任务艰巨，迫切需要实施山水田林湖系统治理，美化净化乡村环境。三是城乡发展差距较大。农民收入增速略低于城镇居民，脱贫攻坚压力较大，农村基础设施和民生领域欠账较多，迫切需要加大城乡统筹发展力度，提高农民生产生活水平。四是乡村治理水平不高。农村基层党组织战斗力不强，社会治理体系不完善，精神文明建设滞后，迫切需要创新乡村治理体系、提高农村文明建设水平，促进农村社会和谐稳定。五是农村改革进展不快。农村改革总体滞后于整个经济体制改革，体制机制弊端较多，迫切需要加大农村改革力度，激发农村发展活力。

二 2018年湖南农业农村发展展望

2018年是贯彻落实党的十九大精神、实施乡村振兴战略的开局之年，也是改革开放四十周年。做好2018年的农业农村工作，意义十分重大。全省各级各部门要认真贯彻落实中央和省委农村工作会议精神，按照"产业兴旺、生态宜居、乡风文明、治理有效、生活富裕"的总体要求，突出抓好以下七项重点工作。

（一）走城乡融合发展之路，推进城乡共同繁荣

坚持以工补农、以城带乡的方针，创新城乡融合发展体制机制和政策体系，推动形成工农互促、城乡互补、全面融合、共同繁荣的新型工农城乡关系。一是完善现代城乡规划体系。坚持以精准规划引领城乡融合发展，重点依托产业功能区、生态功能区和综合交通枢纽，塑造历史文脉、经济流向、绿色廊道、产业分布交互融合的空间结构，形成主体功能明确、区块有机联动、资源配置优化、整体效能提升的城乡融合发展格局。二是促进城乡要素资源融合互动。发挥市场在资源要素配置中的决定性作用，利用市场机制实现取长补短、互通有无、优势互补。打好"乡情牌""乡愁牌"，创造良好条件，促进各路人才"上山下乡"投身乡村振兴。加快土地使用制度改革，着力构建土地增值收益合理分配机制，让农民更多分享土地增值收益。积极引导工商资本

下乡，鼓励工商企业投资适合产业化、规模化、集约化经营的农业领域。三是推进城乡基本公共设施均等化。把公共基础设施建设的重点放在农村，推动农村道路、农田水利等基础设施建设提挡升级。优先发展农村教育事业，推进健康乡村建设，完善统一的城乡居民基本医疗保险制度和大病保险制度，完善农村最低生活保障制度，形成全民覆盖、普惠共享、城乡一体的基本公共服务体系。

（二）走特色强农之路，培育优势产业集群

坚持走特色强农之路，培育做大特色产业基地，延伸产业链、价值链，实现以特立农、以特强农。一是实施"一县一特""几县一业"战略。建立地方特色产品资源库和特色产业目录，整合相关项目资金，重点支持县域特色产业发展，引导资源禀赋相似、产业基础相近的县市区，科学确定优势主导产业，加大结构调整力度，创新产业、技术和经营模式，推进区域化布局、规模化生产、产业化经营，形成一县一特、多县一业的发展格局。优先在农业园区开展特色产业发展试点，以点带面，稳步扩大特色产业发展规模。二是推进农村一二三产业融合。继续实施"百企"工程，促进龙头企业做大做强，重点推进农产品精深加工和综合利用，提高粮食、生猪等深加工水平。大力实施"农业（农村）＋"工程，积极发展休闲农业、创意农业、乡村旅游、休闲渔业等新型产业业态，拓展农业的生态涵养、观光休闲、科普教育、文化传承等多种功能，让农村成为城镇居民休闲旅游的好去处。积极发展农村电子商务，打造"线上农业"，带动"线下农业"转型升级，实现线上线下融合发展。三是大力发展品牌农业。实施品牌强农战略，鼓励新型经营主体争创知名品牌，着力培育一批带动力强的区域公共品牌，继续开展"湖南十大农业品牌"评选，加强品牌营销推介，不断提高湘字号名特优农产品知名度和市场占有率。

（三）走绿色发展之路，打造生态宜居家园

强化绿色底线思维，坚定不移推进绿色发展，建设青山绿水、村美人和的新乡村。一是保护和修复重要生态系统。加快生态保护红线、永久基本农田、城镇开发边界三条控制线划定工作，明确城镇空间、农业空间、生态空间，为各类开发建设活动提供依据。全面推行河长制、湖长制，统筹陆地水域、岸线

水体、水量水质等保护管理，促进河湖休养生息。深入开展国土绿化行动，持续推进石漠化、水土流失综合治理，强化湿地保护和恢复，加强地质灾害防治，构筑一湖三山四水生态安全屏障。二是整治农村突出环境问题。加强农村环境监管能力建设，健全防控机制，坚决杜绝工业和城镇污染向农业村转移。加强农业面源污染综合治理，开展农业绿色发展行动，实现投入品减量化、生产清洁化、废弃物资源化、产业化模式生态化。坚决打好洞庭湖生态专项整治攻坚战，用铁的力度、铁的举措抓好湖区生活垃圾污水、畜禽养殖污染、河湖水域治理等综合治理，还洞庭湖一湖清水。继续抓好长株潭地区重金属污染耕地修复治理及农作物种植结构调整，巩固和扩大修复治理成果。三是推进美丽乡村建设。继续实施"百城千镇万村"工程，推进美丽乡村建设取得更大成效。科学制定建设规划，强调规划执行严肃性，确保"一张蓝图"抓到底。按照依托自然美、注重个性美、构建整体美的要求，因地制宜，随形就势，保留村庄原始风貌，突显个性特色，建设魅力新农村。加强农村环境综合治理，重点抓好垃圾收集处置和污水治理，彻底整治农村"白色污染"，继续开展"厕所革命"，努力实现庭院净化、村庄绿化、环境美化。

（四）走文化兴盛之路，塑造乡村文明风貌

充分利用和挖掘湖南省传统文化资源，推进农村文化繁荣兴盛，让农村焕发文明风尚新气象。一是要加强农村公共服务体系建设。按照公益性、基本性、均等性、便利性的原则，加强乡村综合文化站、文化活动中心、广播电视户户通和无线覆盖提质、农家书屋、文化信息资源共享、乡村学校少年宫、文化活动场等工程建设。加强农村民间文艺团队建设，继续实施好农村电影放映、"送戏下乡、演艺惠民"工程，"高雅艺术普及推广""公共大戏台"等群众性文化活动。二是弘扬农村优秀传统文化。以乡村为核心，弘扬优秀传统文化，完善传统文化传承体系，特别是对于古镇、古村落、文物古迹、民族村寨等要进行抢救性保护。依托乡村的物质基础、群众组织等优势，沿袭古朴的工艺制作，让活态的乡土文化传下去。坚持保护传承和开发利用相结合，对传统文化进行新的解读，取其精华，去其糟粕，推陈出新，弘扬社会主义先进文化的优越性。三是要推进乡村移风易俗。旗帜鲜明地把反对铺张浪费、天价彩礼、反对婚丧大操大办、抵制封建迷信活动作为农村精神文明建设的重要内

容，推动移风易俗，树立文明乡风。发挥红白理事会和村规民约的积极作用，倡导节俭办事新风尚。

（五）走乡村善治之路，建设和谐稳定乡村

坚持自治、法治、德治相结合，全面建立现代乡村社会治理体制，建设充满活力、安定有序的新乡村。一是夯实建强基层党组织。采用从本地致富带头人、复转军人、回乡创业青年党员中选拔，以及跨村任职、选派优秀机关干部到村任职等方式，选优配强村党支部书记。对于贫困村、软弱涣散村、集体经济薄弱村，要选派第一书记，帮助建强基层党组织。加大年轻党员培育发展力度，加强农村党员干部教育管理，更好地发挥"四个作用"，增强凝聚力和战斗力，实现乡村振兴战略的磅礴力量。二是完善"三治"相结合的治理体系。建立健全村党组织领导下的村民自治制度，着力完善村民代表会议、村务公开、村规民约等制度，丰富民主协商实现方式，促进村民自我管理、自我教育、自我服务。强化乡村依法行政、公正司法和法治监督，推进农村法制宣传教育，全面提升乡村法治水平。加强乡村道德建设，形成崇德向善、见贤思齐的社会风尚。三是维护农村稳定。深入推进平安乡村建设，完善农村治安防控体系，依法严厉打击危害农村稳定、破坏农业生产和侵害农民利益的违法犯罪活动。加强宗教工作规范引导，依法加大对农村非法宗教活动和境外渗透活动的打击力度，依法制止利用宗教干涉农村公共事务。

（六）走中国特色减贫之路，打好精准脱贫攻坚战

坚持精准扶贫、精准脱贫基本方略，切实打好精准脱贫攻坚战。一是精准发力抓好脱贫攻坚。精准精细研究务实管用举措，推动"五个一批""六个精准"落实落地。推进"一村一品"产业扶贫，确保所有贫困村有致富产业，所有贫困人口能靠产业增收；将缺乏劳动能力的特殊贫困人口纳入社会保障体系，兜住基本生活底线。加大资源整合和政策支持力度，在通村公路、安全饮水、农村电网、通信、公共基础设施等方面优先向深度贫困地区倾斜，集中力量攻下这块贫中之贫。二是激发贫困群众内生动力。加强贫困群众思想教育，坚决破除等靠要思想，促进形成自立自强、争先脱贫的理念。加强贫困群众技能培训，帮助他们掌握农业生产、务工经商等基本技能，增强脱贫致富能力。

改变简单给钱给物的做法，建立群众参与机制，创新生产奖补、劳务补助、以工代赈等方式，引导贫困群众靠辛勤劳动创造美好生活。三是巩固提高脱贫质量。以实现"两不愁、三保障"为目标，合理制定脱贫任务，科学确定脱贫摘帽时间。实施最严格的扶贫成效考核，坚决杜绝"数字脱贫""虚假脱贫""被脱贫"现象。按照"脱贫不脱责任、脱贫不脱政策、脱贫不脱帮扶、脱贫不脱监管"的原则，建立脱贫攻坚长效机制，结合实施乡村振兴战略，持续改善相对落后地区的发展条件，促进贫困地区经济社会发展和贫困人口收入持续稳定增长。

（七）走改革活农之路，培育乡村振兴新动能

以处理好农民与土地的关系为主线，抓好以下三个方面改革：一是深化农村土地制度改革。落实保持农村土地承包关系稳定并长久不变政策。有序推进农村承包地经营权确权登记颁证成果应用试点，建立完善省市县三级农村土地承包经营权信息应用平台和数据库，引导土地经营权流转进场交易、规范操作。探索推行"实物计租、货币兑现"等土地流转有效方式，使流转双方都能得到合理的收益。加强农村承包地纠纷调解仲裁体系建设，完善纠纷多元化调处机制，妥善解决土地流转中的各种矛盾纠纷。三是推进农村集体产权制度改革。全省适时全面铺开农村集体产权制度改革，用3年时间完成集体资产清产核资、5年左右时间完成全部改革任务。在每个市州启动一个试点，重点在有经营性资产的村（组）开展，将农村集体经营性资产以股份或者份额形式量化到本集体成员，发展多种形式的股份合作，确保集体资产保值增值、农民真正受益。开展农村宅基地"三权分置"，着力结合发展乡村旅游业适当盘活农村闲置房屋和宅基地。三是创新农业经营方式。实施"千社""万户"工程，培育壮大家庭农场、农民合作社、农业企业等新型经营主体，完善多元化的农业生产性服务，发展多种形式适度规模经营。注重发挥新型农业经营主体带动作用，通过建立土地入股、利润分红等利益联结机制，将小农户纳入现代农业产业体系。

B.17
2017年湖南商务和开放型经济发展情况及2018年展望

徐湘平 *

一 2017年湖南商务和开放型经济发展情况

2017年，全省商务系统深入贯彻落实省委、省政府决策部署，坚持"问题导向、效益优先、项目载体、平台支撑、作风保障"，大力实施开放崛起战略，主动作为，开拓创新，圆满完成各项目标任务，呈现追赶式跨越发展的良好态势。

一是外贸增幅全国领先。全省进出口总额2434.3亿元，增长39.8%，增幅居全国第4。结构进一步优化，加工贸易增长52.3%，增速居中部第一，民营企业进出口增长47.3%，占比较上年提高2.3个百分点，机电和高新技术产品出口分别增长37.9%、44.7%，占比分别较上年提高2.7和0.8个百分点。服务贸易增长12.3%，服务外包执行额增长13%。

二是招商引资取得新成效。全省实际使用外资144.75亿美元，增长12.6%；实际到位内资5098亿元，增长16.9%。工业招商引资连续11个月保持两位数增长，第三产业引进外资连续12个月保持两位数增长。通过省级经贸活动新引进世界500强投资项目25个，投资总额611.3亿元。

三是"走出去"取得新突破。全省共核准境外投资企业92家，合同投资总额23.5亿美元，中方合同投资额20.1亿美元，对外直接投资额13.5亿美元，累计投资规模居中部第一。对外工程承包和对外劳务合作新签合同额76亿美元，增长15.2%；完成营业额70.5亿美元，增长11.7%。

---

* 徐湘平，湖南省商务厅党组书记、厅长。

172

四是口岸平台效益大幅提升。城陵矶水运口岸货运吞吐量 2420 万吨，集装箱 42.3 万标箱，分别增长 12.7%、42.7%；指定口岸进口冻品、粮食、汽车分别增长 28.6%、90.8%、57.4%。长沙航空口岸国际货运量 2.7 万吨，增长 137%。湘欧班列发运货物 1.45 万标箱，货值 6.95 亿美元，分别增长 91.3%、41%，运营绩效稳居全国前列。全省海关特殊监管区域完成进出口额 44.6 亿美元，增长 107.3%。

五是内贸流通蓬勃发展。全省社会消费品零售总额 14854.9 亿元，增长 10.6%。消费对经济增长的贡献率达 53.4%，比上年提高 1.5 个百分点。文化体育、医疗卫生、智能节能、绿色环保等热点消费加快增长。"湘品出湘"平台销售额实现翻番。电子商务持续快速发展，"互联网＋"数字经济总指数名列全国第十位，"互联网＋"产业分指数名列全国第九位。电子商务交易额 8300 亿元，增长 37%；其中，网络零售交易额 1550 亿元，增长 40%。成功举办 2017 中国食餐会，展览面积和参展人数较上届增长 50%。

（一）着力强化政策支撑和机制完善

坚持问题导向，从顶层设计、体制机制、瓶颈短板、政策支撑等方面入手，着力构建和完善开放崛起战略推进体系，形成了上下联动、协调推进的开放发展新格局。

1. 推进体系基本形成

确立了"1＋2＋5＋N"的开放崛起战略推进体系："1"是省委《关于大力实施创新引领开放崛起战略的若干意见》，"2"是《开放崛起发展规划》、《开放型经济考核办法》两个导向型文件，"5"是开放崛起五大专项行动，包括"对接 500 强提升产业链"行动、"对接新丝路推动走出去"行动、"对接自贸区提升大平台"行动、"对接湘商会建设新家乡"行动、"对接北上广优化大环境"行动，"N"是各市州、省直有关部门及中央在湘单位出台的系列配套政策。

2. 重点布局基本确定

明确了"一核两极三通道四个百亿美元项目"的重点区域、重点平台、重点项目。"一核"是以长株潭国家级园区为载体，黄花综保区、金霞跨境电商综合试验区为龙头，打造中兴供应链、金霞跨境产贸区两个千亿级平台。

"两极"，一是以岳阳"一区一港五平台"等 7 个平台为载体，打造长江中下游国际水运枢纽；二是以郴州经开区、综保区、高新区、国际物流园、国际快件中心 5 个平台为载体，打造对接粤港澳的开放桥头堡。"三通道"是国际航空货运、湘欧快线和国际水运，着力拓宽境内外市场对接渠道，打造国际化物流体系。四个百亿美元项目，分别是综保区百亿级美元项目、综合服务百亿级平台、跨境电商百亿美元级项目、新引进外向型实体企业百亿美元级项目。

3. 瓶颈问题逐步破解

针对大项目引进难的问题，以省政府名义出台了近年来首个招商引资文件，争取了 30 亿元转贷地方政府债券支持招大引强。针对有色金属出口税费成本高的问题，积极向商务部等部门争取银精矿加工贸易政策，相关企业节省税费支出 4000 万元，带动出口增长 6.75 亿美元。针对中小企业想做外贸但不会做外贸的问题，加强外贸综合服务体和园区外贸综合服务中心建设，全省外贸"破零倍增"企业约 2000 家，新增进出口额占外贸总量的 30%。针对外贸企业融资难融资贵的问题，推动无抵押式出口订单融资、保单融资、退税融资政策实施，探索设立进出口融资担保公司，累计为省内近 300 家外贸企业出具担保意向函，拟授信总额度近 30 亿元，为 105 家企业提供出口信用保险项下融资 40 亿元。针对国际贸易摩擦加剧问题，指导和帮助省内 70 余家进出口企业妥善应对公平贸易、反倾销、反补贴、反保障措施等各类贸易摩擦案件 19 起，涉案金额 8900 多万美元。针对通关不便利的问题，抓好"单一窗口"推广，实现"一次申报、一次查验、一次放行"，年内压缩货物通关时间三分之一的目标任务全面完成，集装箱进出口成本专项治理取得初步成效。针对中小商贸企业融资难、影响力不高等问题，推进中小商贸流通企业服务体系建设，助推企业发展。针对走出去拓展能力和智力支撑不强的问题，启动了丝路联盟和丝路研究院的建设。

4. 工作合力不断增强

省第十一次党代会提出创新引领开放崛起战略以来，各级各部门迅速行动，开放的紧迫感和责任感进一步增强，对开放崛起重视的程度前所未有、投入的强度前所未有、工作的力度前所未有、宣传发动的广度前所未有。省发展开放型经济领导小组办公室牵头举办全省开放强省培训班，深入市州进行开放型经济政策宣讲，对全省 122 个县市区开放型经济发展情况进行了全面督导。

省直部门、中央在湘单位及相关金融机构研究出台了支持开放型经济的具体政策措施。各市州和园区快速反应,主动对接,推动开放崛起政策落地和重大项目建设,多个市州组织了开放崛起中心组学习,召开了开放崛起大会,出台了配套政策。开展"开放崛起从头越"系列宣传活动,对开放崛起战略实施情况进行全方位、立体化、多维度的宣传报道,在央媒、省级媒体发稿数量分别增长约8倍、2倍。

(二)着力加强国家战略对接和开放平台建设

积极对接商务部等国家部委,成功争取一批国家级平台在湖南落地。湖南省政府与商务部签署了部省合作协议,商务部将在自贸区申报、跨境电商、市场采购贸易、服务贸易等16个方面给予湖南大力支持。

1. 国际经贸平台实现重大突破

作为省级商务代表参与国家级多边或双边国际交流活动10余次。中非合作论坛机制下的对非经贸合作平台取得突破,启动中非产业合作运营联盟试点。境外经贸园区加快建设,湖南-波兰工业合作园列入中国-中东欧国家领导人峰会成果,埃塞-湖南工业园开工建设,阿治曼中国城主要指标进入全国前十。"湘企出海+综合服务"平台上线运营。承办国家援外培训项目123个,班次和人数占全国地方省份培训任务的比重超过50%,促成了3个重大境外投资工程意向协议,62个贸易意向协议,8个装备、机车采购合同,合同额超10亿元。以高桥、红星、中部进出口商品展示交易中心为重点,培育中部进口消费品集散中心。创新跨境电商检验检疫模式,推动跨境电商出口税收问题的解决,跨境电商所有模式均可在湖南省开展。支持高桥大市场申报市场采购贸易方式试点。

2. 园区平台进一步提质

成为国务院通报表彰的六省之一,获得国务院优先支持一个国家级开发区调区扩区、一个省级园区升格国家级的奖励。建立完善园区开放发展激励机制,全省141个省级及以上园区外资、内资、进出口分别增长17%、27%、38.4%,比重分别达到50.1%、37.6%、66%,外资、内资占比分别提高1.9个和3个百分点。长沙临空经济示范区成功获批,长沙综保区创造了9个月高标准、高效率建成封关运营的"长沙速度",郴州出口加工区升级为综保区,株洲铜塘湾保税物流中心如期建成。

3. 口岸平台加快建设

国际贸易"单一窗口"上线运行并应用达标。全省首条国际全货机航线（长沙－胡志明）开通，新开16条国际客运航线，初步实现五大洲国际航线全覆盖。湘欧快线开通6条常规线路，实现长沙－汉堡、长沙－布达佩斯双向常态运营。泛珠三角口岸合作协议深入推进，开通"跨境一锁"湘粤港直通快车，湖南省成为内地首个纳入粤港澳快速通关体系省份。长沙航空口岸国际快件中心建成，药品指定口岸通过验收，保税航油业务获批，离境退税业务开通。张家界航空口岸国际货站建成运营。开通常德－岳阳－上海"五定班轮"航线。永州成功获批全国第四个、长江以南首个国家级出口食品农产品质量安全示范城市，国家级出口食品农产品质量安全示范区达到23个，居全国第四。邵阳出口监管仓、保税仓建设试点工作加快推进。

4. 内贸流通创新发展

开展"优供促销"五大专项行动，"湘品出湘"、"绿色流通"、商务诚信体系建设、"湖湘服务"品牌行动深入推进。以市场化方式发展养老服务业试点有序推进。进入商务部"百城万村"家政扶贫试点，是全国7个试点省份之一。经商务部认定的"绿色商场"数量居中西部第一、物流标准化试点城市数量及资金总量居中部第一、全国电子商务示范企业居中部第一。全国电子商务进农村综合示范县覆盖面进一步扩大，新增18个示范县，总数达到33个，其中国家级贫困县23个，占比达70%；首批8个示范县全部通过商务部绩效评价，创建工作获得全国优秀等级；打造了"智慧江永"、"竹乡臻品桃江"、"互联网＋红色旅游"韶山特色模式，在全国会议上推广。切实加强商务综合行政执法，努力推进重要产品追溯体系建设。

（三）着力推进招大引强和项目建设

以实体经济和重点产业为导向，以招大引强、补链强链为抓手，着力探索招商引资新模式新路径。

1. 精准招商成果丰硕

首次发布《湖南省招商引资重点产业指导目录》。2017年"港洽周"共签约合同项目419个，引进资金4107亿元；其中省级项目159个，引进资金

2437亿元。湖南与央企合作对接会以对接"一带一路"为切入点，共签约项目63个，合同金额1700亿元。湖南新能源汽车产业创新与发展峰会首创"四个一"专题招商模式，面向"三个五百强"开展定向招商，共签约17个项目，引资134.5亿元。第八届湘商大会共签约合同项目196个，引资1798亿元。

2. 项目建设强力推进

"港洽周"省级签约项目履约率、开工率分别达76%、53%。湘南示范区建设持续推进，前五批已启动的430个项目完工257个，完成投资1937.9亿元，占比分别达60%、64%；新启动第六批重大项目77个，投资总额924.8亿元。湘潭高新区新松机器人项目、邵阳工业4.0智能制造项目、台湾合作金库银行长沙分行等一批重大项目开工建设，舍弗勒湘潭制造基地正式奠基，麦格纳国际集团汽车座椅项目投产，德国最大的中高端家居用品连锁店卓伯根集团将中国贸易及运营总部落户长沙，富士康、TDK新科电子、广汽三菱、罗伯特博世等龙头企业相继增资扩产。

3. 营商环境不断优化

着力复制推广自贸区创新经验，目前共推广复制了三批56项经验。外商投资准入前国民待遇加负面清单管理模式顺利实施，商事制度改革取得实质性进展，湖南列入全国第一批开展外商投资企业商务备案与工商登记"单一窗口、单一表格"受理新模式试点。推进成品油行政审批体制改革，湖南省成为全国第二个下放省级审批权限的省份。"月通报、季调度、半年点评"的督办机制和重大项目推进机制不断完善。商务法制、依法行政、商务综合执法、公平贸易等工作不断加强。

（四）着力创新商务扶贫模式

认真贯彻落实中央和省委打赢脱贫攻坚战的决策部署，出台了关于支持贫困地区发展产业扩大就业的若干政策的实施细则，打造了"产业扶贫＋电商扶贫＋劳务合作扶贫＋家政扶贫＋边贸扶贫"的湖南商务扶贫模式，得到商务部的高度认可。

1. 深入推进电子商务精准扶贫

深入推进电商扶贫专项行动，打造网销"一县一品"农特产品品牌，建立电商扶贫特产专区，开发并推广"湖南电商扶贫小店"平台，着力破解农产品上行难题。

2.开展家政扶贫试点

城步、新田、沅陵、花垣、凤凰5个国家级贫困县纳入商务部"百城万村"家政扶贫试点范围，助力贫困县人口精准就业。

3.深入推进劳务扶贫

联合省扶贫办下发劳务精准扶贫文件，联合教育厅等省直部门、相关商协会、相关企业开展多场对接活动，10个重点县与澳门10个职介所签订对接协议，全年派出贫困地区劳务人员1800多人。商务部正式下文推广湖南经验。

4.扎实抓好驻村帮扶

我厅三年驻村帮扶工作考评排名小组第一，位列全省第一梯队。

二 2018年湖南商务和开放型经济工作展望

展望2018年，湖南商务工作既有不少有利条件，也面临诸多挑战，总体上机遇大于挑战。

从国际来看，短期企稳向好，今年世界经济有望继续复苏，全球宽松货币政策刺激效应释放，消费和投资信心改善；中期挑战较多，世界经济将继续被动徘徊，不确定性、不稳定性、突发性风险凸显，美国等西方国家减税政策值得关注，贸易保护主义抬头为全球化进程带来了严峻挑战。世界银行预计，2018年全球经济增长3.1%，其中，新兴市场和发展中经济体增长4.5%，均高于2017年。

从国内来看，我国社会主要矛盾转化为未来经济发展孕育了足够空间，经济稳中有进为迈向高质量发展阶段提供了良好基础。供给侧结构性改革持续推进，高端制造业、大数据、人工智能、环保和新能源产业等将迎来产业升级的难得机遇。十九大提出推动形成全面开放新格局，我国开放的大门将越开越大，营商环境将进一步优化完善。居民消费升级需求强劲，人均收入提升和精准扶贫将带来高收入人群的消费升级以及脱贫人口对生活必需品的有效需求回升。金融业逐步"脱虚向实"，服务实体经济能力增强。中国社科院《经济蓝皮书》预计2018年GDP增速保持在6.7%。

从省内来看，开放崛起的合力不断增强，开放意识全面提升，各方力量、资源正在加速凝聚，政府带动、部门联动、企业主动的开放新格局正在逐步形成。开放崛起的发展环境持续改善，省委、省政府贯彻落实中央部署，加快建设"四大体系"、"五大基地"，推动速度换挡、结构优化、动力转换，聚焦供给侧结构性改革、实体经济发展、产业项目建设、营商环境优化等重点领域和关键环节，为建设"开放强省"奠定了良好基础。开放崛起的基础不断夯实，"1+2+5+N"四梁八柱的战略体系基本形成，"一核两极三通道四个百亿美元项目"的重点工作顺利推进，力度空前的财政金融支持政策开始实施，开放发展的平台、通道、体制和环境进一步完善，一批新投产项目、新兴产业、新型业态有望成为开放型经济新的增长点。因此，我们要继续保持战略定力，不断增强主动性、预见性，进一步推动商务和开放型经济的追赶式跨越发展。

（一）发展思路

以十九大精神为指引，坚持新发展理念，以商务领域供给侧结构性改革为主线，以提质增效为核心，以产业项目为支撑，以优供促销和开放崛起专项行动为抓手，以"不忘初心，牢记使命"主题教育为保障，推动商务和开放型经济不断取得新发展、新提高、新突破。

（二）重点工作

1. 着力推动内贸流通创新发展

推进商贸流通领域供给侧结构性改革。推动省级层面出台促进内贸流通创新发展文件，深入实施"优供促销"专项行动，突出抓好县域商贸载体建设、名优湘品供给能力培育、湘品出湘、"湖湘服务"品牌打造以及"互联网+商贸流通"等工作，推动生产和流通、城市和农村、线上和线下、内贸和外贸融合发展，电子商务交易额增长30%以上。启动"内贸流通千百工程"三年行动计划。抓好限上企业破零倍增和结构优化，新增"破零倍增"限上企业1000家。着力引进和培育大型网络零售企业、外资流通企业和全国性连锁企业等总部经济，加大省内连锁店铺开设力度。加快推进实体零售创新转型，推进"绿色商场"创建和智慧商圈建设，推动老字号企业传承与创新发展。3年内重点打造100个特色酒店、100个特色零售企业、100个特色餐饮企业、100

个特色商贸服务体、100 个特色电商企业、100 个特色批发市场。着力推动消费升级。增强消费对经济发展的基础作用，培育健康养老、文化旅游、网络信息等消费热点，推广信用、绿色、品质等新兴消费方式，组织多种形式的消费促进和推介对接活动，积极争取国家消费中心城市试点。推广"互联网＋回收"模式，加快完善二手车流通机制。促进生活服务业升级，支持特色企业、新型业态发展。提升会展业发展水平，办好第 3 届中国食品餐饮博览会，争取长期落户湖南。推进内贸流通标准化建设。扩大物流标准化试点范围，选择"京珠高速"沿线重点城市开展试点。积极争取国家供应链创新与应用试点。协调推进重要产品追溯体系建设、重点城市和企业农产品冷链流通标准化示范创建。支持 3 个左右重点县发展优质蚕桑基地。着力防范化解风险。积极稳妥开展商品现货交易场所清理整顿和存量风险处置，防范互联网金融风险。深化成品油行政审批制度改革。探索创新商务行政执法方式。启动商务领域信用联合惩戒。保持商贸流通领域安全生产持续稳定。

2. 着力巩固外贸向好势头

打造多元化外贸融资体系。完善"订单融资"、"退税融资"和"信保融资"政策。设立进出口融资担保公司，引导成立外贸发展产业基金，培育进出口平台公司。培育壮大外贸新业态新模式。完善外贸综合服务体系，扩大园区外贸综合服务中心覆盖面，争取新增 20 家以上。实施跨境电商百亿项目行动，争取长沙跨境电商综合试验区获批。争取高桥市场采购贸易试点获批。推动有色金属、电子信息等加工贸易产业集群创新发展，争取银精矿网上审批政策，加工贸易增长 18% 以上。扩大文化、信息技术等领域服务出口，对省级服务外包示范基地进行综合评估，支持长沙市申报国家文化出口基地，服务贸易增长 12% 以上，服务外包增长 14% 以上。加大市场开拓力度。支持湖南省优势产品开拓国际市场。完善和调整重点境外展会支持目录，引导企业参加境外专业性展会。利用广交会等重点展会以及互联网第三方平台，支持中小微企业拓展国际市场。优化出口结构。推进出口食品农产品质量安全示范区和科技兴贸创新基地、外贸转型升级示范基地建设。以湖南黑茶与陶瓷出口品牌建设为试点，探索特色产品品牌培育模式。机电和高新技术产品出口增长 18% 以上。实施积极的进口政策。调整鼓励类进口商品目录。以首届中国国际进口博览会为契机，引入相关进口产品和进口商资源，举办中部（长沙）进口商品博览会，打造中部进口商品集散中心。推动汽车平行进口政策在岳阳城陵矶港落地。做好贸易摩擦和救济工作。做好公平贸易、公平竞争、反倾销、反补贴、反保障措施、反垄断等工作。管控好易制核、易制毒两用物项和技术的进出口。

3. 着力推动招商引资高质量发展

着力招大引强。围绕实体经济、优势产业和战略性新兴产业，引进100个500强项目（世界500强、中国500强、民营500强），支持已落户500强企业深耕发展。进一步完善"四个一"产业链专题招商模式。精心举办"2018湖南－长三角经贸合作洽谈周"等重大经贸活动。提高招商项目的投入产出比、税收贡献率和就业带动力。创新招商方式。探索和完善股权招商、基金招商、飞地招商、校友招商、PPP招商等新型招商方式。吸引湘籍人才回湘投资创业，推进湘商回归项目建设。深入推进新引进外向型实体企业百亿美元项目，着力引进一批出口导向型龙头企业，新引进外贸实体企业进出口额增长100%以上。全力促进外商直接投资增长。完善外商直接投资考核制度，力争外商直接投资实际到位资金增长20%以上。推动政策机制创新。出台全省统一的产业招商规划，支持市州、县市区、园区制定差异化的招商政策，完善重大项目"一事一议"推进机制，建立招商引资重大项目和500强企业投资项目台账并强化调度、通报、考核。优化投资环境。坚持诚信招商、守信合作、互信双赢，坚决杜绝失信行为，让各类投资者放心投资、安心发展。深化以负面清单为核心的外商投资管理制度改革，推动服务业领域有序开放。深入推进外商投资"放管服"改革，强化事中事后监管。

4. 着力深化"一带一路"经贸合作

深耕重点国家和地区。对接"新丝路"，深耕非洲、东盟、中拉美等重点国家和地区，推动优势产能、基础设施领域合作，带动技术、装备和劳务走出去。争取更多项目纳入国家"丝路明珠"示范工程。加快对中非产业合作运营联盟试点经验的复制推广，力争中非合作机制下的经贸合作平台落户湖南。推动工程企业"走出去"，力争新签1亿美元以上的对外承包工程项目10个以上，实现年营业收入超过1亿美元的工程企业5家以上，带动海外就业10万人次。推进国际产能合作。落实推进国际产能和装备制造合作三年行动计划，加快重点项目建设，鼓励优势企业开展海外并购，力争新增境外投资企业100

家，推动 10 起高新技术跨国并购，获取 10 项以上国际领先技术。完善联盟抱团机制。巩固培育专业联盟，推动设计咨询、投融资、建营一体化企业联合走出去。打造以丝路联盟为核心，丝路研究院、丝路基金、"湘企出海 + 综合服务"平台为载体的"1 + 3"公共服务平台，夯实政银信企四方合作机制。深化湘企与央企对接合作。对境外商务代表处开展综合评估，引导其切实发挥作用。加快境外经贸园区建设。加大埃塞园区招商力度，完善老挝农业园区和波兰工业园区的规划和合作机制，继续推进阿治曼中国城、北欧湖南农业产业园和泰国湖南工业园的建设，推动泰国建材产业园、老挝有色产业园、柬埔寨铸造产业园申报国家级境外经贸合作园，争取实现零的突破。依托援外培训架桥拓市。积极向商务部争取增加援外培训班次和人数，充分利用学员资源和纽带作用，达成一批合作项目，拓展国际市场。

5. 着力提升平台口岸功能和效益

抓好自贸区申报和经验推广复制工作。继续加大力度推广复制自贸区试点经验，大胆先行先试，争取中国（湖南）自由贸易试验区尽快获批。促进园区转型升级。全面启动园区创新提升工程，支持园区依托本地资源优势和产业基础开展产业链专题招商，支持园区培育和引进外贸综合服务企业，鼓励园区开发商、运营商和生产服务型企业联合建区，打造国际合作公共服务平台。完善对国家级经开区和省级园区开放发展的考核评价体系。加强与长三角、珠三角等发达地区园区的共建合作。开展一区多园、区中园试点。加快湘南承接产业转移示范区建设，加强重大项目的引进和服务。实施海关特殊监管区百亿级项目，着力引进大型龙头企业和实体型产业项目，进出口额增长 100% 以上。拓展国际物流通道。巩固提高湘欧快线运营能力，加强回程货物和省内货源组织。对接粤港澳大湾区战略，扩大湘粤港"跨境一锁"直通快车覆盖范围。培育发展江海联运国际航线，引导水运物流汇聚城陵矶港。继续拓展国际全货机航线和张家界国际旅游航线，发展卡车航班、铁水联运、公铁联运等国际多式联运。提升口岸通关效率。深化国际贸易"单一窗口"和口岸信息化建设，通过"单一窗口"报关覆盖率提升至 70% 以上。整合规范进出口环节经营性服务和收费，持续推进压缩货物通关时间、降低集装箱进出口环节合规成本、免除查验无问题外贸企业吊装移位仓储费用等通关改革。发展口岸大宗贸易。充分发挥各类指定口岸功能作用，持续扩大汽车、肉类、粮食、药品、水产品等大宗直接进口业务规模。

6. 着力打好商务脱贫攻坚战

深入开展全国电子商务进农村综合示范建设和电商扶贫专项行动。总结推广电子商务进农村综合示范工作模式和经验，开展农产品电商出村试点、农产品电商标准化试点和农村电商带头人培训计划；争取国家政策支持，进一步扩大全国电子商务进农村综合示范县的覆盖面。扶持10个县级电商服务示范中心，打造"一县一品"农特产品10大网销品牌，健全村级电商服务体系，推进快递下乡。建立10大"电商扶贫特产专区"，推广"湖南电商扶贫小店"平台系统，精准对接贫困村、贫困户，助推农户增收脱贫。支持贫困地区发展产业。指导贫困地区做好产业招商顶层设计，因地制宜对接一批重点行业龙头企业，促成一批合作项目。复制推广驻村帮扶工作队光伏产业扶贫模式。启动商务扶贫系列试点。落实国家"百城万村"家政扶贫试点政策措施，推动试点扩大覆盖面，加大各试点贫困县与北上广深等中心城市的对接力度。在10个国家级贫困县开展对外劳务输出精准扶贫试点，建立订单式培训模式。

B.18
2017年湖南旅游市场
发展情况及2018年展望

陈献春*

一 2017年湖南旅游业发展情况

2017年，按照省委、省政府对旅游工作的部署要求，全省旅游系统围绕中心、服务大局，加快以"锦绣潇湘"为品牌的全域旅游基地建设，努力在实施创新引领、开放崛起战略中走在前列，全省旅游业保持持续强劲增长的良好态势。2017年全省接待国内外游客6.69亿人次，比2015年增长41.43%，在全国排名由第8位上升为第6位。其中，接待入境游客322.68万人次，比2015年增长45.4%，排名由全国18位上升为16位；2017年全省实现旅游总收入7172.62亿元，比2015年增长93.18%，在全国排名由第10位上升为第8位。其中旅游外汇收入12.95亿美元，比2015年增长50.93%，在全国排名由第18位上升为第17位。经省统计局与旅游发展委核算，2017年全省旅游业增加值2036.21亿元，同比增长15.67%，占GDP的5.89%，占第三产业增加值的12.15%。旅游业已成为新常态下推动湖南省经济发展的动力引擎，成为国民经济的战略性支柱产业和人民群众息息相关的幸福产业。

（一）注重改革创新，积极探索湖南全域旅游改革发展新路子

全省申报入选国家全域旅游示范区创建单位31家，涵盖52个县市区，占全省县域考核98个县市区总数的53.06%。联合省委组织部在省委党校首次举办全域旅游专题研讨班，开展"全域旅游基地建设大家谈"、"学习十九大·湖

南旅游工作巡礼"等系列活动,组织14个市(州)长、27个全域旅游示范创建重点县的书记、县长和部分著名专家学者、企业家在主流媒体陆续推出全域旅游改革发展系列文章230多篇,营造关注支持全域旅游改革发展的良好社会氛围。联合省委政研室开展全域旅游基地建设战略研究,制定出台《湖南省建设全域旅游基地三年行动计划(2018~2020)》,组织开展《湖南省旅游业发展总体规划(2017~2035)》修编工作。加强全域旅游基地建设战略研究和规划标准引导,全年共完成18个旅游科研智力成果文本(包括5个调研报告、3个方案、4个规划、6个行业标准)。深化旅游体制改革,在全省31家国家全域旅游示范区创建单位中,有7个单位"局改委",6家单位设置了旅游法庭,9家单位设置了旅游警察,25家单位设置了旅游市场监督及质监执法队伍。创新全域旅游统计工作,张家界全域旅游统计大数据合作平台荣获湖南省管理创新奖。坚持区域合作、资源整合、优势互补、互利共赢的原则,以打通张崀桂旅游走廊为重点,加快推进张吉怀旅游经济带规划建设,健全完善"张吉怀旅游共同体"、"张家界南线旅游合作区"、"大崀山生态文化旅游协作区"等区域旅游合作联盟。加强与周边省区和高铁沿线跨省旅游交流与合作,牵头成立"9+2"泛珠旅游合作大联盟,创建湘鄂赣天岳幕阜山全域旅游示范新区,推动湘渝鄂黔联合成立武陵山旅游发展联盟,签订系列区域旅游合作、客源互送协议。

(二)注重项目建设,深化旅游供给侧结构性改革

大力实施重点项目带动,不断增加旅游新投资和旅游产品新供给。精心策划包装旅游项目,在深圳"文博会"、上海"沪洽周"和香港"港洽周"期间举办湖南旅游投资项目招商推介会,累计签约旅游项目59个,签约金额1113.48亿元。2017年全省在建重点旅游项目439个,总投资6410.94亿元。其中,重点跟踪推进的30个省级重点在建旅游项目总投资2111亿元。坚决贯彻落实习近平总书记关于"厕所革命"的重要指示,省委常委会研究部署推进"厕所革命"。全面深入实施《湖南省旅游厕所三年行动计划(2015~2017)》,完善全域旅游公共服务体系。2015~2017年湖南省三年实际已建成旅游厕所3796座,超出计划771座,荣获"全国厕所革命突出成果奖"。目前全省有张家界、崀山、老司城3处世界遗产;有A级景区389家,其中5A级

景区 9 家；星级饭店 407 家，其中五星级 19 家，华天酒店集团跻身全国酒店企业集团 20 强，万豪、希尔顿、威斯汀、洲际、凯宾斯基等一批国际品牌旅游饭店在长沙落户；共有旅行社 907 家，其中出境游组团社 91 家，全国百强旅行社达到 7 家；共有注册导游 2.23 万人。

（三）注重融合发展，红色旅游发展再上新台阶

发挥红色旅游教育功能，弘扬社会主义核心价值观。深入开展红色旅游进校园、进社区、进景区活动，组织开展中国旅游融媒体"红色旅游扶贫湘东行"系列活动，推动红色旅游与脱贫攻坚、区域发展、城乡建设融合发展。深化红色旅游国际合作交流，组织了中俄红色旅游大型交流活动——千人自驾赴俄游，结合纪念秋收起义 90 周年举办了第三届中俄红色旅游合作交流系列活动暨首届湘赣边红色旅游节，联合全国红办编制了《全国红色旅游国际合作创建区标准》。根据中宣部、国家旅游局的安排部署，编写了《湖南省"重走长征路"红色旅游精品线路现状普查报告》，形成了《湖南省"重走长征路"红色旅游精品线路项目库》。在"半条被子"红色经典故事发生地汝城县沙洲村成功举办了第 14 届湖南红色旅游文化节。联合开展了"红色潇湘·薪火相传"湖南省爱国主义教育基地庆祝党的十九大形象展示大赛十大"魅力场馆"、十大金牌讲解员评选活动。2017 年全省红色旅游接待游客过 1 亿人次，红色旅游已成为人们接受爱国主义教育和革命传统教育的新课堂，政治效益、社会效益、经济效益明显。

（四）注重精准扶贫，打好旅游脱贫攻坚战

组织 6 个旅游扶贫工作组，深入全省 49 个重点贫困县对旅游扶贫工作进行诊断式指导。联合省发改委制定印发《"神奇湘东"文化生态旅游精品线路建设总体设计方案》，共安排"神奇湘东"文化生态旅游整合发展精品线路、大湘西地区文化生态旅游精品线路公共服务设施及配套设施建设项目资金23380 万元，遴选 30 个县各选择一个贫困村支持加快乡村旅游扶贫示范项目建设。召开全省旅游扶贫工作推进大会，发布《湖南省旅游行业"百企联百村"结对帮扶工作方案》，动员全省旅游系统对口帮扶 124 个旅游扶贫重点村，联合开展乡村旅游、旅游扶贫培训 1000 余人次。组织 11 个旅游扶贫重点

县开展全省旅游扶贫示范县创建工作,指导29个旅游扶贫县(市区)制定实施"景区带村"旅游扶贫实施方案,以"景区带村"为重点突破,深入推进景区带村、能人带户、公司+农户、合作社+农户等"双带双加"旅游扶贫模式,形成了湖南"让美丽战胜贫困"的55个旅游扶贫典型案例。创新举办"创客,创造美好生活——移动互联网乡村旅游创客大会"、湖南省乡村旅游创客座谈会和首届锦绣潇湘乡村文旅创客大奖赛等系列活动,推动乡村旅游创客示范基地建设,以文创引领乡村旅游创新发展。长沙铜官古镇被评为中国乡村旅游创客示范基地,韶山旅游区被评为首批中国优秀国际乡村旅游目的地。乡村旅游扶贫在湖南省扶贫开发中发挥了日益显著的作用,主要依靠旅游的武陵源、洪江等旅游扶贫重点区县率先脱贫摘帽。为贯彻落实党的十九大报告提出的乡村振兴战略,推动成立吉首大学中国乡村旅游研究院,创下全国设立专门研究乡村旅游研究院的先例。

(五)注重整合营销,打造湖南全域旅游新品牌

制定实施《湖南旅游市场营销三年行动计划》,实施"锦绣潇湘"旅游品牌建设工程,开展"锦绣潇湘"旅游品牌新媒体宣传推广活动,确定了14个市州与"锦绣潇湘"旅游品牌相协调的旅游形象口号,初步建立地区联手、部门联合、上下联动、规范有序的宣传促销机制,基本形成了湖南旅游整体形象的品牌体系。在中央电视台、湖南卫视新推出"锦绣潇湘、伟人故里——湖南如此多娇"旅游形象宣传片,共计82.03亿人次收看。运用湖南卫视的传播力,2016年、2017年两年共同策划推出乡村旅游体验节目《有什么好玩的》100期。精心举办了第15届湖南国际旅游节、第8届湖南旅游产业博览会、"春、夏、秋、冬"季湖南乡村旅游节、2017年港澳游学大会暨内地游学联盟年度工作大会、"跟着诗词(电影、摄影、书画、课本等)游湖南"等一系列宣传推广活动。据初步统计,2017年全省举办了380多个文化旅游节庆活动。围绕国际航线抓营销,大力拓展入境旅游,先后组团赴境外主要客源国家和地区举办湖南旅游大型推介活动13次,邀请31个国家和地区的国际旅行商来湘考察踩线营销旅游精品线路。2017年10月,世界知名旅游指南出版机构《孤独星球》发布了2018年最佳旅行目的地榜单,湖南作为全国唯一省份入选世界十大最物超所值的旅行目的地。

（六）注重依法治旅，优化旅游发展环境

以深入贯彻实施《湖南省实施〈旅游法〉办法》为主线，广泛深入开展《湖南省实施〈旅游法〉办法》法律知识竞赛，集中开展旅游市场秩序整顿和旅游安全四大专项行动，共出动执法检查人员1.12万人次，检查旅游企业（网点）3478家，检查旅游团队1.32万个，检查导游人员1.33万名。2017年6月下旬至7月上旬，全力组织全省旅游行业抗洪救灾，全省267个景区受灾、近200家景区暂停营业，但无一游客伤亡，确保了旅游安全稳定有序。旅游安全工作荣获湖南省安全生产先进单位。加强旅游志愿者队伍建设，举办文明旅游宣传引导系列活动，文明旅游工作走在全国前列。以橘子洲景区整改复牌为契机，对全省A级景区实行动态监管和全面督查。橘子洲景区经过整改，旅游基础服务设施、服务品质和旅游秩序得到显著改善，全国旅游资源规划开发质量委员会决定从2017年12月18日起恢复长沙橘子洲景区5A级旅游景区质量等级。

二 2018年湖南旅游业发展展望

2018年是贯彻落实党的十九大精神开局之年，也是全省旅游系统"开放主题年"。结合"十三五"旅游目标任务，全省旅游工作的总体思路是：认真贯彻落实党的十九大精神和省委、省政府的部署要求，围绕抓重点、补短板、强弱项，坚持以区域旅游开放合作促融合创新发展，着力抓改革、强营销、增供给、优服务，加快以"锦绣潇湘"为品牌的全域旅游基地建设，全面提升旅游业的法治化、标准化、信息化、品牌化和国际化水平，实现从高速旅游增长阶段向优质旅游发展阶段转变，努力在实施创新引领、开放崛起战略中走在前列。

2018年全省旅游工作的目标是：接待国内外旅游者7.49亿人次，同比增长12%；实现旅游总收入8000亿元，同比增长12.5%。接待入境旅游者355万人次，同比增长10%；实现旅游创汇14.4亿美元，同比增长11%。

围绕落实上述目标任务，重点抓好以下十项工作。

（一）深化旅游改革，增强旅游发展新动能

推动完善各级旅游产业发展领导小组综合协调机制，充分发挥各级政府在推动旅游产业发展和旅游目的地社会治理中的主体作用。积极探索构建适合全域旅游时代特点的"1+3"现代旅游治理机制，着力解决旅游综合产业和综合监管与原有体制之间的矛盾，全面提升旅游目的地治理能力。以旅游部门"局改委"为契机，强化旅游业的统筹协调、市场监管和公共服务等方面职能。制定创建标准和验收评定办法，争取验收评定一批国家级和省级全域旅游示范区。进一步推进张家界市旅游综合改革试点城市、湘潭（韶山）全国红色旅游融合发展示范区、城步南山国家公园和南岳区、平江县国家级旅游改革创新先行区等旅游改革试点工作，积极复制推广成功经验。制定出台《湖南省建设全域旅游基地三年行动方案（2018～2020年）》和《湖南省入境旅游发展奖励办法》，争取召开湖南全域旅游基地建设推进大会，强化全域旅游发展考核工作。

（二）扩大开放合作，拓展旅游发展空间

按照区域联合、资源整合、优势互补、互利共赢的原则，坚持全域统筹、开放合作，坚持品牌引领、项目带动，坚持分类指导、差别考核，明确长株潭、洞庭湖、大湘西、大湘中和大湘南五大旅游板块各自的发展定位和主导产品，以培育5大区域品牌为核心，加快组建五大旅游共同体，并与周边省区和高铁沿线城市构建跨省区域旅游合作联盟，完善重大节会推进机制，做到统一旅游品牌、统一规划线路、统一产品开发，统一宣传促销、统一监管服务，实现区域无障碍旅游，构建全域旅游开放发展新格局。加快推进张吉怀旅游经济带规划建设，以完善"张吉怀旅游共同体"、"张家界南线旅游协作区"、"崀山生态文化旅游区"、"雪峰山生态文化旅游区"和"南岳衡山旅游协作区"等域内旅游合作机制为重点突破，全面推进五大旅游板块域内旅游合作；健全完善"9+2"泛珠旅游合作大联盟合作机制，推动环洞庭湖、武陵山、幕阜山、罗霄山、大南岭（湘粤赣"红三角"）等跨省区域旅游合作。加强与港澳台地区的旅游交流合作。对接"一带一路"和"长江经济带"等国家战略，围绕国际航线开通，联合开发国际旅游线路。

（三）强化融合创新，不断增加旅游新投资新供给

深化"产业项目建设年"活动，重点建设 30 个省级旅游项目，推动各市州重点抓好 20 个市级重点旅游项目、各县市区重点抓好一批县级重点旅游项目。加大旅游项目招商引资力度，在重大经贸活动中，逐步提高旅游项目占推介项目、签约项目的比例。建立健全省、市、县领导联系重大旅游项目工作机制，及时协调解决项目建设过程中的重大问题，加快推进旅游项目建设。加强等级旅游景区、旅游度假区、工业旅游示范基地（点）建设，丰富旅游产品。按照《湖南省精品旅游线路重点县建设指南》标准，培育打造一批国家级、世界级的精品旅游线路和优秀旅游目的地。研究制定支持旅游装备制造业发展的政策措施，积极争取国内外知名旅游装备博览会落户长沙，支持长株潭和洞庭湖区域加快培育全国旅游装备制造业基地。启动实施《湖南省"厕所革命"新三年行动计划（2018－2020）》，推动"厕所革命"从景区拓展到全域、从数量增加上升到质量提升，努力补齐这块影响群众生活品质的短板，力争湖南省"厕所革命"工作走在全国前列。以"厕所革命"为突破口，全面提升全域旅游公共服务水平。

（四）突出教育功能，推动红色旅游成为理想信念教育新课堂

制定出台《湖南省红色旅游发展三年行动计划（2018～2020 年）》。积极适应推进"两学一做"学习教育常态化制度化的新形势新要求，结合"不忘初心、牢记使命"教育，按照一个主题展、一堂党课、一套讲解词的基本要求，联合相关部门培育推出一批红色教育基地。结合建党、建军、建国和重大纪念活动及重要节假日，组织开展系列宣传推广活动，重点办好第 15 届中国（湖南）红色旅游文化节。组织开展潇湘"红八景"评选活动和 10 个红色旅游景区（点）宣传活动。组织参加 2018 年俄罗斯莫斯科国际旅游交易会；争取将"中国旅法勤工俭学蒙达尔纪纪念馆"列入 2018 年中国—欧盟旅游年合作项目。争取在湖南举办一期以"重走长征路"为主题的全国红色旅游精品线路人员培训班。组织参加全国红色旅游导讲员大赛，建立红色旅游金牌导讲员评价制度。招募红色旅游志愿者，促进红色旅游学会、协会等社会组织有序发展。

（五）落实乡村振兴战略，积极探索乡村旅游精准扶贫新模式

召开全省旅游扶贫工作会，推广"让美丽战胜贫困"湖南旅游扶贫典型案例，把全域旅游示范区和旅游扶贫示范县创建工作有机结合起来，加强乡村旅游规划指导和市场营销。开展旅游扶贫村官和旅游专干培训，提升旅游经营者管理服务水平。实施乡村旅游创客行动计划，支持举办乡村创客活动，鼓励大学生、返乡农民工、专业艺术人才、青年创业团队等创新创业意识比较强、条件比较好的特殊人群创新创意创业。积极发展休闲农业、森林康养、乡村旅游，推出一批乡村旅游创客基地和以乡情教育为特色的研学旅行基地。争取在张家界市举办全国乡村旅游暨旅游扶贫大会，在贫困地区举办春夏秋冬四季湖南乡村旅游文化节，鼓励支持各地举办乡村旅游节会活动。

（六）实施整合营销，提升"锦绣潇湘"全域旅游品牌影响力

制定实施《湖南旅游市场营销三年行动计划（2018～2020年）》。大力实施"锦绣潇湘"旅游品牌建设工程，以5大区域品牌和14个市州旅游品牌系列宣传推广为重点，全面系统整体推进以"锦绣潇湘"为核心品牌的区域品牌、市州品牌、产品品牌、企业品牌和人物品牌系列品牌营销，形成"锦绣潇湘"核心品牌整体形象优势。聚焦国内"五大城市群"（长三角、珠三角、京津冀、成渝、长江中游城市群）和境外"五大客源市场"（日韩俄、欧美、澳洲、东盟、港澳台），由省旅发委领导带队开展五大旅游板块精准对接专业营销推广活动。以加强湖南—东盟文化旅游合作作为湖南省旅游业对接"一带一路"的突破口和发力点，在湖南省国际航线开通的主要客源地，配合省委、省政府领导出访，深入开展"锦绣潇湘"走进"一带一路"文化旅游合作交流系列活动。邀请"一带一路"主流媒体聚焦"锦绣潇湘"进行宣传；邀请驻外机构、境外旅行商、境外媒体等来湘踩线采风。创新举办湖南国际文化旅游节、湖南红色旅游文化节、湖南文化旅游产业博览会、中国旅游日宣传活动和"春、夏、秋、冬"湖南乡村旅游文化节，支持市州打造品牌节会活动，支持区域旅游合作联盟举办跨区域旅游合作品牌节会活动，持续扩大湖南旅游国内外的知名度和影响力。利用中国国际旅游交易会、中博会、东盟旅博会、泛珠会等展会平台，加强旅游合作交流，推介湖南旅游。持续

在中央电视台和湖南卫视投放"锦绣潇湘、伟人故里—湖南如此多娇"湖南旅游品牌形象广告。主动对接乡村振兴战略，联合湖南卫视策划推出乡村文化旅游宣传系列节目。与主流媒体特别是新媒体开展战略合作，建立旅游资讯发布平台，发挥湖南旅游新媒体联盟作用，构建全方位立体的旅游宣传网络体系。

（七）培育市场主体，打造旅游经济增长新引擎

引进一批国内外知名旅游企业，培育一批全国一流的旅游企业集团和旅游知名品牌，支持旅游中小企业和旅游创客发展。支持互联网旅游企业整合关联企业资源，培育新型互联网旅游龙头企业。大力培育发展高科技旅游企业，打造旅游发展新引擎。构建产学研一体化平台，提升旅游业创新创意水平和科技创新能力。完善旅游投资项目库，深入开展银企对接和项目招商，推进有市场潜力的重点旅游项目进入金融市场融资。鼓励省内综合实力强的大中型旅游企业跨地域、跨行业进行股权投资。

（八）严格依法治旅，营造旅游发展良好环境

加强旅游依法行政监督检查。联合省人大法工委开展《湖南省实施〈旅游法〉办法》专项执法检查，探索建立旅游法律服务平台和旅游纠纷调解室。推广实施旅游业的国家标准和行业标准，组织制定旅游新产品新业态地方标准，鼓励企业和基层制定标准，以标准化推动品牌化。支持郴州市北湖区创建全国旅游标准化试点单位，支持重点景区争创湖南名牌。建立健全旅游市场综合监管联席会议制度，认真实施旅游市场专项秩序整治"利剑行动"，强化旅游诚信体系建设，推行电子合同管理，推动旅游市场秩序持续向好，为旅游企业和广大游客创造更高质量的旅游经营和消费环境。开展"文明旅游为中国加分"系列公益宣传活动，加强旅游志愿者队伍建设，成立旅游志愿者总队。加强旅游安全制度建设，建立重大事故隐患"一单四制"制度，深入开展事故隐患排查整治，坚决遏制重特大旅游安全事故发生。认真开展"平安景区"创建活动，评选全省"十大平安景区"示范单位。积极推进行业协会改革，充分发挥旅游学会、旅游协会、旅游饭店协会、旅行社协会、旅游商品协会、自驾旅游协会等组织行业自律、促进发展的作用。

（九）坚持人才优先发展，加快旅游人才队伍建设

实施旅游引智入湘、送智下乡计划。落实"芙蓉人才行动"计划，加快引进、培育一批高素质旅游人才。充分发挥高校、科研院所智力资源优势，积极引进国内外旅游智库开展人才智力帮扶，选派知名专家指导全域旅游示范区和旅游扶贫示范县创建工作。建立旅游专家库，鼓励支持高校、科研机构开展重大旅游课题研究，全面提升湖南省旅游智力服务水平。

开展全省旅游饭店服务技能大赛等活动，提升旅游管理服务水平，培育旅游行业品牌人物，打造旅游湘军。坚持目标导向、问题导向和民生导向，聚焦乡村旅游、旅游项目建设、研学旅行、红色教育基地、体育旅游、康养旅游、旅游装备制造业等重点问题，邀请两代表一委员（党代表、人大代表、政协委员）参与，联合开展专题调研活动，认真抓好调研成果的转化运用，并逐步形成常态长效机制。

（十）强化责任担当，加强旅游系统党建和党风廉政建设

坚持系统抓、抓系统，加强党对旅游工作的全面领导。以党的政治建设为统领，以开展"不忘初心、牢记使命"主题教育为抓手，全面加强旅游系统党建工作，抓清单管理促责任到位，抓督促检查促任务落实，抓考核问责促履责担当。严格落实中央"八项规定"和省委"九项规定"精神，认真贯彻十九届中央纪委二次全会和十一届省纪委三次全会精神，持之以恒反对"四风"，切实用好监督执纪"四种形态"，从严监督执纪问责，以"永远在路上"的决心和行动，坚决落实好全面从严治党要求。以推进文明单位创建为目标，把机关作风建设、机关能力建设与机关文化建设有机结合起来，推进旅游系统学习型、服务型、创新型、廉洁型机关建设。

B.19
2017年湖南资本市场
形势分析及2018年展望

张世平*

资本市场是金融市场的重要组成部分。党的十九大报告和全国金融工作会议都明确提出，要深化金融体制改革，促进多层次资本市场健康发展，增强金融服务实体经济能力，提高直接融资比重。中共湖南省委和湖南省人民政府高度重视资本市场工作。2017年，湖南省资本市场加快发展，迈上了新台阶。2018年将乘势而上，力争取得新突破。

一 全面发展，迈上新台阶

2017年，在中共湖南省委和湖南省人民政府的正确领导下，湖南省大力推进资本市场改革、发展、稳定，资本市场发展成效显著，多项指标创出新高。

（一）企业上市挂牌家数创新高

1. 境内上市公司突破100家

2017年，湖南省在前几年着力加强上市资源培育的基础上，把握我国IPO审核常态化的机遇，着力推动企业首发上市融资。2017年，全省新增境内上市公司17家，新增家数占全国的3.9%，排全国第8位、中部第1位；首发融资70.27亿元，融资额占全国新股发行融资总额的3.1%。其中，绝味食品、中广天择等2家企业在主板上市，泰嘉股份、盐津铺子、高斯贝尔、道道全、

---

* 张世平，湖南省人民政府金融工作办公室党组书记、主任。

长揽科技、科力尔、宇环数控、奥士康等8家企业在中小板上市，华凯创意、飞鹿股份、国科微、岱勒新材、九典制药、宏达电子、科创信息等7家企业在创业板上市。根据中国证监会的行业分类，这17家公司中15家属于制造业企业、2家是文化业企业，符合湖南制造强省、文化强省的发展目标。至此，湖南省的境内外上市公司达到116家，其中，境内上市公司101家，境外上市公司15家。境内上市公司总数首次位列全国第10位、中部第2位，创历史最好水平。从板块看，湖南境内上市公司中，主板48家、中小板29家、创业板24家。此外，湖南还有1家企业过会待发。

2. 新三板挂牌家数创新高

对于市场潜力大、发展后劲足，但暂不具备A股上市条件的优质企业，湖南省积极推动和引导市县两级政府尤其是产业园区推出政策措施，鼓励和支持其到新三板挂牌融资。2017年，湖南有三一学院、华光源海、金马测控、中天集团、佳和农牧等43家企业在新三板挂牌，占全国新三板新增挂牌企业的2.0%。这些企业的转让方式均为协议转让，合计股份17.74亿股。至此，湖南在新三板挂牌企业达到239家，排全国第13位，中部第4位。湖南新三板挂牌企业全年实现股权融资27.19亿元，同比增长14.53%。

3. 上市后备资源不断扩容

2017年，全省共有275家企业进入省上市后备企业资源库。入库企业中，先进装备制造业72家，农业及食品加工业42家，医药及医疗器械28家，新能源及新材料17家，节能环保11家，文化旅游及传媒、信息产业18家。先进装备制造业、新能源及新材料等7个行业的企业占比超过三分之二，符合供给侧结构性改革的要求。

（二）多层次资本市场建设取得新进展

1. 区域股权市场功能进一步发挥

2017年，湖南省政府办公厅出台了《关于加快推进湖南区域性股权市场规范发展的若干意见》（湘政办发〔2017〕10号），为下一阶段湖南区域性股权市场发展指明了方向。湖南股权交易所（以下简称"湖南股交所"）作为湖南唯一的区域性股权市场运营机构，按照打造为"湖南省中小微企业综合金融服务平台"的方向，全面推进服务实体经济。与沅陵县、湘阴县政府等签订了战略合作协议，在吉首、茶陵等 12 个县开展了服务周活动，强化了培训咨询服务，设立了线上投融项目对接平台——"投融直通车"，在全国四板系统率先完成了与工商登记系统的对接。2017 年，湖南股交所新增挂牌企业 641 家，挂牌企业达到 3106 家，挂牌家数排全国第 8 位、中部第 2 位；帮助挂牌企业实现股权和债权融资 55.03 亿元，同比增长 27.4%，并实现股权质押融资 51.63 亿元；培训企业 250 多家、企业高管 620 余人；完成企业路演 10 多次。

2. 私募基金发展弯道超车

随着 2016 年全国互联网金融清理整顿工作全面展开，包括湖南在内的大部分省份都停止了对含有"基金、投资、金融"等字眼企业的注册登记。为了促进私募股权投资行业发展，经湖南省人民政府批准，2017 年 3 月，湖南省政府金融工作办公室和湖南省工商局联合出台了《关于促进私募股权投资行业规范发展的暂行办法》，明确了关于私募股权投资机构设立备案、投资运作、扶持政策、监督管理等方面的 38 条政策措施，湖南在全国率先放开了全省范围的私募股权投资备案登记。随后，湖南省政府金融工作办公室又发布了系列配套政策，开发了网上备案系统，联合湖南证监局组织召开了"2017 私募基金新规政策培训会"。新政的出台吸引了一批私募股权投资机构落户湖南。自湖南省政府金融工作办公室 4 月受理第一单私募股权投资机构备案以来，2017 年全省共有 283 家私募股权投资机构完成了备案，包括 188 家私募股权基金管理机构和 95 家私募股权基金。一年来，这些私募股权投资机构向湖南实体经济实现投资 170.98 亿元，同比多增 145.81 亿元，为企业降杠杆做出了一定的贡献。

3. 基金小镇建设初具成效

2017 年湖南省人民政府工作报告明确，要建设"基金小镇"。在广泛调研的基础上，湖南省确定了湘江基金小镇建设目标。7 月 26 日"湘江基金小镇"正式挂牌，湖南省政府金融工作办公室领导代表省政府授牌，中国证监会私募部和中国证券投资基金业协会的负责同志参加了仪式并讲话，500 多家国内基金机构和中介机构共计 800 多人参会，10 家知名机构当场签约落户"湘江基金小镇"。12 月 20 日，湘江基金小镇运营空间正式启动。截至 2017 年末，有 52 家私募股权投资机构入驻，管理资金规模 932 亿元，湘江基金小镇已产生一定的集聚效应。

4. 金交中心业务逐步步入正轨

2017 年，湖南金融资产交易中心依托项目收益凭证和资产收益凭证两大工具，建立了以中小微企业融资产品、基础设施融资产品、资产证券化产品为基础的三大产品体系，推出了"金担通"标准化产品，2017 年实现融资 20.72 亿元，是上年的 3 倍多。

（三）直接融资渠道进一步拓宽

1. 直接融资规模同比多增

2017 年，尽管受进一步规范地方政府融资平台举债、债券利率中枢抬高及湖南优质项目储备减少等多重因素影响，湖南企业债券和公司债券融资同比减少了 1081.95 亿元，但通过多措并举，湖南仍然实现直接融资（地方全口径）3444.59 亿元，同比多融 297.51 亿元，增幅为 9.5%。其中：首发上市融资 70.27 亿元，上市公司再融资 542.50 亿元，企业债券融资 421.2 亿元，公司债券融资 227.95 亿元，中期票据融资 226.70 亿元，短期融资券融资 299.50 亿元，定向工具融资 448.60 亿元，新三板股权融资 22.19 亿元，四板市场融资 55.03 亿元，信托融资 800.99 亿元，私募股权投资 170.98 亿元，其他形式融资 158.68 亿元。

2. 债券发行数量中部前列

2017 年，湖南省共发行一般企业债 43 只，发行规模为 386.70 亿元，分别占全国的 11.3% 和 10.4%，均居全国第 3 名、中部第 2 名；发行期限为 7～10 年，票面利率从 4.8%～7.8% 不等。其中，浏阳现代制造产业建设投资开发公司发行绿色债券 18 亿元。同时，湖南发行公司债券 33 只，发行规模 227.95 亿元，分别占全国的 2.8% 和 2.1%，发行规模排全国第 9 位；发行期限为 3～7 年，票面利率为 4.7%～8.0%。截至 2017 年末，全省债券市场余额 14238.12 亿元，债券只数 957 只，分别排中部第 1 位和第 2 位。从主体看，除地方政府外，地方国有企业发行债券 705 只，债券余额 6095.29 亿元，占全省的 42.8%；中央国有企业发债 145 只，债券余额 878.87 亿元，占全省的 6.2%；民营企业发债 63 只，债券余额 415.57 亿元，占全省的 2.9%。

3. 上市公司资本运作活跃

2017 年，湖南省股票定向增发共 21 只，占全省发行只数的 3.9%，排名全国第 9 位；共增发 52.40 亿股，融资总额 524.50 亿元，占全国的 4.1%。从行业来看，增发金额最多的是金融业企业；增发企业家数则是以专用设备制造业、电器机械及器材制造业为主。此外，湖南还有五矿资本、华自科技等部分上市公司进行了并购重组，实现了横向整合、多元化战略、买壳上市或垂直整合。

我们也清楚地看到，虽然湖南资本市场发展取得了一定成绩，但是湖南资本市场的整体发展水平仍处在初级阶段，与中部其他省份相比还存在一些差距，主要体现在：湖南多层次资本市场建设还不充分，发展水平还不高，存在直接融资功能尚未充分发挥、IPO 项目储备不足、本土中介机构还比较弱、省内区域发展不平衡、发展环境还欠优等问题，特别是全省资产证券化水平还偏低。截至 2017 年末，湖南省还没有市值超过 1000 亿元的上市公司，市值在100 亿元以上的仅为 27 家，全省境内上市公司市值仅 9540 亿元，资产证券化率仅为 27.6%，远低于全国平均水平；境内上市公司平均市值 94 亿元，排中部末位。

二 乘势而上，推动新突破

当前，我国经济正在迈向高质量的发展阶段。根据中央经济工作会议的部署，未来三年要重点抓好决胜全面建成小康社会的防范化解重大风险、精准脱贫、污染防治三大攻坚战。管住货币的总闸门，配合金融去杠杆，稳健中性的货币政策还将是 2018 年的主要基调。多层次资本市场也将持续健康发展。我们认为，2018 年我国资本市场发展机遇大于挑战，2018 年湖南省资本市场工作大有可为。

2018 年，湖南省金融系统将深入学习贯彻习近平新时代中国特色社会主义思想和党的十九大、中央经济工作会议、全国金融工作会议精神，牢牢把握金融工作四项原则和三大任务，坚持服务实体经济与促进金融发展并重，加强金融监管与推进金融创新并重，加强党的领导与业务队伍建设并重，着力提升湖南资本市场发展水平，不断提高金融服务实体经济能力，更好地服务湖南经济社会发展。重点做好以下几个方面的工作。

（一）出台促进资本市场发展的政策性文件

面对新时代经济发展新特点、新形势，湖南今年将研究制定进一步促进资本市场发展的政策文件，明确下一阶段资本市场发展的目标任务，加大对企业上市、"新三板"挂牌、区域性股权市场发展、直接融资的政策扶持力度，建立跨部门的推进上市工作联席会议制度，进一步优化湖南资本市场发展的政务环境。

（二）做大做强一批上市公司

积极支持、推动湖南的上市公司做好主业，改善经营情况。在此基础上，引导、支持一批在行业中具有一定竞争优势的上市公司进行上下游、同行业以及跨国并购重组，提高产业集中度，形成一批具有核心竞争力的行业龙头企业。推动省属国有上市企业进行混合所有制改革，并通过并购、定向增发等方式，将湖南省内一些发展前景较好的产业项目注入省属国有上市公司。

（三）强化上市后备资源培育

实施上市重点培育计划，从湖南省上市后备企业资源库中筛选50家运作规范、综合实力较强的行业龙头企业进行重点培育。同时，总结推广长沙高新区、浏阳工业园在培育企业上市方面的经验，帮助园区企业上市，力争培育一批园区上市公司集群，带动园区发展。选准若干个优势产业，以行业龙头上市公司为依托，对其上下游优质企业进行重点培育，力争培育一批产业链上市公司集群。此外，针对湖南县域经济、民营经济和中小微企业等发展中的薄弱领域，启动资本市场县域工程，推进企业股改并规范发展，引导更多的县域中小微企业到四板挂牌融资，逐步走进资本市场，进而带动县域经济发展。

（四）大力发展私募股权投资

目前，湘江基金小镇的集聚效应正逐步显现。湖南将进一步加大对湘江基金小镇的支持力度，推动其打造为基金机构集聚中心、股权投资服务中心、基金产品创新中心和金融综合配套服务中心。建立股权投资基金与项目的对接机制，积极引导湖南私募股权投资机构投资湖南优势产业、战略性新兴产业，推动基金招商，促进产业升级。同时，设立直投基金，对四板挂牌的股份制企业进行资金支持。

B.20
2017年湖南金融形势
分析及2018年展望

马天禄 *

    2017 年，湖南省金融系统坚持稳中求进工作总基调，认真贯彻落实稳健中性货币政策和全国金融工作会议精神，紧紧围绕省委、省政府各项决策部署，不断优化金融服务，努力提升金融服务实体经济效率，为加快建设富饶美丽幸福的新湖南提供了有力金融支撑，全省金融运行整体平稳。

一 2017年湖南金融运行主要特点

（一）社会融资规模稳步增长，间接融资占比上升

    2017 年，全省新增社会融资规模 6429.62 亿元，同比多增 1992.95 亿元。具体来看，间接融资规模新增 5114.94 亿元，同比多增 2335.57 亿元，占比由上年的 62.6% 上升为 79.6%，其中表内贷款融资新增 4307.16 亿元，同比多增 987.16 亿元；表外融资业务新增 807.78 亿元，同比多增 1348.41 亿元。直接融资规模新增 1083.94 亿元，同比少增 392.91 亿元，占比由上年的 33.3% 下降至 16.9%，其中企业债券融资新增 730.86 亿元，同比少增 497.27 亿元；股票融资新增 353.07 亿元，同比多增 104.36 亿元。

（二）存款增速总体呈回落趋势，但仍高于全国水平

    2017 年末，全省金融机构本外币各项存款余额 46729.30 亿元，同比增长

---

* 马天禄，人民银行长沙中心支行行长。

200

11.3%，增速比上年末下降4.7个百分点，但仍快于全国2.5个百分点，增速居全国第5，较上年末前移2位。全年新增存款4732.56亿元，同比少增1043.56亿元。其中，非金融企业存款新增1568.76亿元，同比少增861.16亿元；住户存款新增2127.55亿元，同比少增313.90亿元；广义政府存款新增703.82亿元，同比少增395.14亿元；非银行业金融机构存款新增328.48亿元，同比多增509.46亿元。

（三）贷款余额保持快速增长，尤其是中长期贷款同比大幅多增

2017年末，全省金融机构本外币各项贷款余额31849.98亿元，同比增长15.7%，增速比上年末提高2.0个百分点，快于全国3.6个百分点，增速居全国第4、中部六省第2，分别比上年同期前移9位和3位；全年新增贷款4317.68亿元，同比多增1007.25亿元。分期限看，短期贷款全年新增625.06亿元，同比多增671.96亿元；票据融资全年净下降546.87亿元，同比少增960.52亿元；中长期贷款全年新增4211.37亿元，同比多增1233.08亿元，其中主要是今年以来棚户区改造以及易地扶贫搬迁贷款新增较多。分主体看，住户贷款全年新增1778.68亿元，同比多增440.32亿元；非金融企业及机关团体贷款全年新增2510.72亿元，同比多增508.58亿元。

（四）贷款投向整体符合供给侧改革要求，重点领域、薄弱环节继续改善，调控领域得到压降

一是重点支持了基础设施建设和支柱产业发展。2017年末，全省基础设施类贷款余额同比增长22.1%，快于全部贷款增速6.4个百分点；工业贷款余额同比增长3.8%，增速比上年同期提高0.3个百分点。二是小微企业贷款快速增长。2017年末，小微企业贷款余额同比增长30.1%，快于全部贷款增速14.4个百分点；全年新增1702.60亿元，同比多增582.04亿元。三是涉农贷款稳步增长，全年新增涉农贷款1511.67亿元，同比多增346.61亿元。四是大湘西地区贷款占比提高。大湘西（怀化、湘西、邵阳、张家界）地区全年新增贷款574.73亿元，同比多增178.87亿元，占全部新增贷款的13.3%，占比较上年提高1.4个百分点。五是金融精准扶贫贷款快速增长。2017年末，全省精准扶贫贷款余额1970.15亿元，同比增长72.8%，全年累计新增

829.95亿元。与此同时，全省信贷投放"有扶有控"，重点调控领域贷款持续少增。2017年末，钢铁、煤炭等重点去产能行业中长期贷款余额比年初下降19.46亿元，同比多降1.36亿元；全省个人住房消费贷款余额同比增长28.1%，增速比上年同期下降5.4个百分点，分月度来看增速已连续10个月下滑。

二 2018年湖南金融形势展望

2017年在投资恢复、制造业回暖以及全球贸易稳步增长等因素拉动下，世界经济体呈现稳步复苏态势。其中发达经济体中，美国、欧元区经济分别增长2.3%、2.5%，比2016年分别提高0.8、0.7个百分点；新兴市场和发展中经济体也保持较快增长，2017年预期比2016年提高0.3个百分点。预计2018年推动世界经济发展的有利因素仍将延续，世界经济缓慢复苏的大趋势更加明显。国际货币基金组织（IMF）预计2018年全球经济增长3.9%，比2017年末的预测值提高0.2个百分点。从国内来看，随着我国经济转向高质量发展步伐加快，居民消费升级，医疗、教育、文化、娱乐等领域供给改善空间扩大，区域均衡发展潜力进一步释放，我国经济也有望在2018年继续保持稳中有进、稳中向好的态势。但与此同时，全球经济增长在劳动生产率下降、债务水平上升、新增长动能缺乏、地缘政治冲突常态化等不利因素影响下依然面临诸多不确定性，我国经济发展同样将面临环保约束加强的短期制约效应逐步显现、基建投资和房地产开发投资对宏观经济增长的拉动作用减弱、服务业的资本边际产出率和劳动生产率偏低等问题。上述宏观经济金融环境都将为湖南省经济金融发展带来机遇和挑战。

（一）国家继续实施稳健中性货币政策，着力于防范化解金融风险，湖南将迎来稳定适宜的金融运行环境

2018年，国家将继续保持货币政策稳健中性。中央经济工作会议指出，2018年稳健的货币政策要保持中性，要管住货币供给总闸门。人总行工作会议提出，要保持货币政策稳健中性，综合运用多种货币政策工具，保持银行体系流动性合理稳定，促进货币信贷和社会融资规模合理增长。与此同时，中央

经济工作会议把防范化解重大风险列在三大攻坚之首,明确指出"打好防范化解重大风险攻坚战,重点是防控金融风险","强监管、防风险、抑泡沫、去杠杆"将是未来各项金融政策的主基调,2018年将是金融风险出清尤为关键的一年。总体来看,预计2018年银行体系流动性松紧适度,金融市场秩序得到进一步维护和规范,金融风险得到有效防范和化解,湖南将迎来稳定适宜的金融运行环境。

(二)湖南经济有望维持稳中向好态势,信贷需求总体较为旺盛

从政策环境看,湖南省委经济工作会议决定,2018年全省将围绕大力推进产业项目建设、打好"三大攻坚战"、深化供给侧结构性改革、实施乡村振兴战略、深化新时代改革开放、提高保障和改善民生水平等方面大力开展工作;省政府工作报告也提出,2018年要抓好振兴实体经济、培育经济发展新动能、深化关键领域改革等十一项重点工作,切实转变发展方式、优化经济结构、转换增长动力。随着新时代经济由高增长阶段转向高质量发展阶段,新发展理念深入贯彻,全省将着力加大创新投入和转方式调结构力度,经济增长的稳定性和可持续性将进一步增强。但也要看到,当前制约全省经济持续较快发展的深层次结构性矛盾仍有待化解,如工业结构层次不高不优,竞争力不强;大项目储备不多,产业投资后劲不强;居民消费增长持续下滑等。综合多方面情况,省政府确定的2018年各项主要经济指标增长目标仍与2017年基本持平,全省经济有望继续维持稳中向好态势,相关领域的资金需求总体将较为旺盛。据人民银行长沙中心支行组织开展的银行家季度问卷调查显示,2017年4季度全省贷款总需求指数同比明显上升,并且银行家对2018年1季度的预期普遍较为乐观,该预期指数达79.24%,同比提高5.1个百分点,创近三年来新高。

(三)制约信贷投放的因素仍然较多,全省贷款继续保持较高增速的难度加大

2018年,制约全省信贷投放的因素仍然较多。一是工业领域新旧动能接续不畅现象仍较突出,加之工业投资意愿不足、产业链下游及消费终端需求不足、环保治理加码、成本上升等内外部因素对工业增长制约较大,实体企业承贷能力仍显不足。二是财政部50号文、87号文,以及92号文和192号文等政

府融资新规的相继出台将较大程度上抑制投资增长，相关领域贷款增长难度加大。三是房地产业贷款增长将受到房地产调控、棚改力度减弱等因素的制约。后期在"房住不炒"的总方针下，全省房地产调控政策效应将不断体现，房地产业贷款增长将进一步减缓。与此同时，受2018年棚改目标大幅缩减的影响，棚改对贷款增长的拉动作用将显著下降。四是2018年银行将面临较大的债务置换压力，全省信贷增长将受到一定影响。总的来看，2018年湖南省贷款新增额预计将与2017年基本持平，贷款继续保持较高增速的难度加大。

（四）金融领域潜在风险日趋复杂，风险防控任务依然艰巨

首先，银行资产质量下迁压力仍然较大，尤其是房地产领域金融风险防控压力加大。2017年，全省银行业金融机构不良贷款仍然维持"双升"态势。2018年，在经济增长结构性矛盾仍较突出的大背景下，前期通过展期、借新还旧、重组等风险缓释方式处置的贷款下迁压力仍然较大，银行不良贷款控制任务艰巨。尤其是随着房地产领域杠杆水平抬升，一旦房价高位回落，部分高价拿地的房企将面临较大的现金流压力，部分LTV（贷款价值比）较高客户可能出现断供，相关领域贷款不良将大幅上升。其次，地方政府债务风险或将加速暴露。在政府融资环境及货币政策环境相对趋紧、金融监管趋严的大背景下，未来地方政府融资平台融资渠道不断缩窄，融资成本不断攀升，之前依靠贷款、发债等"借新还旧"模式来缓解偿债压力的方式或将难以为继，偿债风险或将进一步突显。

三　2018年湖南金融工作重点

2018年，全省金融系统将不折不扣地贯彻落实好十九大、全国金融工作会议和中央经济工作精神，围绕湖南省委、省政府的决策部署，着力改善金融服务，提升金融服务实体经济效率，为全省实现好十九大后的良好开局提供有力金融支撑。

（一）扩大融资总量，提升金融支持实体经济发展的实力

争取上级行的理解和支持，着力保持信贷稳定增长，争取贷款和社会融资

规模增速均高于全国平均水平，推动金融业增加值占地区生产总值比重提升到5%以上。支持发行银行间债务融资工具，拓宽融资渠道。推动加大全国性金融机构引进力度，通过注资、引资以及支持发行二级资本债等方式，增强城商行以及农商行资本实力。鼓励境内外金融机构在湖南省设立区域总部、分支机构，引导设立财务公司，推动组建民营银行、资产管理公司、消费金融公司等金融机构，不断增强地方金融总体实力，扩大融资能力。

（二）持续优化金融资源配置，提升金融服务实体经济效率

引导金融机构积极发展普惠金融，加大对三农、小微、扶贫等薄弱环节的支持力度，发挥政策性、开发性、商业性和合作性金融互补作用。对于服务实体经济情况好、"三农"和小微企业、精准扶贫信贷支持力度大的机构，继续加大再贷款、再贴现、SLF、PSL、定向降准等货币政策工具支持。推动落实金融支持供给侧改革要求，切实支持经济结构调整和产业转型升级，支持《湖南省推进供给侧结构性改革促进产业转型升级规划（2016~2020年）》的实施，积极支持打造高端制造业、新一代信息技术产业、生物产业、新材料产业等经济发展新动力，做好乡村振兴等国家战略的金融服务，继续深入推进"两权"抵押贷款，助力农业供给侧结构性改革。促进服务实体经济和贸易投资便利化，针对湖南开放型经济发展、"一区一港四口岸"建设等重点内容，创新涉外金融服务，加大金融支持力度。

（三）积极稳妥推进各项金融改革，不断激发地方金融活力

深化外汇管理"放管服"改革，重点推进行政许可标准化、清理不符合"放管服"改革要求的文件，支持各地综合保税区建设，稳妥有序推进资本项目可兑换，提高跨境资本和金融交易项目的便利化程度。深化城市商业银行和农村商业银行改革，促进法人机构健全经营管理机制和风险防控机制。认真实施存款保险制度，落实存款保险差别费率制度，按要求做好新设机构投保手续办理、保费核定和收缴工作，加强投保机构信息收集和风险监测。深入推进利率市场化改革，进一步完善自律机制建设，全面推进"四位一体"利率定价体系建设，发挥行业管理部门作用，推动省联社开发全省农信机构利率定价系统建设，实现在全省法人机构中推广应用。

（四）强化金融综合管理，切实防范化解重大风险

强化人民银行宏观审慎管理和系统性风险防范职责，改进和完善监管协调制度，推动建立统一的监管协调机制。明确各监管部门的职能边界，会同有关部门建立监督问责制度。推进征信系统的建设和应用，持续优化征信柜台服务，进一步扩大机构接入和信息采集的覆盖面；打造可持续、有实效的农村信用体系建设模式，开展应收账款融资专项行动，构建中小企业信用体系。推进金融业综合统计和监管信息共享，加强金融基础设施的统筹监管和互联互通，为防范系统性风险提供基础支撑。按照"扩流入、控流出、稳预期、防风险"的工作思路，加强本外币一体化协调管理，切实防范跨境资本流动风险，开展跨境双向人民币资金池风险评估工作，加强个人项下外汇业务监管，加大对典型违规行为的惩罚力度。

产　业　篇

Industry Reports

B.21

2017年湖南先进装备制造业
发展情况及2018年展望

湖南省经济和信息化委员会装备工业处

2017年，湖南省先进装备制造业坚持以党的十八大、十九大精神为指导，以新发展理念为遵循，以改革创新为动力，围绕贯彻落实"中国制造2025"和制造强省建设目标任务，努力调结构、促转型、增效益，实现了行业平稳发展，经济发展的速度和质量好于预期，为湖南工业稳增长提供了强力支撑。装备制造业在湖南工业中所占份额大，保持装备制造业持续健康发展，对2018年湖南工业稳增长意义重大。

一　2017年发展情况

2017年，全省装备制造业3743家规模企业完成工业增加值3249.1亿元，比上年增长14.2%；新产品产值3484.5亿元，比上年增长18.2%；出口交货值620.5亿元，比上年增长19.8%；产销率为97.6%。全年实现主营业务收入 12253.5 亿元，比上年增长 13.2%；实现利税 935.1 亿元，比上年增长 23.6%；实现利润 629.0 亿元，比上年增长 32.5%。

（一）行业发展的主要特点

1. 发展速度高于预期

2017 年，行业上下积极应对复杂严峻的经济局势，奋力开拓国内外市场，确保了行业发展稳中有进的年度运行目标，全年规模企业工业增加值增速达到 14.2%，不仅比年初预期的 10% 高 4.2 个百分点，而且比全省规模工业平均增速高 6.9 个百分点。全行业固定资产投资较上年增长 14.1%，高于全省工业固定资产投资增幅 6.7 个百分点，占全省工业投资的 35.6%。重点监测的 96 种主要产品中，七成以上实现同比增长。装备工业 16 个主要子产业工业增加值除工程机械外全部实现正增长。

2. 经济效益明显好转

2017 年，湖南装备工业规模企业主营业务收入总量突破 1.2 万亿，增速达到 13.2%，高于年初预期也高于全省规模工业平均增幅。实现利税由上年度的负增长 6.6% 转为正增长 23.6%；利润总额较上年大幅增长 32.5%，增速较上年提高 28.2 个百分点。全行业亏损企业减少 186 家，亏损企业亏损额大幅下降 64.5%。

3. 汽车行业贡献较大

2017 年，全省汽车及零部件行业 358 家规模企业完成主营业务收入 1863.5 亿元，比上年增长 21.3%；完成工业增加值 630.6 亿元，比上年增长 44.4%，对全省规模工业增长的贡献率达 24.8%，拉动全省规模工业增长 1.8 个百分点。全省汽车产量首次突破百万辆，达 103 万辆。新能源汽车产业发展、推广应用成效显著，累计生产 50753 辆，比上年增长 19.5%；累计销售 39813 辆，比上年增长 30.2%；推广 25443 辆，比上年增长 85.8%，折算为 10.09 万标台，比上年增长 66.3%，大幅超额完成国家下达 2.2 万标台的目标任务。

4. 工程机械全面复苏

中联重科董事长詹纯新说："过去 5 年，工程机械被从天花板上打到地板上趴下了，2017 年又从地板上站了起来。"经过 5 年深度调整，2017 年湖南工程机械行业触底回升有力。部分经济指标开始由负转正，尽管工业增加值仍未走出下降通道，但主营收入、利税、利润等整体实现了正增长，而上一年度几乎所有主要指标全为负增长。工程机械上市公司经济效益明显好转，从已经公布的年度报告看，三一重工实现净利润20.3亿元，比上年增长937%；中联重科实现净利润13.32亿元，较上年同期的－9.34亿元一举扭亏为盈，实现大幅正增长。山河智能实现净利润1.7亿元，较上年增长155%。

5. 创新体系进一步完善

行业进一步加强创新体系和能力建设，年内又有泰富重工制造有限公司技术中心、华自科技股份有限公司技术中心、南岳电控（衡阳）工业技术股份有限公司技术中心被认定为国家企业技术中心，湖南省农友机械集团有限公司被工信部、财政部认定为国家技术创新示范企业。至此，湖南装备制造业已有国家认定企业技术中心30家，国家技术创新示范企业12家。年内新增湖南吉利汽车部件有限公司技术中心、湘电风能有限公司技术中心、株洲九方装备股份有限公司技术中心等7家湖南省认定企业技术中心，至此全省装备行业的省级企业技术中心已达123家。中科电气、科美达电气、大力神电磁等8家电磁行业骨干企业共同出资成立全省首家民营投资的行业创新中心湖南和创磁电科技有限公司。不断完善的创新体系有效促进了行业产品和技术创新，全年规模企业新产品产值3484.5亿元，比上年增长18.2%，增速比上年高15.2个百分点。

6. 创新成果丰硕

一大批高端装备创新成果支撑着行业更有质量和效率的发展。广汽三菱成功导入首款插电式混合动力SUV祺智，成为国内第一家导入自主品牌合资生产企业；比亚迪推出新款MPV"宋MAX"月销量连续破万；中车株洲所成功研发全球首例智轨列车，为城市公共交通又提供一种解决方案；三一集团发布充分融入互联网技术的重卡新产品，成功探索了产业发展新模式、资源整合新路径；中车时代电动公司首款无人驾驶电动客车进行路试；特变电工衡变成功研制出世界首台1000KV现场组装式变压器和世界首台柔性直流输电耦合电抗器。还有时代电气研制的世界最大容量压接型IGBT，湘电集团研制的我国首台65吨无人驾驶电机车，中车株洲电机研制的全球第一套电机铁芯自动叠装系统，长丰猎豹汽车下线首款纯电动车CS9EV，中联重科也发布了一批4.0系列农业机械新品。中联重科高效56米混凝土泵车、中车时代电气3300V/

1500A 高功率密度 IGBT、猎豹汽车 CS10 型汽车、铁建重工敞开式岩石隧道掘进机、三一汽车起重机械有限公司 SSC1020 风电专用起重机年内获得湖南省首届产品创新奖—获奖。楚天科技药剂高效分装成套装备及产业化项目及中车株洲电力机车有限公司、中车株洲电力机车研究所有限公司、中国株洲电机有限公司共同参与的新一代交流传动快速客运电力机车研究与应用项目荣获 2017 年度国家科学技术进步奖。中车株洲所一种三电平双模式空间矢量过调制方法及其系统、中南大学轨道车辆实车撞击试验系统获得 2017 年中国专利金奖。"北京三一重机" SR420 创桩径 2.8 米，孔深 146 米的国内旋挖施工记录，填补国产旋挖钻设备在超大、超深桩基础施工领域空白。中联重科 3200 履带起重机为我国第三代核电站"华龙一号"成功"加冕"，将重约 340 吨的穹顶精准落在 45 米高的核反应堆堆顶。

7. 国际化进程加快

在国内需求严重不足的情况下，2017 年全省装备企业大举进军国际市场，规模企业完成出口交货值 620.5 亿元，比上年增长 19.8%。铁建重工盾构机首次出口伊朗；株洲电机兆瓦级风力发电机首次批量打入欧盟市场；中车株机向马来西亚出口 22 列动车组并签下首个海外全自动无人驾驶轻轨车辆合同；三一集团斩获中东市场和缅甸市场采购最大单，首台三一吊车列装阿根廷陆军；中联重科白俄罗斯工业园项目隆重奠基；华曙高科成立了北美分公司，湖南 3D 打印迈开国际化步伐。省里组织重点企业参加了 2017 年印度国际农业机械展览会，并举行湖南农机产品海外推介对接会。年内还组织省内优秀企业代表赴南美考察交流，推进了轨道交通、工程机构、农业机械等领域的产能合作。

8. 智能制造成效初显

年内又有 6 家企业获评国家智能制造示范项目企业，11 个项目获批国家智能制造新模式及标准化实验验证项目，组织评审认定了 2016 年度智能制造示范企业和示范车间，至此，全省已有省级智能制造示范企业 25 个，省级示范车间 20 个，国家级智能制造示范企业 9 家，国家智能制造专项项目 21 个。省内重点打造了一批智能制造推进平台，培育了一批系统集成供应商。三一集团的工程机械离散型智能制造及远程运维服务新模式、威胜集团电力装备能量计量及控制智能产品及智能制造新模式等，在省内外得到广泛认可，起到良好的示范引领作用。全省形成了一批可复制、可推广的智能制造新模式样板工程，智能制造正逐步成为湖南制造业的新标识，形成制造强省建设和产业转型升级的新动能。

9. 产业政策支撑有力

政府及主管部门一方面积极支持省内装备制造企业申报国家项目，一方面不断完善省内政策促进产业发展。开展了2017年度省内首台（套）重大技术装备认定，认定湖南省首台（套）重大技术装备77台（套），并给予5000万元奖励。积极推荐省内重大技术装备参保国家首台（套）重大技术装备保险，504台（套）设备获得国家首台（套）重大技术装备保险补贴，补贴金额19649万元。为省级以上智能制造示范企业、示范车间、示范项目落实省制造强省建设专项奖励资金3900万元。推荐6户重点企业获批国家智能制造示范项目，11个项目成功获批国家智能制造新模式及标准化实验验证项目，获得中央财政资金补助9480万元。同时认真做好新能源汽车推广应用国家和省级补助资金申报（含绿色公交推广）等专项工作。一批企业和项目在产业政策支持下发挥了行业引领示范作用，推动了全省制造业的转型升级，为产业链建设和发展打下了基础。

10. 对接合作深化

行业管理部门在深化产业合作上积极作为，为产业发展创造了良好环境。年内举办了湖南省装备工业服务型制造推进会、2017年湖南省数控机床和机器人及3D打印产业合作对接会、湖南省新能源汽车推广应用对接展示会暨2016年度省级奖补资金申报系列培训会、湖南装备工业绿色制造推进会、2017中国（湖南）国际轨道交通产业博览会暨高峰论坛、湖南智能制造推进会、湖南省年产百万辆汽车下线仪式等大型活动。12月4～6日，省经信委与长沙市政府、中国电子集团共同主办了"中国（长沙）智能制造峰会暨长沙国际智能制造技术与装备博览会"，杜家毫书记亲临博览会现场参观，达哲省长出席了峰会并致辞，数十位中科院、工程院院士和行业领域专家学者对智能制造内涵和关键技术进行了深入剖析，国际领先制造企业高管和湖南企业共同分享智能制造成功案例。

（二）存在的主要问题

进入新时代，我国社会主要矛盾已经转化为人民日益增长的美好生活需要和不平衡不充分的发展之间的矛盾。当前湖南装备工业的主要矛盾其实也就是发展不平衡和不充分的问题。

1. 发展不平衡的问题

湖南装备工业发展不平衡问题主要表现在五个方面。一是产能规模与结构不平衡，体量是全省最大的产业，已经突破1.2万亿元，但高端不足、低端过剩，供需矛盾突出；二是主机与基础支撑不平衡，企业都喜欢做主机，基础技术及工艺与零部件配套的能力不足，主配牵手的产业链协同发展格局尚未形成；三是产品品种数量与质量水平不平衡，品种数量多，但质量和可靠性有待提高，知名品牌不多；四是"走出去"步伐与国际化竞争力发展不平衡，尽管近几年"走出去"取得明显成效，但产品严重依赖国内市场的局面还没有根本改变，2017年出口交货值只占主营收入的5.1%，行业对国际产能合作把控能力不强，缺少国际话语权；五是区域协同与发展不平衡，中西部与长株潭相比，发展差距大，协同不够。

2. 发展不充分的问题

湖南装备工业发展不充分主要表现在五个方面。一是与发达国家和国内先进省市比，我们的能力和水平都有差距。湖南装备工业营收尽管已经突破1.2万亿元，但国内装备工业排第一的江苏省2016年就已突破5万亿元，湖南装备工业在全国还只能排在12位左右。另外，湖南装备工业除在工程机械、轨道交通、输变电等少数几个领域处领先地位，其他众多领域都还缺少话语权；2017年全省装备工业增加值率只有26.5%，远低于发达国家平均水平（35～48%），新产品产值率也只有25.2%；二是两化融合、智能化、绿色化发展不充分，智能化企业、数字化车间建设进展不快，先进试验检测加工等专用设备匮乏，自动化与产品质量控制水平不高，节能环保压力大；三是服务型制造与商业模式创新不充分，服务型制造收入占比普遍不高，生产销售模式创新不足，投资效益和盈利能力较低；四是融合发展不充分，与工业互联网、大数据、人工智能融合发展不足，与上下游产业、金融行业等跨界融合发展不足；五是企业文化建设和工匠精神培育不充分，工匠精神的传播、培育与行业氛围营造不够，企业文化建设整体推进有待深入。

除发展不平衡不充分的问题外，当前行业还面临市场需求整体不旺和成本压力不断加大等现实困难。装备工业服务的传统产业如钢铁、电力、煤炭、化工、石油等仍处在去产能的发力阶段，其装备投资难有大幅度增长，2017年明显回暖的相关行业大都是在上年超低基数基础上的恢复性的增长，装备工业市场整体上仍未见大的改观，2017年对湖南装备工业较快发展形成主要支撑的汽车行业和电工电器行业今后的增速也将有所放缓，轨道交通装备行业也因中车株机公司电力机车订单减少受到较大影响，整体上需求不旺仍是湖南装备工业面临的主要矛盾。与此同时，湖南装备工业规模企业主营业务成本、财务费用、管理费用、应交增值税等不断上升。这些主要支出项的增长速度高于主营业务收入的增长速度，再加上融资成本、人力资源成本越来越高，企业效益提升的压力越来越大。另外，居高不下且屡创新高的应收账款是湖南装备工业经济运行的沉重包袱，截至2017年12月底，湖南装备工业应收账款为2227.36亿元，比上年增长10.8%，占全省规模工业应收账款总额的65.3%，大大高于装备工业主营收入占全省规模工业的比重。

二　2018年行业展望

（一）面临的形势

2018年湖南装备制造业发展机遇与挑战并存。从国际看，尽管全球贸易有所恢复，贸易量在上升，但美国为首的贸易保护主义抬头，世界经济复苏基础薄弱，下行风险依然存在。地缘政治局势不稳，进一步增加了对外经济贸易的难度。从国内看，我国经济巩固和发展了稳中向好的态势，推进供给侧结构性改革取得积极进展，市场信心有所增强。但扩大消费难度较大，内生增长动力仍显不足。结构性矛盾依然突出，去产能持续推进面临难点，企业生产经营困难较多，技术、资本、人才等要素向新兴产业领域集聚不够，一些领域潜在风险不容忽视。从行业看，全球科技革命与产业变革深入推进的大趋势，给装备工业发展带来了机遇和挑战。在国家利好政策指引下，行业转型升级取得一定成效，但对比工业发达国家和兄弟省市，湖南装备工业实现提质增效升级的任务依然艰巨。

（二）预期目标

综合分析国内外产业发展形势，预计2018年湖南装备工业将延续上年趋稳向好的态势，行业运行保持平稳增长。预计全年装备工业增加值增速在12%左右，主营业务收入增速在10%左右，利润增速在10%左右，出口交货值预计维持上年水平。

（三）重点工作

1. 深入贯彻党的十九大精神和新发展理念

要引导行业深入学习、深刻理解十九大报告的精神实质和丰富内涵，提高政治站位，强化新发展理念，自觉把产业、企业发展置身于中国特色社会主义新时代和国家与民族复兴大业的历史方位中进行思考，放在两个百年目标中去定位和布局，增强紧迫感、使命感和责任感。坚持问题导向，在学懂弄通做实上下功夫。引导行业企业紧密联系实际，分析新时代行业发展的主要特征，厘清自身发展不平衡不充分的主要表现，研究制定新一轮发展的思路举措。要把实现高质量发展作为长期的指导思想，在行业广为宣传，使其内化于心、外化于行。

2. 促进行业保持平稳健康发展

要继续密切关注形势变化和行业经济运行状况，特别是关注出现暂时困难的行业和受宏观政策影响较大的重点行业。加强对重点产业和新兴优势产业链的调度，及时掌握情况，研究解决出现的困难和问题。继续实施重点产业和新兴优势产业链行动计划。做强做大轨道交通、工程机械等优势产业；加快发展电力装备等比较优势产业；培育壮大数控机床和机器人、农业机械等潜在优势产业。要加强信息统计，及时分析行业经济运行的情况和问题，提出工作建议，搞好信息发布，加强行业引导。要不定期召开专题座谈会、调研会，特别要重点关注中小企业动态，听取意见，针对存在困难集中研究解决问题的办法。

3. 深化供给侧结构性改革

要坚持问题导向，针对行业发展不平衡、不充分的问题，按照"中国制造2025"和制造强省建设五年行动计划的部署要求，会同市州和专业协会，加强对装备产业布局、区域经济、产业集群等发展的指导与引导，促进科学合理规划，规范有序实施，协调均衡发展。要依托国家有关补齐短板装备、调整存量装备、淘汰落后设备等政策措施，通过促进企业兼并重组，淘汰落后设备及滞后标准，加强行业自律，优化市场环境，推动过剩产能和落后产能退出。

要通过推进上下游融合、主配牵手融合、军民融合、跨界融合，以及工业扶贫等途径，加强供给侧与需求侧协同，延伸产业链，培育新动能。通过大力推进绿色制造、人工智能、机器人等新兴产业和现代制造服务业发展，促进产业链价值链优化提升，改善供给结构。

4. 坚持创新引领实现重点突破

重点是推进创新体系和能力建设，针对共性技术、基础技术、工艺技术等难点，整合资源，协同攻关，多出成果。要继续搞好首台（套）重大技术装备认定和奖励工作，组织企业申报国家首台（套）重大技术装备保险补贴，梳理一批高端装备标志性品牌产品，加快高端装备重点产品的示范推广应用。要依托国家重大科技专项、短板工程及重大装备项目和省五个一百，促进产学研用紧密合作，力争在关键技术与高档、智能、短板装备等领域取得突破。依托国家、省重点工程项目，支持鼓励企业持续推进技改升级、自主创新。要大力推进发展节能环保、节能与新能源汽车、高效节能内燃机等重点技术，积极开展工业资源综合利用基地建设试点，全面提升行业绿色发展水平。

5. 推进智能制造加快转型发展

大力推进智能制造关键技术装备在制造强省12大重点产业领域的集成应用，大力支持企业进行智能制造技术改造，年内再创建10家智能制造示范企业、20个智能制造示范车间。对接国家政策，组织好优秀企业申报国家智能制造专项项目、示范项目，积极争取国家资金支持，促进企业发展壮大。组织现场观摩学习智能制造示范企业和车间，交流经验，营造全省推进智能制造的良好氛围。协调好中国（长沙）智能制造峰会的组织推进工作。系统推进智能制造重点项目以及标准化建设，重点促进人工智能、工业互联网等新技术集成应用和关键短板装备的突破，推进制造业与新一代信息技术的深度融合。加强智能制造系统集成商培育，推进智能制造服务平台建设。

6. 提高开放和融合发展水平

重点是依托扩大开放与"一带一路"等利好政策，调查了解企业"走出去"进展情况，总结经验，选拔典型，发现问题，了解诉求，提出改进提升国际化水平的思路措施。要以实施"标准联通共建'一带一路'行动计划"为突破口，瞄准国家标准，开展重点领域国际标准比对分析，助推轨道交通、电力装备、工程机械等优势重大装备走出去。进一步做好对外贸易政策、关税税率等调整及政策研究工作，做好产业损害调查、贸易救济与引资引技引智等专业化研究。进一步加强对外交流互动，组织好新能源汽车推广应用及产业发展对接活动，组织省内机床工具企业参加上海机床展，组织一批优秀企业出国考察3D打印和机器人、机床产业、工程机械产业发展情况。

B.22
2017年湖南节能与新能源汽车产业情况及2018年展望

湖南省经济和信息化委员会装备工业处

一 2017年湖南节能与新能源汽车产业情况

在省委、省政府的正确领导下,在《中国制造2025》和湖南制造强省建设战略指引下,湖南省2017年节能与新能源汽车产业取得了较好的发展。2017年度,经济和信息化委员会直接调度的长沙上汽、广汽菲克等省内14家重点整车制造类生产企业的整车生产量为1030396辆,同比增长7.98%,占同期全国汽车生产量(2901.54万辆)的3.55%;按统计口径,汽车制造行业完成销售产值2024.8亿元,同比增长24.1%;完成工业增加值630.6亿元,同比增长39.7%;新产品产值419.9亿元,同比增长6.1%;出口交货值44.6亿元,同比增长24.1%;产销率98.2%。汽车制造业358家规模企业完成主营业务收入1863.5亿元,同比增长21.3%;利税总额158.3亿元,同比增长22.6%;利润总额83.9亿元,同比增长19%。湖南省节能与新能源汽车产业强化市场拓展、不断开展产品创新,积极培育新增长点,取得较好的成绩。

(一)重点企业快速发展

2017年度,湖南省已经有长沙上汽、湘潭吉利等5家企业汽车产量超过了10万辆,长丰集团、广汽三菱等6家企业产值过百亿,其中,长沙上汽产值超过300亿元、广汽菲克、长沙比亚迪产值超过200亿元。

(二)创新发展已成主流

广汽菲克新推出"Jeep"越野车,为湖南增加一款世界顶级越野车品牌产品；广汽三菱以首个中方股东产品导入合资品牌的新形式，推出插电混动SUV车型——"祺智"PHEV，当年生产下线并迎来批量订单；长丰集团推出的自主品牌猎豹纯电动CS9EV，开启了湖南新能源SUV的批量生产；长沙上汽新投入7座版科迪亚克的斯柯达越野车产品；湘潭吉利启动了新能源纯电动"国民车"EK-2A的试生产；长沙众泰推出新品牌"君马"SUV产品；长沙比亚迪新推出MPV车型"宋MAX"。湖南省节能与新能源汽车重点企业创新发展意识不断增强，大大提升了湖南汽车行业的总体水平。

（三）以推广应用促新能源汽车产业快速发展

据初步统计，2017年全年湖南省推广各类新能源汽车25443辆（同比增长85.8%），折算标台100935.2辆（同比增长66.3%），超额完成2017年2.2万标台的新能源汽车推广目标，推广任务完成率达458.8%。2017年，全省新能源汽车重点企业累计生产新能源汽车50753辆，同比增加19.5%，约占全国同期产量（79.4万辆）的6.39%；累计销售39813辆，同比增加30.2%，约占全国同期销量（77.7万辆）的5.12%；产值为1682907万元，同比增长12.2%。

湖南省目前拥有长沙众泰、中车电动、长沙比亚迪、江南汽车、中联重科、梅花汽车、恒润高科、长丰集团、株洲北汽、湘潭吉利、广汽三菱、广汽菲克、大汉汽车集团等13家新能源汽车生产企业（其中2017年度新增3家），还拥有中车电机、中车电气、莱特电机、妙盛动力、桑顿新能源、长沙科霸、湖南沃特玛、湖南金杯、湘潭银河等一批新能源汽车关键部件企业。湖南省在拥有电机电控研发能力和电池材料资源优势基础上，持续加强新能源汽车"三电"核心能力，中车电动的汽车电传动系统及智能网联汽车项目、中车株洲所的汽车用IGBT项目的持续推进；妙盛动力、长沙科霸已成功列入工信部"符合《汽车动力蓄电池行业规范条件》企业及产品目录"，妙盛动力、桑顿新能源均获得较大市场订单。目前，湖南省已初步形成了新能源汽车、电机电控、动力电池和电池材料的完整产业链，形成了新能源客车、乘用车及专用车三大类整车同步快速发展的格局。

（四）产业集群加快发展

近年来，一批国内外知名汽车集团来湘投资发展，加上本省原有汽车企业和新建汽车企业，形成了以长沙、株洲、湘潭三市为核心，衡阳、永州、常德、邵阳、娄底、益阳等市为零部件配套基地或专用车生产基地的发展格局。其中：长沙、株洲、湘潭三市集聚了湖南省汽车产业80%以上的重点企业，拥有300多家规模汽车工业企业；长沙经开区、长沙高新区、株洲高新区、长沙雨花经开区、湘潭九华示范区等园区已经成为汽车整车生产的重要载体，邵阳宝庆工业园、永州长丰工业园、衡阳高新区等一批园区初步形成了各具特色的汽车零部件配套基地，一大批零部件配套企业随着整车入湘而落户湖南，关键零部件总成缺失的现象正在逐步改变。湘潭吉利带来了具备30万台（1.3~1.8L）汽油发动机产能的罗佑发动机公司和具有30万台澳大利亚DSI技术6AT自动变速箱产能的吉盛传动系统有限公司；长丰集团旗下的长丰动力发动机产量达到10万台；广汽菲克、广汽三菱、株洲北汽、长沙比亚迪等企业均已同步建设了发动机生产企业，同时带来了一批关键零部件企业落户湖南。此外，日本住友橡胶、德国博世等一批独立配套企业也陆续进入湖南。

（五）整车企业队伍进一步扩大

2017年度，湖南省新增了奇思环保、中涛科技、向红机械、星都汽车、中联恒通、中联环卫、三一消防等7家专用汽车改装资质企业，并新增中车电动、长丰猎豹万丰汽车等2家由改装类资质升级为整车制造类资质的整车企业。截至2017年底，湖南省整车制造类企业达19家，专用汽车改装资质企业达40家，湖南省《公告》内企业达到59家。

二　2017年湖南节能与新能源汽车产业发展展望

（一）规划引领，补齐短板，加大产业整体发展动能

在"十三五"期间，湖南省汽车产业进入新的发展时期。新的建设项目快速推进，汽车新产品不断推出，汽车产业将稳步、持续发展。其中节能汽车产品和新能源汽车产品均将保持较快发展速度，新能源汽车发展速度将明显高于节能汽车；汽车零部件将逐渐改变目前的弱势，随着发动机、变速箱和动力蓄电池等关键部件项目的建设，零部件省产化加快，水平将大大提高。综合预

测，湖南省节能与新能源汽车产业升级发展步伐加快，将呈稳定增长态势，增长速度将明显高于装备制造业的平均水平。

按照《湖南省汽车产业"十三五"发展规划》，2020年，湖南节能与新能源汽车产业形成250万辆整车生产能力，其中节能汽车200万辆，新能源汽车50万辆，重点企业6~8家，总产值达到3000亿元。

整车方面："十三五"期间将重点发展中高档轿车、越野车和专用汽车产品，支持新能源汽车、智能网联汽车的发展。形成以节能汽车企业为龙头带动新能源汽车产业发展、重心从节能汽车向新能源汽车、智能网联汽车逐渐转移的新格局。

零部件方面：实施整车带动零部件特别发展战略，重点发展高水平发动机、变速器、车桥、汽车电机电器等关键零部件和系统总成产品，不断提升湖南汽车零部件制造业的整体水平。新能源汽车方面，充分发挥湖南省在动力电池及电池管理系统、电池材料、电机、电控方面已有优势，争取到2020年，通过实施品牌战略，动力蓄电池形成1家骨干企业集团，2家重点企业；新能源电机、电控产品形成1~2家企业集团，面向全国行业配套。

（二）2018年主要成果展望

据省汽车专家组专家预测，2018年，全省节能与新能源汽车产业将取得以下成果：

1. 整车生产量达到120万辆，其中新能源汽车产量达到7万辆；
2. 主营业务收入将超过2200亿元；
3. 湖南省《公告》内企业累计数将超过68家，其中改装类企业（包括资质升级）当年新增9家。

（三）年度主要工作

1. 提高自主创新能力，加快培育新的增长点

一是深化体制改革和机制创新。建立产学研一体化的创新机制，加快高校与企业协同创新平台建设；瞄准国际领先水平，加强节能与新能源汽车关键技术研究，建立若干具有国际先进水平的研发创新协同团队。

二是聚焦湖南省汽车新产品的开发。特别对轿车和越野车等乘用车升级、

以工程专用车为代表的专用汽车系列产品的深度研发、以发动机、变速箱、车桥等汽车关键零部件的研发与产业化、动力蓄电池、电机、电控等新能源汽车部件以及整车匹配研发等方面予以倾斜。

三是坚持推进实施汽车工业质量品牌创新。推进标准贯彻，强化产品认证，提高企业质量信誉水平，深化推广先进质量管理方法和品牌培育，努力打造和培育湖南汽车的自主品牌。

2. 提升产业发展质量，促进产业聚集发展

一是要以中高档轿车和越野车系列、高水平多功能的专用汽车系列、纯电动轿车及客车和专用车为代表的新能源汽车等主导产品为主线，以高性能轿车发动机、越野车发动机、自动变速器、汽车车桥、动力蓄电池单体和系统、车载电控系统、电机系统、高性能电池复合材料等关键技术研发为突破口，实施以整车为龙头，带动零部件产业同步发展战略，构建具有先进水平的现代汽车制造体系和整机总装、核心部件及配套部件制造与研发的黄金产业链。

二是引导各类汽车企业向长株潭以及湖南省各市州重点开发区、工业园区集中，提高产业集聚度；紧紧围绕汽车重点整车产品，建设一批特色鲜明、产业关联度大的产业集群，着力将长株潭地区打造成为我国汽车工业在中南地区的重要产业基地。

三是要不断壮大湖南汽车产业队伍，不断为湖南汽车湘军增加新的力量。积极引导和协助机械类企业升级换代，积极开发专用汽车新产品，争取更多的企业进入汽车行业，为湖南省汽车产业未来的发展打下良好的基础。

3. 加强政策导向服务，加大资金支持力度

一是加强对重点企业、重点项目的服务，协助企业做好项目建设各项前期准备工作，帮助企业积极研发创新，增加公告目录产品数量。

二是推动新兴优势产业链的建设，帮助园区和企业在强链、补链、延链上下功夫。

三是集中有限的资源，对重点项目尤其是新能源汽车、智能网联汽车重点项目加大财政专项资金支持力度，推进项目建设。

4. 积极拓展国际市场，努力提高国际化水平

一是强化国际合作和国际化布局的意识，积极引进智力、引进人才，扩大在新技术、新材料、关键零部件研发方面的国际合作。

二是鼓励建立海外研究发展中心，引导企业主动接轨国际标准体系，实施积极的出口促进战略，加快汽车及零部件出口基地建设。

三是加大国际市场的开拓力度，鼓励有比较优势的湖南省本土企业对外投资，鼓励企业通过跨国并购获取优质品牌、核心技术和营销渠道，利用多双边合作机制推动企业开展国际合作与交流。

5. 努力做大做强湖南智能网联汽车产业

一是强化作为平台的新能源汽车整车车型及与之相关的动力蓄电池、电机、电控等关键零部件的研发和产业化能力，加快充电桩、充电站等配套系统建设进程，加大新能源汽车推广应用力度。

二是做好相关规划，对现有智能网联汽车测试场地、实际道路基础设施进行信息化升级改造，建设智能交通系统。

三是围绕车载传感器、智能操作系统及计算平台、高精度地图、北斗高精度定位、5G 网络及车载通讯、新一代人工智能、大数据云控基础平台、智能交通基础设施和安全管理设施等核心技术，切实加大扶持力度，推动相关技术研发，促进相关产业快速发展，在抢占技术制高点的同时，带动形成新的经济增长点。

B.23

2017年湖南新材料产业发展情况及2018年展望

李　益*

一　2017年湖南新材料产业发展情况

（一）新材料产业总体发展情况

2017年，为深入推进制造强省建设，湖南在制造强省建设加快发展的12大重点产业中筛选出20条新兴优势产业链，作为制造强省建设重点产业发展的核心任务，其中新材料领域提出优先发展新型轻合金、化工新材料、碳基材料、显示功能材料、先进陶瓷材料、先进硬质材料、先进储能材料及电动汽车等7条具有湖南特色的优势产业链。湖南按照"打造产业链，提升创新链，完善资金链"的总体思路，对接国家重大专项、重点研发计划、重大创新平台的重大技术创新需求，通过突破瓶颈技术、开发核心产品、建设重点项目、培育龙头企业，逐步打造新材料各环节不断优化的产业体系。2017年前三季度，全省纳入统计的711家规模以上新材料企业完成总产值3285.48亿元，现价增速18.9%；完成产业增加值820.29亿元，可比价增速8.3%。

（二）新兴优势产业链情况

1. 新型轻合金材料产业链

近几年，在强劲的下游需求带动下，湖南新型轻合金材料产业发展迅速，已形成"金属矿产资源—铝镁钛合金基础材料—铝镁钛合金型材、板材等—

---

* 李益，湖南省新材料产业协会秘书长。

铝镁合金汽车轻量化汽车底部结构件等精深加工材料—轨道交通、航空航天、轻量化汽车"等相对完整的高性能轻合金材料及其应用产业链。产业链纵横延伸及聚焦，提高了湖南金属矿产资源利用的效率，形成了"链接—集聚—经济规模扩大—经济实力增强"的路径效应。

2017 年前三季度，全省金属新材料实现企业全口径收入 2035.39 亿元，同比增长 22%。代表企业发展亮点：湖南稀土金属材料研究院通过超高纯稀土金属及合金节能环保制备技术的研究开发，解决了规模化生产中的关键技术，实现了绝对纯度 4N 超高纯稀土金属的批量稳定制备，产品指标已达到甚至部分超过国际先进水平，填补国内空白，并建立了一条年产 100 吨铝钪合金生产线。湖南湘投金天科技有限责任公司航空发动机转动叶片 TC4 等钛合金、飞机起落架用新型高强高韧 TC18 等钛合金、航空模锻级大型钛合金棒材、舰船推进器、核潜艇关键部件等产品已试制成功，为我国大运、AG600、四代战机及某型军机、航母舰载机、核潜艇等将提供重要的钛合金材料支撑。晟通科技集团在食（高端包装铝箔）、住（绿色建筑铝模板）、行（轻量化商用车）、工（精密工业型材、轨道交通型材）方面形成了核心竞争力，实现由粗加工，向高端制造、新型服务、互联网运用转型升级的多元化产业布局。湖南文昌新材科技股份有限公司从 A390 铝合金熔体的温度和成分均匀化着力，对电磁搅拌系统、结晶系统、冷却系统、连铸控制系统进行了全方位的改造升级，基本实现了 A390 铝合金铸棒中初生硅相晶粒大小和分散度的可控性，初步攻克了 A390 连铸技术的世界性难题。

2. 化工新材料产业链

化工新材料是基于化工过程制造的新型基础材料与聚合物材料及复配材料。通过分子设计与绿色制造而产出的新品质、新品种或新品规精细化工和专用化工产品，既在传统产业改造与上天、入地和下海等尖端技术领域有着重要的应用，也对湖南工程机械、汽车、轨道交通、材料、节能环保、医药食品和电子信息等产业的壮大与创新发展提供物质基础，其需求呈不断上升之势。岳阳绿色化工产业园是中国最具潜力的化工园区之一和湖南省重点培育发展的"千亿园区"。衡阳松木经济开发区、临湘滨江工业园、长沙循环经济工业基地、郴州氟化工产业园等主要化工园区和浏阳生物医药工业园、常德德山经开区等化工关联园区发展迅速，初具规模。

2017年前三季度，全省化工新材料实现企业全口径收入853.02亿元，同比增长10.7%。代表企业发展亮点：湖南长岭石化科技开发有限公司和中石化长岭分公司开发的国内首条HPPO法高品质环氧丙烷生产线产品推向市场，已经吸引聚醚多元醇及聚氨酯产业链布局岳阳。湖南省金海科技有限公司开发出微光固化材料，流平性和硬度完全达到和超过传统溶剂型涂料，固化过程不耗能，对光源没有任何要求，成为全国首家供货商，引领行业进步。湖南海利化工股份有限公司、湖南化工研究院有限公司和湖南海利常德农药化工有限公司开发的高品质低毒克百威衍生物占领了国际市场的大部分份额。湖南丽臣实业股份有限公司以天然来源的AEO为原料开发的绿色高效表面活性剂二噁烷的含量≤10ppm，以优于市场上同类产品的性能和质量稳定性，为下游客户提供个性化的产品和服务。

3. 碳基材料产业链

碳基材料是指以碳为基体的材料，主要包括高性能碳基复合材料和石墨及石墨烯材料。湖南碳基材料产业链目前初具规模，已形成碳纤维、碳纤维织物及预制体、微晶石墨和碳基材料热工装备等上游产品，碳/碳制动盘和高温热场部件、碳基保温隔热和机械密封材料、高端石墨、石墨负极材料和石墨烯及其衍生新兴材料等中游产品，以及飞机和高速列车制动系统、动力电池、高端模具、石墨烯能源电池、传感器和超级电容器等下游产品。

2017年前三季度，全省先进复合材料实现企业全口径收入549.69亿元，同比增长4.3%。代表企业发展亮点：湖南博云新材料股份有限公司在航天用炭/炭复合材料方面，与航天科工集团、航天科技集团、中国兵器工业集团公司等单位建立了长期的合作关系，历年来已为他们从在研阶段开始即提供多种航天发动机用炭/炭复合材料产品。湖南省长宁炭素股份有限公司建立了具有国际先进水平的全自动电池炭棒生产线，开发了连续浸蜡－脱蜡－回收系统，实现了"绿色生产"。湖南省长宇新型炭材料有限公司建设了一条完整的中试生产线，包括超细粉制备、混捏（真空、常压）、轧片、成型（模压、等静压）、焙烧（串接式、外热式）、浸渍、石墨化等工序及装备。湖南中科星城石墨有限公司由EVTank、中国电池网（itdcw.com）、伊维智库、中关村新型电池技术创新联盟、电池百人会（CBHA）、我爱电车网（xevcar.com）联合调研并发布的2017年度中国锂电池行业负极材料年度竞争力品牌排名第四。

4. 显示功能材料产业链

近年来，湖南显示功能材料及其上下游产业获得快速发展，形成了较完整的产业链，包括以高白超薄玻璃、蓝宝石晶体等为主的上游产业，以显示面板、盖板、透明导电膜、增透膜、封装材料等为主的中游产业和以智能手机、iPad、iWatch、智能手表、数码相机、车载导航仪、智能家居、工控仪器、医疗仪器、汽车电子等为主的下游产业。

2017年，湖南显示功能材料龙头企业蓝思科技预计实现销售收入90亿元。代表企业发展亮点：蓝思科技（长沙）有限公司主要生产智能手机、iPad、iWatch等显示屏盖板、摄像头镜片、指纹识别镜片等显示功能材料产品，已成为苹果、华为、三星等国际一流品牌的主要供应商，其整体技术居国际先进水平。永州达福鑫投资有限责任公司拥有的手机盖板保护片制造技术获得全球玻璃巨头美国康宁的认可，其拥有的车载工控触控显示及高路数 PMVA 技术方面处于国内领先地位。湖南德福隆科技有限责任公司主要生产新型触摸屏系列产品，包括 OGS、G＋G、G＋F、G＋P、In－cell、On－cell 等。湖南还有一些与显示功能材料相关的中小企业，如株洲晶彩、郴州恒维、郴州晶讯、郴州海利等，主要产品有 TN LCD、HTN LCD、STN LCD、TFT 触控模组、盖板与保护片等，主要用于手表、电表、家用电器、计算器、通讯、工业控制、汽车电子等。

5. 先进陶瓷材料产业链

湖南先进陶瓷材料产业链较为完整，上游产业以高纯超细氧化铝、氧化锆、碳化硅、95 及 99 氧化铝陶瓷标准化复配原料、电子陶瓷纳米粉体等为主，中游产业以特高压/超高压电瓷、高性能陶瓷膜、氧化铝陶瓷、氧化锆陶瓷、碳化硅陶瓷、电子陶瓷等为主，下游产业以特高压/超高压电器、高效高温除尘设备、工业废水处理设备、耐磨耐腐蚀装备、可穿戴电子产品外壳、高温结构部件、电子元器件等为主。经过多年发展，湖南在株洲、长沙和娄底形成了三大先进陶瓷产业集中区，并拥有一批龙头骨干企业。

2017年前三季度，先进陶瓷材料实现企业全口径收入480.37亿元，同比增长26%。代表企业发展亮点：湖南阳东磁电股份有限公司已建成 1 条超特高压支柱绝缘子产品中试生产线，可年产高强度自洁陶瓷绝缘子1000吨以上。湖南科一环保公司平板陶瓷膜在工业废水和生活污水的深度处理中崭露头角，引发市场关注，已在醴陵市新建污水处理工程中推广应用。湖南华鑫电瓷成功开发出1000kV特高压输变电用0.5g抗震等级（世界最高抗震等级）和避雷器以及互感器套管、±800kV特高压直流输变电用避雷器瓷套以及核电机组出线瓷套等新产品并获得应用。娄底安地亚斯陶瓷和美程陶瓷等企业生产的电动汽车动力电池用陶瓷部件快速增长，预计2017年产值分别超过1亿元，成功实现产品转型升级，也成为娄底电子陶瓷产品的新增长点。

6. 先进硬质材料产业链

湖南硬质材料产业从冶炼、粉料原料制备、工具深加配套到硬质材料加工设备研发及生产等产业均实现了较好发展，通过加快建链、补链、强链，形成从钨冶炼、硬质原料、制品、零件与工具、部件、高端应用装备、生产性服务业的全产业链条。全省先进硬质材料产业营业总收入已超过百亿元，在全国硬质合金产业中约占据半壁江山。

2017年前三季度，全省先进硬质材料实现企业全口径收入113.22亿元，同比增长10.6%。代表企业发展亮点：长沙岱勒新材料科技股份有限公司金刚石线产销量居全球同行业前列，是国内在单晶硅、多晶硅切片用电镀金刚石线有规模供货能力和应用实绩的品牌企业，2017年9月在深交所创业板挂牌上市。株洲硬质合金集团有限公司已形成金属切削刀具、IT加工工具、硬质材料、钻掘工具、难熔金属等五大产业板块，基本形成以硬质合金为主导产业，以深加工、精加工及配套工具为重点，以高端产品为核心，以通用产品为依托的新型产业格局。长沙百川超硬材料工具有限公司自主研发的组合绳锯经科技鉴定其技术达到国际先进水平，公司70%产品出口至巴西、美国、俄罗斯、意大利、南非、阿塞拜疆、莫桑比克等40余个国家和地区。株洲钻石切削刀具股份有限公司产品门类齐全，包括数控刀片、机夹焊接刀片、数控刀具、整体刀具、陶瓷刀片五大类，型号规格达到5万多个。公司"钻石牌"商标为"中国驰名商标"。

7. 先进储能材料及电动汽车产业链

湖南先进储能材料及其应用产业发展迅速，产业链包括以高纯硫酸锰、磷酸铁、碳酸锂、多元前驱体硫酸钴锂盐电解质、磷酸二氢锂等为主的上游产业，以磷酸铁锂、钴酸锂、锰酸锂、多元材料、镍钴铝材料、石墨烯、改性石墨、钛酸锂、碳纳米管、电解液、隔膜、复合铜带、铝塑膜为主的中游产业，以锂离子电池、镍氢电池、动力电池能量包、电动汽车为主的下游产业。经过多年培育发展,湖南已基本形成"有色矿产资源基础原材料—先进储能材料—先进储能器件—电动工具、电动汽车、储能电站、新能源器件定向循环"的先进储能材料及应用集群发展格局。

2017年前三季度,全省先进储能材料实现企业全口径收入348.34亿元,同比增长22.9%。代表企业发展亮点:湖南长远锂科有限公司动力三元、高镍材料在行业内享誉盛名,产品具有电性能优异、电池安全性好、振实密度高、加工性能优良、品质稳定等特点,代表了高性能锂离子电池正极材料的发展方向。湖南杉杉新能源有限公司万吨高能量密度锂电正极材料数字化车间项目建成后,实现年产1万吨高能量密度锂电正极材料,4.45V、4.5V高电压钴酸锂、新能源汽车用镍钴锰三元材料等产品达到国际领先水平。湖南科霸汽车动力电池有限责任公司在汽车动力电池及能量包方面拥有关键技术和自主知识产权。目前有80多万套电池包在丰田、本田车上使用,占全世界车载用镍氢动力电池50%份额,公司是汽车动力电池行业准入第一批企业。湖南红太阳光电科技有限公司建设了基于国产装备国内首条全自动智能制造生产线,在湖南率先实现智能制造在光伏领域内的成功应用,成为国内唯一具备高效PERC电池智能制造整线解决方案"交钥匙能力"企业。湖南德沃普电气股份有限公司拥有领先的基于全氟磺酸离子膜的高安全、长寿命、低成本、模块化、易扩容全钒液流储能电池技术及领先的钒电池核心材料技术,已建成年产10MW/60MWh的离子膜、电解液、电堆、电池系统、储能系统等生产检测设备与车间,实现全国产化材料的全钒液流电池储能系统。桑顿新能源科技有限公司建立国内首条"机器人 + AGV + 立体仓库"生产线,已为全球众多新能源主流车企及锂电池企业提供产品与服务,并为全球清洁能源应用,提供专业的能源存储及材料解决方案。

(三)新材料产业存在的问题

1.企业规模偏小,高端产品偏少

湖南资源主导型、粗放型的新材料企业多,企业规模小、科研投入少,大部分新材料产品档次偏低,高附加值的高端产品不多且规模化生产能力不强,部分中低端产品产能过剩。新材料企业低水平重复建设多,大部分新材料产品档次偏低，核心竞争力不强。由于研发投资和技术储备不足致使很多企业只能徘徊在跟踪仿制、低端生产应用阶段。

2. 供需衔接不畅，协同创新不够

湖南新材料上中下游企业间缺乏社会化专业协作，供需互动不够强，产学研协同创新能力不强，新材料企业存在研发、生产和应用脱钩，供需衔接不畅、资源不能共享、产品应用不配套等问题。新材料应用企业不能直接有效地反馈问题，生产企业得不到及时完善和改进工艺。部分新材料产品省内配套不足，与省内装备制造、轨道交通、汽车、电子信息、航空航天、新能源、生物医药、节能环保等新兴产业的对接存在盲区。

3. 研发成本较高，推广应用较难

新材料研发周期长、投入多、见效慢、风险大，新产品研制出来后，由于受研发及生产成本高等因素影响，导致售价偏高，无法与国外同行业价格竞争，严重影响了企业研发创新投入的积极性。在新材料领域除了龙头企业拥有较强的自主创新能力和相对充足的研发投入外，大部分企业多处于产业价值链的低端，科研投入少，自主研发及配套技术开发能力差。受研发及生产成本高导致售价偏高、国外同行业价格打压、应用企业不愿冒风险使用无经验数值和使用业绩的产品等多方面原因影响，新材料"首批次"应用推广困难。

二 2018年湖南新材料产业发展展望

（一）新材料发展趋势

从国际看。近年来，国际新材料产业的发展呈现出以下几个特点：一是规模高速扩张，专业化、复合化、精细化趋势明显；二是新材料产业创新集群发挥标杆引领作用，与上下游产业相互合作更加紧密，产业结构出现横向扩散和纵向扩散趋势；三是新材料产业向集约化、智能化、绿色可持续方向发展，在新能源、生物医药、节能环保、信息技术上的应用愈加深入；四是国际新材料企业呈现集团化、寡头化、国际化发展趋势，核心生产技术被大型跨国公司垄断。世界各国对新材料非常重视，纷纷制定出相关战略计划并投入巨资，竭力抢占新材料技术和产业的制高点。美国从克林顿时期制定的未来工业材料计划到小布什时期制定的氢燃料电池研究计划再到奥巴马时期的材料基因组计划，一直把新材料列为影响经济繁荣和国家安全的六大类关键技术之首。欧盟新材料战略目标是保持在航空航天材料等某些领域的竞争领先优势，并推出未来新兴技术（FET）石墨烯旗舰计划，作为欧盟有史以来规模最大的科研项目。日本视材料技术为科技发展的生命线，在"科学技术基本计划"将新材料作为国家级优先发展领域之一。韩国将材料作为2025年国家规划中提高国家竞争力的6项核心技术之一。

从国内看。中国新材料产业经历了从无到有、从小到大、从分散到系统的历史性巨变，如今已成为名副其实的材料大国，发展主要呈现出以下几个特点：一是产业进程不断加快，规模高速扩张。"十二五"期间，我国新材料产业总产值快速增长，年均增速保持在25%左右；二是新材料产能大幅提升，品种不断丰富。稀土功能材料、先进储能材料、光伏材料、有机硅、超硬材料、特种不锈钢、玻璃纤维及其复合材料等一批新材料产能居世界前列；三是产业创新能力不断提高。新材料国家实验室、工程（技术）研究中心、企业技术中心和科研院所实力大幅提升；四是产品应用领域不断扩张，结构持续优化。重点龙头企业支撑有力，中小企业发展后劲足，上、下游产业结合更加紧密；五是全国呈现出集聚发展态势，初步形成了"东部沿海集聚、中西部特色发展"的空间发展格局，环渤海、长三角、珠三角地区是核心发展区，中、西部地区基于原有产业基础或资源优势，产业发展迅速。国家对新材料产业的重视程度日益趋高，通过《中国制造2025》《新材料产业发展指南》《"十三五"国家战略性新兴产业发展规划》《稀土行业发展规划（2016~2020年）》等纲领性、指导性文件构筑起新材料发展政策金字塔，予以全方位指导。此外，2016年底、2017年初相继成立国家新材料产业发展领导小组和国家新材料产业发展专家咨询委员会，分别由国务院副总理和中国工程院院士领衔，国家对新材料产业的高度重视得到充分体现。

从湖南看，湖南省凭借丰富的矿产资源、良好的交通区位和科教大省优势，为新材料产业发展创造了良好的环境。湖南新材料产业发展呈现以下趋势：一是产业发展稳中求进，提质增效。虽然近几年全省规模以上新材料产值增速放缓，但产业结构持续优化，高端产品不断涌现，并基本形成了以科研院所为引领、以龙头骨干企业为中坚力量、以产业园区为载体的新材料技术成果转化体系；二是产业集聚逐步加强。长沙在先进储能材料领域、株洲在硬质合金领域、岳阳在精细化工领域已成为全国主阵地、排头兵。先进复合材料、钢铁、轻合金、陶瓷材料和石墨烯等产业在各市州集群发展良好；三是产业协同生态化。从单个企业出发对接上中下游整个产业链，改变以往低端过剩、高端缺失、价值链延伸不够的困境，协同共建良性竞争、供需互动的循环生态网络是产业未来发展的核心竞争力；四是产业绿色可持续发展。由于资源环境约束不断趋紧，化工类、金属类等新材料企业面临资源整改、厂房搬迁、回收利用等一系列问题，选择资源节约型、污染最低型、质量效益型的发展方式建设绿色新材料企业成为湖南新材料产业发展的必然选择。

（二）新材料重点任务

1. 夯实产业发展基础

一是完善新材料产业统计体系。通过开展湖南省新材料产业普查，摸清新材料产业规模、结构、效益等信息，进一步建立统一的新材料产业统计调查制度；二是动态更新产品分类指导目录。结合全省新材料企业信息完善新材料产品分类依据；三是建立健全新材料标准规范。发布湖南省先进储能材料、先进复合材料、先进硬质材料、金属新材料、化工新材料、特种无机非金属材料等领域新材料产业标准体系规划。通过推动新材料产业标准化试点示范，建设一批新材料产业标准化示范企业和园区。发挥行业协会和学术团体的作用，支持新材料团体标准发展，加大团体标准应用示范和采信力度制定标准转化奖励办法；四是建立新材料产业生产应用示范平台。构建上下游有效协同的新机制，填补生产应用衔接空缺，缩短开发应用周期，实现新材料与终端产品同步设计、系统验证，推动企业完成研究开发到应用；五是建立新材料测试平台。解决新材料测试评价平台短板，提升测试评价能力和水平，打造公平公正、共享共用、行业认可的测试评价体系。

2. 提升产业创新能力

一是坚持和不断完善以市场为导向，以产业化为核心，以企业为主体的自主创新体系，加强产学研合作。整合省内高校研发资源，发挥协会桥梁作用，建立企业、高校、科研机构沟通协调机制，重点攻关省内优势领域新材料产品；二是加强关键核心技术研发。定期发布新材料重点领域技术创新路线图，开展政产学研用协同创新，联合攻克一批关键核心技术。支持新材料企业创建国家级、省级创新平台积极承担国家科研任务，争取国家科技重大专项等政策支持；三是培育新材料众创空间。响应国家"大众创业、万众创新"的号召结合湖南省双创示范基地，激发专业技术人才、高技能人才等的创造潜能，强化基础研究和应用技术研究的有机衔接，进一步降低中小企业创业的门槛，鼓励更多的科技人员创业，为中小企业提供融资服务、信息服务、科技创新公共条件平台服务；四是推进科技成果转化。健全新材料成果信息发布、技术转移和产业化服务体系，促进新材料领域科技成果转化。建立一批新材料合成制备中试孵化平台，推动新材料技术实验室成果产业化；五是加强知识产权的保护运用。制订湖南省新材料产业知识产权保护措施，严厉打击针对生产应用示范产品的知识产权违法行为。鼓励研究机构及企业、产业协会、联盟等建立知识产权评议和保护机制，开展知识产权评议工作，促进知识产权创造、运用及分享。

3. 促进产业集聚发展

一是集中资源发展优势产业链。按照《湖南工业新兴优势产业链行动计划》重点发展"新型轻合金产业链""化工新材料产业链""碳基材料产业链""显示功能材料产业链""先进陶瓷材料产业链""先进硬质材料产业链"和"先进储能材料及电动汽车产业链"，使之成为推动新材料产业结构调整、产业集聚的主导力量。通过培育重点企业，利用其现有技术领域的高端优势，拓展其应用领域的技术研究和市场开发，孵化一大批中小型配套企业，形成全产业链良性生态循环。二是建设特色新材料产业园区。整合要素资源，优化产业布局，打造分工合理、协作紧密的产业分工体系，形成特色鲜明、功能完善、规模突出的产业集聚区。建设环长株潭地区4大综合性集聚区和6大专业性集聚区。其中，特色专业新材料产业集聚区突出专业化发展方向，注重扩大辐射效应。岳阳集聚区（含岳阳绿色化工产业园、临湘市）以化工新材料为主；衡阳集聚区（含白沙洲工业园、高新区、松木经开区）以金属新材料、化工新材料为主；郴州集聚区（含郴州高新区、永兴县）以石墨新材料、高纯稀贵金属为主；常德集聚区（含常德高新区、临澧县）以金属新材料、特种无机非金属材料为主；益阳集聚区以先进复合材料、金属新材料为主；湘西集聚区（含湘西国家锰深加工高新技术产业化基地、泸溪县）以金属新材料、先进储能材料为主。三是加快培育国家级产业示范基地，形成产业发展新格局。依据产业发展需要，在各新材料产业集聚区建设专业企业孵化器、加速器等产业化平台，建设研发、检验检测、专利、标准和科技文献信息等公共技术支撑平台。

4. 优化产业发展环境

一是不断完善新材料市场体系。推动简政放权，最大限度取消、下放、简化行政审批事项，发挥企业主体作用和市场对发展方向、路线和资源配置的导向作用。发挥行业协会第三方专业服务作用，对接上下游企业，实现基础材料与终端产品同步设计、系统检测、批量生产与应用等多环节协同促进，为新材料企业提供成果交流、分析检测、知识产权、标准建设、法律咨询、融资贷款等专业化服务，促进产业共性技术的研发和应用，形成公平竞争的市场环境。二是加快新材料企业绿色改造升级，推进新材料绿色园区建设。将绿色制造的理念贯彻到产品设计、材料选用、加工制造、包装运输、服役使用、回收利用的整个产品生命周期，实现资源利用最高化，环境影响最小化，引导企业开发绿色产品，建设企业污染处理技术研究中心等配套平台。加强对新材料园区的规范管理，严格执行国家产业政策及相关安全、环保标准。加强入园项目评估审查，推进园区产业耦合，完善基础设施和公用工程配套，实现近零排放，提升园区产业发展质量和效益。三是优化企业投融资环境。对新材料领域开发的核心技术取得专利，成果实现产业化，市场前景好并获得良好经济效益的技术创新和技术改造项目进行重点支持。完善落实首批次应用风险补偿机制及保险补贴政策，支持新材料首批次应用，促进新材料初期市场培育。落实支持新材料产业发展的高新技术企业税收政策、中小企业扶持政策，切实减轻企业税费负担。引导金融机构加大对新材料企业的信贷支持，鼓励和引导各种风险投资基金、股权投资引导基金、产业投资基金对新材料企业特别是初创型企业的支持。

B.24
2017年湖南有色金属产业
发展情况及2018年展望

湖南省有色金属管理局

一 2017年工作回顾

2017年，是全省有色金属行业攻坚克难、砥砺奋进的一年。一年来，坚持以习近平新时代中国特色社会主义思想为指导，在省委、省政府的坚强领导下，在中国有色金属工业协会的精心指导下，在各级各部门的大力支持下，坚持稳中求进工作总基调，牢固树立和贯彻落实新发展理念，坚持以提高发展质量和效益为中心，坚持以推进供给侧结构性改革为主线，积极落实创新引领开放崛起战略，大力实施"1234"发展思路，着力调结构、转方式、稳增长、促和谐，迈出了转型升级的坚定步伐，为建设有色强省进一步奠定了坚实基础。2017年，全省有色金属工业累计完成十种有色金属产量205.62万吨，同比下降5.2%；完成工业增加值776.48亿元，同比下降3.5%；实现主营业务收入3271.73亿元，同比增长15.5%；实现利润96.12亿元，同比增长26.4%；实现利税153.04亿元，同比增长17.2%。主要有以下特点。

一是重大项目来势较好。全行业加大创新力度，着力推进项目建设，增强发展后劲。五矿有色水口山铜铅锌产业基地项目正式开工建设，弥补了全省没有铜冶炼基地的短板。金贵银业2000吨/年白银清洁冶炼改扩建项目竣工投产，刷新国内电银月产量新纪录。宝山矿业箕斗主井项目正式投入运行。军民融合发展项目取得重大突破，湖南有色院集中优势科研力量成功攻克铼提取技术，突破我国航空发动机研制关键原材料瓶颈，特别是湖南稀土院申报的军用特种稀土材料基础研发条件建设项目，投资额达1.6亿元，已完成国家国防科工局专家评审和现场审查，有望在近期获批立项，将为打造国家重稀土材料研制基地奠定坚实基础，将为推进全省有色金属产业转型升级发挥重要的示范引领作用。

二是重点园区蓬勃发展。重点园区发挥"主战场"作用，进一步提升产业集聚力、竞争力。郴州高新区积极发挥湖南矿交所的引领作用，形成"有色金属郴州指数"，抢占战略制高点。望城经开区以有色金属精深加工作为优势产业成功入选国家新型工业化产业示范基地，为园区"打造千亿主导产业、进军全国百强园区"打下坚实基础；注重招大引强，全年共引进项目33个、总投资451亿元，其中中信戴卡南方智能制造产业园项目实现了当年规划、当年竣工、当年投产、当年达效、当年启动二期的良好成绩。汨罗、永兴、衡东等地专业园区突出有色金属产业主导地位，大力发展循环再生、精深加工，实现较大幅度增长。全省硬质合金产量全国第一，株硬集团是亚洲最大的硬质合金产业基地。

三是绿色发展成效明显。强化顶层设计，联合省经信委、省科技厅、省环保厅出台《关于推进有色金属资源综合回收与循环利用产业发展的意见》，为产业发展提供政策支撑。强化规划引领，按照中央环保督察反馈意见修订完善《湖南省有色金属产业"十三五"发展规划》，并在重点园区、企业大力宣讲贯彻，推动构建现代、高端、绿色、高效的有色金属产业体系。积极参加湘江保护和治理。指导常宁、汨罗园区开展循环化改造。创元铝业成立湖南省铝循环再生产业园，获得省政府授牌。金龙铜业通过"再生金属循环经济＋互联网"的融合，打造再生金属循环经济产业平台。积极探索矿山绿色转型发展之路，大力推进绿色矿山建设，特别是宝山矿业实现绿色矿山建设与企业经济效益协同发展，受到广泛关注，张德江委员长和杜家毫书记、许达哲省长到该企业考察指导时给予了充分肯定。

四是开放合作亮点纷呈。认真落实"一带一路"倡议，积极拓展国内外市场。省有色局主动与郴州市政府签订战略合作协议，深化省地合作；加强与中南大学的衔接交流，推进有色金属研究成果转化基地建设。湖南有色职院积极参与职业教育"走出去"试点工作，筹建赞比亚分院。湖南有色院切实推进哈萨克斯坦和塔吉克斯坦国际项目总承包落地。金旺铋业利用海外基地，不断提高欧美市场占有率。顶立科技研制的"全自动、智能化十八管还原炉"，打破欧美长期垄断高端钨粉还原设备市场局面。

五是改革改制有序推进。五矿有色深化所属企业改革，加快主辅分离、推

235

进精细管理、建立激励机制，柿竹园、锡矿山、水口山、黄沙坪、株冶集团等盈利能力不断增强。省有色局深化"共同维稳机制"，加强与长沙市、衡阳市衔接，推进长锌、长特硬、衡冶历史遗留问题解决，长锌三汊矶、仰天湖征拆准备就绪；加快推进中央下放有色金属企业职工家属区"三供一业"分离移交，完成补助资金拨付工作，将15家企业补助资金7.32亿元拨付到所在县市区政府；积极贯彻省委、省政府事业单位改革精神，主动将有色金属行业放到全省大局中来思考和谋划改革，组织行业专家学者、重点企业代表座谈交流，到陕西、云南等地有色金属龙头企业学习取经，反复调研论证，形成了改革建议方案。

六是安全生产守住底线。建立健全"党政同责、一岗双责、齐抓共管、失职追责"的安全生产责任体系，实行安全生产"一票否决"。组织开展"落实企业安全生产主体责任年"活动，统一部署开展安全生产"大排查、大管控、大整治"行动，实行重大事故隐患治理"一单四制"，坚持"四不两直"检查方式，排查并督促直属单位整改各类安全隐患166处，确保无一例重大安全生产事故发生。积极完成省级安全生产示范乡镇创建对口指导帮扶工作，对口帮扶的石门县夹山镇被评为省安全生产示范乡镇。

七是服务保障更加有力。省有色局结合学习宣传贯彻党的十九大精神，全面推进党的政治建设、思想建设、组织建设、作风建设、纪律建设，把制度建设贯穿其中，以党的建设统领和保障行业改革发展。认真做好巡视"回头看"整改工作，整改任务基本完成。完成直属企业党委换届工作。深入推进"服务企业下基层，排忧解难促发展"作风建设主题活动，局领导分别带队赴50余家重点园区、企业开展专题调研，收集意见建议80余条，通过现场会诊、技术支持、政策保障等帮扶，切实为企业排忧解难。加强经济运行调度。积极协助企事业单位办理高新技术企业认证、技术申报等。推进学术交流合作，协办了全国有色金属工业环境保护工作推进会暨学术交流会、中国有色金属学会第十一届学术年会等全国性重大活动，取得良好反响。推进精准扶贫，经过3年努力，结对帮扶村顺利脱贫摘帽退出。以文明创建为统揽推进各项工作，省有色局顺利获得了省文明标兵单位授牌，还被评为全省安全生产工作优秀单位、省公共机构节水型单位等，继续保持平安单位称号。

二　形势与要求

加快推进全省有色金属产业转型升级，必须准确把握发展要求，科学研判经济形势，切实提振发展信心，牢牢把握工作主动权。

（一）准确把握发展要求

中国特色社会主义进入新时代，中国经济发展也进入了新时代，基本特征是全国经济由高速增长阶段转向高质量发展阶段。中央、省委经济工作会议明确提出要推动高质量发展。高质量发展就是能够很好满足人民日益增长的美好生活需要的发展，是体现新发展理念的发展，是创新成为第一动力、协调成为内生特点、绿色成为普遍形态、开放成为必由之路、共享成为根本目的的发展。推动高质量发展就是要建设现代化经济体系，坚持质量第一、效益优先，坚定推进供给侧结构性改革，推动质量变革、效率变革、动力变革，加快建设实体经济、科技创新、现代金融、人力资源协同发展的产业体系，构建市场机制有效、微观主体有活力、宏观调控有度的经济体制。要紧密结合学习贯彻习近平新时代中国特色社会主义经济思想，深刻领会高质量发展的丰富内涵和精神要义，联系自身实际，认真抓好落实。

（二）科学研判经济形势

总的来看，今年形势于我有利，机遇大于挑战。从国际看，短期企稳向好，中期挑战较多，世界经济缓慢复苏的大趋势没有变，美国经济接近其潜在增长率，欧元区、日本经济继续复苏，新兴市场国家和发展中国家经济总体向好；但受劳动生产率增速低迷、全球债务规模攀升、新增长动能缺乏等结构性因素的掣肘，世界经济将继续波动徘徊，国际环境不确定性因素仍然较多。从国内看，党对经济工作的领导坚强有力，全国发展仍处于重要战略机遇期，经济长期向好的基本面没有变，宏观政策连续稳定，经济结构出现重大变革，全面深化改革使经济更具动力活力，特别是党的十九大胜利召开，为经济发展在理念、战略、举措、预期上注入了强大动能；同时，经济运行仍然面临不少困难和矛盾，突出的问题是发展不平衡不充分。从全省看，创新引领开放崛起战略不断深化细化，坚持新型工业化第一推动力不动摇，全面推进制造强省建设，加快建设以先进制造业为主体的现代产业体系，突出抓好高质量有效益的增长、国家级示范区创建、新兴优势产业链建设、"产业项目建设年"活动、园区提质升级发展、全面深化改革、融合发展以及产业开放合作，经济发展稳中向好、稳中趋优的态势明显，经济发展后劲不断增强；但是经济向好的基础还不牢固，发展质量和效益有待提高。从行业看，供给侧结构性改革加速行业转型升级步伐，下游消费行业对有色金属需求仍呈增长态势，国家重大战略机遇不断涌现，省委、省政府支持力度持续加大，将有力推动有色金属行业高质量发展；但是挑战与压力也不少，虽然行业上下形成共识，对推进转型升级有迫切要求，但面对结构性矛盾突出，资源与环境双重约束、供给过剩和成本上升双重挤压、科技创新转化应用存在短板等难题，省有色局办法不多、抓手不多、投入不够。

（三）切实提振发展信心

"只要思想不滑坡，办法总比困难多"。在推进转型升级路上，省有色局会遇到这样那样的困难，有困难不可怕，关键是要坚定信心、攻坚克难。这种信心既来自有利形势，更源于自身底气：发展思路科学，"1234"发展思路符合党的十九大精神、符合全省有色金属行业实际，在工作实践中不断深化、细化；产业基础厚实，有色金属矿产资源探明储量和产量都位居全国前列，形成了从探采选冶到精深加工、研发设计和人才培养的完整产业体系；创新实力突出，拥有多家知名高等院校、科研院所和大中型科技型企业，聚集大批科技创新人才、优秀企业家和高技能人才，创新平台和技术支撑日益完善，科研成果位居全国前列；中南大学是全国有色金属行业的"黄埔军校"，以黄伯云等12名院士领衔的"有色舰队"享誉国内外。省有色局要更加坚定信心，提振精气神，撸起袖子加油干。

三 2018年工作展望

2018年，是贯彻党的十九大精神的开局之年，是改革开放40周年，是贯彻省第十一次党代会精神、决胜全面建成小康社会、实施"十三五"规划承上启下的关键一年。做好今年工作，必须全面贯彻党的十九大精神，以习近平新时代中国特色社会主义思想为指导，坚持党对一切工作的领导，坚持稳中求进工作总基调，坚持新发展理念，紧扣社会主要矛盾变化，按照高质量发展的要求，坚持以推进供给侧结构性改革为主线，深入实施创新引领开放崛起战略，深入落实"1234"发展思路，突出发展产业、转型升级，统筹做好稳增长、促改革、调结构、惠民生、防风险各项工作，推动湖南有色金属产业高端化、绿色化、集约化、国际化，实现更高质量、更有效率、更加公平、更可持续的发展，为建设有色强省做出新的更大贡献。

今年主要预期目标是：完成十种有色金属产量210万吨，与上年基本持平；实现主营业务收入3780亿元、工业增加值850亿元、利税170亿元、利润102亿元，分别增长8%、3%、6%、6%。

要把上述目标任务变为现实，必须不驰于空想、不骛于虚声，一步一个脚印，踏踏实实干好工作。具体要抓好以下六个方面的工作。

（一）突出精深加工，推进创新发展

要牵住创新这个"牛鼻子"，走好创新这步先手棋，占领先机、赢得优势。一是引领产业链条向高端延伸。立足全省产业基础和人才技术优势，加大技术改造力度，提质升级探采选冶，大力发展精深加工，推动产业向价值链高端延伸，建设全产业链，实现全价值链。围绕新能源材料、高端装备结构材料、特殊功能材料等重点领域，以郴州高新区、望城经开区等重点园区，株硬集团、金贵银业等优势企业为引领，培育壮大一批创新型园区和企业，形成产业竞争新优势。重点支持望城国家有色金属新材料精深加工高新技术产业化基地建设，打造全省有色金属产业转型升级示范区。二是大力推进项目建设。以"产业项目建设年"为契机，抓好"五个一批"：即抓好一批重大产业建设项目；抓好一批科技创新项目；抓好一批重大产品创新；引进一批国内外知名企业；引进一批科技创新人才。重点推进五矿有色水口山铜铅锌产业基地项目、杉杉锂电池正极材料生产基地项目等重大项目建设。三是完善创新体制机制。改革科研项目组织实施机制。实施全社会研发经费投入三年行动计划，落实研发经费相关政策，促进研发经费比重不断提高。完善技术需求、科技成果清单制度，以及科技成果评估、归属和利益分享机制。建立创新型经济评价

体系和监测评估机制。加强知识产权创造、运用和保护。完善科技成果转移转化机制，提高科技进步对产业转型升级贡献率。健全人才评价、流动、激励机制。

（二）突出内外联动，推进开放发展

要以庆祝改革开放 40 周年为契机，逢山开路，遇水架桥，将改革进行到底，将开放引向深入。一是加快改革步伐。省有色局要看到改革是大势所趋，必须顺应改革潮流，克服畏难情绪，主动谋划改革。深入推进全省有色金属行业供给侧结构性改革，以"三去一降一补"为重点，着力在"破""立""降"上下功夫，不断提高供给质量和效益。深化国有企业改革改制，积极稳妥推进混合所有制改革，倡导股权激励。加快企业整合重组步伐，积极谋划筹建省属有色金属龙头企业，带动产业做强做优做大。探索事业单位改革，推进政企分开、政事分开、事企分开。深入推进"三供一业"分离移交。二是深化开放合作。一方面，积极响应"一带一路"倡议，高质量"走出去"。积极参与国际产能合作，通过全球资源利用、业务流程再造、产业链整合、资本市场运作等方式，带动自己的技术、设备、产品和服务走出国门。重点支持金旺铋业、顶立科技、湖南有色院、湖南有色职院等与"一带一路"沿线国家开展合作。另一方面，把开放的大门越开越大，高水平"引进来"。坚持对标先进招大引强，通过引资、引技、引智等方式，培育提升郴州、衡阳等一批有色金属重点地区产业发展承载能力，培育形成一批创新链、产业链和资金链融合衔接的特色园区，培育发展一批具有全球竞争力的企业和企业集团。重点支持引进优美科等国内外一批优势企业来湘发展，加快形成新的产业集群。加快优质企业上市步伐，吸引社会资本进入有色金属产业投资领域。对接国家发改委等部委设立的产业投资基金和股权引导基金，设立地方政府有色金属产业发展基金。三是优化发展环境。加大"放管服"力度，继续精简审批事项，全面实施市场准入负面清单管理制度，推动投资项目、工程建设、民生服务等领域关联事项整合和"全链条"下放，营造稳定公平透明、可预期的营商环境。坚持诚信招商、守信合作、互信共赢，坚决杜绝失信行为，让各类投资者放心投资、安心发展。

（三）突出循环再生，推进绿色发展

既要绿水青山，也要金山银山。一是打好污染防治攻坚战。深化环保督察整改，完善顶层设计，强化督促检查，进一步推动《湖南省有色金属产业"十三五"发展规划（修订稿）》特别是其中环境保护内容的落地落实。推广先进成熟适用技术装备，实施清洁生产技术改造，大力减少排放。积极参与蓝天保卫战、湘江流域重金属污染治理等行动。二是做好循环经济文章。强化政策保障作用，积极落实《关于推进有色金属资源综合回收与循环利用产业发展的意见》，加快构建具有湖南特色、具备成熟体系的有色金属循环经济发展模式。以园区为载体，以产业链为抓手，着力培育、发展、做强做优做大循环经济产业。重点支持汨罗、常宁、永兴等专业园区，株冶集团、金龙铜业、柿竹园等重点企业绿色低碳循环发展。三是推进矿山绿色转型。积极推进矿产资源再次利用技术研发，进一步提高回采率和综合回收率。充分发挥宝山矿业等示范作用，推进绿色矿山建设，带动传统矿业转型升级。

（四）突出军民两用，推进融合发展

要树立"大融合"发展观念，以军民融合为重点，以产学研融合，产教融合，互联网、大数据、人工智能和实体经济融合为支撑，融中求新，以活促合，着力培育转型升级新动能。一是积极对接国家重大战略需求。聚焦"中国制造2025"等国家重大战略和重大需求，瞄准航空航天、船舶、轨道交通、新能源汽车等领域精准发力，重点与国防军工在规划计划、资源配置、项目建设等方面深度融合，积极对接国家重大工程，争取承担更多配套科研生产任务。重点支持湖南稀土院军用特种稀土材料基础研发条件建设项目，打造国家重稀土材料研制基地。二是深化产学研用合作。建立以企业为主体、市场为导向、产学研用深度融合的技术创新体系，开展产学研用协同创新，提升有色金属新材料工程化、产业化和市场化水平。组建湖南有色金属产业技术创新联盟，搭建政产学研用合作平台，吸纳省内外优质科技资源和龙头企业，建立多元化科技成果转移转化渠道。加快与中南大学共建有色金属科技成果转化基地步伐，双方签订相关项目合作协议，是合作共赢的良好开端。强化军地对接，建立与中央军工集团开展联合开发、优势互补、成果共享、风险共担

的产学研用合作机制，共同建设军民两用技术双向转移转化平台。完善职业教育和培训体系，加强技工人才培养，深化产教融合、校企合作。三是加强要素保障。积极引导发展要素从传统要素主导向创新要素主导转变，既要推进基础设施的"硬融通"，也要推进人才、资本、信息、技术等创新要素的"软融通"。筹集产业融合发展专项资金，鼓励民企参与军品研制和军工企业股份制改造。建立健全融合发展各部门、各行业、多层级之间的沟通协调机制。强化行业经济运行监测分析和协调服务。发展有色金属生产性服务业，培育新业态新模式。充分发挥柿竹园、大万矿业等引领作用，推进数字矿山建设。

（五）突出改善民生，推进共享发展

发展成果由人民创造，让人民共享。一是深入推进源头维稳。巩固深化"共同维稳"工作，加快以长锌棚改征拆为重点的关停破产企业历史遗留问题的处理，逐步解决住房、再就业、老工伤等职工群众的操心事、烦心事，持续巩固和谐稳定局面。二是切实抓好安全生产。深入开展"落实企业安全生产主体责任年"活动，认真贯彻《湖南省生产经营单位安全生产主体责任规定》，加大培训、辅导、述职、考核工作力度，强化"四不两直"督促检查，落实重大事故隐患治理"一单四制"，坚决杜绝重大以上事故发生，切实保障人民群众生命财产安全，为产业转型升级保驾护航。三是积极参与脱贫攻坚。自觉履行扶贫责任，突出产业扶贫，把扶贫与扶志、扶智结合起来，用心用情用力推进精准扶贫工作，让贫困群众在扶贫中拥有更多的获得感。

（六）突出从严治党，推进规范发展

要把党的领导贯穿工作各领域、全过程，以更高标准更严要求推动工作上台阶。一是坚持讲政治勤学习。深入学习贯彻党的十九大精神，坚定不移用习近平新时代中国特色社会主义思想武装头脑、指导实践、推动工作。认真开展"不忘初心、牢记使命"主题教育。大兴学习之风，培养专业思维、专业素养、专业方法，增强推动高质量发展的本领。二是坚持守纪律讲规矩。巩固深化巡视整改成果，确保各项工作依法依规开展，不踩"红线"、

不越"底线"、不闯"雷区"。三是坚持转作风抓落实。持续推进作风建设，坚决反对"四风"、"四不"，大力倡导求真务实、马上就办的作风，大力弘扬开拓进取的企业家精神、精益求精的工匠精神，把各项工作抓细抓实抓出成效。大兴调查研究之风，深入开展"抓重点、补短板、强弱项"大调研活动。

B.25
2017年湖南电子信息制造业
发展情况及2018年展望

湖南省经济和信息化委员会电子通信产业处

2017年，全省上下进一步抢抓电子信息制造业加速转移的重大机遇，着力加强自主创新，大力推进结构调整，积极优化产业布局，保持了产业稳定快速增长。

一 2017年湖南省电子信息制造业运行情况及特点

1. 产业保持快速增长

2017年，全省电子信息制造业累计完成增加值879.22亿元，同比增长15.9%，较全省工业平均水平高8.6个百分点；实现主营业务收入2624.7亿元，同比增长18.5%。行业增加值和主营业务收入增速分别较2016年提高4个和7.9个百分点。行业效益快速回升。2017年，全行业实现利润总额118.6亿元，同比增长23.4%，上缴税收45.5亿元，同比减少6.8%。全省电子信息制造业整体呈稳中有升的态势。

2. 重点地区、龙头企业有力支撑

占全省电子信息制造业增加值规模80%以上的长株潭衡郴五市均实现增长，其中占比近半的长沙市同比增长21.6%。龙头中车时代电气连续五年入围全国电子信息百强企业。衡阳富士康、蓝思科技引领省内工业企业出口，电子信息制造业企业在省内出口额排名前10的工业企业中占据4席。以北美、欧洲和日本等海外市场为主的消费电子企业安克创新（原海翼电子）增速超过50%，在2018中国出海品牌50强中名列第7。省内规模前20的电子信息企业中，有80%实现增长。重点地区和龙头企业的快速增长，保证了全省电

子信息制造业的稳定增长。

3. 重点项目顺利推进

一批重点项目建设陆续建成或开工。投资40亿元的中兴通讯长沙基地一期、总投资55亿元浏阳欧智通项目一期、投资10亿元的富泰宏（衡阳）IDX产业园扩产（一期）建成投产。中电软件园二期、蓝思3D曲面智能手机玻璃面板项目、彩虹集团邵阳盖板玻璃等项目开工建设。此外群显OLED项目、蓝思日写触摸传感器项目、中国长城总部基地、伟创力智能制造产业园项目、中国电科智能制造装备产业园、中兴全球类终端智能制造总部基地、中电熊猫智能制造项目等一批重大项目纷纷签约落地湖南。

4. 企业融资取得突破

年内有高斯贝尔、国科微、奥士康科技、宏达电子等企业成功上市。国科微电子、景嘉微电子引入"大基金"，标志着湖南与"大基金"合作不断深入。11月证监会核准了蓝思科技期限6年、总额48亿元可转换公司债券，将进一步促进企业竞争力提升。时代电气、时代汽车、湖南麒麟信安、湖南麒麟信息工程、进芯电子等企业获得申报国家集成电路重大项目、工业强基、核高基等专项支持。2017年制造强省专项安排电子信息制造业项目20多个、资金过亿元。

二　存在的主要问题

一是行业领军企业、大企业偏少，对电子信息制造业稳增长形成较大压力。目前，全省规模100亿元以上的有2家、30亿元以上的8家、10亿元以上的37家、亿元以上的343家，只有蓝思科技一家过300亿元。同时整机制造企业数量不多、实力不强，对产业链完善和产业集群培育支撑不足。

二是产业投资增长放慢、重大项目布局偏少，成为制约湖南省电子信息制造业进一步发展的主要因素。电子信息制造业是典型的技术、资本密集型产业。根据省统计局数据，全省计算机、通信和其他电子设备制造业固定资产投资增速至5月份才开始转正，全年累计完成固定资产投资537.26亿元，增长17%。增速虽高于全省工业平均水平9.6个百分点，但较全国行业平均水平低8.3个百分点。目前，全国各地都将重大项目建设作为推进电子信息产业发展的主要抓手，纷纷布局一批投资百亿甚至千亿级的电子信息重大项目。这些项目投产后将带动形成千亿级甚至数千亿级的产业集群，将对湖南省电子信息产业形成巨大的竞争压力。

三是推进工作的手段不足，工作创新不够，需要进一步改进。电子信息制造业是湖南省工业领域发展最快、活力最强、希望最大的行业之一，每年都有新的企业、项目落地湖南，或企业扩产项目。2016年省信息产业发展专项资金整合到制造强省建设专项之后，工作相对被动。同时，电子信息制造业发展日新月异，对处室人员的专业素质要求相对较高，工作创新需要进一步提升。

三 2018年产业发展趋势分析

1. 国际国内产业加速转移趋势明显，有利于湖南省抢抓机遇加快发展

从国际看，全球电子信息产业加速转移趋势明显，我国赖以进口的集成电路、面板（分别占全国进口价值第一、第四）等高端制造业更为突出，近年来加快向中国特别是南京、合肥、武汉、西安、成都等人才、人力资源集聚的地方转移，长沙也受到一些国际大企业集团的重点关注。业内认为，继美国向日韩、日韩向中国台湾之后，集成电路产业目前正在进行大规模的第三次转移，在中国政府的大力引导下，跨国集团纷纷布局中国大陆，形势可谓是风起云涌。

从国内看，在供给侧结构性改革的持续推进下，我国电子信息制造业由东南沿海地区向中西部地区转移，特别是向具有人才资源、人力资源优势的中西部大城市转移加快。如在国家提出"培育世界级先进制造业集群"的战略背景下，专家预测，随着台积电南京厂落成，武汉长江存储项目的推进，有望形成上至半导体设计、下至半导体封装的长江产业带。面板产业也是如此，南京、上海、合肥、武汉、成都等城市链条中，布局了从中小尺寸到10.5代的系列产品生产线，将形成全球影响力和竞争力的产业经济带，有利于湖南省相关产业的对接和融入。

2. 全省电子信息制造业稳定增长趋势和结构不断优化，为2018年产业稳增长进一步夯实了基础

2012年以来全省电子信息制造业年复合增长率达16.6%，列全省工业主要行业第2位。今年以来，在长沙市、株洲市、蓝思科技、富士康、中兴通讯

等重点区域、骨干企业的支撑带动下，全省电子信息制造业继续保持了平稳较快增长，全年增速15.9%，稳定增长的趋势性特征明显，2018年有望延续这一趋势。

3. 新兴领域值得期待

随着全省工业优势产业链建设加快推进，在全行业稳步发展的同时，在一些新兴领域有可能形成新的产业集群，成为产业发展的新动能。主要是：在国家"大基金"的战略布局和支持下，依托中车时代电气、国科微电子、景嘉微电子等技术支撑，正在形成的集成电路产业集群；依托中国长城等整机带动，正在形成的信息安全产业集群；依托蓝思科技、彩虹集团、中兴通讯等项目牵引，正在形成的新型显示产业集群。随着5G时代及无线充电技术的应用，预计中高阶手机会先开始用玻璃后盖来替代金属后盖。如蓝思科技的双面玻璃、日写触控传感器、新布局的群显OLED项目等，将进一步提升浏阳智能终端产业集聚，提升蓝思科技触控屏和全贴合产品业务能力。

通过调研分析，我们认为2018年全省电子信息制造业将继续保持较好的发展态势，预计增加值增速12%以上，一些重点产业领域有可能实现新的突破，成为电子信息制造业稳增长的新动能。

四　2018年工作思路和下步打算

贯彻落实"十九大"精神，大力实施"创新引领、开放崛起"战略，以重点产业链建设为抓手，着力做好集群培育、创新平台、对接招商、项目建设、协调服务等工作，推动全省电子信息制造业上新台阶，为全省工业经济增添新动能。

1. 突出特色优势，培育新兴产业集群

抢抓世界电子信息产业转移和国家大力培育世界级先进制造业集群的机遇，立足湖南特色优势，主动融入、承接行业领军企业布局湖南。抢抓国家"大基金"的战略布局和支持，依托中车时代电气、国科微电子、景嘉微电子等技术支撑，打造特色集成电路产业集群；依托中国长城等整机带动，打造信息安全产业集群；依托蓝思盖板玻璃、日写触摸传感器、群显OLED、彩虹特种玻璃等项目牵引，打造新型显示产业集群。

2. 突出平台建设，增强创新发展能力

继续推进 IGBT 国家制造业创新中心建设，引导、鼓励自主可控计算机及信息安全产业链、人工智能及传感器产业链等龙头企业发起建设省级制造业创新中心。支持产业链龙头企业建设重点实验室、工程实验室、企业技术中心等各类创新平台。依托创新平台，突破一批关键共性技术，推动重大创新成果产业化。

3. 突出对接招商，提升开放发展层次

一方面，积极跟踪落实省企合作协议。落实省政府与中国电子战略合作协议，在中国长城总部落户湖南后，争取更多的项目布局、落地湖南，打造"信息安全湘军"。另一方面，进一步加强富士康科技集团、广达电脑集团、英业达集团、华为等行业巨头的对接，力争在湖南建设新的制造基地或创新研发中心，发挥龙头带动作用，促进相关产业发展。

4. 突出重点项目，夯实持续发展后劲

加快推进新长城集团安全可控计算机整机生产基地、中电软件园二期、中兴通讯长沙研发生产基地、蓝思科技 3D 曲面玻璃、彩虹集团特种玻璃、欧智通智能终端产业园等重点项目建设。积极引进、布局晶圆制造，大力推动 OLED 等重大项目。大力推介存储控制、DSP、GPU 等高端核心芯片进入国家集成电路战略布局并加快产业化步伐。积极推荐重点企业和项目纳入国家产业布局并获得支持；争取制造强省等专项资金加大对电子信息制造业重点项目的支持。对纳入国家重点产业布局的重大项目，力争推荐纳入领导和部门联系帮扶机制。

5. 突出精准帮扶，提高服务发展能力

做好重点企业的精准帮扶工作。加强调查研究，提升参谋服务能力。务实、创新开展好产业对接活动。加强产业运行监测。加强与工信部电子司的沟通汇报，争取更多的支持。

B.26

2017年湖南轨道交通装备产业
发展情况及2018年展望

中车株洲电力机车有限公司

　　轨道交通装备是铁路和城市轨道交通运输所需各类装备的总称，是国家公共交通和大宗运输的主要载体。主要涵盖了干线轨道交通、区域轨道交通、城市轨道交通的运载设备、通号装备、运控装备和路网装备。轨道交通装备产业是《国务院关于加快培育和发展战略性新兴产业的决定》确定的高端装备制造业中的五个重点方向之一，在国务院发布的"中国制造2025"战略中，也明确提出重点发展先进轨道交通装备等10大领域。

　　作为湖南省装备工业四大龙头产业之一，轨道交通装备产业具有良好的发展基础与潜力。湖南轨道交通装备产品覆盖轨道交通装备产业所有领域，已形成从产品研发—生产制造—售后服务—物流配套于一体的完整成熟的产业链条，是中国规模最大的轨道交通装备产业集聚地和技术研发中心，先后获批国家轨道交通装备高新技术产业化基地、国家创新型产业集群试点、国家战略性新兴产业区域集聚发展试点，产业链条完整，产业优势明显，整体处于全球产业链、价值链中高端。

　　湖南省现已形成以主机企业为核心、以配套企业为骨干，辐射全国的轨道交通装备制造产业链，形成了整机制造、核心部件、关键零部件协调发展的产业集群，已成为我国最大的轨道交通装备制造产业基地和技术研发中心，生产能力已居全国领先地位。省内大型轨道交通装备企业主要包括中车株洲电力机车有限公司（以下简称中车株机）、中车株洲电力机车研究所有限公司（以下简称中车株洲所）、中车株洲电机有限公司（以下简称中车株洲电机）、中车长江车辆有限公司株洲分公司、中国铁建重工集团有限公司（以下简称铁建重工）、株洲联诚集团控股股份有限公司（以下简称联诚）

等，各企业一直处于轨道交通相关领域的领先地位，并且带动相关领域的省内一大批企业发展、壮大，对我国轨道交通装备产业的整体发展具有典型示范带动作用。

本文将从湖南省轨道交通产业 2017 年发展情况、发展面临的困难和问题、2018 年发展规划等方面进行论述和分析。

一 2017年湖南省轨道交通装备产业发展情况

（一）产业规模不断扩大增长稳中向缓

2015～2016 年，湖南省轨道交通业产值总量首次突破 1000 亿大关，成为国内首个轨道交通产业突破千亿的省份。2016 年行业上下面对国内经济形势下行、国铁投资下降、中国中车合并后政策变化等不利形势，产业上下游齐心合力，破除困境，连续两年保持了 1000 亿的发展规模（其中中车株机实现产值 250 亿元、中车株所实现产值 358 亿元、中车电机实现产值 82.9 亿元、中车长江车辆株洲分公司实现产值 38 亿元）。2017 年以来面对严峻的经济形势和复杂的市场环境，产业上下游齐心合力，继续做强做大产业，产值预计达到 1400 亿，高新技术产品值达到 1000 亿以上。湖南省轨道交通产业持续保持高速增长，产业整体实力及抗市场风险能力不断增强。

（二）产业聚集进一步加强

省内汇聚了中车株机、中车株洲所、中车株洲电机、中车株洲投资控股有限公司等轨道交通企业 64 家。以株机为代表的整机企业和以株洲所、株洲电机为代表系统部件企业，能够为全球轨道交通各类用户提供从轨道交通器件、部件、系统到整机、大系统的全寿命周期系统解决方案。位于株洲的轨道交通装备制造产业集群是全国首批试点，已形成集产品研发、生产制造、售后服务、物流配套于一体的完整成熟的产业链，产业配套基础好，本地配套率达90% 以上，是国内最大的轨道交通装备产业发展集聚区。2017 年，为全面贯彻落实杜家毫书记提出的"把磁浮产业打造成新的支柱产业、产业链和产业集群，培育成湖南新的经济增长点"的指示精神，实现磁浮产业规模化发展，进一步巩固湖南省在中低速磁浮交通领域的全球领跑地位，由中国中车股份有限公司牵头株洲市人民政府、中国中铁股份有限公司就设立湖南轨道交通投资建设（集团）有限公司签订了合作协议。由湖南基础建设投资集团有限公司代表湖南省政府出资牵头中国中铁股份有限公司、中车株洲电力机车有限公司、中国铁路通信信号集团公司、湖南省交通水利建设集团有限公司、湖南磁浮交通发展股份公司组建了湖南磁浮集团股份公司，湖南轨道交通装备产业聚集态势得到进一步增强。

（三）行业影响继续快速提升

近年来，湖南省轨道交通装备产业在大功率机车、磁悬浮列车、超级电容有轨电车、IGBT等核心零部件取得了举世瞩目的成就，行业影响力持续提升。2016年3月，中共中央政治局常委、国务院副总理张高丽来中车株机公司调研，勉励企业"走出去、走进去"，国际合作释放产能，推动"一带一路"倡议在沿线各地生根发芽，全国企业家活动日暨中国企业家年会在株洲举行，国家相关部委领导、权威专家学者、全国500强企业的高层精英云集株洲，共话经济发展新趋势，共商实体经济振兴大计，这是株洲市作为地级市以来承办的级别最高、规模最大的企业家盛会。2017年8月，中国中车2017年规划工作研讨会在株洲举行，大会由中车株洲所承办，充分肯定了株洲在轨道交通领域做出的贡献。2017年9月，时任中共中央政治局常委、中央纪委书记、中央巡视工作领导小组组长王岐山在湖南省调研并主持召开巡察工作座谈会。在株机公司考察期间，王岐山向公司总经理傅成骏、刘友梅院士深入了解企业生产经营、"走出去"、核心技术掌握等情况。2016年11月，轨道交通产业国际峰会在株洲国际轨道交通产业博览会暨高峰论坛在株洲神龙大剧院召开，来自全球业内政产学研等领域约1300余人参会，对轨道交通产业智能化、国际化、人才培养及投融资等热点议题进行研讨，共商轨道交通产业发展。国家发改委、住建部、交通运输部、中国铁路总公司、中国中车等各机构以及傅志寰、刘友梅、丁荣军、钱清泉4位院士在内的500多位国内外领导、专家、学者到场，共同把脉中国轨道交通产业发展成果，共商轨道产业生态未来。本次会议是中国轨道交通产业举办的规格最高、规模最大的一次国际峰会。

（四）产业聚集态势凸显

省内汇聚了中车株机、中车株洲所、中车株洲电机、中车株洲投资控股有限公司等轨道交通企业64家。以株机为代表的整机企业和以株洲所、株洲电机为代表系统部件企业，能够为全球轨道交通各类用户提供从轨道交通器件、部件、系统到整机、大系统的全寿命周期系统提供方案。位于株洲的轨道交通装备制造产业集群是全国首批试点，已形成集产品研发、生产制造、售后服务、物流配套于一体的完整成熟的产业链，产业配套基础好，本地配套率达90%以上，是国内最大的轨道交通装备产业发展集聚区。

（五）产业企业转型力度加大深化结构性改革快速持续

自2015年以来，湖南省轨道交通装备产业面临国内经济增速下行和能源结构调整等影响，受电力机车市场需求持续减少，城轨整车市场竞争白热化，新中车市场分蛋糕政策等影响，行业面临巨大经营压力。直接影响是，中车内部同业竞争和外部市场监管进一步加剧，并直接触及国内市场份额"天花板"，带来收入增长的瓶颈；间接影响是，中车独大的市场结构刺激着既有竞争对手的重组整合与潜在竞争对手的快速进入。面对如此严峻的市场形势，以中车株机为核心的整机企业从内部和外部同时发力，通过结构性改革，调整和优化公司与市场、与政府监管部门、与所属企业的关系，为公司持续发展开辟空间。一是，抓住城镇化机遇，优化业务结构；二是，紧随"一带一路"倡议，加快全球布局；三是，全面深化改革，突破体制机制障碍；四是，优化组织结构，提高运营效率。通过努力取得了好成绩。以中车株机为核心的整机企业制定了以抢占订单提振市场张力，以持续创新厚植发展动力，以提速新产业释放转型活力，以升级制造体系深挖增长潜力，以管理提升催化内生动力的精准对策。中车株机、铁建重工等越来越多的企业正在从"单台产品供应商"向"成套设备供应商"和"服务供应商"转变。以中车株洲所为代表的核心部件企业坚持同心多元化、海外并购、路内和路外产业协同发展等战略，取得好的成绩。

（六）科技创新进展显著提升

在科技创新平台体系上，中车株机公司的大功率交流传动电力机车系统集成实验室顺利通过了国家工信部、湖南省经信委专家组的评审验收，这是我国电力机车领域唯一的企业国家重点实验室，也是湖南省首个通过验收的工业强基项目。中车株机公司首个院士工作站"吴澄院士工作站"揭牌成立，作为校、企、产、学、研协同创新的高端载体，吴澄院士工作站标志着清华大学与株机的合作步入了更高更新的阶段。铁建重工隧道施工装备全生命周期大数据管理平台入选国家级工业融合发展试点示范项目，成为地下施工装备行业唯一上榜企业。中车株洲所新型功率半导体国家重点实验室、中车株洲电机的电机工程研究中心等国家级科研平台的建设，湖南省轨道交通行业已拥有23家省级以上研发机构，拥有2名中国工程院院士，46名享受国务院特殊津贴的科技专家和万余名轨道交通装备产业技术人才队伍。

在科技创新重点领域攻关上，由中国中车牵头、中车株机、中车株洲所主要参与的"新一代交流传动快速客运电力机车研究与应用"项目获国家科学技术进步二等奖。株机公司申报的"储能式轨道交通绿色设计"项目荣获2017"中国好设计"金奖。株机公司报送的"动车组"项目荣获"装备中国"2017年高端装备创新设计大赛唯一金奖。株机公司研制的马其顿（电力）动车组EMU、马其顿（内燃）动车组DMU获得TSI认证证书，这是欧盟铁路最高认证，标志着中国动车组正式获得欧洲铁路产品的EC（欧共体）符合性认证证书，赢得欧洲技术标准认可，获得欧洲市场通行证。同时株机公司通过了最新国际铁路管理体系标准认证，正式成为国内首家通过该认证的轨道交通装备研制企业。中车株洲所申报的"一种三电平双模式空间矢量过调制方法及其系统"获得中国专利金奖，是我国知识产权领域的最高奖项；中车株洲所研制的全球首列智轨列车实现试运行，成为2017年中国十大科技成果。中车株洲所旗下时代电气完成的"3600A/4500V压接型IGBT及其关键技术"，被认定为世界功率等级最高的压接型IGBT，实现了国内压接型IGBT技术从无到有的跨越，打破了国外大功率压接型IGBT的技术和市场垄断。中车株洲电机"时速350公里中国标准动车组YQ-625型牵引电机""中国标准动车组TBQ55-6300/25型牵引变压器"2项科技成果技术水平国际领先。中车株洲电机"3MW直驱永磁同步发电机""驱动盾构机用永磁同步变频调速电机""煤矿新能源无轨胶轮电动车用永磁牵引电机""60吨电传动铰接式矿用卡车无刷励磁同步发电机及牵引电机""830E型电动轮自卸车异步牵引电机"5项科技成果填补了国内空白，达到国际先进水平。中车株洲所、中车株洲电机为复兴号提供主辅一体牵引变流器、网络控制系统、显示器、充电机、无线数据传输装置、牵引电机等核心子系统，助力复兴号实现商业运营。铁建重工具有完全自主知识产权的国产首台常压换刀超大直径泥水平衡盾构机"沅安号"顺利验收下线，填补了我国在盾构机常压换刀技术领域的空白。

中车株机、中车株洲电机申报的"轻轨车辆及其铰接式转向架"、"一种电机端盖和一种电机"专利获得中国专利金奖，是我国知识产权领域的最高奖项；由中车株机牵头，联合中车株洲所、中车株洲电机、国防科技大学等单位共同研制的中国首条具有完全自主知识产权的磁浮商业运营示范线——长沙磁浮快线开通试运营，截至 2016 年底，长沙磁浮安全载客运营超过 240 天，经受了复杂的"实战"运营考验，各项运行数据良好；株机公司研制成功我国首列完全自主知识产权储能式 100% 低地板现代有轨电车，该产品填补了国内同类产品的空白，被列为湖南省科技重大专项；中车株洲所牵头研究的"基于实时以太网的列车网络控制系统及产业化"课题通过验收，使我国车载通信网络技术达到国际领先水平；中车株洲所研制的长沙轨道交通 1 号线永磁牵引系统顺利通过载客运营评审，该系统为国内首套具备载客运营资质的自主永磁牵引系统；中车株洲所、中车株洲电机等提供牵引、网络控制、电机等核心部件的长株潭城际动车组实现载客运营；中车株洲电机为中国标准动车组配套研制的牵引电机和牵引变压器完成线路型式试验。

（七）国际战略战果辉煌

在国内经济面临新常态，市场增速放缓、容量趋近饱和的情况下，湖南省轨道交通产业大力推进国际化战略，积极响应"一带一路"倡议，并取得了显著成效。中车株洲所旗下时代电气公司自主研发的 8 英寸 IGBT 成功中标印度 100 辆机车订单，实现中国自主研发生产的 IGBT 产品首次批量出口海外市场。中车株洲所斩获韩国 Rotem 悉尼项目空气弹簧全部订单，与 GE 签订为期 11 年供货合同；中车株洲所轨道减震器首次进入新加坡市场，同时斩获波士顿地铁、悉尼城际、墨尔本城际全部市场订单。以中车株洲所为代表的整机企业在国际化投资、经营、并购方面取得了辉煌业绩，先后并购丹尼克斯、BOGE 公司、E＋M 公司、SMD 公司等。截至 2016 年，在英国、德国、法国等

7个国家拥有12个基地，海外员工超过4000人，营收超过80亿元。中车株机公司经过持续多年致力于的海外市场开拓，以中车株机公司为代表的主机企业不断开拓新的市场，2017年，在南非当地新设全资维保服务子公司南非中车株机维保服务有限公司，进一步拓展南非及南部非洲维保服务市场。中车株机公司与马来西亚交通部签订13列混合动力电动车组和9列现代超级动车组。中车株机公司与马来西亚国家基建公司在吉隆坡签订吉隆坡三号线42列无人驾驶轻轨列车合同，这是中国获签的首个海外全自动无人驾驶轻轨车辆合同。同年，塞尔维亚迎来首台中国电力机车，巴基斯坦迎来首列"中国造"地铁列车，均由株机公司提供。2016年以来陆续实现了中国首款出口欧洲的动车组——马其顿动车组交付、捷克电动车组采购合同签订、奥地利维也纳中车株机（欧洲）欧洲公司揭牌、世界首台超级电容+蓄电池混合动力发布、世界最大的轨道交通维保订单合同南非电力机车维保订单合同签订，中车株机目前已是继续保持中国轨道交通装备企业海外出口额最大的企业。中车株洲电机通过配套中车株机、中车株洲所等实现电机、变压器等核心部件的"借船出海"。

（八）智能制造稳步推进

为对接"中国制造2025"等国家战略，抓住国家由制造大国向制造强国转型提升的政策、市场机遇，湖南省轨道交通装备企业瞄准高端装备技术发展趋势，加大技术和资金投入，积极开展智能制造项目。中车株机公司以研制新一代智慧列车为导向，分别在电力机车板块、城市轨交通板块、动车组板块和中低速磁浮等轨道交通产品板块展开了具有针对性的整车技术研究。同时，公司正在实施转向架数字化智能制造示范项目，该项目投产后，将对公司实施数字化智能制造提供重要的借鉴价值，能够为公司后续全面实施智能制造制订可行的标准和规范；中车株洲所以智能制造"三向集成"为发展思路，从智能产品、智能生产、智能物流、智能服务四大维度着手，相互交叉耦合，全方位推进智能制造。以8英寸IGBT芯片生产线、变流模块智能制造样板线和大型构件智能磨抛系统为代表，正实现在高铁核心生产环节智能化蜕变。中车株洲电机轨道交通牵引电机数字化工厂建设项目，成功获得国家2017年智能制造标准化与新模式应用项目立项。其中中车株机和中车株洲所被工信部认定为智能制造示范企业。中车株机实施了转向架智能项目、核心零部件数字化制造项目等，中车株洲所实施了功率半导体重点实验室暨碳化硅器件产业化、8英寸智能制造与数字化工厂建设项目，铁建重工实施了轨道装备产扩能与制造智能化建设项目，各企业智能制造项目的实施为湖南省轨道交通产业转型升级和未来发展奠定了坚实基础。

二　发展面临的困难和问题

虽然湖南省轨道交通装备产业经历80多年的发展，已经形成了自主研发、配套完整、设备先进、规模经营的集研发、设计、制造、试验和服务于一体的轨道交通装备制造体系。特别是近十年来在"高速"、"重载"、"便捷"、"环保"技术路线推进下，大功率机车和高速动车组取得了举世瞩目的成就。湖南轨道交通装备产业是创新驱动、智能转型、强化基础、绿色发展的典型代表，是湖南省高端装备制造领域自主创新程度最高、国际竞争力最强、产业带动效应最明显的行业之一。轨道交通取得了快速发展，部分产品已达到世界先进水平，基本满足了我国铁路和城市轨道交通建设的需要。但从国际视野看，北美、欧洲等发达国家的轨道车辆制造商均已超越国界发展国际业务，在制造车辆和设备方面，制造商不仅开发车辆系统和软件，设备技术含量高，还承担了轨道交通项目系统集成的角色。而我国轨道交通装备制造行业仍然很年轻，与发达工业国家相比，自主创新能力、行业标准体系产业配套和国际化经营能力等方面较为落后，还不够完善，制约了湖南省轨道交通装备企业的发展。综合来看，湖南省轨道交通装备产业当前面临的主要困难和问题如下。

（一）经济下行需求不足环境出现结构性变化

首先，全球不稳定、不确定因素增多，受增长动能不足、经济治理滞后、全球发展失衡等三大突出矛盾制约，社会动荡和国际冲突加剧，国际政治、经济秩序脆弱易变，给国际化经营增加了许多风险。其次，新一轮科技革命和产业革命的方向日益清晰、速度明显加快，信息、生物、能源、海洋等重点领域成为前沿热点，群体突破态势更加明显；各领域深度交叉融合，许多颠覆性创新成果正在改变经济结构和社会形态，传统产业逐步衰退，新兴产业加速成长。再次，我国经济发展已经进入速度变化、结构优化、动力转换的"新常态"，长期高速发展所积累的不平衡、不协调、不可持续的结构性矛盾日益增多。轨道交通装备产业对国家宏观经济政策敏感度较高，受国家宏观经济政策波动的影响较大。2016年以来，受经济下行的影响，国内各省市基础设施、固定资产投资、新增建设项目大幅减少，大批建设项目停建、缓建，传统装备制造产品市场容量进一步萎缩，需求不足，产品订货受到较大冲击。同时由于煤炭、钢铁等产业低迷，铁路运力持续下降，短期内国铁机车车辆需求难以有效增长。铁总支持闲置机车在非国铁线路的运用，部分客户以租代购的方式将减少机车采购量，国内铁路市场需求萎缩，适应外部政策变化是湖南省轨道交通制造产业未来发展的重要挑战之一。

（二）基础实力仍然欠缺原始创新能力仍然欠缺

近年来，尽管湖南省轨道交通装备产业的专利数量处于逐年上升态势，但相比国外同行先进企业，专利数量仍不多，且大都是核心技术的外围产品和实用新型专利，仍未完全摆脱对国外核心技术和关键零部件的依赖。同时，企业研发投入方式侧重产品研发，原创技术研发投入不足，科技储备、设计仿真、分析计算和试验验证等原始创新能力仍较欠缺，制约着湖南省轨道交通装备产业的快速发展。

就湖南轨道交通装备产业总体而言，产业结构不尽合理，高端领域产能不足、生产性服务业发展滞后，自主创新能力薄弱，研发设计水平较低，试验检测手段不足，关键共性技术缺失，核心零部件受制于人，基础制造工艺落后，关键材料依赖进口等等，都是制约湖南省轨道交通装备制造业快速发展的主要矛盾和问题。

（三）产业链发展不均衡

湖南省轨道交通装备制造产业链的发展现状是：主机企业出现了一批有规模的龙头企业，但为之配套的企业大多还是创业型、中小型企业，它们处于产业链底部，规模较小，技术较弱，装备较差，没有能力自我升级，难以支撑产业向高端突破；为主机配套的、拥有关键技术的核心零部件（高端的液压件、密封件、传动件、发动机等关键零部件），占有高附加值，但大多数却要从欧美企业采购，成为制约产业向高端升级的瓶颈。基础原材料、基础元器件、基础工艺及技术基础的自主化配套和竞争力不足，其矛盾制约着湖南省轨道交通装备配套产业向"高、精、特、专"前沿发展的步伐。产业核心基础器件技术和产品全方位配套相对薄弱，还未形成一批"高、精、特、专"产品配套企业群体，产业基础工艺相对落后，配套的企业相对较小，产品的质量和档次有待提高，这导致湖南省轨道交通装备产业中高附加值的配套产品大部分外流了，如钢材、铝型材等原材料在太原、东北等地采购，地铁内饰在江浙一带采购，部分零部件从国外采购等。

（四）刚性成本快速增加国际化经营能力有待提升

湖南省轨道交通装备企业参与国际竞争仍处于起步阶段，与国际同行先进企业相比，在全球范围内配置人才、技术、研发、制造等方面的能力存在一定差距；海外项目组织滞后市场拓展能力，主要表现在内部生产资源协调困难，难以满足本地化率要求，供应链掌控力不足，延误交付、开口项处理造成额外成本负担；随着绿地投资的深入，企业对海外子公司的管控能力有待加强。随着国际化进程的加快，企业的国际综合竞争力需要进一步提升。由于通货膨胀，钢材、铜材等主要原材料供应问题凸显、价格波动，劳动力成本上升以及银行贷款利息提高造成企业财务费用增加等，给轨道交通装备制造企业带来沉重的成本压力。机车制造目前基本受买方垄断市场的制约，产品价格、生产计划受制于用户，行业制造环节的不均衡性，不断增加经营成本。国内机车和城轨车辆制造业形成的布局和产能，更加剧了低价竞争，市场回报日益微薄。过去十年间，我国人工成本增加了三倍，加上全球流动性过剩带来大宗材料成本的持续攀升等因素综合作用，使成本逐步上涨。

（五）企业决策受限中车

湖南省轨道交通装备龙头企业都是央企在湘子公司，企业的决策很难在企业本级形成。中车成立后，因考虑到各厂家的均衡发展，市场订单"平均化"的意识逐步加强。中车已明确不允许采取低价、投资等方式进入其他厂家的传统市场区域。如此一来，以株机公司作为龙头的整车企业的竞争力将被削弱，同时在城际动车组方面，产品虽然大批量出口，但整车产品尚未能进入国内动车组市场。

三　2018年发展规划

根据上述发展情况及形势和任务，2018 年及今后一个时期，湖南省轨道交通装备制造产业应重点抓好以下工作。

（一）实施创新驱动

以市场需求为导向，加快研制动力集中型动车组、中低速磁浮列车、重载电力机车等标准型产品，进一步打造具有国际竞争力的平台化、谱系化、智能化和绿色节能轨道交通装备产品。重点发展重载货运机车、客运机车、城际动车组、城轨车辆、中低速磁悬浮列车、有轨电车、无轨电车等多系列轨道交通车辆产品，满足各类城际、城市轨道交通市场需求，实现轨道交通客运装备产品类型全覆盖。围绕整车制造，重点发展中低速磁浮系统、牵引传动及网络控制系统、永磁同步电传动系统、牵引电机和变压器、高性能环保新型先进复合材料等关键技术，充分发挥湖南省轨道交通装备产业现有创新资源、人才资源、市场资源等优势，依托中车株机、中车株机所、中车电机等骨干企业，按照"推动技术创新、引领绿色智能、拓展国际空间、打造主导品牌"的发展思路，以构建具有世界领先水平的现代轨道交通装备制造体系为指引，以重载货运机车、客运机车、城际动车组、城轨车辆、有轨电车、无轨电车为主线，以中低速磁浮系统、牵引传动及网络控制系统、永磁同步电传动系统、牵引电机和变压器、高性能环保新型先进复合材料等关键技术研发为突破口，坚持自主创新，带动轨道交通装备产业链上下游企业的全面发展。构建具有世界先进水平的现代轨道交通装备制造体系和整机总装、核心部件及配套部件制造与研发的黄金产业链。

（二）推动智能转型

以中车株机的转向架智能项目，中车株洲所的碳化硅器件产业化、8 英寸智能制造与数字化等项目为示范，针对轨道交通装备制造工艺多样化、制造装备单元化、多品种、多批量制造特点，大力推行智能制造新模式。以轨道交通装备转向架、车体、电气产品、制动器等部件制造车间为实施载体，以工艺、质量、安全、物流、采购等关键制造环节智能化为核心，以网络互联为支撑，通过新一代信息技术和先进制造技术的结合，突破加工、检测、装配、焊接、物流等关键工序的智能化共性技术，实现生产全过程的智能控制与调度，不断提升生产效率和产品质量。

（三）促进制造业与服务业深度融合

大力推进轨道交通装备制造业与服务业融合发展，逐步实现由"生产型制造"向"服务型制造"转型。引导支持骨干企业，大力发展"制造+服务"商业模式，积极拓展在设计研发、试验验证、系统集成、认证咨询、运营调控、维修保养、工程承包等产业链前后端的增值服务业务，形成完整的成套产品供应和总承包能力。通过发展轨道交通"4S"店、工业设计及实验验证等现代服务业，助推实体产业发展、创造丰厚价值、推进转型升级，提升在世界轨道交通产业价值链中的地位，提高国际市场的竞争力。

一是不遗余力支持中车株机公司牵头申报和组建轨道交通装备国家制造业创新中心，以创新中心为载体，突破轨道交通领域共性技术，如镁铝合金、碳纤维车体、高性能转向架、新型接触网及轨道安全设施、列车网络控制技术、通信信号技术等，形成自主知识产权，快速推进产业化；

二是支持龙头企业开展基础器件研究，针对轨道交通、新能源、电力、自动控制等工业领域发展需求，开展新型轨道交通装备、大数据智能化、高能量密度先进装备、轻量化环保材料等前沿科技技术研究，推动科技创新引领产业发展；

三是在轨道交通装备重点产品领域实现突破，如城际快速动车组、250km/h和350km/h动力集中式动车组、30吨轴重电力机车、中高速磁悬浮车辆、混合动力型储能式有轨无轨电车、碳化硅功率半导体器件、动力型超级电容、高速动车组车轴/车轮、列车制动系统、通信信号装备等产品领域突破；

四是落实好株洲市"万名人才计划""5211人才计划"等人才政策，鼓励和吸引国内外轨道交通装备产业高层次、创新型人才聚集，通过承担国家、省级重大科研项目，建设国家级研发机构，专业人才海外培训，主导参与制订一批国际、国家、行业技术标准等措施，建立专家队伍，培养行业领军人才。

（四）拓展产业链条

一是拓展轨道交通产品领域。把握高速重载，绿色智能方向，大力发展国铁干线高速电力机车，货运专线重载机车、车辆，城市公共绿色智能轨道交通工具，推动产品更新换代。

二是壮大新产业。依托龙头企业专有技术、设施、渠道、品牌的优势资源，纵向延伸、横向扩散，重点发展专用电机，弹性元件、减震降噪元器件等高分子复合材料，新能源装备，深海机器人、电传动和工业变流、轨道工程机械等新产业。围绕IGBT芯片、功率半导体器件和系统集成应用，打造新的电力电子产业集群。

（五）持续国际发展加快产业全球布局

落实"一带一路"战略是湖南轨道交通装备企业开展跨国经营的有效途径，抓住"一带一路"、国际产能合作等战略机遇，利用中国轨道交通装备企业在技术、市场、制造、成本、效率等方面的比较优势，以电力机车、城轨车辆、有轨电车、无轨电车等业务为重点并带动相关业务，通过投资、合资、并购等多种方式加快全球布局，推动境外区域管理，全方位打造国际化经营能力，加快实现由国内市场面向全球市场、由"走出去"向"走进去"、由本土企业向跨国企业的转变。

湖南轨道交通装备产业已经具备了一定产业实力，在国内保持领先优势，必须加大"走出去"力度，提升国际市场竞争力。

一是借助国家实施"走出去"战略的有利时机，利用中国轨道交通装备企业在技术、市场、制造、成本、效率等方面的比较优势，坚持"合作、发展、共赢"的理念，积极开展海外业务。

二是通过异地投资、兼并重组、合资合作等资本运营手段，实现由产品输出到产品、技术、资本、服务输出的转变。

三是发挥湖南轨道交通产业的集群优势，形成"装备湘军"力量，实现具有国际化竞争实力和大系统总承包能力。

（六）加快创新体系建设

一是高起点高标准规划轨道交通城。湖南省轨道交通装备产业发展，株洲市是重中之重。以株洲石峰为核心，围绕"千亿轨道交通城"目标大力推进基础路网建设，深入实施交通路网3234行动计划。推动田心大道、中车大道、盘龙路、卧龙路等15条骨干路网建设，形成轨道交通城路网初步构架，致力于把轨道交通城打造成世界一流水准。

二是加大招商引资力度。以2016年轨道交通国际峰会成功举办为契机，着眼精准招商，引进和完善轨道交通产业链，引进一批大项目并落地实施。

不遗余力支持中车株机公司牵头组建的轨道交通装备国家制造业创新中心，以创新中心为载体，突破轨道交通领域共性技术。建立产学研用协同创新机制，强化企业创新主体地位，促进制造技术、企业管理、商业模式等多元化创新；建立鼓励企业和其他社会力量深度参与国家科研任务的新机制，发挥国家重大科技专项引领作用，重点突破核心装备、系统软件、关键材料等一批重大技术，加快实施以基础材料、基础零部件、基础工艺和产业基础研究为内容的技术创新强基工程，不断提升制造业创新竞争能力；健全技术成果转化机制，发展技术市场，加快形成制造企业、科研院所、金融资本共同构成的"多级助推机制"，促进技术创新与产业发展良性互动；大力推进企业技术改造，形成激励企业运用新技术、新工艺、新材料、新装备的长效机制，促进制造业技术水平和产业层次不断提升；强化人才队伍支撑，鼓励省内高校、职业院校和企业加强轨道交通装备产业高层次领军人才、经营管理人才、专业技术人才、高技能人才队伍培养。

（七）推动重点项目

重点推进电气关键产品数字化转向架制造项目、智能化与信息化制造应用项目、工业造型室与虚拟现实建设项目、物流智能化配送中心、无人驾驶动车组技术改造项目、钢构件自动化产线技术改造项目、创新实验平台工程建设项目、高压IGBT芯片及中低压模块生产线扩能项目、电机工程研究中心建设项目等一批重点项目建设工作，主动与国家有关部委对接，为企业发展营造良好发展空间，及时掌握国家支持的重点领域，组织做好项目申报工作，积极争取国家增强制造业核心竞争力、技术改造等中央预算内投资支持，为企业争取资金，减轻资金压力。目前国家已经启动智能制造、工业强基专项扶持政策，湖南省轨道交通装备企业已获得多项资金扶持项目。下一步，一方面应推进转向架智能制造、大功率电力机车重点实验室、功率半导体重点实验室暨碳化硅基地产业化、8英寸IGBT智能制造与数字化工厂建设、电机工程研究中心等一批重点项目的竣工验收等工作，另一方面，做好城际动车组产业化项目、IGBT产业化项目（二期）、中车电气技术与材料工程研究院等重点项目启动工作，争取获得国家专项资金支持。

2018年是决胜全面建成小康社会、实施"十三五"规划承上启下的关键一年，湖南省轨道交通装备产业将迎难而上，以更加积极的态度和实干精神落实"中国制造2025"和"一带一路"等国家战略，全面贯彻党的十八大和十九大精神，抓好创新驱动，不断增强创新力和竞争力，打造新的经济增长极，实现产业高质量发展，为社会做出更大贡献。

B.27
2017年湖南社会养老产业发展情况及2018年展望

湖南省社会养老服务协会

在省委、省政府的正确领导下，湖南省社会养老服务以国务院发布的《"十三五"国家老龄事业发展和养老体系建设规划》和湖南省第一次党代会精神作为指导，认真贯彻"党政主导、社会参与、全民关怀"的老龄工作方针，进一步完善了全省多支柱、全覆盖、更加公平、更可持续的社会保障体系，居家为基础、社区为依托、机构为补充、医养相结合的养老服务体系更加健全，全省养老产业全面协调可持续发展。

一 社会养老服务发展状况

（一）出台了养老产业相关政策法规

2017年10月，党的十九大报告中提出，构建养老、孝老、敬老政策体系和社会环境，推进医养结合，加快老龄事业和产业发展。在两会期间的《政府工作报告》中，亦有6次讲到养老。顶层设计的要求与重视，成为2017年养老发展最坚定的导向。2017年湖南省除国家层面出台文件外，以国家出台的各项养老产业相关政策的要求为基础，根据本地养老的实际需求、市场特点等情况，制定相关政策法规。2017年2月国务院等十三部委联合发布《关于加快推进养老服务业放管服改革的通知》后，湖南省发改委、民政厅等13部门在8月随即出台《关于加快推进养老服务业放管服改革的实施意见》，从简政放权、强化监督等方面破除养老服务业瓶颈。2017年也是湖南养老政策的集中落地年。

（二）发展了养老类社会服务机构

随着2017年《社会服务机构登记管理条例》的正式出台，社会服务机构的管理运作机制将更为规范，更多优惠性待遇也将有望得到开发。具体到养老产业方面，根据《国务院办公厅关于全面放开养老服务市场提升养老服务质量的若干意见》等文件的有关要求以及湖南各地社会力量的参与力度不断加大，2018年湖南养老类社会服务机构将呈现快速增长态势。

（三）扩大了湖南养老产业市场

复合年均增长率（CAGR）较往年振幅较快。积极发展居家社区养老服务、加强社区养老服务设施建设、全面提升养老机构服务质量、加强农村养老服务，为老年人提供多样化、高质量、公平可及的养老服务。

由于市场以政策主导为主，政府参与为首要属性，行业内的竞争尚处于初级阶段，湖南省大部分养老创业公司规模尚小，且仍处于商业模式的探索之中，市场集中度低，行业垄断和品牌效应均未形成，市场潜力有待释放。

（四）形成了养老照护体系初级规模

2017年，湖南省较快的形成了以居家为基础、社区为依托、机构为补充、医养结合的养老服务体系。

根据湖南省民政厅发布的《2017年社会服务发展统计公报》，湖南省各类养老服务机构、社区养老服务机构、社区互助型养老设施和居家养老服务中心等，同比2016年均有了很大的发展。湖南省社会养老协会参与制定了"失智照护员国家职业标准"和"湖南省养老服务机构等级评定标准"2个标准，发展了"湖南省社会养老服务协会党支部"、"湖南省社会养老服务协会统战支部"2个支部。

（五）完善了养老服务基础设施

养老服务驿站试点工作。养老服务驿站为政府的基本公共服务内容之一，采取政府负责设施提供，各区、各街道为社区无偿提供场地支持，专业化养老服务企业运营的操作方式进行。新增城镇社区养老服务设施，实现"没有围墙的养老院"，让老人享受社会化养老服务的目标。

2017 年是实施"十三五"规划的重要一年，也是推进供给侧结构性改革的深化之年。目前，湖南养老床位整体不足和现有床位大量闲置，城市社区居家养老服务设施虽已基本实现全覆盖，但功能不够完善，承载文体娱乐功能的社区养老服务占大部分，而康复护理、医养结合等服务功能十分不足。随着城镇化的发展，沉入基层的养老服务体系发展将承受更大的服务压力，需要加大建设力度。

二　社会养老产业发展状况

（一）社会养老机构

1. 社区居家养老机构

（1）社区小型养老机构。2017 年，湖南省推动社区小型养老机构建设，在 2016 年 82 所的基础上有了更大的发展。

（2）日间照料服务中心（站、点）。2017 年，全省建设城市社区日间照料中心在 2016 年 334 所、农村社区日间照料中心 259 所的基础上均有大幅提升。

2. 民办养老机构

2017 年底，全省共有各类民办养老机构超过 400 所（预测数据），其中医养结合机构占比约 30% 左右（预测数据）。

（二）服务内容和产品

1. 老年文化娱乐

2017 年，全省有各类老年合唱团、艺术团超过 7000 个（预测数据），常年参加活动的老年团员 40 万人（预测数据）。在 2016 年开展的全省"红旗颂"大型群众合唱比赛、"欢乐潇湘"全省群众文艺会演等活动的基础上，开展了一系列丰富多彩的老年文化活动，老年群众积极参与。

2. 体育健身

2017 年，湖南省举办了各种类型的老年人运动会，设门球、气排球、健步走、太极拳等项目，老年参赛选手达 6000（预测数据）余人。目前，全省有县级及以上老年体育协会近 200（预测数据）个，乡镇级及以上老年体育协会 2000（预测数据）多个；有各类体育活动场地约 11500（预测数据）个，经常性参加体育活动的老年人达 600（预测数据）万人次。

3. 休闲旅游

2017 年调查数据显示，老年人群在出游时间的选择上明显集中在 3、4、5 及 9、10 五个月份，季节上一般是春季和秋季为主。超一成（预测数据）老年旅游者每年出游 2 次以上，偏爱长线游（出游天数超过三天）。单次出游天数方面，50%（预测数据）单次出游行程在 8 天及以上。45%（预测数据）的老年旅游者选择了飞机作为出游交通方式，选择火车或高铁的约占比 55%（预测数据），有一部分活力老人选择自驾游，老年旅游者选择自驾车出游的比例比年轻人高。

4. 健康服务

2017 年，湖南老年人健康产业实现了快速增长。其中，以老年人营养和保健品零售主营业务为主要增长点。健康咨询服务、体育用品及器材零售、医疗用品及器材批发、医学研究和试验、商业健康保险主营业务、上门健康医疗服务主营业务等快速发展，为社会养老服务提供了全方位的服务支撑。

5. 法律咨询

根据《2016 年度湖南省老龄事业发展统计公报》，全省新增各级法律援助工作站 87 个。全省共有法律援助中心 140 个，法律援助工作站 4343 个。各级法律援助机构接待老年人来信来访 10635 件（次）；共办理涉老法律援助案件 3152 起，占全省法律援助案件总数的 9%，为老年人减免法律服务费用 1500 余万元；回访老年人对办案的满意率为 98%，2017 年在此基础上得到更好的发展。

6. 金融投资

在 2017 年调研中，老年人主要的收入来源集中在子女赡养费、退休金、补助金及投资。在资金的用途上，比较密集的选项主要有购买食物、生活必需品、医疗保健等。对于闲置资金的投向问题，有绝大多数人选择了储蓄，其次股票、黄金、保险等，选择直接放在家里的仅为 1%。这说明现代的投资理财方式已很大程度上为老年人群体所接受。

7. 养老地产

湖南在养老地产和养老社区方面还比较薄弱。

8. 老年教育

根据《2016 年度湖南省老龄事业发展统计公报》，全省新建、改建老年大学 2 所。全省共有老年（老干部）大学 178 所，在校学员 19.94 万人；老年学校 1034 所，在校学员 15.06 万人；学习（活动）室 8354 个〔其中：省市县三级直属单位老干部（老年）学习（活动）室 2084 个，村、社区老年人学习（活动）室 6270 个〕，参加学习（活动）的人数为 70.6 万。全省市州级老干部党校 11 所、县市区级 80 所，开办率分别为 78.6% 和 64%；老年教育网站、网页和老年教育电视栏目 55 个；远程老年教育直播室 9 个，接收点 2577 个；老年人学习在线注册人数 2.94 万，访问人数 15.6 万。2017 年，根据各老年大学（公办、民办和社区老年大学）报名情况来看各学校的学位都供不应求，老年人对学习和精神文化的需求达到前所未有的高度。

三　2018年工作展望

根据党的十九大提出的新时代的新要求、新论断、新目标、新任务，按照市委、市政府统一部署，结合社会养老发展实际，2018 年总的工作指导思想是全面贯彻落实党的十九大精神，用党的十九大精神统领全局，深入落实省委第十一次党代会战略部署，坚持中国特色卫生和健康发展道路，坚持应对人口老龄化和促进经济社会发展相结合，加快推进养老服务业供给侧结构性改革，保障基本需求，繁荣养老市场，提升服务质量，实施有行动力的老年照护服务体系建设推进方略，让广大老年群体享受优质养老服务，提升老年人的参与感、获得感和幸福感，增进老年人福祉。

工作目标：2018 年，更广泛地放开湖南养老服务市场，提升养老服务和产品供给能力、提高服务质量、医养结构合理，完善养老服务政策法规体系、行业质量标准体系、市场监管体系，养老服务业成为促进经济社会发展的新动能。

2018 年社会养老服务的总目标和分目标如下。

总目标：湖南省老龄事业发展整体水平明显提升，养老体系更加健全完善，应对老龄化的照护能力更加强大。

四个分目标包括：一是多支柱、全覆盖、公平、可持续的社会保障体系更加完善；二是居家为基础、社区为依托、机构为补充、医养结合的养老服务体系更加健全；三是有利于政府和市场作用充分发挥的制度体系更加完备；四是支持老龄事业发展和养老体系建设的社会环境更加友好。

工作思路

1. 建设标准，提升品质

加快建设覆盖全面、重点突出、结构合理的养老服务标准体系；重点研制居家养老、机构养老、医养融合、能力评估、教育培训等养老服务标准。进一步扩大护理型服务资源，大力培育发展小型化、连锁化、专业化服务机构。发展社会养老的优势，积极培训养老护理人员队伍、参与养老护理教育培训、制定养老护理技术标准、加强养老护理设施、影响养老护理政策制定、保障养老护理管理体制和运行机制，满足符合老人身心特征的护理需求。

2. 整合资源，增值保效

社会居民的养老保障是政府民生工作的一大部分，社会养老工作应由省政府牵头，整合各方物资资源、人力资源等。湖南省社会养老服务机构为公益性的社会服务组织，也可以为盈利性的官民双方合营机构，依据老年人需求等级的差异，地区发展等级的差异，计划建立不同服务等级的社会养老服务机构，以盈利等级的养老服务机构吸引社会资本，财政支持公益性的养老服务机构。政府要监管到位，公益性的养老服务机构只针对孤寡老人、低保户老人、贫困老人等，盈利性的养老服务机构可以借鉴酒店管理模式，分星级提供不同水平的标准化服务。

3. 鼓励创新，满足需求

树立健康养老理念，注重管理创新、产品创新和品牌创新，积极运用新技术，培育发展新业态，促进老年产品用品丰富多样、养老服务方便可及。首先，保障社会养老服务机构的设施条件，使老年人的居住环境，饮食条件，基本医疗服务都能够达到一定的标准。其次，要保证对来养老服务机构的老年人细致的生活照料，起居饮食必不可少，还要尊重每个老人不同的生活习惯。再次，提供老年人广泛需要的医疗服务，如血糖血压测量、胰岛素注射、体温监控等，及健康咨询，适度锻炼专业指导，卧床病人的特殊护理等专业服务。最后，决定社会养老服务是否成功的关键是对老人的精神慰藉，这对服务人员的服务态度要求比较高，能够帮助排解老人的寂寞感，给予老人足够的关怀是社会养老服务完善的关键一步。

4. 组建团队，提升能力

组建培养一支庞大的专业养老服务人员队伍是根本，社会养老服务机构提供的是让老年人有归属感、温馨感的细致周到的服务。湖南省政府可以通过制定规范文件，规定在社会养老服务机构工作的人员中，职业医师和护士的最低占比，广泛吸纳社会各界有职业能力的专业人士。也可为养老服务机构设定专门的养老服务职业资格准入证书和考核方式。社会养老服务人员要进行养老护理培训、高技能人才培养和职业技能竞赛活动，养老服务机构要进行实训实习点建设、示范性培训机构建设。

加大对民营培训机构的指导和支持力度，将养老护理员培训作为职业培训和促进就业的重要内容，对参加养老服务技能培训或创业培训且培训合格的劳动者，按规定给予培训补贴。针对实施员工制的家政服务企业，实施延长免征增值税的优惠政策。支持普通高校和职业院校根据养老服务业发展需要，开设养老服务类相关专业和课程。支持医学类高等学校和中等医学职业学校增设相关专业课程，加快培养老年医学、康复、护理、营养、心理和社会工作等方面专业人才。鼓励养老机构与大专院校、科研院所联合，建立集产学研于一体的养老人才培养基地。建立健全职业技能等级与养老服务人员薪酬待遇挂钩机制。将养老护理员纳入企业新型学徒制试点。要分批分层次进行养老护理员培训，进一步提高养老护理员专业素质和综合素质。促进家政服务业发展，开展社区服务消费试点，加快发展家庭服务业。积极开发老年人力资源，为老年人的家庭成员提供养老服务培训，倡导"互助养老"模式。

5. 强化监管，优化环境

建立健全养老服务准入、退出、监管机制，加强对养老服务中食品安全、消防安全、疾病防治、康复护理、服务价格等监管力度，及时查处侵害老年人人身财产权益的违法行为和安全生产责任事故。完善监督机制，健全评估制度，推动行业标准化和行业信用建设，加强行业自律，促进规范发展，维护老年人合法权益。

6. 加快产业研究，多方保障

充分发挥知识资源的作用，深入透彻了解老龄产业，使老龄产业更加健康快速的发展，必须通过学术研究、行业报告等真正了解老年人的需求，了解产业的发展方向。目前对老龄产业的研究还很不够，老龄产业的知识资源严重缺乏，尤其是在深层次的知识信息方面。社会养老产业应该加快产业研究，扩展知识资源。

（1）推进居家社区养老服务全覆盖

开展老年人养老需求评估，加快建设社区综合服务信息平台，对接供求信息，提供助餐、助洁、助行、助浴、助医等上门服务，提升居家养老服务覆盖率和服务水平。整合社区服务中心（站）、社区日间照料中心、卫生服务中心等资源，打造嵌入式社区养老院和社会综合服务中心，为老年人提供健康、文化、体育、法律援助等公益服务。鼓励建设小型社区养老院，满足老年人就近养老需求，方便亲属照护探视。鼓励支持物业服务企业开展居家养老多功能服务。规范运营补贴发放方式。各市州、县市区养老服务机构运营补贴发放方式应依据实际服务老年人数量发放补贴，对服务失能老年人的补贴标准应予以适当倾斜，对提供相同服务的经营性养老机构应享受与公益性养老机构同等补贴政策。

创新服务设施供给方式。加强社区养老服务设施与社区综合服务设施的整合利用，多渠道筹集资金，加强社区综合服务设施建设。新建城区和新建居住（小）区要求配套建设养老服务设施，老城区和已建成居住（小）区无养老服务设施或现有设施未达到规划要求的，通过购置、置换、租赁等方式建设。鼓励有条件的地方通过委托管理等方式，将社区养老服务设施无偿或低偿交由专业化的居家社区养老服务项目团队运营，鼓励发展多种形式的养老服务主体，梳理政府购买社区居家养老服务内容，列入政府购买服务指导性目录，培育和扶持宣传湖南省优质典型养老机构，鼓励优质养老机构和服务企业依法设立分支机构，实现优质养老机构连锁化、规模化、品牌化发展。支持政府将所辖区域内的社区养老服务打包，交由社会资本方投资、建设或运营，实现区域内的社区养老服务项目统一标准、统一运营。

（2）提升农村养老服务能力和水平

整合改造农村闲置校舍、公共用房等资源，建设农村幸福院等自助式、互助式养老服务设施，加强与农村危房改造等涉农基本住房保障政策的衔接。各地要从农村集体经济、农村土地流转等收益中提取一定比例，用于解决本村老年人的养老问题。加强农村敬老院建设和改造，推动服务设施达标，在满足农村特困人员集中供养需求基础上，为农村低收入老年人和失能、半失能老年人提供便捷可及的养老服务。鼓励专业社会工作者、社区工作者、志愿服务者加强对农村留守、困难、鳏寡、独居老年人的关爱保护和心理疏导、咨询等服务。

（3）提高老年人生活便捷化水平

通过政府、产业引导和业主众筹等方式，结合易地扶贫搬迁以及城镇棚户区、城乡危房改造和配套基础设施建设等保障性安居工程，统筹推进老旧居住小区和老年人家庭的无障碍设施改造和建设，重点做好居住区缘石坡道、轮椅坡道、公共出入口、走道、楼梯、电梯候梯厅及轿厢等设施和部位的无障碍改造，优先安排贫困、高龄、失能等老年人家庭设施改造，组织开展多层老旧住宅电梯加装和道路交通安全标志标牌设置。鼓励和支持城乡社区通过升级改造，建设老年宜居社区，优化老年宜居环境，探索制定老年人宜居社区建设标准。支持开发老年宜居住宅和代际亲情住宅。

（4）完善养老产业的配套产业

养老产业与各产业都有密切的联系，在发展中要注重养老产业与相关产业的配套，比如针对养老院床位不足问题，可以响应"供给侧改革"，将养老产业与房地产去库存化相联系，鼓励房地产商与养老机构的合作共赢。同时，还要加强养老机构与医院、健康管理机构、休闲娱乐机构等的合作，形成健全的养老机制，保证老人的身体健康和身心愉悦。

7. 全力建设优质养老服务供给体系

（1）推进"互联网＋"养老服务创新

发展智慧养老服务新业态，开发和运用智能硬件，推动移动互联网、云计算、物联网、大数据等与养老服务业结合，创新居家养老服务模式，推进老年人健康管理、紧急救援、精神慰藉、服务预约、物品代购等服务，拓展远程提醒和控制、自动报警和处置、动态监测和记录等功能，开发更加多元、精准的私人订制服务。积极开展养老服务和社区服务信息惠民试点，推动社区综合服务信息平台与区域人口健康信息平台对接，实现老年人基本信息档案、电子健康档案、电子病历等信息资源互联互通。组织有条件的医疗机构开展面向养老机构的远程医疗服务。将社区居家养老服务纳入社区综合服务信息平台，鼓励社会力量参与开发养老服务信息平台，重点推进老年人健康管理、紧急救援、精神慰藉、服务预约、物品代购等服务，逐步打造智慧养老社区。

（2）建立医养结合绿色通道

加快推进医养结合，依托湖南省国家级医养结合试点市，建设一批医养结合示范基地，积极探索可持续、可复制的经验。建立医疗卫生机构设置审批绿色通道，支持养老机构开办老年病院、康复院、医务室等医疗卫生机构，将符合条件的养老机构内设医疗卫生机构按规定纳入城乡基本医疗保险定点范围。支持有条件的养老服务机构内设医疗机构并纳入区域卫生和医疗机构设置规划。取消养老机构内设诊所的设置审批，实行备案制。鼓励符合条件的执业医师到养老机构、社区老年照料机构内设的医疗卫生机构多点执业。支持医疗卫生机构为养老机构开通预约就诊绿色通道，为入住老年人提供医疗巡诊、健康管理、保健咨询、预约就诊、急诊急救、中医养生保健等服务。推进基层乡镇卫生院转型医养结合养老服务机构，推进养老机构、社区老年照料中心与周边医院、基层医疗卫生机构建立急救、转诊等合作机制，以签约合作的形式确定与医疗机构的服务项目、服务方式以及责任和义务等，为老年人提供便捷医疗服务。鼓励二级以上综合医院与养老机构开展对口支援、技术帮扶。支持乡镇卫生院、社区卫生服务机构发展老年医疗护理特色科室。提升医保经办服务能力，切实解决老年人异地就医直接结算问题。探索建立长期护理保险制度，形成多元化的保险筹资模式，推动解决失能人员基本生活照料和相关医疗护理等所需费用问题。推动湖南健康产业园区的医养项目建设，鼓励社会力量兴办医养结合机构，大力发展健康养老产业。

（3）加快发展养老产业

进一步落实湖南省医疗卫生与养老服务相结合的有关政策。推动湖南健康产业园区的医养项目建设，社会力量兴办医养结合机构，大力发展健康养老产业。推进"养老＋"融合发展。依托湖南特有的医疗、旅游、生态等优势资源，加快养老与房地产、医疗、保险、旅游等融合步伐，大力发展候鸟式养老、旅游养老、医疗养老等新兴业态，拉长产业链条，提高产业聚集度。2018年，提升养老服务业在全省服务业比重，成为湖南省新的经济增长点。

B.28
2017年长沙高新技术产业
开发区发展报告及2018年展望

长沙高新技术产业开发区管理委员会*

2017年，长沙高新区立足新形势，适应新常态，按照"稳住、进好、调优"的总要求，紧紧围绕"奋力争先晋位、争创一流园区"的总目标，按照国家自主创新示范区"三区一极"战略定位，贯彻落实党的十九大精神，深入实施转型升级、创新驱动、开放引领三大战略，园区全面提速、提质、提效发展。2017年，长沙高新区"一区四园"实现企业总收入5500亿元，增长13.7%；工业总产值4700亿元，增长10%；高新技术产业总产值增长15%，利润总额360亿元。其中，麓谷园区实现企业总收入3200亿元，增长14.2%；实现高新技术产业产值1600亿元；规模工业增加值增长12%；完成固定资产投资243亿元，增长40.5%；实现财政总收入100.2亿元，增长11.1%。综合实力在全国157个国家高新区中排名第13位，可持续发展能力排名第5位。

一 2017年发展成效

（一）示范区建设加速推进，自主创新引领示范

1. 强化顶层设计，加强创新引领型目标导向

一是狠抓规划落实。加快实施自主创新示范区建设十年规划纲要，着力推进"三年行动计划"和2017年度示范区"十件大事"。编制并发布"麓谷创新指数"，成为继中关村之后第二个发布创新指数的高新区。二是优化政策体

---

* 作者：罗缅顺，长沙高新区政策法规局（法制办）局长（主任）；杨羽萱，长沙高新区政策法规局（法制办）发展研究专干。

系。全面升级《长沙高新区加强自主创新促进产业发展若干政策》（简称"创新33条"），进一步完善涵盖支持产业发展、人才引进、平台建设等在内的"1＋X"政策体系，重点支持企业智能制造、上市挂牌、并购重组。配套出台振兴工业实体经济发展的60条实施细则和军民融合、科技金融、瞪羚企业等专项政策，全方位扶持企业发展。三是加快大科城转化区建设。按照"五个一流"工作要求，制定并实施《岳麓山国家大学科技城创新成果转化区建设三年行动计划》，完成城市设计和产业发展规划，稳步推进国际创新中心和国际人才社区建设，引进跨境电商产业园、公用型保税仓等9个重点项目，打造具有全球影响力的科技产业创新中心。

2. 聚力源头创新，加快创新引领型平台建设

一是布局新型研发机构。加快新型研发机构建设，天仪研究院加入国际宇航联合会（IAF），并联合清华大学推出"天格计划"，两年内将发射20颗卫星。新增北斗导航、水环境监测等2家国家级实验室。二是建设创新服务平台。全年新增省级以上创新平台22个，其中国家级创新平台3个。聚集各类创新平台646个，国家级研发机构数量居全国高新区前列，各类科技服务机构1000多家，累计服务企业3000家以上。三是健全创业孵化体系。推进"麓谷·创界""柳枝行动"等自有众创品牌建设，建立了中科院湖南技术转移中心、中关村湘军创业园、百度创新中心、阿里巴巴创新中心等众创空间，创业服务中心等3家孵化器入围全国孵化器百强，长沙软件园新获批国家级科技企业孵化器（全市唯一）。

3. 厚植"第一资源"，加紧创新引领型人才集聚

一是积极推进人才新政落地。全面贯彻落实人才新政，组织千人政策培训大会、知识抢答赛、孵化器巡回宣讲等活动，形成政策人人知晓的良好局面。全年办理高层次人才分类认定初审113人，受理高校毕业生租房和生活补贴等业务申报462人次，受理政策咨询1057人次。二是继续加大招才引智力度。着力打造长沙高新区"555人才"品牌，47人入选第七批"555人才"。出台《承接和支持国防科大军民融合项目入园及人才创新创业的政策意见》，全年受理申报国防科大军转人才49人，军民融合人才集聚效应初见成效。组织企业积极申报上级人才计划，新增国家"千人计划"创新长期专家1人（全省2人），省"百人计划"专家6人（全市11人），74家企业进入市"3635计划"

考察环节（全市 118 家），获批省特殊津贴专家 3 人（全市 4 人），入选省、市级引智项目 44 家，全年共计争取上级各类引才引智资金 4000 多万元。加快院士专家工作站建设，全年新设立省级院士专家工作站 4 家，市级院士工作站 4 家（全市 9 家），博士后协作研发中心 2 家。联合市科协申报国家"海智计划"工作基地并获批。三是不断提升人才工作服务水平。组织"万侨创新、筑梦长沙"、"博士潇湘名企行"等系列活动，为企业招才引智提供优质服务。帮助 28 名人才"拎包入住"人才公寓，帮助 20 多名高层次人才协调解决子女入学、办公场地租售等困难，让人才工作安心、生活舒心。人才工作经验在全省组织部长会上作典型推介。

（二）产业转型成效明显，经济建设提质增效

1. 突出转型升级，内生式发展有动力

一是产业发展质效双提升。智能制造、电子信息及移动互联网、新能源与节能环保"两主一特"产业及生物医药、现代服务业等重点产业发展态势良好，均实现两位数增长。二是经济增长后劲再增强。中联重科产值增长 13.7%，实现增速翻倍。新引进企业 4000 余家，日均超过 10 家，企业总数达 2 万余家。新增"四上"企业 82 家（工业 39 家、服务业 43 家）。园区有效发明专利申请量 4204 件，增长 82.31%。外向型经济水平提升，全年完成外贸进出口总额 22 亿美元，实际利用外资 4.8 亿美元。举办或承办了电博会、智博会等各类产业、技术大型展会，产业影响力和辐射力不断增强。三是产业链条延伸更高端。中联重科自主开发以"模块化平台＋智能化产品"为核心全系 4.0 产品线。红太阳光电自主研发的高效太阳能电池生产线正式投产，打破国外长期垄断。景嘉微为中国坦克提供探测雷达等主动防护核心系统，技术世界领先。

2. 抓牢"两主一特"，差异式发展有优势

一是智能制造引领转型。率先出台智能制造三年行动计划，在增材制造、移动互联网等 17 个产业领域贯彻落实省、市新兴产业链发展战略。长沙"工业云"平台正式上线，为 2000 多家企业提供智能化服务。中国（长沙）知识产权保护中心落户园区（全国仅 4 家），将设立专利审查、确权、维权和保护的快速通道。获批中部首家国家级应急产业基地。全年新增获批 4 个国家级智

能制造综合标准化与新模式应用项目和 4 家国家级智能制造试点示范企业，"国字号"企业数量稳居中部园区第一；市级以上智能制造示范企业（项目）达 62 家（个），名列省市前茅。全年实现智能制造工业产值 630 亿元，制造业加速向中高端迈进。二是电子信息产业提档升级。移动互联网产业加速引爆，全年新引进包括滴滴出行华中区总部、ofo 共享单车在内的移动互联网企业 1622 家，累计总数达 4877 家，拓维信息、湖南竞网入围中国互联网企业 100 强。新增景嘉微等 5 家省级电子信息技术创新平台，微软云、柳枝、腾讯等众创空间做大做强，成功培育出映客直播、链牌数据、58 农服等优质项目。高规格举办 2017 移动互联网岳麓峰会，承办第二届海峡两岸（长沙）电子信息博览会，完成项目签约 12 个。电子信息产业实现工业产值 322 亿元，产值规模和竞争力不断提升。三是新能源与节能环保产业加速壮大。红太阳光电技改项目顺利推进，远大住工在全国有 50 余个 PC 工厂落地，省国际低碳技术交易中心技术交易、信息发布、技术展示三大平台试运营，节能环保产业园 90% 的标准厂房封顶。新能源与节能环保工业产值达 204 亿元。

3. 军民融合全面推进，跨越式发展有突破

一是产业集聚全省领先。聚集军民融合企业 120 余家，其中军工资质企业 49 家，特别是北斗导航企业 62 家，占全市 91%、全省 80%。军民融合产业总产值突破 300 亿元，占全市 55%、全省 30%。新引进中国电子、航天环宇等重大项目 13 个，拥有国内首个导航信息安全领域军民融合创新平台——长沙北斗产业安全技术研究院，设立了国内唯一经总参认证的军民两用北斗检测中心——北斗卫星导航产品质量检测中心。二是政策支持力度加大。出台《军民融合项目入园及引进转业人才创新创业的相关政策》《促进军民融合产业发展实施意见》，实施军民融合"四个一"（千亩产业基地、10 万平方米办公场地、10 亿元产业基金、1 亿元人才资金）扶持计划，重点建设"四大基地"，共有 26 家企业获得资金支持 3170 万元，占全市 55.7%。三是基地载体建设提速。形成了芯城科技园、中电软件园两大军民融合专业基地。军民融合双创示范基地、省军民融合科技创新产业园、国家级信息安全与军民融合产业基地已开工建设。承担了长沙申创"国防科技工业军民融合创新示范基地"、"国家军民融合创新示范基地"的主要工作，承办了湖南军民深度融合发展推进会。

（三）项目建设成效显著，发展后劲不断增强

1. 加快项目建设聚动能

一是着力推进精准集群招商。瞄准产业链前端和价值链高端，成功签约产业项目120个，投资总金额达480亿元，其中，投资过百亿元项目1个，50亿元以上项目2个，10亿~50亿元项目10个。清控（长沙）创新基地项目、中国长城总部基地及产业化项目、中国电科高端装备智能制造产业园、中国五矿金融平台总部、中兴通讯全球类终端智能制造总部正式落户。二是着力推进产业项目建设。全年新开工产业项目32个，竣工项目29个，是有史以来开竣工产业项目最多的一年。年度计划投资152.33亿元，全年完成投资208亿元，产业类投资占总投资的73.23%。中国通号将建成国内顶尖的有轨电车装备研发、制造和试验基地；北斗微芯、军民融合园等项目将成为军民融合产业发展的新载体；中兴通讯家庭类终端总部建成达产。

2. 支持企业发展增活力

一是支持优势企业做大做强。积极兑现上市挂牌政策，新增长缆电工、华凯创意、岱勒新材、科创信息4家上市企业，新增数占全市的33%；上市企业总数达41家，占全市的62%。新增巨星建材、天济草堂等"新三板"企业15家，新增数占全市50%，总数达69家。二是支持骨干企业扩张产能。中兴通讯6条生产线投产，其余16条生产线正加快建设，预计达产后年产值可达80亿元。中国通号完成4栋厂房建设及生产线辅助设备安装，预计2018年可实现产值30亿元。中联重科以116亿元转让环境产业公司80%股权，成功引进盈峰控股等4家企业，聚焦做强工程机械、农业机械板块。三是大力培育瞪羚企业和独角兽企业。出台《长沙高新区瞪羚企业认定及扶持办法》，认定园区首批瞪羚企业48家；在科技部瞪羚企业排名中，居全国高新区第14位，御家汇上榜全国瞪羚企业百强。全年共催生独角兽企业2家，新增1家。

3. 健全服务体系强保障

一是细化企业精准帮扶。构建"管委会领导牵头、对口部门负责、专人联系走访"的"两帮两促"工作机制，重点联系420家重点企业，着力解决杉杉新能源、御家汇等企业在政府采购、技术改造、投融资等方面的困难和问题。全年共收集企业"问题清单"477个，问题解决率达100%。二是强化科

技金融服务。组建注册资本1亿元的国有控股的融资担保公司。出台促进科技金融业发展的六条政策。新增4家科技银行，风险补偿合作机构达9家。搭建"信用麓谷"平台网站和企业信用数据库，探索开展企业信用评级工作。推进麓谷基金广场建设，深创投等50家全国知名的投融资机构签约落户，园区累计入驻产业基金、投融资机构400多家，总资金规模达600亿元。三是深化"三项清理"工作。深入开展企业经营、项目用地和投资履约"三清"工作，完成18000多家企业的摸底排查，368个招商项目合同履约情况分析，踏勘约谈了涉嫌闲置的27宗土地使用权人。制定项目投资合同示范文本，细化违约责任条款，强化项目履约管理。

（四）深化改革全面推进，发展环境不断优化

一方面，抓产城融合，加快建设品质新城。一是大力推进重大基础设施建设。参加2017年筑博会，推动绿色建筑发展。启动全国首批"地下综合管廊"试点项目红枫路、雪松路等3个PPP项目建设。重点加快岳宁大道、望雷大道北段等主次干道和排水管网、造绿复绿等市政基础配套建设。二是重点加强园区生态环境建设。以中央环保督查为契机，开展"清霾""碧水""静音"三大环保行动，加大龙王港、肖河"两河"治理力度，治理成效成为省市典型。实施"三年造绿大行动"，新增绿地面积107.8公顷。黄标车淘汰率位居全市前列。三是着力提高公共服务水平。推进尖山印象一期、金南家园二期等保障性住房建设。完成南塘小学、桥头小学等学校提质改造。优化3条公交线路，解决新增项目企业集聚区公交出行问题。推进长庆、东塘社区城中村改造和4个社区提档提质。

另一方面，抓效能优化，不断提升服务水平。一是实现"园区事情园区办"。新承接48项市级行政权限，共承担113项审批事项，明确了8个承接部门的职能职责和目标任务，打造权力清单、流程清单、责任清单和负面清单的"升级版"，真正让企业"进一张门办全部的事"。二是实现"园区事情高效办"。按照"两集中、两到位"要求，破解企业反映强烈的"痛点"和"堵点"，实行项目"一次性"审批，建立园区"模拟""捆绑""零土地"三大审批机制，将报建审批时间从法定的220个工作日承诺为49.5天，压缩率77.5%。项目报建审批需提交资料由原来的370项压缩为220项，精简率达

40%。三是实现"园区事情代理办"。全面实现从办理立项到建设工程施工许可证全覆盖、零收费、无门槛、保姆式的报建代办服务，全年累计服务企业76家。

二 2018年工作思路

2018年，长沙高新区将全面贯彻落实十九大精神，坚持稳中求进的总基调，坚持质量第一、效益优先，坚持新发展理念，以加快建设国家自主创新示范区为主线，以深化供给侧结构性改革为抓手，推动园区经济在实现高质量发展上不断取得新进展。

一是以示范区建设为主线，全面增强创新实力。加快国家自主创新示范区建设步伐，抓紧实施自创区发展十年规划纲要，谋划示范区建设新三年行动计划，加快建设一批重点示范项目。加快推进岳麓山国家大学科技城创新成果转化区建设，加快建设"两心驱三轴、一环串九区"，形成"一心两园三区"的发展格局，打造具有全国影响力的科技创新中心。推进军民融合"134"发展计划，打造军民融合千亿产业集群，设立三大综合服务平台，新建四大专业园区。实施科技金融"五个一"工程，完善一个产业政策、一家服务机构、一栋基金大厦、一批基金项目、一个基金产业片区的科技金融服务体系。

二是以提质增效为核心，全面释放经济活力。大力实施"麓谷智造2025"和"互联网＋"行动计划，做强创新型产业集群，促进产业迈向中高端。以中联重科、中国通号、中国长城、中兴智能、威胜信息、中联环境等为龙头，促进先进装备制造、电子信息、新能源与节能环保"两主一特"产业集群发展壮大。着力构建移动互联网、自主可控及信息安全、航空航天、增材制造等17个新兴优势产业链，抢抓人工智能、5G、医疗健康、绿色低碳、数字创意、空天海洋等新兴业态的发展契机。

三是以引资引智引技为抓手，持续增强发展动力。全面实施"建链、强链、补链、延链"工程，围绕产业链，布局创新链、完善资金链、延展人才链，重点针对"两主一特"产业和新兴优势产业链及产业核心关键技术，大力引进龙头企业，大力支持发展新型研发机构，大力引进创新创业领军人才和技能型人才。突出"以企引企"，围绕已落户的中兴智能、中国通号、中国电科等产业链龙头，加快引进上下游配套企业，营造完备的产业生态圈。强化"以商招商"，重点支持园区现有企业通过并购重组、追加投资、扩大再生产等方式实施新项目，加速实现"二次腾飞"。

四是以平台搭建为重点，不断提高开放能力。积极融入"一带一路""长江经济带""中部崛起"等国家战略，积极建设跨国研发中心、离岸孵化器等载体，加快推进跨境电子商务园、公用型保税仓库建设，鼓励工业化住宅产业联盟、大健康产业联盟等创新组织领衔"抱团出海"，全面建设内陆对外开放新高地。提升高新区国际科技商务平台影响力，加强与美国、欧盟、俄罗斯、东亚等地区的对外交流合作，搭建国际科技与商务合作、科技成果与技术转移跨境交流平台。

五是以营商环境为突破，确保发挥改革效力。贯彻落实全面深化改革要求，积极推动管理体制和运行机制改革创新，突出产业服务功能和创新创业需求，营造一流的营商环境。大力推动行政审批制度改革，深化"放管服"改革，承接落实好简政放权的职能职责，打造权力清单、流程清单、责任清单和负面清单的"升级版"，进一步优化审批流程、精简审批事项。打造"两帮两促"企业帮扶 2.0 版，沿产业链构建集中帮扶、共同解决的新型帮扶机制。推进企业综合服务平台、信用麓谷平台、企业服务微信公众号高效运行，系统性增强企业服务"软实力"。

B.29
2017年长沙经济技术开发区
发展报告及2018年展望

长沙经济技术开发区管理委员会

一　2017年发展报告

2017年，长沙经开区认真贯彻落实"创新引领、开放崛起""创建国家中心城市"等省市发展战略，紧紧围绕"率先打造国家智能制造示范区、率先建设5000亿国家级园区"发展目标，按照"稳住、进好、调优"总要求，坚持区县一体，推动融合发展，以"双轮驱动"、"双臂支撑"为着力点，以项目建设为抓手，突出产业链建设，园区经济发展呈现稳中有进、进中向好态势。

（一）经济发展保持稳中向好态势

1. 经济实力稳步提升

2017年，园区完成技工贸总收入3126.9亿元，增长22.5%；完成规模工业增加值538.8亿元，增长16.6%；完成财政总收入155.72亿元，增长13%；完成全社会固定资产投资238.7亿元，增长29.8%，主要经济指标继续保持两位数增长。

2. 主导产业提质增效

围绕"两主一特"产业建链、补链、强链、延链，主导产业规模、效益和质量明显提升。支持汽车骨干企业增资扩建，引进核心零部件项目，抢占新能源汽车高端，汽车产业发展势头强劲。广汽三菱欧蓝德、上汽大众斯柯达柯迪亚克、长丰猎豹CS9 EV、广汽三菱"祺智"、众泰君马S70等车型相继投产或达产，整车产能超过100万辆，成为园区首个千亿产业集群。支持工程机械在坚持做强做优主业的基础上加快转型升级，企稳回升态势明显，2018年有望成为园区第二个千亿产业集群。健全电子信息产业链，重点引进产业上游旗舰型项目，产业规模不断壮大。汽车、工程机械、电子信息三大产业占规模工业总产值的比重分别为43.1%、39.3%、10.6%，多点支撑产业格局更加稳固。全年新增广汽三菱、铁建重工、长丰集团3家产值过100亿元企业，过100亿元企业总数达7家。

（二）智能制造呈现蓬勃发展势头

1. 平台基础不断夯实

主动对接"中国制造2025"和"互联网＋"行动，加强顶层设计，发布园区智能制造中长期发展规划，明确国家智能制造示范区建设路径，致力于打造全球领先的智能制造应用基地、示范基地和创新基地。设立总规模100亿元的智能制造基金，实行市场化运作，优先支持具备高新技术和高速发展特征的智能制造企业，积极引导资金、土地、人才向智能制造集聚。启动智慧园区建设，安排专项资金，充分利用中国信息通信研究院、三一树根互联、苏州工业园智慧园区团队等国内优质资源，率先在全市构建智能制造、智慧园区、工业互联网"三位一体"协同推进机制，聚焦产业、政务、服务三个方向，建设政务云与工业云，全方位打造智能制造生态体系。支持三一树根互联打造具有全球影响力的工业互联网平台，平台监控数据已成为国家决策重要参考依据，服务触角延伸至45个国家和地区，打造了"互联网＋先进制造业"深度融合的典范。引进"三一现代工业家＋"项目，通过实施"33121"工程，打造新型创新创业社区，引领带动传统产业加速向智能化转型。

2. 示范效应日益凸显

围绕"2025年全面建成国家智能制造示范区"目标，强化政策引导，夯实要素保障，推动质量变革、效率变革、动力变革，逐步实现产业智能化、智能产业化。加大对企业研发和技改支持力度，智能生产、智能产品、智能服务不断涌现。博世汽车"工业4.0"示范基地建设如期完成，成为全省首家"德国工业4.0"标杆企业；上汽大众将实现6种车型共线生产，与广汽菲克等企业被誉为世界级智能制造工厂的典范；众泰汽车二期项目涂装车间完成改造，技术研发和自动化生产能力大幅提升。启动园区第一批工业互联网试点示范项目建设，铁建重工、镭目科技2家企业项目入选2017年国家智能制造专项项目。在2017年9月全省产业发展现场推进会上，省委书记杜家毫称"博世汽车是家门口建起来的'工业4.0'样板工程"、"上汽大众、蓝思科技、博世汽车等企业都是智能制造的典范"。截至2017年底，园区共创建国家级智能制造试点示范企业1家、省级智能制造企业5家、省级智能制造车间1个、市级智能制造试点示范企业43家。

（三）项目建设步入质量齐升阶段

1. 招商引资来势喜人

坚持招大引强、精准招商，突出产业链招商、以商招商、二次招商、园区与企业共同投资招商、成立合作平台公司招商，招商引资成果丰硕。引进投资额5000万元以上项目39个，总投资约200亿元，其中投资过50亿元项目2个。大力发展开放型经济，园区实际到位外资5.68亿美元，对外贸易总额32亿美元，蓝思科技成为全市首家年进出口额过10亿美元的外贸企业，广汽三菱、铁建重工进出口额实现翻番，进出口额过亿美元企业增至8家，位居全市第一。

2. 项目建设高效推进

2017年，园区列入市发改委考核重大项目46个，年计划投资111.44亿元，完成投资156亿元，完成年任务的140%，27个新建项目全部开工，高质量项目建设支撑经济高质量发展。在全市率先开创政府与企业合作共建新模式，项目建设跑出加速度。由园区代建的长丰华湘（猎豹）工业园项目，总投资超过50亿元，从开建到试生产仅9个月，已于2017年12月8日正式竣工投产。由园区代建的索恩格汽车部件项目，总投资10亿元，于2017年2月开建，8月31日厂房交付使用，2018年1月已整体移交索恩格汽车部件公司使用并正式投产，其中国总部和全球研发中心同时落户园区，项目达产后将实现年产值50亿元、税收3亿元，成为高质量项目的典范。加快推进"腾笼换鸟"，确保重大项目快速落地。总投资过50亿元的广汽三菱发动机及整车技改项目通过改造原HEG厂房建成，填补了湖南自产汽车发动机的空白，已于2017年3月开建，计划2018年底正式量产。总投资50亿元的湖南烁普汽车动力锂电池隔膜项目，充分利用山河智能原第三产业园进行生产线改造，已于

2017年11月签约并开建。总投资过50亿元的铁建重工高端地下装备制造项目，一期已于2017年4月建成投产，二期全球首条智能化磁浮轨道生产线已于2017年12月底全部建成投产。园区两次代表长沙参加全省产业项目观摩，项目建设品质和服务水平得到省市主要领导高度肯定。

3. 要素保障不断增强

抢抓新一轮园区扩区机遇，积极争取省市县支持，143平方公里扩区方案已于2017年7月由省政府上报国务院，为园区未来发展赢得了先机。按照"四张蓝图"总体要求，顺利完成战略空间拓展和产城融合规划。通过理顺拆迁工作机制、腾笼换鸟、空坪隙地见缝插针、回收回购等举措，以及举区县之力开展"奋战100天腾地8000亩"专项行动，有效保障了重大项目落地。园区土地开发利用荣获全省集约节约用地考核第一。强化人力资源保障，每年安排1亿元用于招才引智。认真落实"长沙人才新政22条"，出台《加快引进培育技能人才办法》，设立"星沙友谊奖"、"特别贡献奖"、"星沙工匠"，人才高地建设稳步推进。全年入选国家"万人计划"2人，入选省"百人计划"2人，获评市级"技能大师"3人，新增市级"技能大师工作室"1家，高层人才初审认定数量占全市1/3，人才交流服务中心被人社部评为全国人力资源诚信服务示范机构。

（四）改革创新催生持续发展动力

1. 区县融合彰显强大合力

按照"三个融合"发展理念，坚持区县一体，区县融合达到历史新高度。坚持区县联动，开展区县周（月）工作一体调度，全年组织调度布置周（月）工作37次，交办任务224件。创建了区县"同时学习、同时研究、同时部署"工作机制，对贯彻落实上级会议及文件精神、工作任务，以及意识形态、中心组（扩大）学习、党风廉政建设、招商引资、安全生产、环境保护、城市管理、社会稳定等重点工作，坚持区县共同部署、共同落实、共同督查，推动了区县资源共享、高效运行。特别是在重大考察调研接待和重大任务铺排中，区县相互支持、积极配合、主动担当，展示了区县形象，提升了工作效率。

2. 体制机制改革深入推进

积极探索园区发展新路径，主动向省直有关部门报告园区改革创新建议，向市委、市政府提交改革创新发展实施方案，助推全市加快园区改革创新步伐。启动人事机构改革，实行"大部门制"，事业单位全部归口对应部门管理，层级管理不断规范。设立法律事务中心，建立重大决策合法性审查和合同全流程痕迹化管理机制，依法管理能力明显提升。实施差异化绩效考核，突出项目建设，拉开干部收入分配差距，激发了干事创业活力。深化直属企业改革，在集团公司基础上新成立项目公司，进一步理顺了资产经营管理和项目开发建设的关系，直属企业运营更加规范有效。

3. "放管服"改革持续深化

认真落实"长沙工业30条"、"一次性"审批等全市重大政策，出台工业用地优惠政策等12项实施细则，制度高地建设稳步推进。主动承接市政府第131号令下放涉区的83项权限，落实"两集中、两到位"要求，园区涉企行政审批事项进窗由124项增至158项，组织新建和修订标准化服务指南92项，完成了500平方米的政务服务大厅装修改造，新增23个服务窗口及24人办公场地。深化商事制度改革，推行集群注册，新增市场主体1776户，总量达5041户。为缓解园区中小微企业融资难、融资贵问题，发起成立政府性融资担保公司和小额贷款公司，为企业降低融资成本提供了平台。

4. 创新创业活力不断释放

推进国家知识产权示范园区建设，实现高新技术规上企业产值1900亿元，占园区规模工业总产值的81%。积极引导企业加大研发与试验发展投入，全年企业共投入R&D经费58亿元，占企业产品销售总收入的2.5%。申请专利1214件，增长16%。培育上市（挂牌）企业4家，总数达17家。航天凯天环保、国科微电子等13家企业成功申请2017~2019年长株潭国家自主创新示范区专项资金。联手三一集团成立3.5亿元创投基金，持续开展"三湘汇"创新创业活动。新建或续建科技新城等5个工业地产项目，投资超过12亿元，新增工业地产面积46万平方米，累计建成150万平方米。全年新引进创新型企业592家，工业地产入驻企业实现产值66.7亿元。新长海创客总部获评国家级科技企业孵化器，三一众创孵化器获评国家级众创空间和国家级双创示范基地。推进"质量兴区"，蓝思科技、铁建重工获评第五届省长质量奖，湖南丽臣等4家企业5个产品获评湖南名牌产品。抢抓军改契机，设立军民融合专项基金，出台支持军民融合人才创新创业鼓励办法，打造了5万平方米的科技新城军民融合平台。

（五）综合配套展现产城融合新貌

1. 基础设施更加完善

全年铺排基础设施项目 146 个，完成总投资 16 亿元。实施三年品质提升工程和新三年造绿大行动，推进"千园之城"建设，铺排绿化项目 27 个，新增绿地面积约 50 万平方米，其中新增公园 8 个、"增花添彩"道路 2 条、林荫路 5 条、林荫广场 3 个、林荫停车场 5 个。打造了环城绿带、东十一路绿化景观工程、长桥公园 3 个精品绿化项目，先后接待了全市 13 个单位现场观摩。在 2017 年 7 月全市造绿复绿观摩活动中，园区"服务企业、服务员工、服务居民"的绿化建设理念得到市主要领导高度肯定。围绕打造"四个一刻钟交通网""三个十分钟服务圈"目标，梳理 11 条断头路，已开建 5 条；加快人民路两厢开发建设，引进了三博医院、湘郡未来实验学校扩建等优质现代服务业项目 5 个，园区综合配套水平不断提升。

2. 公共服务更加精准

在全省首倡行政管理及服务事项未办件报告制度，以刚性制度倒逼责任落实，服务效能持续提升，工作经验被市《政务信息》、《长沙要情》和主流媒体第一时间采用并推广。建立精准服务机制，工管委领导分组联点 165 家规上工业企业和重大项目，深入一线破解发展难题。加强政务信息公开日常监督和考核，全年有 8 个月在全市政府网站常态化监测考核中排名园区类第一。加强日常保密监管，全年无失密、泄密事件发生。狠抓安全生产监管，确保了园区安全生产形势持续稳定。根据党政同责、一岗双责、失职追责原则，按照"一单四制"要求，建立了工管委领导安全生产工作责任清单，坚持一月一检查、一季一调度，深入开展综合治理、专项整治、打非治违、安全生产大检查等活动，督促企业整改安全隐患 1300 多处，打击严重违法违规行为 20 起。认真落实中央环保督察要求，中央环保督察组交办的 11 件案件均已完成整改并销号。

（六）自身建设夯实"二次创业"根基

1. 组织工作更加有力

全体领导干部自觉用习近平新时代中国特色社会主义思想武装头脑、引领方向、指导实践，以政治建设为统领的党的建设不断加强。深入推进"两学一做"学习教育常态化制度化，组织区县一体党工委中心组（扩大）学习 7 次，第一时间传达学习中央和省市重大决策部署，并认真抓好贯彻落实，做到有部署、有行动、有实效。加强基层党组织建设，新建非公企业党组织 27 个，指导 43 家企业党组织完成换届选举，党组织共覆盖 429 家企业，实现了两个全覆盖。打造"三区一校七室"阵地，组织第二届"四型三星"先进典型评选，深化互联共建，运用信息化手段，严格落实日常管理，提升了党建工作水平。围绕园区中心工作，策划组织推出各类主题宣传 210 次，与媒体合作挖掘园区典型，讲好园区故事，擦亮"智能制造第一区"名片，较好地展示了园区形象。发挥民主党派及群团组织优势，凝聚了共促发展的工作合力。

2. 履职能力得到提升

取消了不符实际的工作例会，叫停了不符合企业需求的活动，推出重大任务专题调度、重大招商随时安排、重大项目每月调度、服务企业随叫随到、安全生产每月检查、日常工作层级管理等一系列务实的精准服务举措，首创未办件报告制度，强化了干部履职责任，锤炼了干部履职能力。组织机关干部参加上级调训和各类业务培训，完成拆迁事务所班子成员配备，新招聘 23 名工作人员，干部队伍结构得到优化。建立和完善重大决策法律审查机制，依法履职能力不断增强。

3. 作风建设扎实推进

开展"学党纪条规、查问题隐患"主题活动，全面铺开领导干部经济责任审计，着力问责不作为不担当不负责行为，探索实施园区专项巡察，高频次开展明察暗访，向直属企业综合派驻纪检组，率先选聘一批纪检监督员。全年开展纪律审查 18 次，处理 28 人次，其中给予 4 人严重警告、1 人党内警告、2 人免职处理、7 人诫勉谈话、14 人提醒谈话，监督执纪"双向六防线"初步形成，营造了风清气正、扎实干事的良好氛围。

二 2018年工作展望

2018 年，长沙经开区将深入贯彻落实党的十九大及中央、省委、市委经济工作会议精神，紧紧围绕"率先打造国家智能制造示范区、率先建设 5000

亿国家级园区"发展目标,坚持区县一体、融合发展,以园区智能制造中长期发展规划为引领,扎实开展"产业项目建设年"活动,突出产业链建设、体制机制改革、精准服务企业、资源要素保障、环境品质提升,大力推进质量变革、效率变革、动力变革,推动园区经济高质量发展,主要经济指标继续保持10%以上增长。

B.30
2017年宁乡经济技术开发区
发展报告及2018年展望

戴中亚*

一 2017年园区产业发展情况

完成规模工业总产值1078.87亿元、规模工业增加值251.78亿元，同比增长18.2%、13.8%，迈入"千亿园区"行列；完成财政收入24.6亿元，同比增长19%；获批国家知识产权试点园区、国家绿色园区、湖南省经济技术开发区先进单位。

（一）创新机制，精准发力，招大引强全新突破

致力招大引强。全新构建"1+3+6"产业招商体系，全年实现合同引资650亿元，引进产业项目79个，其中金新能源汽车产业园项目投资超过100亿元，美的智能家居、中伟新能源、合纵科技3个项目投资超过50亿元，南亚铝模、海尔电器、亿利洁能、一品佳食品4个项目投资超过10亿元。此外，格力空气能热水器、海信网络科技、彭记坊食品、力天新材、美好置业等一批优质产业项目成功落户。致力挖潜增效。引导天宁热电、海纳新材、雅城新材、蓝田再生等企业引入战略资本进行并购重组，有效盘活天宁锦城、飞翼股份二期、妙盛国际企业孵化港二期、聚力催化剂二期、恒佳新材、宜贝尔等低效闲置土地，推动格力电器、楚天科技、康程护理、金富包装等10多家企业开展二次投资。致力资源整合。争取长沙市政府支持，联合深圳手机协会成立长沙承接智能终端产业转移深圳办公室，成鸿科技、三京手机、钒佳科技、三

---

* 戴中亚，宁乡经济技术开发区党工委副书记、管委会主任。

度伟业等12个智能终端产业项目进驻长沙智能终端产业园；精心举办第二届食业家农业家商业家"三大年会"、中国卫生用品全产业链发展峰会、"蓝月谷之夏"产业活动季等主题活动，积极参加港洽周、中国食品餐饮博览会、长沙国际智能制造技术与装备博览会等重要会展；携手湖南省食品质量安全技术协会、湖南省食品安全网、湘菜产业化工程技术研发中心，启动"中国湘菜产业园"建设；联合宁乡黄金珠宝协会，整合宁乡黄金珠宝产业优势资源，吸引宁乡籍企业家返乡兴业。

（二）突出服务，同向施力，项目建设加速推进

重项目调度。全年调度重点项目95个，其中续建项目27个、新开工项目32个、完成开工前期准备项目36个，实现固定资产投入254.88亿元，同比增长30.9%，7个项目列入省重点工程、49个项目列入长沙市重大项目。长沙市重大项目管理考核排名全市五个国家级园区之首。抓项目进度。中建科技一期、湘粮科技一期、海信电器宁乡综合生产基地、联塑建材、皇氏乳业、优卓乳业、火辣辣食品等39个产业项目竣工投产，园区第一污水处理厂、山水检测、蓝月谷工人文化宫、船形山公园、蓝月谷东路等公共配套项目建成投入使用；楚天科技智能医疗装备产业园、长沙智能终端产业园、中伟新能源、康程婴童产业园、爽尔婴童产业园、格力空气能热水器等项目加速建设。楚天科技智能医疗装备产业园在长沙市重大项目现场观摩评比中荣膺第一。强项目保障。突出重大项目精准帮扶，增设项目服务代办专员，深入开展"项目建设冲刺季"、"三抓两促"等主题活动，解决项目建设具体问题200多个，打击处理破坏经济发展环境人员30多人次，全年项目建设质量安全零事故。坚持片区拆迁与项目拆迁同步实施，全年拆违108户、3万多平方米，签订房屋拆迁协议511户，征地3020亩，腾地5630亩。

（三）提速进挡，激活动力，企业发展亮点纷呈

着力推进智能制造。依托长沙智能制造研究总院平台资源，出台园区智能制造三年行动计划，设立湖南省专利分析与评估中心，全面启动质量强区工程。加加食品、妙盛动力获批国家智能制造试点示范项目；格力暖通获批国家工业互联网应用试点示范企业；楚天科技获批国家科学技术二等奖、国家绿色

工厂；妙盛国际企业孵化港获批国家小型微型企业创业创新示范基地；妙盛动力新增省新能源汽车动力锂电池工程技术研究中心；加加食品新增省工程研究中心、院士专家工作站；中建科技获批国家装配式建筑产业基地；通石达、桑铼特获批省小巨人企业；松井新材获批省百项专利转化推进计划项目；格力暖通、中财化建、建益新材获评省两型产品；湖南粮食集团、加加食品获长沙市长质量奖。新增规模企业 28 家、高新技术企业 13 家、市级企业技术中心 5 家、授权专利 416 件。着力加速对外开放。出台《大力发展开放型经济办法》，湘品出湘、湘品入俄等外向型经济平台日渐成熟，习普实业与俄罗斯超市采购联盟签订 1000 万美元订单，楚天科技出资 11 亿元并购世界医药装备行业一流企业德国 Romaco 集团。推动广铁集团开通宁乡铁路货场集装箱班列，启动铁海联运。引进中韩美丽谷、优钢铸造、大棒食品等外向型项目，雅城新材、百川超硬、康程护理、食尚大叔、桑铼特等 10 多家企业进出口贸易实现历史性突破。全年到位外资同比增长 12.5%，进出口额同比增长 157.1%。着力培育企业人才。设立园区人力资源市场，首创"企业员工互借"模式，协助企业招聘技工 2000 多人，引进高层次人才 30 多人。大力弘扬企业家精神、工匠精神、劳模精神，注重企业家、职业经理人队伍建设，楚天科技唐岳、松井新材凌云剑入选第三批国家"万人计划"科技创业领军人才；加加食品杨振、百川超硬李坊明、恒佳新材王先友被认定为长沙市科技创新创业领军人才。

（四）深化改革，持续用力，营商环境日益改善

持续优化审批改革。设立园区企业服务中心，按照"一个中心审批、一个文件管理、一个公章对外、一个部门督查"原则，采用"一次告知、要件把关、容缺受理、并联推进"等方式，持续推进"三集中三到位"行政审批改革，打造一站式审批，全年审批各项业务 2785 件，办结率 100%，实现政务审批"零投诉"，优化政务服务和强化服务效能评估名列长沙市国家级园区第一。落小落细"四十三证合一""电子营业执照"和企业集群注册等改革新举，实现股改登记园区办。持续优化政策体系。认真落实"长沙工业 30 条""人才新政 22 条"，制定实施细则，提升"产业扶持 30 条""创新创业 15 条""留学生创业扶持 22 条"的落地性，兑现"产业扶持 30 条"奖励资金 1500

多万元。进一步完善支持园区企业金融服务系列政策，举办第三届蓝月谷资本论坛，成功搭建蓝月谷创新产业基金、担保公司、风险补偿基金等特色金融服务平台，建立园区企业上市储备库。三是持续优化管理考核。率先全市园区改革人事制度，机关管理层级由6个压减为3个，部门内设处室缩减40%。深入开展"马上就办落实年"主题活动，成立综合督查室，改进企业、部门、驻区机构和乡镇街道服务园区考核办法。

二　2018年产业发展形势分析

放眼全球，当前世界经济在大发展、大变革、大调整的同时，也带来了前所未有的机遇。特别是"一带一路"倡议加速推进，得到更多国家、国际组织的认同和积极响应，"引进来"的脚步不停，"走出去"的步子更大，为国内实体经济发展注入更多更新动力。纵观国内，党的十九大确立了习近平新时代中国特色社会主义思想，做出我国经济已由高速增长阶段转向高质量发展阶段的重大论断，指出要建设现代经济体系，重点发展实体经济。中央经济工作会议明确了稳中求进的总基调，确定了走高质量发展道路的大方向，将全面深化要素市场配置改革，大力降低实体经济成本。十三届全国人大一次会议的《政府工作报告》明确，积极的财政政策取向不变、稳健的货币政策保持中性，发展壮大新动能，加快制造强国建设，深化"放管服"改革，进一步减轻企业负担，提出了工程建设项目审批时间再压减一半、再为企业和个人减税8000多亿元、一般工商业电价平均降低10%、为市场主体减轻非税负担3000多亿元等一系列支持实体经济发展的重大举措。国家宏观经济形势将全面脱虚向实、整体趋稳回暖，实体经济有望迎来新一轮收获期、窗口期。

2018年，湖南省长沙市和宁乡经济区均将进一步聚焦实体经济、产业园区、优势产业链。省委、省政府将2018年确定为"产业项目建设年"，旗帜鲜明提出扶园区、强产业，重点聚焦20个工业新兴优势产业链，精心打造一批在全国有影响力有地位的产业集群、产业高地、领军企业和核心品牌。长沙市委、市政府明确提出要全力推进22个新兴及优势产业链发展，"长沙工业30条""长沙人才新政22条""1+4科技创新政策体系"等实体经济"一揽子"扶持政策的溢出效应、叠加效应将在2018年集中显现；宁乡市委、市政府明确要以先进装备、食品饮料、储能材料、智能家居、新材料（含装配式建筑）、妇孕婴童及鞋服等产业链为重点，在加快推进产业项目建设中抢占制高点、赢得话语权、增强竞争力。展望未来，园区发展格局已经形成，要素资源加速集聚，发展品质不断提升，内生动力日益增强，全区上下抓产业、谋发展的氛围更加浓厚，再加上宁乡撤县改市、渝长厦高铁、长张高速复线、岳宁大道等交通动脉加快建设等契机，将使园区新一轮发展如虎添翼。

三 2018年工作思路、目标和重点

以习近平新时代中国特色社会主义思想为指导，全面贯彻党的十九大精神，认真落实中央、省、市经济工作会议精神和湖南省、长沙市、宁乡市"产业项目建设年"的部署要求，以高质量发展为基调，以供给侧结构性改革为主题，以"亩产论英雄"为导向，以低效闲置资产清理为手段，以新兴及优势产业链建设为重点，深入开展"招大扶强攻坚年"主题活动，全力推进聚焦发展、融合发展、开放发展、品质发展"四个发展"，努力打造升级版的宁乡经开区。2018 年的主要经济指标预期目标：规模工业总产值同比增长15%，规模工业增加值同比增长 14.5%，产业项目固定资产投资同比增长20%，工商税收同比增长 20%，外资外贸实现倍增。

（一）以供给侧结构性改革为主线，推动转型升级创新迈向新高度

1. 打造智能制造引领区

一是推动制造过程智能化。支持企业从关键工序智能化、核心装备智能化等方面，加快数字化、网络化、智能化建设或改造，力促更多新项目建设智能工厂，确保 10 家企业完成智能制造单元、智能生产线、智能车间改造。二是推动智能产品产业化。抓好智能家电、智能家居、智能医疗成套装备等智能终端产品的研发生产，加快打造格力电器智能装备产业园、楚天科技智能医疗装备产业园、中伟新能源、长沙智能终端产业园等 100 亿元产值项目，着力培育海信网络科技、众海汇智、成鸿科技、金典智能等"智造"企业群。三是推动智造品牌高端化。支持企业打造"单打冠军"、"隐形冠军"，引导企业争创

国家智能制造试点示范项目 2 个以上、省市智能制造示范企业 5 个以上，积极创建长沙智能制造示范园区。

2. 打造科技创新示范区

一是加速集聚科技创新人才。充分发挥省级海智计划基地、省级留创园、市级台创园、海梦岛双创基地等创新平台作用，实施"科技创新人才倍增计划"，引进和培育一批科技领军人才和创新团队。二是加速建设科技创新平台。依托长沙智能制造研究总院宁乡分院和已建立战略合作的高校、院所，引导企业建设各类研发平台、新型研发机构、知名企业研发中心等科技创新载体，重点支持楚天科技、飞翼股份创建国家工程技术研究中心，加加食品、松井新材创建国家企业技术中心，楚天科技建设中德联合技术创新中心，标朗住工创建全省首家诺贝尔实验室，鼓励其他优势企业建设重大创新平台和省级以上研发机构 10 个以上。三是加速形成科技创新成果。建好国家知识产权试点园区，做实湖南省专利分析与评估中心、江南大学国家级技术转移中心宁乡分中心。支持松井新材、标朗住工和妙盛动力等企业开展重大产品创新，全年新增授权专利 460 件以上。举办 2018 宁乡市创新创业大赛，推动蓝月谷众创空间和星创天地打造路演高地。

3. 打造实体经济集聚区

一是持续降低营商成本。全面落实供给侧结构性改革"1 + 7""长沙工业30 条""宁乡振兴工业实体经济 20 条"等政策，提升"产业扶持 30 条"的精准度，制定降低企业用工、耗能、物流、融资成本的政策措施，争取全国第二批增量配电业务改革试点，执行宁乡市涉企收费标准，大力降低实体经济生产经营成本和制度性交易成本。二是持续提升审批效能。全面落实《对接"北上广"优化大环境行动导则》，积极承接省市下放的行政审批权限，提质企业服务中心建设，加快"互联网 + 政务服务"进程，实施"多规合一"项目协同审批，出台容缺审批、延期默认、技术审查先行等制度，做好行政审批3550 改革，开展证照分离试点，深化企业全程电子化登记、多证合一等商事改革，践行"马上办、网上办、一次办"。三是持续推进安全发展。制定政府债务防控方案，进一步规范举债、PPP 等行为，加快债务置换，科学铺排政府投资项目，推动平台公司改善负债率、提高信用等级，打好防范化解政府债务风险攻坚战；依法打击企业环境违法行为，加强大气、水、固废等污染源控制和治理，推进裸露黄土全覆绿，打赢污染防治攻坚战；加强安全生产"打非治违"，深化法治园区、平安园区建设。

4. 打造资本市场实验区

一是务实路径抓上市。制定园区企业上市三年行动计划，新增20家以上上市后备企业，加大政策扶持力度，推动企业对接多层次资本市场挂牌上市，重点支持康程护理、力天新材、松井新材等企业股改上市。二是创新方法抓融资。结合长沙市小微企业信贷风险补偿基金试点工作，按照以政府资金为引导、金融资本为主导、企业受益为目标的原则，发展"产业+金融""股权+金融""科技+金融"等新融资模式，鼓励科技创新型企业发行债券、做好知识产权质押融资，支持企业引进战略合作者并购重组，加速助推园区"双创"型企业和中小微企业发展。三是突出主体抓根本。严厉打击区域内的非法集资活动，大力引进投行、证券、基金、担保等金融机构，设立蓝月谷有限合伙制创新发展产业投资基金，成立长沙蓝月谷融资担保有限责任公司，支持蓝月谷产业发展基金吸纳更多社会资本。

（二）以"招大扶强攻坚年"为抓手，推动产业链建设取得新成效

1. 培育壮大优势产业链

一是突出产业链思维。高度聚焦优势产业链的招大引强、补缺拉长、对标升级、降本增效、保驾护航，切实加强产业横向集聚和垂直整合，引导企业进入关键、核心、高端环节。二是突出"3+1"重点。巩固提升食品饮料优势产业链，加快实现新材料、智能家居及装配式建筑新兴产业链突破性进展，大力发展妇孕婴童特色产业链。扎实开展走访5家企业、咨询3名专家、调研1个园区的"531"产业链大研讨，画好现状图、全景图和作战图，建好客商库、项目库，制定落实四条产业链年度目标和行动计划。三是突出"融合发展"。建好优卓牧场、皇氏奶牛养殖基地、彭记坊蔬菜基地、湘粮科技杂粮基地和优质大米基地、加加茶籽油基地、现代资源花猪基地等农业产业化基地，加快一二三产业融合发展；引进并依托新能源汽车整车项目，吸纳中伟新能源、合纵科技、力天新材等储能企业资源，推动包括储能材料、电池、电控、电机、车载终端等环节的新能源汽车全产业链跨界融合；依托中国建筑、美好

置业、美的智能家居等龙头企业，推动绿色建材和装配式建筑融合发展；依托格力、海信等龙头企业，加快引进智能终端整机企业及核心配套企业，促进智能家电、智能家居、消费电子等智能终端产业与人工智能融合发展。

2. 突破产业链精准招商

一是精准对象。以"挑着篮子去选菜"的思维，着力引进建链、补链、强链、延链过程中的缺失项目、短板项目。坚持"项目为王"，在"精准、舍得、执着"上下功夫，加快突破世界500强、中国500强、制造业500强、行业领军企业、"独角兽"企业等战略项目，突破"小巨人"和高成长性项目，突破研发机构、创新团队引进。二是精准目标。全年确保引进产业项目50个以上、合同引资超过500亿元，其中投资100亿元以上项目1个、50亿元以上项目2个、10亿元以上项目4个、1亿元以上项目20个。力争引进2个以上世界500强项目、3个以上中国500强项目、5个以上中国民营500强项目。三是精准路径。组建食品饮料、智能家居及装配式建筑、新材料、妇孕婴童4个产业链招商事业部，继续加强玉屏山国际产业城、长沙智能终端产业园、爽尔婴童产业园、中国湘菜产业园和中韩美丽谷等产业平台招商，继续精心组织2018"蓝月谷之夏"产业活动季等主题活动招商，加快推进落户企业再投资及并购、联合、控股重组等二次招商，不断巩固提升境外招商、中介招商、敲门招商、以商招商、驻点招商等招商成效。

3. 加快产业链项目落地

一是科学铺排项目。积极投身"产业项目建设年"活动，铺排重点产业项目60个以上，推动格力电器智能装备产业园、楚天科技智能医疗装备产业园、中伟新能源3个产业项目列入省重点工程，确保5个以上产业项目进入省"五个100"笼子、50个产业项目纳入长沙市重点项目库。二是加速项目落地。扎实开展重点产业项目建设"841"攻坚行动计划，继续做好重点产业项目精准帮促，强化调度交办，严格督查考核，确保格力智能装备产业园、合纵科技、美的智能家居、英氏食品、一大早乳业、力天新材、海信网络科技等40个以上产业项目启动建设，确保中伟新能源、康程婴童国际产业园、一品佳食品、格力空气能热水器等30个产业项目竣工投产。三是破解要素瓶颈。加强土地集约节约利用，力争盘活存量土地1000亩，批回用地2000亩。做好产业片区和重点项目征拆清零，实现腾地5000亩。完成发展北路、一环东路、花明北路等道路建设，规划建设沩丰、高家塘变电站，确保通益变 220 千伏变电站扩建工程、石山变电站、回用水厂年内提早投入使用，优化要素供给能力，提高区域配套水平。

（三）以"亩产论英雄"改革为导向，推动高质量发展开启新篇章

1. 创新综评体系

一是建立标准。突出"亩产论英雄"鲜明导向，结合商务部和省市要求，制定全新企业综评考核体系，全面导入与高质量发展要求相匹配的亩均税收、亩均增加值、单位能耗增加值及排放增加值、研发与实验发展（R&D）经费支出占比等指标，引导企业依标发展、对标前进。全年新增高新技术企业 10 家，高新技术产值占工业总产值比重达 65%。二是严格准入。严格执行项目准入"五个不签"，对亩均固定资产投资和亩均税收不达标、有圈地嫌疑、年度内不能实现固定资产投入、不符合环保要求、缺少科技含量的项目坚决拒之门外，从源头上把控项目安全与品质。三是划定红线。开展投产企业大清查、大诊断，将税收贡献作为重要评判依据，划出企业优与劣、留与退的红线，评出长期占用发展空间、长期占据优质资源、税收贡献长期处在红线以下的低效落后企业，逐步逐个进行处置。

2. 优化资源配置

一是落实差别化要素供给。加强资源要素差别化配置和叠加运用，构建用地、耗能、排放等资源要素分配与"亩产效益"考评结果挂钩的激励约束机制，形成"利用效率高、要素供给多，利用效率低、要素供给少，利用效率无、要素就断供"的新格局。二是落实精准化奖补政策。坚持"扶强不扶弱"，实施"精准扶强"。对照"亩产效益"考评结果，严把企业申报上级财政奖补资金第一道关口，筑牢园区工业发展资金和产业扶持资金兑现的防火墙，分类分档进行精准奖补。三是落实个性化帮扶理念。改革"撒胡椒面"式帮扶企业的做法，对个体户式税收贡献的低效落后企业取消关注，集中人力、精力、时间和资源，重点对高品质、高成长性企业开展"一企一策"精准帮扶。

3. 治理僵尸企业

一是因企施策清退。落实省、市清理僵尸企业的要求，分类分企施策。对有望通过兼并重组、技术改造等方式实现盘活的困难企业，支持限期改造，加快精准脱困；将长期处于停产、半停产的僵尸企业踢出"朋友圈"、拉入"黑名单"，通过倒逼举措，实现腾笼换鸟。二是强化土地归集。支持蓝月谷集团公司依法依规归集僵尸企业的土地，腾出空间发展先进制造业。三是加速推进实施。迅速成立专门机构，制定园区僵尸企业治理三年行动计划，有重点、有步骤、分片区推动僵尸企业清理，到2020年实现僵尸企业全部清零。

B.31

2017年浏阳经济技术开发区发展报告及2018年展望

郭力夫 *

　　2017年，浏阳经开区紧扣国家大兴实体经济的发展战略，攻坚克难、砥砺奋进，列入国际绿色范例新城试点城市，获评湖南省产业园区发展综合评价第一名，在长沙市国家级园区重点项目观摩评比中排名第一，实现了经济社会的健康较快发展。

一　2017年发展情况

（一）经济质效不断提升

　　实现规模工业总产值1200.2亿元，同比增长20.69%；实现规模工业增加值402亿元，同比增长14.8%；实现固定资产投资200亿元，同比增长29%，其中工业固投176亿元，同比增长26.8%。实现财政总收入35.63亿元，实际到位外资1.46亿美元，完成对外贸易13亿美元。产业结构不断调整，高新技术企业产值在工业总产值中的占比由上年的93.7%上升到95.4%，工业经济税收占财政总收入的89%，工业增加值率达33%，工业固定资产投资占固定资产投资的88%。显示功能器件、生物医药、环境治理技术及应用产业链列入长沙市新兴及优势产业链，承担起长沙市在相关产业链发展中的"领头雁"作用。

（二）招商引资历史突破

　　引进AMOLED柔性面板、日写DITO触摸传感器、长沙（国际）健康生

---

* 郭力夫，浏阳经开区党工委书记、管委会主任。

300

态科技产业园（样板区）、视界科技、鑫本助剂、超泉实业等产业项目35个，招商合同引资550.8亿元，到位资金73亿元。其中，世界领先技术的AMOLED柔性面板项目总投资360亿元（一期投资135亿元），为湖南省当前投资最大的产业项目；投资52亿元的日写触摸传感器项目，是日本写真株式会社首次在境外投资。引进社会资本投资建设军民融合产业园，落户智能武器系统等军工产业项目3个，填补了"军转民、民参军"的军民融合发展空白。引进阳光财险、韵达物流等项目，金融商贸物流等现代服务业快速发展。

（三）企业动能加快转换

企业上市热潮涌动，盐津铺子、九典制药在深交所A股上市，永和阳光、经开区水务公司在新三板挂牌。科技创新持续发力，生物医药众创空间被国家科技部批准为国家级众创空间，创新药物药效及安全性评价湖南省重点实验室挂牌，赛法特生物、永清水务获批省级工程研究中心，方锐达获批省院士专家工作站，天地恒一获批博士后科研流动站协作研发中心。全年新增高新技术企业4家，完成专利申请338项。蓝思科技获得省长质量奖，尔康制药获得7项国际发明专利、44项国内发明专利，威尔曼、迪诺、天地恒一、兴嘉生物、永清投资、尔康医药经营、长安保险、威特、豫园生物、佳视医疗、泰凌、湘利来、方锐达、威尔保等企业的税收增幅超过40%。蓝思科技、尔康制药分别位列2017湖南制造业50强第6位、第36位。

（四）项目建设成效显著

蓝思智能机器人、欧智通科技、盐津铺子烘焙、秋立药机、宏健茶油、新奥热力、泰凌制药、喜萌、道仕、微雅、千山、湘利、三京、金锡生物、九典生产线改扩建和春光九汇技改等16个产业项目建成。日写DITO触摸传感器项目实现当年签约、当年建设、当年试生产。发展要素保障有力，全年报批土地2578亩、征地4655亩、拆迁258户、平地2100亩、建成道路8公里、绿化施工18万平方米。征拆、平地均创造了新的园区速度，保障了重大产业项目的落地。

（五）产业服务得到加强

出台浏阳经开区"工业50条""人才新政26条"等优惠政策，全年直接扶持工业实体经济发展的费用达到 6500 万元、节省大工业电价 2600 万元，发放创业就业人员就地城市化购房补贴 226 万元。跨省下县组织招聘会 29 场，协助企业招工 7000 多人。在省内率先打造"无费政务大厅"，全年免收 69.5 万平方米工业项目的白蚁防治费、墙改基金等报批费用 2260 万元。被湖南省发改委、住建厅定为产业项目"先建后验"改革试点，共减少审批环节 11 个，免交审批资料 91 项。承接长沙市审批授权 61 项、争取浏阳市审批授权 11 项，88 个服务事项实现"最多跑一次"。

二　产业发展的形势分析

在总结成绩的同时，也要看到园区发展中的困难和问题：一是城市配套仍是短板。城市化滞后于产业化，产城融合任重道远。二是要素保障仍显不足。园区规划与产业发展的优化、土地供应与企业引进的协同、高尖人才团队与企业发展的匹配等仍然不够，供电、供水、环境保护等要素瓶颈还客观存在。三是发展制约仍然存在。劳动力成本上涨较快、企业利润增速放缓、产品市场竞争激烈等问题，影响了产业的快速发展。

目前，浏阳经开区已驶上发展的快车道，尽管存在发展中的困难和问题，但时势有利，前景可期。

（一）发展站位全面提升

园区提出要实现"三个转变"，即：从传统的工业园区向产业新城转变，从一般园区向一流园区转变，从过去没有母城依托发展向以长沙市作为母城依托发展转变。并进而提出了对标全国一流园区，以一流的产业集群、一流的经济质量、一流的城市品质，进军全国同等条件开发区前 20 强的战略目标。启动了"产业新城重点项目建设三年行动计划"，按下了项目建设的快进键。站位的提高、视野的拓宽、格局的放大，体现了浏阳经开区作为国家级经开区应有的胆识、襟抱与担当。

（二）转型升级初见成效

一是产业基础更加牢固。从增加值率、高新产业占比，到投资强度、工业固投占比，都标明浏阳经开区的产业结构调整比较超前、产能优化比较彻底，产业的"纯度"高、"韧性"强，符合高质量发展的基本条件。二是产业链条更加完善。随着AMOLED柔性面板、日写DITO触摸传感器等重大产业项目的落地，加上蓝思科技（视窗玻璃）、欧智通电子（WiFi模组），浏阳经开区的显示功能器件产业链将打造成为涵盖触控、显示、玻璃面板于一体的全产业链，有望成为1000亿级产业链。AMOLED柔性面板项目上下游的产业带动大、链条长，通过"一厘米宽度"换得"一公里深度"，将使移动智能终端产业的发展实现点、线、面的深度整合。三是产业承载更加优化。金阳新城的建设将上升到长沙市级层面，融城发展前景广阔。金阳大道一、二期已经通车，园区新增一条通往长沙的无费快速通道。并将依托金阳大道，开通直达长沙公交车，实现与长沙的无缝对接。长浏城际铁路无缝对接地铁6号线，在园区设有两个停靠站，渝长厦高铁经过浏阳，将极大地提升园区的区位交通优势，逐步实现"高速＋空港＋城铁＋高铁"的立体化、多维度的交通格局，进入长沙半小时经济圈、生活圈，能便捷融入长株潭城市群。

（三）产业发展后劲十足

一是支柱产业势头强劲。电子信息产业稳中趋快，2017年实现产值656.77亿元，同比增长28.2%；生物医药产业稳中有进，实现产值382.29亿元，同比增长8.9%。300亿级、100亿级、50亿级、10亿级企业形成梯队，产业发展的梯度效益逐步显现。二是上市企业方阵齐整。5家主板上市企业、5家新三板挂牌企业、12家省重点上市后备企业，其资金实力、创新能力、品牌效力，将逐步转化为发展动力。三是创新领域蓄势待发。智能制造、军民融合、健康产业、康养旅游、金融商贸、总部经济等创新版块的经济份额将逐步增加，创新优势将转化为经济优势。

三 2018年产业发展的主要思路

2018年，浏阳经开区将围绕"产业项目建设年"的工作主题，着力"强产业、补短板、优品质、聚人气"，预计规模工业总产值同比增长12%、规模工业增加值同比增长12%、固定资产投资同比增长15%、财政总收入同比增长12%。

（一）狠抓项目建设

全年铺排重点项目41个，其中产业项目31个、基础设施项目10个，总投资146亿元。确保蓝思消费电子产品外观防护玻璃、盐津铺子休闲食品基地、美丹食品、加农正和生物制品、百草堂日化、鑫本药业、海鸥环保、润农包装等8个产业项目竣工；AMOLED柔性面板项目一期建成、日写DITO触摸传感器项目量产；长沙（国际）健康生态科技产业园、欧智通二期、韵达湖南快递电商总部基地等10个产业项目分批次开工。全年新报批建设用地1500亩以上、新征收土地3000亩、新平整土地2000亩、新修建道路10公里；建成北园污水处理厂以及北园110KV变电站、群显110KV变电站和日写110KV变电站。

（二）狠抓招大引强

瞄准"三强三链"（世界500强、国内100强、行业50强和显示功能器件、生物医药、环境治理技术及应用产业链）开展招商。重点依托长沙e中心、盛和金阳军民融合产业园、长沙（国际）健康生态科技产业园、产业引导基金和三朵云（"苗木云""工业云""健康云"）等平台及"园中园"开展专业招商，推动二三产业融合发展及新一轮的创新驱动发展。全年新引进项目30个以上，协议引资200亿元以上，其中投资过50亿元以上项目2个。

（三）狠抓产业发展

启动"产业链建设专项行动计划"，进一步"建链、强链、补链、延链"。着力引进一批重大服务业项目，补齐高端酒店、学校、医院、金融、物流等生产性、生活性服务业短板，提高现代服务业的层次和比重。推进"强强联合"、"以大带小"等模式的并购重组工作，通过兼并重组盘活低效企业5家以上。支持优势企业股改上市，全年新增主板上市企业1~2家。全方位拓宽融资渠道，争取发行战略新兴产业专项债券20亿元。

（四）狠抓城市配套

抢抓长沙和浏阳新一轮总体规划修编的机遇，实现调规扩区，优化空间布局。以国际绿色范例新城建设试点为契机，提升园区建设品质。规划九龙山养生旅游度假区、克里河生态走廊和捞刀河田野公园建设。根据产业发展和城市建设需要，高标准建设北园片区、克里片区、金阳新城4.0产业示范区，适时推动蓝思教育小镇、华科生态小镇、菁英时代基金小镇的建设。坚守土地管理"三条红线"，逐步推进节水城市、节能城市、海绵城市和综合管廊建设，多措并举打赢"蓝天保卫战""碧水保卫战"。

B.32
2017年望城经济技术开发区发展报告及2018年展望

望城经济技术开发区产业发展局

一 2017年工作总结

2017年，望城经开区全面贯彻落实党的十九大精神，在市委、市政府和区委、区政府的坚强领导下，加快建设智能制造聚集区、交通物流枢纽区、商贸市场引领区，园区呈现了后发赶超的强劲态势，展现了品质发展的良好来势，交出了奋发有为的精彩答卷。

（一）经济发展迈上新台阶

全年完成规模工业总产值1044.52亿元，同比增长15.6%，成功挺进"千亿俱乐部"；实现财政总收入40.13亿元，同比增长10.2%，迈上40亿元新台阶；完成规模工业增加值265.00亿元，同比增长14%；完成固定资产投资195.00亿元，同比增长46.4%；完成工业投资187.00亿元，同比增长48.4%。

（二）产业建设干出加速度

全年铺排社会性投资项目51个，总投资596.42亿元，年度投资162.00亿元。澳优智慧工厂、鑫永生等19个新建项目顺利开工；证通电子一期、中信戴卡一期、TDK新视电子一期、中粮可口可乐、恒飞电缆等21个土建项目竣工投产；居然之家、元拓建材、浩威特等21个平台项目投运，新增产能150亿元以上。中信戴卡一期项目1月3日动工建设，8月1日产品下线，实现了当年开工、当年建成、当年投产、当年盈利、当年纳税；TDK新视电子项目5月25日签约，项目一期11月底进入试生产，创造了一个又一个"望城速度"。

（三）招商引资实现大突破

全年举办两次重大项目集中签约活动，引进投资5000万元以上的项目34个，总投资438.15亿元。其中，100亿元级项目1个，50亿元级项目3个，10亿元级项目5个，亿元级项目12个；世界500强企业5家，上市公司13家。电子信息行业两大领军企业TDK、伟创力相继落户，千亿级电子信息产业集群加速起航。京东、苏宁、国美、唯品会四大电商龙头企业齐聚园区，千亿级电商产业园初具雏形。

（四）基础建设展现新风貌

全年铺排政府性投资项目58个，总投资73.74亿元，年度投资11.24亿元。望城大道南延线、银杏路、月亮岛西路、高塘岭路等8条市政道路竣工通车，金星路、望城大道、同心路、桃园路等8条市政道路完成提质改造，全年新增、提质道路里程26公里，新增绿化面积23万平方米，"六纵六横、内联外畅"的路网体系已然形成，城市建设焕然一新。启动11万伏桂芳变电站建设，完成了证通电子、中信戴卡等企业电力专线建设，黄金园河水生态环境综合治理工程全面开建，周南望城学校主体完工，6条融城公交线路开通运行，承载功能大幅跃升。

（五）政务服务推行高效率

率先全省打造智慧园区，推行"互联网＋政务"，初步实现23项审批事项网上办理，真正做到"数据多跑路、企业少跑腿"。全面承接市、区下放权限79项，真正做到"园区事、园区办"。提质政务服务大厅，编制完成《经开区行政审批服务指南》，实行"一口受理、并联审批、全程代办、限时办结"，真正做到"一站式服务、一次性到位、一次性通过"。推行"领导领衔制、工作交办制、问题销号制、督查通报制、考核奖惩制"，为项目建设提供全流程的保姆式服务，及时解决项目建设中存在的各种问题，全年召开105次现场办公会，解决各类问题400多个，真正做到"有求必应、马上就办、办就办好"。

争先创优呈现多亮点。园区成功获批中国物流示范基地；蝉联土地集约利用全省国家级园区第一名。泰嘉新材在深交所挂牌上市，园区新增一家自主培育的上市企业；黄金创业园获批"国家级科技企业孵化器"，晟通集团获批"2017年国家技术创新示范企业"，澳优乳业检测中心通过国家CNAS实验室认证，国字号平台再添生力军；党群服务中心高标准建成，"智慧党建"平台启动运行，迎来各级各地考察团63批次，党建工作成为全省示范；重点产业项目接受省、市观摩团检阅，"戴卡经验"广受赞誉；全市平安园区建设现场推进会在园区召开，"355"综治模式被广泛推介；"责任如山·安全·环保·食安"大型电视知识抢答赛圆满举行，146家企业、2万职工积极参与，在全市引起强烈反响。

二　2018年发展思路

全面贯彻党的十九大精神，以习近平新时代中国特色社会主义思想为指导，认真落实中央、省、市委经济工作会议和区委全会精神，迈入新时代，坚持新理念，推动新发展，深入开展区委"产业发展突破年"活动，紧紧围绕"打造千亿主导产业、进军全国百强园区"奋斗目标，深入实施"产业强园"和"人才兴园"两大战略，以高质量发展为统揽，以产业链建设为重点，以产业项目为抓手，加快建设智能制造聚集区、交通物流枢纽区、商贸市场引领区，奋力谱写全面建设一流国家级园区的崭新篇章。

主要预期目标是：规模工业总产值同比增长12.5%，规模工业增加值同比增长12.5%，高新技术产值同比增长13%，财政总收入同比增长10%，税收收入同比增长10%，社会消费品零售总额同比增长20%，实现工业投资135亿元，全力争创国家知识产权示范园区，主动担当作为，践行科学发展，努力成为望城经济的发动机，为名望之城建设做出更大贡献。

（一）以供给侧结构性改革为总揽，抓产业升级

高质量发展是新时代经济发展的根本要求，供给侧结构性改革是实现高质量发展的强大动力。我们必须着力调优存量、提质增量、确保质量。打造

千亿有色产业。继续招大引强引进一批战略企业，转型升级壮大一批优势企业，腾笼换鸟淘汰一批僵尸企业，积极引导企业增品种、提品质、创品牌，做长产业链，完善供应链，提升价值链，确保园区有色金属精深加工产业继续保持13%以上的增长，力争在2020年成为长沙新一个千亿产业集群。培植百亿企业板块。为晟通、金龙两家百亿级龙头企业提供全方位支持，助力企业转型升级，加快产品向高端化、终端化转变。为一批百亿级种子企业提供保姆式服务，推动澳优乳业加快构建全球采购链，全年实现产值85亿元以上；推动旺旺乳饮、湘江涂料、恒飞电缆等积极拓展市场，释放产能，继续保持20%以上的高增长。为一批引进的百亿级重大项目提供全要素保障，力促伟创力一期、中信戴卡二期和TDK新视电子二期早日竣工投产。壮大上市公司组团。制定实施企业上市培育三年行动计划，加大资金政策扶持力度，激发企业上市挂牌的内生动力。积极对接专业机构对园区骨干规模企业进行筛选，建立重点上市后备企业资源库。进行分类指导和专项培育，今年重点支持联智桥隧、新汇制药、恒飞电缆申请IPO。抓实"十大"帮扶项目。始终将项目建设作为经济工作的"牛鼻子"，坚持重点抓、抓重点，进一步完善"十大开工项目、十大竣工项目、十大税源项目"梯次推进格局，强化"领导领衔制、工作交办制、问题销号制、督查通报制、考核奖惩制"，实施全流程精准服务，全力提高项目建设的开工率、竣工率、达产率，再掀项目建设新高潮。

（二）以产业链建设为主线，抓招商突破

产业链建设是省市区聚焦实体经济发展的重大战略部署，招商引资是产业链建设的关键。我们必须牢固树立产业链思维，坚守"两主一特"产业定位，立足"新型轻合金、先进硬质材料、电子信息、航空航天、绿色食品加工"五条产业链，着力引大引强、引优引好，加强产业横向集聚和垂直整合，培育壮大产业集群。突破战略招商。贯彻落实市委"精准、舍得、执着"的招商理念，优规划、定计划、抓策划，着力引进一批具有成长性、带动力、高产业关联度、高综合效益的大项目、好项目，力争全年引进投资50亿元以上项目2个，上市公司10家。提质平台招商。加强金桥国际、黄金创业园、联东U谷等6大产业平台资源整合，科学制定平台企业二次招商优惠政策，加大政策

扶持力度，引导 6 大平台坚持"一个产业平台明确一个主导产业"的定位，重点引进符合产业链建设要求的优质中小配套企业入驻，实现错位发展和品质发展。开展以商招商。充分发挥龙头企业的带动作用，用好用活现有龙头骨干企业招商资源，重点支持晟通轻量化汽车项目智能化改造、扩大产能，支持伟创力、中信戴卡、TDK 引进上下游企业，做大企业群，做强产业链。坚持专业招商。牢固树立专人、专业、专注招商理念，优化招商队伍，增强业务能力，锻造"狮子团队"，找准企业需求的重点、解决项目落地的难点、推介园区发展的优点，"三点一线"瞄准靶心，精准制导击中项目。强化驻点招商。总结经验教训，优化选点布局，深耕"粤港澳"，主攻"珠三角"；调整驻点力量，量化招商考核，注重招商实效；强化区域宣传，提升知名度，增强影响力。

（三）以产业小镇建设为重点，抓建设提标

人民群众对美好生活的向往就是我们的奋斗目标。我们必须立足更高起点、坚持更高标准，大力推进园区开发建设提标提档，努力使园区更加宜居宜业，更加精致精美。加快产业小镇建设。亿达智造小镇项目已纳入市政府工作报告，已列为省市区重点工程。我们要遵循"大规划引领大格局，大投入提升大平台，大项目带动大建设，大产业支持大发展"的思路，高速度、高品质推动小镇建设，年内完成整体项目 3100 亩的拆迁工作，挂牌出让 3 宗建设用地，启动小镇客厅、人才社区、智造坊、研创港总计 35 万平方米工程建设，同步开展招商推介活动，让亿达智造小镇"引领湖南、享誉全国"。不断完善功能配套。加快推进三环线与普瑞大道立交互通建设，确保月亮岛西路、航空西路等 8 条市政道路竣工通车，启动郭亮南路等 4 条市政道路建设，进一步打通大动脉，畅通微循环；确保周南学校 9 月份正式开学，加快奥莱学校规划建设，启动金星广场建设，进一步增强产业的承载能力和人才的吸纳能力。大力提升生态品质。结合道路拓改和景观打造，大面积增绿、高标准建绿、全方位补绿，确保园区绿化扩面提质；全面落实河长制，铁腕整治黄金河黑臭水体，做到全面截污减排和达标排放；完成黄金河水系生态综合整治工程一期建设，启动二期建设；全面实施蓝天保卫战三年行动计划，积极推进"六控"重点任务，让蓝天常驻，碧水长流，大地常青。

（四）以"地等项目"为目标，抓要素提质

"栽下梧桐树，引得凤凰来。"优质的要素配套，特别是拥有"七通一平"熟地，对战略性大项目落户具有强大的磁力效应。实现"地等项目"常态化目标，我们要重点解决好资金、土地、规划等问题。强化资金保障。深入研究融资政策导向，选对路径、拓宽渠道、优化结构，防范债务风险，增强融资能力，力争到位资金30亿元。提高征拆效率。聚焦"拆而不净"问题，打响"拔钉清零"攻坚战，打通征地拆迁"最后一里路"，力争全年完成拆迁5000亩以上。破解用地瓶颈。积极通过网上竞拍、增减挂钩异地交易和扶贫指标等途径，落实耕地占补平衡指标；加大闲置低效用地清理处置力度，大力推动存量土地二次开发，力争全年新增建设用地3000亩以上。坚定不移推进节约集约用地，优化土地利用结构，提高土地利用效率，力争蝉联全省土地集约利用"四连冠"。拓展发展空间。积极对接长沙市总规修编，全力做好"北连、西扩、南融"空间发展规划，力争85平方公里控规获市政府批准。深入推进国民经济和社会发展规划、城乡规划、国土规划、环保规划和产业布局规划"多规合一"工作，形成多位一体、多规融合的"一张蓝图"空间管控体系。完善配套设施。抢抓长沙电网建设"630攻坚"活动契机，完成11万伏桂芳变电站、4条万伏线路建设，启动园区变电站建设，进一步完善园区电网设施，全力申报国家直供电试点。积极探索开展与龙正蒸汽、中信戴卡的热能合作，重点实施亿达智造小镇的分布式能源建设，优化生产要素供给能力，提高区域配套水平。

（五）以"放管服"改革为抓手，抓营商环境

"优化营商环境就是解放生产力，提高综合竞争力"。我们必须持续深入推进"放管服"改革，积极打造"审批事项最少、办事效率最高、投资环境最优"的营商环境。提高政务效率。积极承接、落实省市区下放的行政审批权限，制定标准化的行政审批图，推出"一次性告知单"，确保资料一次性递交。提质提标智慧园区二期建设，深化"互联网＋政务"服务平台建设，确保园区承接的审批事项全部上网运行，企业递交的审批资料部门共享。在规划报建上简化程序、优化服务，采用先技术审查后行政审批的方式。实行重大项

目代办、一般项目帮办，建立健全限时办结的常态化机制。优化投资环境。全面落实"工业30条"、"人才新政22条"、"1+4科技创新政策体系"，执行政策不打折，兑现承诺不缩水，加大实体经济支持力度。构建"亲""清"新型政商关系，营造企业家健康成长环境，弘扬优秀企业家精神，更好发挥企业家作用。提升监管水平。服务要到位，监管不失位。充分依靠大数据平台，利用互联网科技手段，全面加强"智慧安监"、"智慧食安"、"智慧环保"监管系统建设，努力实现可测、可见、可管、可控，真正做到高效监管，织密织紧安全防护网。

专 题 篇

Expert Reports

B.33
湖南经济隐忧风险防范
与新经济发展对策

刘茂松[*]

当前我国和世界经济都处于第五个经济长周期的下行时期,"三去一降一补"的经济转型压力巨大。在这个背景下湖南省实施创新引领开放崛起战略,全面落实执行"十三五"规划,需坚持问题和风险导向,认识和理解湖南经济发展面临的主要风险特别是结构性的隐忧风险,把控风险的大小和复杂程度,以新经济产业发展为主导,推动湖南省经济社会持续健康高质量发展。

一 湖南经济总体性风险处于中下等水平

由于风险的本性就是不确定性的,具有普遍性、社会性和传染性,所以分析湖南的风险必须考虑全国这个大背景。根据我国宏观经济的运行态势、影响

---

* 刘茂松,湖南师范大学、湖南经济研究所所长、教授、博导。

经济增长和结构调整的主要因素等，目前我国经济社会发展面临的主要风险是粮食风险、产能过剩风险、房地产泡沫风险、人口老龄化风险、财政风险、金融风险、通货紧缩和经济增速快速下滑风险等。其中，涉及产业领域的风险有粮食、产能过剩、房地产泡沫风险等，财政金融风险属于宏观层面风险，而人口老龄化风险和某些外来风险则属于外生风险，各类风险相互交织、相互影响，并通过各种风险传导路径，最终反映到宏观经济和社会整体运行上，影响经济增长和社会发展。据国务院发展研究中心宏观经济研究部专家的分析评估，"十三五"时期我国经济社会发展的总体性风险处于中等水平，但面临较大的结构性风险，房地产泡沫破裂和产能过剩风险较大，且存在较大的传染性，房地产泡沫破裂、产能过剩风险→财政风险、金融风险→通货紧缩风险、经济失速风险的传导路径需要高度关注，针对性采取防范措施。

按照全国的口径，我们把湖南面临的经济风险从总体性风险和结构性风险两个方面进行分析。基本结论是：目前影响湖南省经济社会全局的总体性风险处于中下等水平，而由风险传导引发的结构性风险则处于中上等水平，且正处在隐忧风险酝酿阶段，应密切关注和防范。

湖南经济面临的总体性风险主要包括：地方政府债务风险、房地产风险、产能过剩风险、地方财政风险、经济增速下滑风险、人口老龄化风险和重点整区域（洞庭湖）生态风险等。这些风险相互交织、相互影响，并通过各种风险传导路径，对全省经济增长和社会发展造成破坏性影响。据我们分析，湖南省以上总体风险中地方政府债务风险、产能过剩风险和房地产风险较为突出，但经过近些年的防控目前基本上都处在可控范围。

例如地方政府债务风险，湖南省 2014 年末包括政府债务余额 6599.3 亿元和政府或有债务 5738.2 亿元在内的政府性债务总余额 12337.5 亿元，与全省 GDP 之比为 45.6%，低于全国平均水平（56.5%）10 个百分点。通过近年努力到 2016 年已减少到 11241 亿元，减债 8.89%。当然，县市区政府债务风险比较突出，全省有 25 个市县区综合债务率超过 150%，24 个市县区综合债务率在 100% ~ 150% 之间，需要高度警惕由其传染形成的延伸风险如产业萎缩、非法集资等。

又如产能过剩风险，2016 年全省已退出煤炭产能 2073 万吨，超额完成国家下达湖南省年度任务，省内 50 万吨钢铁过剩产能化解任务已完成，湖南省在江苏、广东两省的产能化解任务，按照属地负责原则已由当地政府组织实施。2017年全省原煤、生铁、铁合金、十种有色金属同比分别减产26.1%、0.1%、11.4%和5.2%。而且去杠杆稳步推进，2017年11月末，规模以上工业企业资产负债率为50.7%，同比降低2.2个百分点。总的看，全省落后过剩产能风险已基本得到控制。但由于湖南省高能耗低技术传统产业占比较高，淘汰落后产能的任务和风险却是比较大的，这是湖南省结构性风险的主要方面。

再如房地产风险，截至2015年底，可售新建商品房代售面积达1.09亿平方米和已拿地未开工的待建商品房规模1.9亿平方米，房地产供给合计2.99亿平方米。到2017年10月，全省完成商品房销售14146万平方米，占总供给量的47.31%。特别是房地产风险比较集中的长沙市，2017年全年商品房销售面积达2593.71万平方米，占全省销售面积的32.1%，同比增长了36.7%，房价已得到控制。但由于湖南是人口净流出省份，常住人口比户籍人口少600万左右，住房新增需求不大，除长沙以外的其他城市商品房库存压力较大，其风险不可小视。

总之，经过近些年的努力防控，湖南省经济社会的总体性风险已在逐步化解，基本得到控制。当然，不排除某些特殊风险的可能性，如重大安全生产事故、非法集资造成群众损失、环保失控造成生态破坏等，需要警钟长鸣，严密防范。然而风险化解是有代价的，例如化解地方政府债务和产能过剩风险就必须控制投资和产业类专项资金规模等，这就可能传导引发产业萎缩以至带来经济紧缩的风险。化解房地产风险也是一样，对那些过度依赖地产收入的市县有可能大幅度减少其财政收入，引发财政风险。据此分析判断，目前湖南经济面临的最大风险是以实体产业疲萎为主因的结构性隐忧风险，这是湖南实现创新引领、开放崛起的最大障碍。

二 工业相对疲萎是湖南经济最大隐忧风险

目前，湖南经济运行基本处在准合理区间，2017年实现地区生产总值比上年增长8%，保持了稳中有进、稳中向好、稳中趋优、转型升级的发展态势。但经济下行压力很大，地区生产总值增长率由2010年最高的14.5%下滑到2017年的8%。特别是工业相对疲萎比较明显，2017年全省规模工业增加值增长 7.3%，对汽车制造业、计算机、通信和其他电子设备制造业、通用设备制造业等少数近些年高速发展的行业依赖度较高，出现天花板效应的概率逐步加大。近几年来湖南省规模工业一直处于低位下行状态，由 2010 年的最高增长率 23% 下降到目前的 7% 左右，对地区生产总值的贡献率也由 56.1% 下降到 2016 年的 31.6%。由此，工业化率也呈现较大幅度的下降趋势，由 2010 年历史最高的 39.5% 下降到 2016 年的 35.7%，萎缩近 4 个百分点。产业园区企业运行艰难，省内国家级园区规模以上工业企业主营业务收入下降的占 30% 左右，省级园区已建成投产的标准厂房中处于闲置状态约占 40%。由于工业增速下降的拖累，湖南省服务业发展水平也明显落后于全国平均水平。对于刚刚进入工业化中期的湖南来说，是较为明显的"中等收入陷阱"病症。对此，决不可掉以轻心。

之所以出现这种状况，其关键因素就是传统支柱行业压缩过剩产能和新兴工业短板太短导致工业回升乏力。2017 年全省石油、化工、水泥、钢铁、有色、电力等六大高耗能产业占规模工业比重仍高达 30.3%，仅增长 1.8%，其中规模工业烟草制品业实现增加值同比下降 0.7%，降幅虽比上年收窄 5 个百分点，但行业发展低迷，后续加快发展潜力有限；有色行业增加值下降 1.3%，增速比上年回落 6.1 个百分点。以上这几大传统产业的综合能源消费量占全省规模工业企业的比重为 79.3%，从 2013 年到目前始终维持在 78% ~ 80% 之间，尤其近两年占比较之前还有所上升。而新兴工业增长点不多，高技术产业增加值只占全部规模工业的 11.6% 左右。新兴工业之所以发展不快，又与全省投资增速持续下降且结构不合理很有关，2017 年第三产业完成投资占全省投资的比重高达 59.7%，而工业投资占比只有 35.2%，比上年低 1.9 个百分点，投资增速只达到 7.4%，低于全部投资增速 5.7 个百分点。尤其是高新技术产业投资额只占全部投资的 7%，科技研发投入强度只有 1.6%，远低于全国平均水平。同时，湖南省还面临重大项目完成投资占比偏低的局面，2017 年全省 5000 万元及以上重大投资项目完成投资占全部项目投资的比重仅为 49.1%，远低于全国平均 80% 以上的水平。另外，湖南省银行存贷比只有 65% 左右，非金融企业贷款增速下降，信贷资金运用不足位，投资资金实际到位率不高。2017 年，全省投资实际到位资金同比增长 10.2%，比完成投资增速低 2.9 个百分点。其中，自筹资金仅增长 8.4%，低于全部到位资金 1.8 个百分点，低于完成投资增速 4.7 个百分点。以上说明湖南经济发展后劲不足，产业分化明显，工业相对疲萎已构成全省经济社会发展的最大风险。所以，必须下大功夫向更新、更密、更广的领域深入推进新型工业化。

三　化解结构性隐忧风险需强补新经济短板

湖南经济结构转型的"三去一降一补"，其关键是补新经济产业短板转化落后的过剩产能，实现高质量发展。新经济指的是由新一轮科技革命和工业革命所带来的新产业、新业态、新模式的综合体，其核心内容是当代数字技术和低碳技术的产业化，这已成为牵引下一个世界经济长周期的火车头。湖南是"两型"社会建设、高新技术自主创新和"中国制造 2025"等三大国家级示范区，新科技有一定的基础如超算技术、3D 打印技术、移动互联网技术、IGBT 技术、新材料技术、风电技术、太阳能技术等，有可能在支撑新经济产业发展的共性技术、现代工程技术、前沿引领技术、颠覆性技术等关键领域进行集中突破，抢占新经济制高点。因此，应抓住新科技革命机会窗口，不受传统过剩产能所困，充分发挥已有优势，快速转换发展动能，采取"围魏救赵"战略，把眼前调结构与未来新发展相结合，抓住新科技革命的机会窗口，掌握新工业革命技术路线，强补新经济产业短板，从根本上化解结构性经济风险。对此建议如下。

1. 瞄准新科技技术革命大趋势狠抓高科技创新

改革科技管理体制，下决心增加科技研发（R&D）投入，应由 2017 年的 1.6% 提高到 2% 左右，尤其是企业研发投入要提高到 2% 的基本生存线以上。以长株潭国家自主创新示范区为主要载体，加快建设大长沙科技城，引进和培育具有世界级水准的创新团队，充分调动科研人员的积极性和创造性，从产业发展的关键共性技术和基础性、前沿性技术方面进行集中突破，以抢占产业技术制高点。依据制造强省这个目标，在新一代信息技术、工业互联网技术、新材料技术、新能源汽车技术、增材制造技术、生物医药技术等创新工程关键技术方面应重点推进，并申请国家制造业创新中心的建设。在发展路径上，一是积极承担国家科技重大专项，以创新示范区为主体，制定技术创新路线图，集成资源积极承接新药创制、核心电子器件、水体污染治理、油气田、航空发动机等国家科技重大专项，加快 IGBT 及 SiC 等新一代电力电子器件、生物新品种培育、重金属污染防治等技术研发与产业化。二是以新材料、电子信息、生物健康等领域为重点，建设一批科研基础设施和平台，强化国家超级计算长沙中心、亚欧水资源中心、国家计量检测研究院长沙分院等重大创新平台功能，加快建设一批重点（工程）实验室、工程（技术）研究中心、企业技术中心、检验检测中心、技术创新示范企业、院士工作站，组建长株潭公共科技服务平台和技术创新中心，夯实重大科技问题解决的物质技术基础。三是依托企业、高校院所、产业技术研究院等创新资源，围绕工程机械、先进轨道交通、航空航天、风力发电、海工装备、先进电池材料、北斗卫星导航、生物健康、节能环保、新材料、汽车及零部件等产业建立技术创新战略联盟等若干专业创新平台，提供科技研发、技术服务、设备共享、检验检测等服务，提高全省新兴产业的核心技术水平。

2. 分类打造高效率高质量发展的新兴产业集群

一是要打造新兴超级产业链，全面提高工程机械、环保机械、农业机械、轨道交通、节能与新能源汽车、航空航天装备、海洋工程、电工电器及新能源装备、高档数控机床与机器人等高端装备产业的"工业 4.0"水平，着力推进核心基础零部件、关键基础材料、先进基础工艺和产业技术基础的产业化发展，积极发展"系统设计"、"流程再造"新业态，夯实智能制造标准、核心支撑软件、工业互联网等智能制造三大基础，大力推进智能制造关键技术装备在制造强省重点产业领域的集成应用，打造世界级高端装备产业链集群和中国智能制造示范引领区。二是要加速新材料、新能源、新一代信息技术产业、生物产业、装配式建筑、文化创意、康养产业等新兴优势产业的开发，打造以长沙为中心集中发展的新材料、移动互联网和文化创意三大产业链集群，开发湖南新型工业发展新动能，培育国家级生物产业和分布式新能源产业基地。三是要深度拓展制造业文明，着力推动生产性服务业与制造业融合发展，是实现湖南制造强省的战略途径。当前，应拓展高端价值链，加快发展绿色金融、研发设计、工业软件和智能物流等工业化服务业。加大力度推动工业设计与湖南装备制造业融合发展，促生新的品质价值以创造新的市场竞争优势。重点在于引导和推动制造业企业积极开展管理创新和业务流程再造，集中精力进行研发、市场拓展和品牌运营发展。以大型企业为重点抢占制造产业高端，引导先进制造企业往与本制造行业关联度大的现代服务业领域进军，形成拥有本行业品牌、设计、策划、专利、金融、营销网络等多层次关键性服务的供应链。

3. 采取产业链重组和技术改造措施转换落后产能

采取产业链重组和技术改造升级等措施淘汰落后产能，推广湘钢以市场为本进行技术创新去过剩产能的经验，对有色、石化、钢铁、建材、食品等传统优势产业进行改造，拓展国内外市场。尤其要高度重视中低碳消费品工业的发展。消费品工业如轻工、纺织、食品、医药、烟草等五大工业门类，其既是直接满足人们生活消费需求的产品制造业，又具有能源消耗水平较低的明显优势。有关资料显示，消费品工业产品的碳排放强度一般在 0.1 吨标煤/万元 GDP 以内，最高的也没有超过 0.3 吨标煤/万元 GDP；而资本品工业产品的碳排放强度普遍都在 0.5 吨标煤/万元以上，能耗最高的黑色金属冶炼及压延加工业达到 1.4175，比消费品工业的碳排放强度普遍至少高一倍以上。可以说，发展消费品工业对于满足居民消费需求和节能减排保护大气环境，实现湖南工业化模式向低碳化转变具有重要意义。为此，应以宁乡食品工业园为先进示范，实现资源深度开发与需求有效创造这两个车轮同步运行，推动农产品加工向农产品制造深化和现代生物医药产业赶超发展以及家电产业的复兴。同时全力推进农业供给侧结构性改革，破解传统的粮食加生猪二元结构，发展专业化基地农业、标准化品牌农业、工厂化制成品农业和多功能化跨界农业，打造可持续农业全产业链的一二三产业融合发展，促进乡村振兴和县域经济快速发展。

4. 构建湖南新经济地理聚集发展的"黄金结构"

我国面向世界调整中国经济社会发展空间布局，引导人口重点向"爱辉－腾冲线"以东内地和关外城市群集聚，择优规划建设国家中心城市大都市区，构建以城市群为主体大中小城市和小城镇协调发展的城镇格局。这对湖南新经济发展既是巨大机遇且又是巨大压力。国内外实践表明，规模效益和结构效益带来的"报酬递增"效应是聚集发展的基础。聚集的极化力带来经济的集中，产生规模效益；而聚集的扩散力则形成经济的层级，产生结构效益。新经济地理聚集发展战略的要害是构建规模效益与结构效益协同的"黄金结构"，其量质标准是空间层级的聚集经济占总量的 60% 以上，产业层次的优质结构占全构的 80% 左右。由此，湖南应发挥大交通、大通道、大枢纽的新优势，拓展战略空间，提高经济密度，建设以长株潭大都市区为首、岳阳与衡阳为两翼、怀化为尾翼的"飞鹰形结构"新经济增长极体系。其重中之重是充分发挥长株潭增长极以轨道交通装备和工程机械为主的高端装备智能制造业，享誉全球的由广电、影视、出版、动漫知名品牌为主打的"世界媒体艺术之都"，以及超级计算机、航空制动材料、IGBT芯片等世界先进水平新技术产业的现有优势基础，加速推动三市经济社会发展和行政管理一体化，创建国家中心城市和创新型城市群，强力打造新经济产业链集群，带动和辐射全省新经济集聚集群发展。同时，着力发挥"一带一部"开放型新经济地理区位优势，拓展开放发展战略空间，提高湖南经济开放集聚效应。为此，建议扩大湘江新区的功能，创建"长株潭＋岳阳"大功能区，以增强长株潭通江达海的口岸功能和带动力，全面融入长江经济带。并在长沙、衡阳、湘潭、岳阳、郴州五大综合保税区基础上申办湖南自由贸易区，全面融入国家陆海内外联动、东西双向互济的开放格局，打造内陆新经济开放高地。

B.34
以精细农业为特色
提升湖南农业质量与效益

曾福生　夏玉莲*

推进农业供给侧结构性改革明确提出要优化农业结构，加快推进农业由增产导向转向提质导向，更好地满足人民群众对优质、安全、绿色农产品的消费需求，这为湖南省建设以精细农业为特色的优质农副产品供应基地提供了良好的契机。

一　精细农业的内涵与意义

精细农业，就是以"精"制胜，以"细"凸显农业的优质。以精细农业为特色的农副产品供应基地，就是要通过经营业态上的"精炼"、生产技术上的"精准"、要素配置上的"精确"、管理监督上的"精益"、市场体制上的"精良"，带动农业生产的标准化、科技化、品牌化、绿色化、高效化，实现"以销定产、产需对接"，促进现代新型农业发展模式，进而提高资源利用率、土地产出率以及劳动生产力，做到以最低的成本换取最高的效益，保证农产品的有效供给以及全产业链的增值收益。以精细农业为特色的优质农副产品供应基地建设，有利于全面优化农业产业布局，促进农业价值链的整合以及产业链各环节的协同和效率的提升，有利于培育农民收入的新增长点，更有利于提高农业的质量效益和竞争力。

二　湖南优质高效农产品供应亟待解决的问题

湖南省农业生产资源优势和区位优势明显，素有"湖广熟，天下足"的

美誉，水稻、油菜、苎麻、棉花、水产品等资源丰富，一直是全国重要农产品生产基地。目前，湖南省通过"互联网＋"引领农业迈向精细化，全省40多个绿色食品示范基地，每个基地、产品都有知名专家指导，农民按标准生产，精细到每一个生产环节。全省已实现绿色食品网络全覆盖，"三品一标"农产品达到3500个，标准化基地面积发展到4200万亩，同时，还推进了标准化健康养殖。截至2016年上半年，已创建国家级畜禽标准化示范场186个、农业部水产健康养殖示范场343个、国家级休闲渔业示范基地26家，养殖品加工企业中，国家级农业产业化龙头企业达到18家。在肯定成绩的同时，湖南抓住精细农业的发展契机，建设高效优质的现代农业也还面临着一些深层次的问题和制约因素。主观方面看，突出表现为对精细农业的认识不到位，没有充分认识到精细农业在现代农业发展中的战略地位和作用，对于精细农业与现代农业、传统农业之间的耦合与对接机制了解得不深入，对如何运用现有的技术发展精细农业也掌握运用得不充分。客观方面看，最主要的表现就是农业供产销环节大都不精细、不精准，参差不齐，降低了资源利用率以及劳动生产力，使湖南的农业缺乏市场竞争力。

一是农业产业发展不精炼，产业化水平不高、集中度低、发展失衡，没有走出价值链的低端。湖南农业以基础性的粮食加生猪二元结构为主，近年来，湖南粮食、生猪合计产值占农林牧渔业总产值比重高达30%以上。从畜牧业结构来看，生猪养殖一家独大，近三年的生猪产值占牧业产值比重均超过了60%，相比之下，市场需求旺盛的牛羊合计产值占比则不到8%，生猪"独大"。经济作物占种植业产值比重提高到2016年的70%，而面积不到30%。农产品加工业产值与农业总产值比只有2.2∶1，低于全国平均水平，与2020年达到3∶1的目标差距甚大，与发达省份的差距更大。农产品"卖难"、"贱卖"现象仍然存在。此外，湖南省70多个农业产业集群整体规模小，聚集程度不高，集群产业链条不长，如蔬菜、柑橘、茶叶、棉花、特色水果、蚕桑、中药材、花卉等产业较为分散，产品质量和供应周期不稳定，处于一种粗放、分散经营的阶段。加工、生产和研发能力不强，导致农产品附加值较低，影响了自身的带动能力和市场竞争力，没有走出价值链的低端。

二是区域资源禀赋、劳动力以及资本投入之间存在错配，要素与资源的低配置效应制约了高效农业的综合生产能力。湖南省温光水热土等资源丰富，农业生产条件得天独厚，适合多种农作物生长，但全省约 1/4 的农田灌溉用水及 18% 的农田均已受到不同程度污染，2/3 的耕地不同程度酸化，2/3 的水田是中低产田，且存在养殖污染、投入品污染等居高不下，耕地重金属污染治理任务艰巨的问题。同时，还存在农业从业人员低素质化、老龄化、妇女化等问题，导致精细农业操作人才缺乏。财政支农资金总量不足、碎化分散，农村金融满足率只有 30% 左右，新型经营主体贷款难、贷款贵。由于农业存在着自然和市场双重风险，且附加值不高，导致许多社会资本和先进成熟的技术与生产要素在向农业农村扩散渗透的过程中进度缓慢，生产领域多采取订单式农业、流转承包农业，真正采取股份制或股份合作制，将农民利益与新型农业经营主体利益紧密连接在一起的，所占比例并不高，并没有有效形成互惠共赢、风险共担的紧密型利益联结机制，劳动力、土地以及资本资源配置的不恰当，影响了高效农业的生产潜力。

三是基础设施、公共服务以及先进技术与设备对精细农业发展的支撑力不强。优质高效的农产品供给需要互联互通的基础设施和高效的公共服务，目前湖南农田灌溉"最后一公里"问题仍然非常突出，"靠天吃饭"的局面仍然没有改变。涉农公共服务供给不足，农业科技推广转化难、落地见效难。截至 2016 年底，全省农作物综合机械化水平接近 45%，其中，水稻机插秧率仅为 26.2%，蔬菜、棉花、油菜等主要经济作物及畜牧水产机械化水平不高，机耕道和机棚建设滞后，农机下不了田，回来没有"家"。而流通领域中，农产品冷链物流发展仍处于起步阶段，第三方冷链物流企业发展滞后，湖南八九成的生鲜农产品仍处在常温下流通，肉类、水产品及果蔬的流通腐损率分别达 18%、20%、30%，储藏、运输、销售等环节存在"断链"现象，远未形成与农产品资源大省、消费大省相称的现代化冷链物流体系。这一系列的问题成为制约湖南现代农业质量与效益的关键因素。

四是缺乏精细的优质高效农业及农产品经营管理标准，以致农产品质量安全难以得到切实保障。湖南省大部分农产品还缺少严格的质量标准，供产销环节缺乏统一的经营方式、管理手段，没有形成区域化、连锁化、规模化的服务网络，导致生产与消费的匹配性差，经营管理效应低。再加上农产品从田间到餐桌的链条较长，监管难度大，导致优质农产品质量保障难。首先，湖南省农产品质量安全采用多个政府部门共同负责的管理体制，各主体职责分工不明确，各部门的专业水平和拥有的资源参差不齐，部门协调难度大。其次，基层监管力量薄弱，农民生产的组织程度低，生产管理模式相对落后，不利于监管的执行。再次，科研开发滞后、质量安全生产技术不配套以及流通组织化程度低，导致安全管理的溯源性差，安全保障难度大。最后，法规体系缺乏完整性以及协调性，检测体系、认证体系以及信息服务体系的不完善与不统一，导致品种混杂、品质退化、质量下降而失去精细的特色与优势。

五是农产品优质优价机制还没有充分建立起来，制约了精益生产的积极性。湖南省粮食生产保持了稳定发展态势，生产能力不断提高，"十二五"期间年均增长3.7%，2016年湖南省农林牧渔业实现增加值3725.9亿元，"只涨不跌"的政策托底信号，造成粮食价格形成机制及农产品市场价格信号的扭曲。尤其在包括粮食在内的国际农产品价格大幅下降，国内外农产品价格倒挂的形势下，湖南省粮食库存逐步提高。同时，由于市场信息不对称，金融保险各方面政策支持不够，一些特色优质农产品抵御市场风险的能力较弱，且成本较高，使得优质农产品的生产者难以获得合理的利润。而且优质农产品与劣质农产品经营混同、价格混同的现象普遍，导致消费者难以确定精细优质农产品的生产信息，优质产品的经济效应不强，挫伤了农民的生产积极性。

三 以精细农业为特色提升湖南农业质量与效益的对策

以精细农业为特色提升湖南农业供给的质量与效益将按照质量强农质量兴农总要求，以优化结构、增加农民收入、保障有效供给为主要目标，以提高农业供给质量为主攻方向，抓住机遇，积极作为，把湖南的大粮食、大生猪、土特产以及特色小品种建设成带动农民增收的精细产业。

（一）精炼产业规划，提升湖南农业的经营效益

一是基于资源赋存，科学合理确定农业发展的层次布局。应在全局上构筑湖南省精细农业发展的合理层次布局。短期内要在全省全方位实行精细农业，还有不少困难。因此，目前一段时期，精细农业开发重点应放在产地生态环境较好的地区；就典型地区而言，又要从实际出发，选择重点区域，率先突破，

然后逐步向面上扩散。随着精细农业生产条件的成熟和消费者精细意识的增强，精细农业生产再逐渐普遍推广。

二是基于粮食大省地位，做精做优产业结构。根据国家农业供给侧结构性改革的要求和精细农业充分运用自然环境立体性和生物资源多样性的特性，实施压粮扩经计划，在适宜区扩大蔬菜、水果、中药材、牧草等种植面积，使种植品种由低质高产型向优质高效型转变。建设现代饲草料产业体系，支持玉米、大豆、杂粮杂豆、薯类等饲料作物种植，发展草食畜牧业；大力发展高效经济林建设，鼓励林下食用菌和中草药种植，加快发展森林特色养殖业，推进农林复合经营；推广适合精深加工、休闲采摘的作物新品种；最终实现种养结合、合理布局、高质高效的农业供给机制，形成规模化、集约化的产业带或产业区。

三是拓宽产业链条，提高产业附加值。发展优势特色产业，要注重产业的延伸性，打造集生产、采收、流通、加工、品牌推广和终端销售等一二三产业融合的全产业链条。当前重点是着眼于产业发展的关键环节，补齐深加工短板，形成优势特色产业集群建设与全产业加工链条配套相衔接，最大限度发挥农业综合开发的优势，从而提高特色产品的附加值。

四是建立农业产业运营模式的遴选机制。通过区域条件分析、目标制定以及要素分析，选择适合的精细农业运行机制与管理体制，如基地＋农户（政府组织模式）、公司＋农户（公司＋基地＋农户）、协会＋农户、五户联保等。并在此基础上，积极推进探索农民技术协会、生产协会、社会化服务组织以及贸易协会等的作用，以降低生产管理中的交易成本，提高规模效益、化解企业风险、稳定合作关系，提高精细农业生产的有效性。

（二）精确配置要素，提高湖南农业的综合生产能力

一是基于区域特征，制定精确的发展规划。洞庭湖区重点发展优质水稻和其他名优农产品，尽量解决自身饲料用粮问题；湘中丘陵地区是生猪养殖集中区，饲料用粮缺乏，要加大玉米、大麦、高粱等饲料粮和工业粮食作物，以及大豆、油菜、花生等油料作物的种植，部分地区还可以发展茶叶、牧草、绿肥等立体种植，与新型农业经营模式结合；湘西山区特色植物资源和水果资源丰富，椪柑、猕猴桃、畜牧水产、中药材等产业具有优势，应在保障口粮的基础

上发展各类经济作物，促进农民增收、地区发展。

二是紧扣产品特性，找准精细农业发展的市场定位。精细农业为特色的农副产品供应，要求准确地把握地方资源、生态条件以及文化特色，在既定的资源赋存条件下，面向中高端市场、国际国内市场，重点发展比较优势突出的产业。通过对优势产业的集中化和精细化运作，将比较优势转化为产业优势、产品优势和竞争优势，进一步优化配置各类生产要素，提高产业的专业化程度、产出效率以及质量，从而把地方小品种做成带动农民增收的大产业。

三是培育精细农业经营主体，实现带动效应与学习效应。精细农业需要专业技术的支撑，因而并不是每个人都能胜任。首先，精细农业经营人要具有对农业的热情与环保意识。其次，要有较高的综合素质，具有农业专业知识和管理经验，因此，当地政府要通过各种渠道引进符合条件的精细农业管理人才，或者对有潜力的农业大户进行培训，造就一批具有实力的精细农业经营人才。如"土地入股、集约经营"的运作模式可以解决一家一户分散经营所存在的技术障碍问题。

四是优化投入品制度，促进投入资源的积极效应。在湖南现代农业的产业化关键技术、共性技术等领域加大投入、持续创新，如加强优质生产技术的推广，针对投入品使用这一关键环节，探索以精细生产企业为主体、政府实行补贴的金融、税收等政策。在严格标准的前提下，减免或下调精细农业的认证、检测、标志使用等费用。对精细农业关键技术以及生产技术创新进行补贴。对开展精细农业的农业经营主体或市场主体优先实施信用担保、贴息贷款或税收减免，对企业生产加工用地、生产性用房的土地使用税、房产税减免；生产内涵扩大、农产品精（深）加工和品牌打造、产品研发和科研成果转化、电子商务、网络建设等方面给予有"干货"的实实在在的支持。

（三）精准支持制度，培育农业供给的核心竞争力

一是推进科技支撑。提高农业的市场竞争力是湖南发展精细农业的目的所在。农业科技创新是推动农业发展方式转变的强大动力。精细农业之"精"与"细"，很大程度上要靠科技创新来培植和完善。要依靠科技进步，稳定和增强农副产品的品质优势，挖掘特有属性，加强农业与农业高校和科研院所的技术合作，用科技成果来助推精细产业发展。建立支持精细农业企业和实体创

新、专利、知识产权和科技含量高、绿色、优质、安全产品的品牌建设支持政策；建立相应制度支持龙头企业和专业合作社基地建设和育（选）种。用高新技术改造传统农业，提高土地产出率和劳动生产率，提高湖南农业的市场竞争力。

二是加强基础设施支撑。提高农业综合生产能力关键在基础设施，加强基础设施建设有利于改善农业生产条件，提高抵御自然灾害的能力，实现农业的高产优质。要着力构建配套完善、综合效益明显的农田水利体系。发展多元化的投入机制，采取农田基础设施的产权改革，宜包则包、宜卖则卖、宜租则租、宜股则股，力争实现基础设施资源要素的优化配置，提高其使用效率。

三是农业公共服务支撑。形成以"科学布局，优化资源，创新机制，提升能力"的总体思路，以提高农业质量与效益为核心，以整合资源和创新机制为手段，以食物安全、生态安全和农民增收为主要任务，至少要构建包括农业科技创新平台、农业信息网络平台、农业质量检测平台、农业金融服务平台、农业中介服务平台以及农业产业安全保障服务平台建设在内的精细农业公共服务支持体系。

四是扶持发展主体。找准供给侧改革、精细农业发展的主体。通过土地流转和农业科技推广举措，积极培育新型农业经营主体，让种养大户、家庭农场、农民合作社、龙头企业等成为发展精细农业的主力军，形成多元经营主体共同发展的现代农业经营体系。政府起支持和指导作用，政府将对农业支持的优惠政策向企业、专业合作社等经济实体倾斜，把主动权交给这些"主体"去运作，由市场去评判。政府在指导、支持的同时，对这些"主体"可制定一些考核奖惩指标。

（四）精益管理体制，切实保障农产品质量安全

一是要建立起内部质量控制体系。制定落实精细农业标准化生产技术规程，包括生产环境与设施、种植规范、生产资料管理、产成品质量监管、质量认证及产品验收。始终把生产基地作为"第一车间"，每个基地都建立精细农业生产合作社，对基地农户实行统一供种、统一技术指导、统一农资供应、统一收购结算的系列化服务。合理使用添加剂，加快落实"统一防治时间、防

治药方、防治技术以及防治器械"，统一使用高效、低毒、低残留的农药配方，并合理控制农药剂量以及严格的安全间隔期。

二是对于加工企业要建立农产品质量检测室。配备技术人员和先进的仪器设备，定期开展基地生态环境、农产品和农业投入品质量检测，实现从生产、加工、包装到运输等各个环节的跟踪监控，保障从大田到餐桌的全程质量安全。通过生产模式、经营方式、管理手段的精细化来提高湖南农业的质量和效益，改变过去传统粗放农业大水漫灌的经营管理方式。

三是建立全面的精细农业溯源系统。要建立精细农副产品生产环节可追溯制度、包装加工环节可追溯制度和运输销售过程可追溯制度，切实保障精细农产品的质量安全，让农产品身份有据可查。对农产品的生产、加工运输、销售的各个环节都进行跟踪监视和检测，让基地的绿色农产品品牌深入人心。政府在农产品质量安全体系中发挥主导作用，建立各监管部门相互协作、履行各自职责、全面高效的农业社会化服务体系。

四是启动精细农业市场准入制度。包括属地管理制度、分类查验检验制度、产地准出制度、市场自检制度、农产品质量安全检验结果公示制度、不合格农产品退市制度以及农产品包装管理制度等。政府在建立农产品质量安全市场准入机制过程中，要建立协调管理机制、应急处理机制、投诉受理机制、监管检查机制和信息发布机制。

五是开展精细农产品认证制度。在基地内开展农产品标准化创建活动，对农产品的生产技术、流程和检测提供严格标准，开展无公害农产品、绿色食品、有机农产品认证工作，切实保障优质农产品的生产，解决农产品质量安全问题。

（五）精良市场机制，提高现代农业的效益空间

一是健全精细农业的投融资机制。出台投资奖励政策，在改革和发展过程中，政府资金投资方式可由直接投资改为股权投资和引导投资、奖励投资相结合，引导更多社会资本和企业投资，政府给予这些投资企业、经济实体相应配套引导、支持、奖励资金。建立目标绩效考核制度，因地制宜探索通过政府购买服务、第三方治理、政府和社会资本合作（PPP）、事后补贴等形式，吸引社会资本主动投资参与精细农业工作，逐步建立健全精细农业社会化服务体

系。鼓励有条件的地区，探索通过第三方治理或 PPP 模式，实施整县（区）精细农业。

二是构建动态的精细农产品价格机制。在执行目标价格政策的同时，要依照质量差别适度拉开档次。在考虑托市收购价的影响因素时，除水分和杂质，还应包括营养含量、纯度等质量参数。重金属污染和地下水消耗过度等不适宜生产地区，应停止托市收购政策。政府要积极推动农产品品牌建设，通过设定严格标准并调整科技创新资源合理配置，以提供多方面的科技支撑。

三是构建精细农业品牌机制。品牌是消费者对农产品品质的认可，农业标准化是农业品牌化战略的基础。由于经营者和消费者对农产品的质量意识模糊，安全、高质量的农副产品鉴定困难，政府应采取市场和技术的双重手段帮助消费者鉴别优劣，可将一些标识标注在农副产品的显著位置上。还要基于精细农业创新农产品营销模式，就湖南省而言，当前的重点是要以信息化、数字化为突破口，在"精、准"二字上努力，充分利用农业展会、农产品营销促销等活动平台，推动发展农业电子商务，同时结合优质农产品的区域布局，构建起农业品牌建设的新格局。

四是完善精细农业的保险机制。精细农业对自然、环境、市场和技术的依赖性很大，所以精细农业存在很大的风险性。针对精细农业的特性，应该设计相应的农业保险，提高从事精细农业生产者的积极性。

（六）精巧实现方式，保障高效优质农业供给的潜力

一是搞好顶层设计。结合湖南农业"十三五"规划，紧紧围绕深入推进农业供给侧结构性改革的总目标，把握问题导向，强调制度建设，不断拓展创新工作体制和实现形式，积极探索政府引导、市场驱动的发展机制。在全省树立农业精细化的观念，厚植农村发展优势，按"创新、协调、绿色、开放、共享"发展理念，将推动农业供给侧结构性改革、建立优质高效精细农业、保障农业有效供给作为由农业大省变为农业强省、深化农村改革、产业扶贫和实现乡村振兴战略重要抓手和途径，延长农业产业链，提高农业附加价值。

二是强化宣传推广。随着老百姓消费水平的提高，大家越来越注重品质，

越来越讲究品牌。然而，不少农副产品受流通渠道或宣传营销方面的制约，被淹没在普通产品当中，价值优势没有得到很好地体现。让精细农产品不仅品质好，还能卖得好，实现优质优价甚至溢价销售，就需要转变思路，多方位、多角度地强化宣传，大力发展特色农产品电商，利用线上线下等多种渠道，逐步提高精细农产品的公众认知度和市场占有率，营造一种高效、高质、健康的氛围，使农业从业者从农业可持续发展以及为人类提供健康、安全食品和改善生态环境的角度发展农业，让消费者在消费精细农产品时不只从自身健康饮食角度考虑，也从生态环境的角度考虑。

三是先行开展试点示范。根据地域分布、资源气候特点、农民种养习惯和产业基础等情况，可以跨县、乡（镇）打造一批在全国有影响的国家级、省级、市（州）级精细农业发展示范点。发挥龙头企业示范作用。按企业自愿、政府审批原则，选择一批国家级、省级农业产业化龙头企业，鼓励其延伸产业链，支持其从种植、研发、仓储、加工、销售（电商、互联网）到品牌的全产业链建设，帮助其探索精细农业发展的可行模式与机制。在不"重复支持"原则下，对积极参与精细农业的龙头企业；并按企业注册地和产业项目实施地为准，对企业给予支持；按产业基础、产业链延伸、产业化带动辐射情况及产业扶贫贡献率等排序优选，重点扶植一些主导产业、拳头产业以及特色产业，引导其推进精细农业的发展，促进转型升级创新；按壮大"特色县域经济"的要求，开展一村一品、一县（区）一产业的试点示范，促进现有产品高端化、特色产品品牌化、优势产品精细化。

四是着力破解重点难点。调结构：按照大农业、大食物观念，推动粮经饲统筹、农牧渔结合、种养加一体，提高农业供给体系质量和效益；结合湖南山地、旱地多特点，改变粮食品种单一，水稻比较效益差的状况，大力发展畜牧、水产、旱杂粮和特色经济作物产业，调整优化产业结构和农产品结构，依据市场空间与特色，培育发展新兴产业，增强市场需求大、消费潜力强的特色农产品生产，培育一批重点企业、特色产业，使农产品结构合理，品种和质量契合消费者需求。降成本：借鉴先进的技术，全面实行种养、储存、研发、加工、销售的精细化与产业化，走"内延"发展道路，鼓励农业产业化龙头企业提高精（深）加工能力，支持其品牌建设和市场营销；与此同时，进一步优化环境，提供相应社会化服务，帮助其降低其生产成本。补短板：支持农村金融改革、支持精细农业的发展，重视高品质、高附加的农业产业发展，进一步保障农产品质量安全，减少农药、化肥等的不合理使用，开展"企业＋现代农业＋互联网"行动，将现代信息技术融入农业生产经营管理和服务。强实体：下决心支持精细农业实体经济，尤其是创新型、高效的特色粮油、特色经济企业和实体，将各种优惠政策整体"打包"给这些实体，同时减轻其负担。

B.35

建设开放新高地　打造长沙新标杆

——关于加快长沙高铁会展新城开发建设的调查与建议

长沙高铁会展新城开发建设研究课题组*

高铁会展新城分为武广、黄兴两大片区，是长沙对外开放的门户，是东部开放走廊的核心组团，也是长沙乃至湖南融入"一带一路"、长江经济带的重要窗口。2009年启动建设以来，特别是2015年长沙高铁新城管委会成立后，在市委、市政府的坚强领导下，经过全市各级各相关部门的共同努力、艰苦创业，规划科学、建设提速、管理有序、来势良好的新城已现雏形。为进一步加快高铁会展新城开发建设，我们就此进行了专题调研，考虑到会展中心已经竣工运营，未来更多的是会展品牌培植和产业配套，以及会展相关设施的配套建设，因此，此次主要就武广片区进行调查研究，尽可能客观准确地了解其建设发展的基本现状，探寻破解困难问题的对策建议。

一　高铁会展新城开发建设加快推进，
但总体仍然滞后

近年来，市委、市政府高度重视高铁新城的发展，特别是坚持从实际出发，成立高铁新城开发建设领导小组和高铁新城管委会，明确高铁新城规划面积46.9平方公里，加强统筹，协同推进，开发建设提速，发展初见成效。

第一，顶层设计不断优化。在规划引领方面，聘请仲量联行对高铁新城发展进行总体策划，明确了"国家新枢纽、长沙新名片"的战略定位和"区域开放示范区、现代产业集聚区、省会城市新中心"的总体目标，并编制了片

---

*　课题组成员：唐曙光、王德志、袁金明、易海威、陈风。

332

区新的规划。在此基础上，完善了控制性详细规划，编制浏阳河风光带、磁浮生态绿带走廊等专项规划，形成高铁新城城市设计的基本框架。在体制机制方面，出台《长沙高铁新城管理办法（暂行）》，高铁新城开发建设领导小组主要负责重大事项的协调工作，定期调度；管委会负责对片区事务实行有限管理，强化规划、建设、开发和招商引资职能，社会事务实行属地管理；基本理顺了与轨道集团、城投集团的管理体制，全面托管武广、长东、会展三家平台公司，但具体操作中还需进一步加强协调。雨花区成立高铁新城武广片区招商项目建设指挥部、火车南站地区综合管理办公室，长沙县成立黄兴会展经济区管委会，各街道均成立征地拆迁指挥部，初步形成"职责清晰、权责一致、运行规范、高效协调"的管理体系。

第二，基础设施逐步完善。武广片区规划面积18.92平方公里，基础设施计划总投资200亿元，到目前为止已完成投资160亿元左右（表1）。其中片区内4条城市主干道均已建成，"四横五纵"（"四横"即机场高速、劳动东路、香樟路、湘府东路；"五纵"即京珠高速、黎托路、花侯路、川河路、红旗路）的路网格局基本形成；完成京港澳高速黎托段"下沉"改造工程、高铁站东广场建设，交通更加便利快捷。京广、沪昆高铁相继开通，渝长厦高铁今年启动建设，地铁、磁浮实现了机场、高铁、城区的无缝对接，为长沙带来巨大的人流、物流、信息流和资金流，2016年高铁站客流量达7000多万人次。同时，公共配套日渐完善，4所中小学相继投入建设，光达排渍泵站、敢胜垸防洪堤整治一期及风光带建设顺利推进。

表1 截至2016年底高铁新城武广片区部分基础设施项目建设完成情况

	项目名称	计划投资总额	建设时间	备注
片区主干道	花侯路	26500万元	2008～2009	已完成
	红旗路	168230万元	2012～2016	已完成
	香樟东路	13000万元	2008～2009	已完成
	劳动东路	17000万元	2008～2009	已完成
对外交通设施	长沙高铁南站东广场建设工程	148063万元	2014～2016	已完成
	京港澳高速黎托段下沉改造工程	133187万元	2012～2015	已完成
公共服务设施	浏阳河风光带建设	66436万元	2017～	—

第三，综合环境明显改善。开发建设始终坚守生态底线，注重资源保护和利用，规划并推进潭阳洲、磨盘洲、榨山港等生态公园建设，其中潭阳洲将被打造成第 12 届中国国际园林博览会的主会场，构建"两带两轴三园"的生态格局，规划绿地率高达 20%。同时，在全市的统筹部署下，市、区（县）两级连续奋战，开展大规模拆违控违专项整治大行动，该片区拆除违章建设 745 万平方米，片区品质持续提升。随着片区环境的改善，人口集聚开始发力，片区常住人口由原来的 3.25 万人增至 5.1 万人。

第四，产业发展拉开序幕。到目前为止，武广片区的房地产业发展迅速，已建成项目 1 个（恒大绿洲）；在建项目 6 个（万科·魅力之城、新华都·阳光城、绿地之窗、恒大国际广场、星光名座、明昇壹城），总投资约 570.8 亿元；产业项目陆续启动，周大生中港珠宝城等 4 个项目即将开建，预期总投资 175 亿元。同时，招商引资成效明显，华润集团、平安集团、正威集团、绿地集团等领军企业先后赴高铁会展新城考察，碧桂园集团意向打造国内首个森林城市项目；新城控股意向投资吾悦广场项目，打造新型商业综合体；绿地集团投资智慧城项目，打造中国中部高铁经济创新发展示范区。2016 年武广片区固定资产投资同比增长 7%。高铁会展新城现有管理体制对加快该片区开发建设发挥了巨大推动作用，管委会成立后有了显著变化。

但从高铁会展新城开发建设的 7 年历程看，在管委会成立之前的较长时期里，发展严重缓慢，导致整个高铁会展新城开发建设仍然较为滞后，与市委、市政府的既定要求、人民群众的热切期望和国内兄弟城市高铁片区的快速发展相比差距较大。特别是炼红书记在高铁会展新城兴建之初提出了"2015 年要有明显变化、2016 年看得见高品质雏形、2017 年要让人领略呼之欲出的魅力"的目标，就目前进度来看未能实现。因此，不同的社会群体对高铁新城开发建设或多或少表达出不满情绪：一是群众有怨言。武广片区规划区范围内涉及拆迁群众 3.3 万人，积极支持片区开发建设，但由于产业发展滞后，拆迁群众的就业没能得到很好地安置，特别是实施大规模的拆违控违行动后，群众拆除了违章仓储，支持片区发展，而项目没有及时引进来，土地在"晒太阳"，一些已出让土地开发节奏很慢，既影响城市形象，也挫伤了群众积极性。二是投资商有意见。招商引资对项目限制多、要求高，地价相比同等区位偏贵，且缺乏政策吸引力，导致很多投资商望而却步，即使引进落地的投资项目，品质也不高。如周大生中港珠宝城早在十年前就在洽谈，近期才准备开工建设；绿地集团在其他城市的开发品质好，但在该片区的项目建设品质一般。三是干部有压力。该片区拆迁任务重，仅雨花区正在拆迁的就有675亩，不少项目没有"清零"，需要走司法强拆程序，拆迁群众经常上访，在工作约束条件增加的情况下，工作压力和维稳压力也很大。四是区县有难处。一方面，部分群众认为高铁会展新城开发建设滞后的主要责任在区县；另一方面，区县政府解决问题的作为相对有限，如雨花区村级"两安"用地落地难，拆迁及安置资金缺口大，根据测算，武广片区所有拆迁人员的社保和安置共需118.4亿元，但收益仅为35.63亿元，缺口达82.77亿元。

二　高铁会展新城进入开发建设新阶段，瓶颈亟待破解

从武广片区基础设施建设投入总量（规划投入200亿元，实际完成投资160余亿元）看，该片区发展正从以大规模基础设施建设为主的阶段，进入以功能提升和产业发展为主的新阶段。下一阶段，应坚持问题导向，以解决好拆迁群众生活生产安置现实困难与问题为基础，紧紧围绕功能提升和产业发展，突出在以下几个方面破解开发建设瓶颈。

一是"两保"用地亟待解决。武广片区涉及雨花区黎托、东山2个街道18个社区3.2万人。目前，拆迁群众仍有"两保"用地指标2275.6亩尚未落实。但据高铁新城管委会用地情况摸底显示，除去河道、滩头、水利等土地，高铁会展新城武广片区控规总面积约2.3万亩，其中已出让土地约6200亩，学校、道路、市政、绿化等占地7800亩，潭阳洲3300亩，剩余可供开发用地63宗5663亩（其中"两安"用地仅4宗425亩，雨花城投公司8宗1093亩，武广公司51宗4145亩），只占1/4。这些土地是全市轨道交通建设和片区自身开发建设的重要融资来源，片区内无法满足拆迁安置用地的需要。一方面，"两保"用地长期得不到落实，拆迁群众不能以此发展生产；另一方面，产业未能迅速发展，拆迁群众也很难找到理想的就业岗位，片区内就业率仅17.6%，片区外就业率为78.1%，其余的以出租房屋、灵活就业为生（表2），

另有 815 人未就业，群众意见较大。每年的市、区两级人代会上许多人大代表强烈要求解决好此问题。

表2　长沙高铁新城武广片区拆迁群众就业情况分析

街道	劳动年龄人口	片区内就业	片区外就业	出租房屋	灵活就业	未就业
黎托街道	10500	1565	8420	2200	4300	515
东山街道	8680	1820	6560	4740	1980	300
合　计	19180	3385	14980	6940	6280	815

二是产业发展严重滞后。根据长沙高铁会展新城发展总体定位和产业规划，武广片区重点发展高铁商务、园艺博览等现代服务业。但目前该片区已落地和开工项目大多是纯住宅项目，用地面积达 3580 亩，占已出让土地总面积的 57.7%。而武广片区已出让 5 块产业用地（周大生中港珠宝城、永清集团研发总部、长房东旭国际、城开鑫干线项目和台商总部大厦），虽已拆迁多年，但因土地置换、用地性质调整、产业方向调整、土地款违约等原因，项目迟迟没有开工建设。同时，产业招商瓶颈突出。一方面，武广片区剩余可开发土地仅 5663 亩，其中具备出让条件的土地仅 1196 亩，发展空间有限，为促进产城融合，管委会着力引进高端产业项目，限制了一般开发项目，加之征拆成本高和融资需要，土地竞拍底价至少要达到 600 万元/亩，成交价格约为 1000 万元/亩，比市内园区和其他片区高出不少，企业进驻门槛高。另一方面，政策缺乏吸引力。高铁新城开发建设领导小组虽然出台了《高铁新城招商引资管理暂行办法》，但该办法主要是就招商引资过程进行规范约束，没有涉及税费等优惠政策，相比市内园区和其他片区，招商引资吸引力不大。

三是公共配套亟待完善。根据长沙城市总体规划，武广片区是长沙五大组团（暮云组团、金霞组团、坪浦组团、空港组团、黄黎组团）之一，但由于教育、医疗等公共配套不完备，导致城市功能发育相对迟缓，区域价值受损，成为影响城市品质的突出"短板"。道路配套方面，主要骨干路网已基本成型，但与城市中心区的无缝对接还有较大差距；片区内的杜花路、川河路等都是断头路，区域交通压力较大；已建成和在建的保障安置住房周边市政道路配套也不完善，已入住的拆迁村民出行十分不便。教育配套方面，高铁新城武广片区共规划 7 所中学 11 所小学，其中投入使用的仅 2 中 2 小，1 中 4 小正在加速推进，特别是片区学校建设主体不明确、建设单位履责不主动以及学校用地权属变更手续繁杂，导致建设进度滞后，再加上近年来因开发所带来的新增学位问题（仅武广片区新增中、小学学位 8000 个），未来几年区域内就学难的问题将更加凸显。医疗配套方面，片区内社区卫生服务中心建设更加滞后，目前还没有大型医疗机构入驻，除原黎托医院暂在黎郡新宇运行外，没有一家规模化的医疗机构，难以满足周边群众日益增长的医疗需求。此外，区域内的社区服务等公共设施及商业、商务等配套严重缺乏。

四是建设资金十分吃紧。按照投入计划，武广片区后续基础设施配套建设至少还需 40 亿元以上。同时，武广片区拆迁安置资金缺口达 82.77 亿元。由于片区内土地大部分为融资用地，且目前已进入建设高峰与偿债高峰叠加期，片区建设资金平衡困难，还本付息压力大增。此外，高铁新城管委会按规定在市财政局设立"双控"账户，专项用于归集片区开发收益返还资金，但武广公司和长东公司的土地回笼资金尚未按照"长高铁 3 号"文件规定归集，市财政将片区开发收益拨付至长沙轨道集团后，后者亦未按要求将回笼资金及时归集到管委会的"双控"账户，客观上也造成开发建设资金更加捉襟见肘。

三　加快高铁会展新城开发建设势在必行，必须抢抓机遇全力推进

高铁会展新城的开发建设，省委、省政府和市委、市政府高度重视，人民群众和社会各界十分关注。应立足当前，着眼长远，重点解决好以下问题。

（一）找准总体功能定位

规划失误是最大的失误，科学的定位能有效提升品质、提振信心、提速发展。3 月 31 日，陈文浩市长率市直相关部门到高铁会展新城进行专题调研，从高铁会展新城的总体定位、产业发展、城市品质等诸多方面提出了明确要求，必须以此为指导，突出功能定位的唯一性，紧紧围绕枢纽、会展两大定位和高铁经济、会展经济做精做深做足文章，进一步彰显片区特色优势。要汇聚省、市、区各方合力，抢抓国家"八纵八横"高铁发展战略机

遇期，着力打造五大发展理念先行区、高铁枢纽、会展高地、开放门户、品质标杆。

（二）加快集聚高端产业

客观地看，由于近几年经济形势发生了较大变化，高铁会展新城错过了上一轮产业发展最好的"黄金期"，一定程度上处于被动的境地。而高铁的"虹吸效应"却越来越明显，只有把产业建设摆在更加重要的位置来抓，加大招商引资力度，狠抓项目落地，打牢加快发展的产业基础，才能"乘着高铁飞起来"，反之则有可能导致资源逆向流动。一要明晰产业规划。高度聚焦高铁门户和会展功能，以高铁经济和会展经济为主导，深入研究、科学制定高铁会展新城产业发展规划和武广片区、黄兴片区建设规划，打造具有唯一性的长沙高端现代服务业新标杆。开展高铁片区各功能区域的详细规划设计，以高标准、精细化的规划引领招商引资、项目落地。坚持产城融合，推动产业发展规划、土地利用规划、城乡发展规划"多规合一"，统筹规划产业发展、人口集聚、城市建设、生态环境保护，促进产业与城市融合发展、人口与产业协同集聚。二要开展精准招商。一方面，积极创新招商模式，高起点、高标准地策划和包装好高铁会展新城招商项目，培育专业招商团队，锁定一批行业领军企业和国际知名企业，开展"一对一"叩门招商、"点对点"项目对接，有针对性地举行专题招商活动，提高招商的精准性和成功率。另一方面，注重保持战略定力，强化招商选资，引大商、引强商、引好商、引能够实现新城和片区发展战略意图之商。特别是要盯紧世界500强和行业顶尖团队等战略投资者，先期突破1~2个爆发点，力求通过引进一个项目，带动一个片区的发展。三是优化用地规划。鉴于目前武广片区房地产项目已经偏多（用地面积达到3580亩），而且在剩余的可供开发土地中仍有住宅用地3118亩，总量达到6698亩，建议适当调整用地规划，腾出更多空间，用于发展中高端产业。四要加大政策扶持。借鉴湘江新区开发建设经验，出台土地、税费等有利于开发建设的优惠政策；参照郑东新区等其他省会城市高铁片区开发建设经验，出台办公补贴、一次性开业奖励、运营奖励补贴等有利于片区建设发展的招商引资政策，对世界500强、国内100强、行业前10强等企业入驻高铁会展新城给予产业扶持，尤其是对总部经济、会议展览、科技金融、文化创意、健康医疗等产业出台专门支持政策。

（三）着力提升城市功能

对标国际品质，完善片区功能，努力将高铁会展新城建设成为实践五大发展新理念的先行区。一要加快基础配套。在学校建设上，采取责任配建、协议配建、兜底配建等多种方式，重点加快幼儿园、小学等基础教育设施的建设，缓解区域内日趋严重的就学难问题。在道路建设上，重点加快京珠高速的改造步伐，打通杜花路、川河路等断头路，确保高铁会展新城与城市中心区的无缝对接。在医院建设上，重点加快社区卫生服务中心的建设，引进大型知名医疗机构入驻，满足周边群众的医疗需求。二要提高配套标准。在学校、医院等基础设施的配套上，多引进名校、名师和名院、名医；在商业、商务、餐饮、娱乐等设施的完善上，多引进重点品牌企业，整体提升区域品质，以高品质的城市环境增强对高铁沿线城市人口和消费等的吸引力。三要优化片区环境。按照"片区即景区"理念，积极推进综合管廊、海绵城市等建设，做亮雕塑小品、景观绿化、户外广告、泛光照明、道路铺装等"城市细胞"，让城市细节更加精致精美；合理优化地下管廊、分层交通、路面景观、空中连廊等空间布局，打造便捷畅通的行车、停车及交通无缝换乘的出行方式，营造"出则繁华、入则宁静"的和谐环境；加强高铁沿线环境综合治理，实现高铁沿线见绿不见土，建设绿色生态示范区。

（四）妥善安排"两保"用地

高铁会展新城"两保"融资用地问题时间长、体量大、矛盾集中，不容回避。目前，完全在武广片区内安排"两保"用地已无可能；雨花区范围内与武广片区同等价位的可供开发土地仅约485亩，全部在雨花区范围内找地平衡也比较困难；由于涉及资金量较大，全部货币补偿也缺乏财力支撑。发展的问题只能用更好更快的发展予以解决。建议按照实事求是、兼顾各方的原则，从有利于高铁新城长远发展着眼，综合考量，分三个途径妥善解决。首先，争取一部分"两保"用地在武广片区范围内落地解决；其次，安排一部分"两保"用地在雨花区范围相近价位区域内，按区内"两保"用地落地；然后，余下的"两保"用地由市、区两级共担，以市、区两级货币补偿的方式解决。具体补偿标准可由市国土、市财政部门会同高铁新城管委会和雨花区商议后报市政府研究决定。

（五）适时完善体制机制

一是实施区划调整。建议考虑近期将长沙县黄兴镇几个村给雨花区托管，统一规划，统一建设，统一管理，逐步将高铁会展新城建成独立的开发区，实现行政审批、社会事务等不出园区。二是推动充分授权。采取积极举措，确保住建分局、国土分局、规划分局等派驻办事机构授权到位、高效运行，特别是突破长沙县国土管辖权制约，加快构建与高铁会展新城管理体制相适应的土地储备、挂牌出让的相关体制。三是强化综合管理。尽快出台综合管理办法，组建综合执法队伍，成立统一的枢纽运行中心，加强周边环境整治和站场管理工作，确保片区精细管理、高效运行。四是严格资金归集。严格落实片区回笼资金归集制度，市财政等部门按要求督促回笼资金及时归集到高铁新城管委会的"双控"账户，加快资金周转速度，提高资金使用效率，有效保障高铁会展新城开发建设的资金平衡。

B.36
加快推进湖南军民融合
深度发展的政策建议

袁建良*

党的十八大以来，以习近平同志为核心的党中央总揽战略全局，把握发展大势，把军民融合发展上升为国家战略。在党的十九大报告中，把军民融合纳入习近平新时代中国特色社会主义思想特别是习近平强军思想的科学体系，并确立为全面建成小康社会决胜期必须坚定实施的七大战略之一，是党中央从国家安全和发展战略全局出发做出的重大决策，是全面建成小康社会进程中实现富国和强军相统一的必由之路。当前和今后一个时期是我国军民融合深度发展的战略机遇期，也是湖南推动军民融合深度发展的重要机遇期。

一 推动军民融合深度发展的重大战略意义

（一）2017年10月召开的党的十九大对军民融合进行了系列部署和长远谋划

党的十九大报告三处强调"军民融合"，深刻阐明了新时代军民融合发展的理论指导、战略地位、发展目标和重点任务，进一步彰显了军民融合在强国强军中的战略地位。十九大确立了习近平强军思想在国防和军队建设中的指导地位，正式把军民融合发展作为习近平新时代中国特色社会主义思想的重要组成部分，纳入习近平强军思想的科学体系，为新时代推进军民融合发展、实现强军梦强国梦提供了科学指南和行动纲领。

---

* 袁建良，国家开发银行湖南省分行党委书记、行长。

（二）党的十九大把军民融合发展战略列为开启全面建设社会主义现代化国家新征程的七大国家战略之一，并把坚定实施军民融合发展战略写入中国共产党章程，进一步凸显了军民融合发展战略在国家战略体系中的重要地位

这将是通贯全面建成世界一流军队、全面建设社会主义现代化强国全过程的重大国家战略。确立了这样一个战略定位，我们党就能更加充分地发挥统一领导的政治优势，发挥社会主义集中力量办大事的体制优势，激发全国亿万人民的创造精神和爱国热情，把实施军民融合发展战略这件大事办好。

（三）党的十九大报告强调，形成军民融合深度发展格局，构建一体化的国家战略体系和能力，明确了新时代军民融合发展的目标指向

构建一体化的国家战略体系和能力，就是要重塑国家安全和发展战略体系，全面消除军民二元分离，促进军民资源一体配置，军民力量一体运用，实现国家发展和安全统筹谋划、经济建设和国防建设融合发展、经济实力和国防实力同步提升，全面增强国家综合实力和战略竞争力，为建成社会主义现代化强国提供战略支撑。党的十九大报告明确了新时代军民融合发展的重点任务，强调要强化统一领导、顶层设计、改革创新和重大项目落实，深化国防科技工业改革。这一任务部署，聚焦政治保障、战略规划、制度构建和项目落地，确立了实施军民融合发展战略的基本着力点。

二　湖南推动军民融合深度发展的现实基础

（一）军民融合发展体系正在形成

湖南省军民融合委员会成立，军民融合发展各级工作机构逐步完善，管理体制和工作机制进一步理顺。省政府制定并发布《湖南省国防科技工业军民融入深度发展"十三五"规划》《湖南航空航天新兴优势产业链行动计划》《关于加快推进军民融合产业发展的若干政策措施》等一系列政策措施，省政

府设立军民融合产业发展专项资金，支持军民两用高端装备、光电信息、新材料等科研开发及产业发展。军民融合产业政策支持力度不断加大，体系不断完善，各地市也相继出台了推动军民融合发展的政策措施，为加快湖南国防科技工业军民融合发展发挥了积极作用。"军转民"与"民参军"良性互动的军民融合体系正在形成。

（二）军民融合国防科技协同创新能力持续提升

军民协同创新基础逐步加强，科技成果转化取得新成效。"十二五"末，湖南军工建成国防科技重点（学科）实验室28个（其中国家级9个）；企业技术中心27个（其中国家级9个），占全省的13%；博士后工作站10个；全行业专业技术人员占行业从业人员的27%。"十二五"期间，湖南军工获得省部级以上奖励177项，其中39项科研成果获国家级奖励；申请专利3500余项，授权1500余项。湖南在高性能计算、北斗卫星导航系统、强激光技术应用、磁悬浮、临近空间飞行器与激光卫星技术等尖端领域已经取得重大突破，拥有独特的技术优势。

（三）军民融合产业发展优势更加突出

"十二五"时期，湖南装备制造、新材料、汽车、电子信息等优势产业实现较快发展，轨道交通装备、工程机械，在世界上占有重要地位，特高压输变电装备、永磁直驱风力发电装备、中小型航空动力等行业技术水平跃居国内前列。同时，企业技术创新平台体系不断强化。到2017年底，湖南省级国防重点实验室达到20家，国家级9家，形成了以共建高校、国防特色学科、国防科技重点（学科）实验室、企业技术中心为代表的多层次军民融合协同创新体系，一批关键核心技术取得重大突破，储备了一大批竞争力强的军民两用技术。湖南在装备动力、通航、核、军工电子、新材料等领域形成了鲜明特色和比较优势。

（四）军民融合对经济辐射带动作用显著增强

"十二五"期间，湖南军民融合产业经济规模保持快速增长态势，形成了以核工业、航空、航天、特种装备制造、船舶、民爆与化工六个主导产业为骨干，以新能源、新材料、军工电子信息技术为先导的军民融合特色产业格局，产品结构不断优化。军民结合产业示范基地及其他军民结合产业园建设步伐加快，推动国防科技工业融入当地经济总体发展布局。2017 年，全省军民融合产业预计实现工业总产值 1200 亿元，比上年增长 17%。有效带动了湖南工业结构的优化升级和工业经济的快速增长。

三　开发性金融支持湖南军民融合发展的成功实践

开行始终将支持国防军工建设和军民融合发展作为服务国家战略的重要内容，经过多年实践，积累了丰富的行业经验，已经建立起一整套以市场化方式服务国家战略，实现国家战略利益与市场效率兼顾并重的成熟模式和经验，可以在支持军民融合深度发展中充分发挥和运用。截至目前，国开行湖南分行累计授信承诺军民融合贷款项目 800 余亿元，累计发放 600 余亿元，累计投入军民融合专项建设基金 20 余亿元。

（一）适应国防建设新形势，支持军民融合重点领域

一是持续深化银政、银企合作。2017 年 6 月，国开行总行与省政府签订《开发性金融支持湖南军民深度融合发展战略合作协议》，意向为湖南军民深度融合发展提供 1000 亿元授信支持。同时，湖南分行与省国防科技工业局，以及与航发南方工业、中航起落架、江南工业等 9 个重点军企签订战略合作协议。二是加快军工核心能力建设授信。围绕打赢未来战争主要装备建设，累计提供授信承诺 200 余亿元，提升湖南省在航空发动机、装甲车辆、舰船推进系统等武器装备领域研制保障和生产能力水平。三是积极创新投融资模式。促进经济建设与国防建设多领域统筹，在国防动员、两用人才教育、军地基础设施领域累计提供授信承诺 70 余亿元。精准把握政策导向，承诺省内军工企事业单位棚户区改造贷款 25 亿元，惠及军工民生。

（二）贯彻制造强省战略，支持军民融合产业加快发展

一是聚焦国防科技创新和新兴产业链。与省经信委建立项目对接机制，重点发力省内 10 个军民融合新兴优势产业链，累计发放贷款 550 亿元，支持航

发南方工业、长城科技、三一重工、中航起落架、湘电集团等核心企业。与国家集成电路基金联动 15.7 亿元，支持景嘉微、国科微等集成电路骨干企业。二是助力军民融合产业区域协调发展。围绕长株潭衡"中国制造 2025"试点示范城市群建设，以"基础设施＋小核心＋大协作"方式，推动"军转民"、"民参军"，支持"长沙·麓谷创新谷"、"株洲·中国动力谷"、湘潭九华、衡阳白沙洲、岳阳城陵矶等军民融合产业园区建设，有力推动"一区七基地"军民融合产业区域发展新格局。三是着力支持军民融合产业重大项目。承诺发放国家"两机"专项、国产大型客机起降系统、北斗导航等航空航天重大项目贷款。以"专项基金＋贷款"方式满足舰艇电力推进系统、自主可控计算机、碳基新材料重点项目融资需求。服务"一带一路"，支持江南工业、湖南云箭等在湘军工"走出去"。

（三）融智深度发展，加大军民融合精准支持力度

一是军民融合融智推动。围绕《湖南省军民融合发展"十三五规划"》及制造强省建设、长株潭衡"中国制造 2025"试点示范城市圈建设等指引，编制《湖南省军民融合"十三五"系统性融资规划》、《长株潭创新示范园区建设系统性融资规划》、《湖南省产业园区系统性融资规划》等融资规划，稳步推进战略合作协议落实。二是军民融合理论创新。针对军民融合投融资的重点领域和薄弱环节，国开行湖南分行联合国防科技大学共同承担了军委科技委战略先导计划课题《利用金融手段促进国防科技发展问题研究》。

四 对推动湖南军民融合深度发展的政策建议

（一）以科技进步和创新为动力，提升军民融合产业竞争力

构建政府、企业、科研院所（高等院校）、最终用户等市场主体互通互联的协同创新平台。围绕国防科技工业重大共性需求，在超级计算机、中小型发动机、飞机起落架、卫星通信、新材料等重要装备领域形成技术优势，攻关开发一批具有自主知识产权的核心技术。组织引导军民融合企业与国防科大、湖南大学、中南大学、南华大学等院校、科研院所开展战略合作，建立军民两用

技术研发中心、产业技术创新战略联盟，有力推进政产学研用结合。充分发挥产业技术协同创新研究院的作用，重点支持和推动北斗导航应用、激光陀螺、磁悬浮等战略性新兴产业发展，打造新兴产业集群。

（二）以"军转民"和"民参军"为抓手，拓宽军民融合发展基础

促进国防科技重点实验室、国防重点学科实验室、国防科技工业创新中心等入编资源共享目录，开放共享，提升军工资源利用效率。拓宽收集民口优势技术和产品途径，通过发布《军民两用技术推广目录》、举办军民融合产业对接活动等方式，促进军民信息互通。按照"政府主导、需求导向、市场运作、资源共享"的原则，尽快建成以省军民融合公共服务平台为枢纽，市州窗口平台以及军民融合示范基地平台为补充，各类服务机构为支撑的1＋N＋X的军民融合公共服务网络体系，加快技术、资本、信息、人才、设备设施等资源共享和业务协同，实现互相支撑，双向有效转化。

（三）以深化体制机制改革为牵引，提升军民融合发展活力

围绕"武器装备质量管理体系认证"与"装备承制单位资格审查"两证联审具体实施细则、依托示范园区开展产品竞争性采购、军品价格和军品税收联动改革、深化低空空域管理改革等方面，争取国家试点，推动先行先试。鼓励符合条件的社会资本参与军民融合企业股份制改造，加快军工企业混合所有制改革。探索和推动跨领域、跨行业、跨平台的专业化重组，提升军工行业资源配置效率。支持符合条件的军工企业上市融资，着力提升军工资产证券化率。积极发挥军工优势服务"一带一路"战略实施，积极引进国际先进军工技术和装备，加大军贸市场的拓展力度，拓宽军品出口范围，鼓励军民融合产业"走出去"。

（四）以构建军民融合金融支持体系为重点，发挥金融的资源配置功能

有效整合政府、军工、金融、企业、市场、社会中介机构等多方面资源和力量，构建规范化、制度化、法治化运行，符合军民融合深度发展要求的金融支持体系。发挥开发性金融优势，建立支持军民融合深度发展的中长期贷款和

投贷联动机制，支持军民融合重点产业及重大项目，以点带面深入推进军民融合发展。发挥商业银行及股份制中小商业银行决策机制灵活等优势，探索知识产权质押、供应链融资、贸易融资、股权质押等多元化融资途径，加大扶持军民融合中小微企业力度。支持符合条件的军民融合企业利用股票市场、债券市场、金融衍生品等资本市场融资。设立军民融合发展产业投资基金，采取市场化方式运作，支持军民融合重点项目建设，引导社会资本进入军民融合领域。

B.37
推进长株潭协同发展的若干思考

朱　翔*

一　重要意义

国家将城市群作为新型城镇化主体形态，强调大中小城市和小城镇协调发展。京津冀协同发展成为国家大战略，雄安新区作为具有重大意义的国家级新区，粤港澳大湾区拟建设成世界级城市群，武汉、郑州正在倾力建设国家中心城市。

长株潭城市群土地面积2.8万平方公里，2017年总人口1400万，GDP15170亿元，经济总量占湖南的41.5%。湖南地区长期以来都以长株潭地区为发展轴心，同时长株潭也是我国重要的智密区。长株潭具有较好的区位优势，交通便利，现已建成现代化的高速交通网络。

推进长株潭协同发展具有重大意义。一是共同打造中部核心增长极。长沙的综合实力超越郑州，长株潭的整体实力领先武汉，三市一体化建设，构筑我国中部、长江中游地区强大的增长极，未来综合实力可与广州、深圳、香港等一线城市媲美。二是能够取长补短，相得益彰。三市相距较近，空间联系密切，在功能定位、产业结构、旅游特色等方面存在着显著差异，推进协同发展和一体化建设，可望获取良好的集聚互补效益，避免特大城市常见的"城市病"。三是构筑湖南现代化高地。三市一体化建设，有助于形成多极空间网络，增强城市群的辐射带动功能。以长株潭为核心，以岳阳为全省门户，以怀化为湘西门户，以郴州为湘南门户，以京广线和沪昆线为主体发展轴，形成湖南开放开发新格局。

---

* 朱翔，湖南师范大学教授、博士生导师。

二　整体谋划

长株潭三市需要统一规划，统筹建设，凸显优势，整体创新，共同打造长江中游的经济轴心，我国中部的交通枢纽，增强对全省的辐射带动作用。

三市的整体提升，需要加强分工协作，增进整体协调，既包括个体的优化，更包括群体的优化，城市群总体效益大于三市个体效益之和。三市产业设置保持较大差异，各有侧重，优势互补。三市共建交通网络、物流网络、电力系统、信息系统、环保系统、预警应急系统。应该着力推行"一张图"的标准规划、"一盘棋"的统一建设和"一体化"的全面发展，同时要积极探索建立行政管理协同机制、科技创新融通机制和生态环保联动机制。

对长株潭进行高水平的顶层设计，突出中心城市的辐射功能，强化经济腹地的支撑能力，通过高效率的交通线路，形成点轴结合、绿带为屏的网络开发系统。注重空港、高铁、高速公路的开放拉动作用。积极对接"一带一路"、长江经济带和大湾经济区等国家战略。

长株潭以往的成长动能主要是各类要素大范围的投入、规模化量化式的外延等方面，现阶段，要将这种传统的方式转换到依靠创新驱动和协调发展等方面来。整合三市的研发优势，打造高水平的创新创智创业集群。凝聚三市的区位优势，创建承东启西、连南接北的交通枢纽。连接三市自然和文化旅游经典，构建内涵丰富、特色鲜明、享誉中外的大旅游圈。

不断提升城市群的品质和内涵，就需要在发展过程中注意彰显产业的独特优势条件和鲜明的文化特色，并且要充分考虑生态环境特色。关注发展前后期的着重点：前期强调点轴式非均衡发展，培育先导产业和支柱产业；后期强调多极网络式相对均衡发展，壮大现代服务业，形成开放型经济结构。

三　产业协同发展

要在产业集群培育、信息化通道建设、市场规范化经营、知名品牌打造等方面多花费精力，把划定重点建设的产业园区作为平台，将有发展前景的核心企业为龙头，以产业集群为抓手，以新型高新技术为引领。长株潭企业类型主要分为先导型产业，如电子信息、"互联网＋"、智能制造、航天航空、新材料、新能源、新医药等；主要为主导企业配套发展的配套型企业，如金融服务、保健养生、酒店会展、餐饮、商贸物流等；以及相关的支撑产业，如轨道交通、旅游观光、现代农业、电器产品、工程机械制造等。对长株潭产业进行全面整合和优化提升，重点打造智能制造、新材料、新能源、电子信息、生物工程、文化创意、节能环保和高效农业八大产业集群。

长沙的产业建设，突出创新引领功能。侧重大数字、云计算、智能制造、新材料、新能源、生物工程等领域，对工程机械、汽车及零部件进行改造提升。长沙工业以319国道为发展轴。五大国家级高新区各有侧重：长沙高新区以电子信息、新医药、新材料为重点，长沙经开区以智能制造、工程机械、汽车及零部件为重点，浏阳经开区以电子信息、生物医药、节能环保为重点，望城经开区以航空航天、食品医药、有色加工为重点，宁乡经开区以工程机械、新材料、食品医药为重点。

株洲产业建设突出动力制造功能，以轨道交通装备、航空机械、汽车为核心，改造陶瓷、服装、医药、食品等部门，做大做强株洲高新区。在株洲北部培育轨道交通、航空航天、汽车及零部件、陶瓷、服装等产业集群，发展高铁动车、中低速磁浮、城轨车辆以及轨道交通控制系统、先进复合材料等，将轨道交通装备制造作为强劲的增长点。做大做强中小航空发动机和航空关键零部件生产基地、北斗卫星和通用航空示范基地，开发轻型飞机、直升机、无人机等整机产品。攸县和茶陵搞好先进制造和农产品深加工，炎陵突出旅游服务业。

湘潭产业建设突出智能制造和绿色低碳特色，着力构建"智造谷"，实施生产智能化、产品智能化、服务智能化三大工程。优先发展风电装备、海洋装备、矿山装备、新医药、绿色食品等部门，从严控制钢铁、化工、水泥等污染型行业。重点培育先进装备制造、清洁能源装备制造、精品钢材及深加工、汽车及零部件、电子信息等部门。湘潭高新区侧重引进创新，以精品钢材、风电装备、矿山装备、节能环保为重点。湘潭经开区重点培育装备制造产业集群，以海洋装备、汽车及零部件、3D打印、工业机器人、云计算、生物医药为重点。将天易示范区建设成环保、新材料和生物医药产业基地。将昭山示范区建设成高端服务业基地。

四　空间协同发展

长株潭作为内部联系密切的城市群，应协调好各功能区的关系。以湘江为生态轴，以京广线、沪昆线为发展轴，构建分工明确、各具特色的空间组团。对开发区和工业园进行整合，突出比较优势，形成规模效益，企业适度集中，构建高效益的产业集群和产业基地。

长沙　加紧创建国家中心城市，着力打造国家智能制造中心、国家创新创意中心、国家交通物流中心，实施高新技术引领和优秀文化带动。长沙的规划发展，需要强化国际视野、国家思维和创新谋划，完成四大转型：由区域性中心城市向国家级中心城市迈进；由内陆中心城市向国家枢纽城市转型；由传统工业城市向国家创新城市升级；由一般省会城市向国家"两型"城市提升。把长沙市区划分为湘江以东和湘江以西两大部分，湘江东岸加强与株洲的对接，湘江西岸加强与湘潭的对接。湘江以东部分侧重商业商务、文化娱乐和现代服务，重点建设好高铁站、国际会展中心和黄花机场一线，培育新兴的高铁—临空片区，京港澳高速向东推移。湘江以西部分以湘江新区为龙头，重点建设好岳麓山大学城、长沙高新区、梅溪湖—雷锋片区，积极发展大数据、云计算、新材料、节能环保、文化创意等部门，培育开放高地和高新技术孵化器。

株洲　作为装备制造基地和交通物流枢纽。株洲高新区形成"一区四园"格局，重点打造轨道交通、汽车及零配件、航空航天三大产业集群。构筑现代化商业综合体，加强对高铁片区的整体开发。构建"以轨道交通为骨干，新型电车为网络，常规公交为补充，慢行交通为延伸"的绿色公交系统。建设东部新城，以航空城和服饰城为主体，对接醴陵老城区和长庆新区。株洲城区沿湘江向南拓展，疏解中心城区的产业、居住和服务功能，构建高品质的南部新城。

湘潭　中心城区以"一心三轴四片"为空间框架，"一心"是指中心城区及易俗河片区，两轴是指南北重点提升轴、东西城镇化发展轴和特色文化旅游轴。南北重点提升轴沿湘江和107国道，加强与长沙、株洲的对接。东西城镇化发展轴主要沿320国道和沪昆高速，连接中心城区和湘乡城区。特色文化旅游轴是指韶山——湘乡——中路铺。"四片"为昭山、韶山、湘乡和湘潭县南部四大片区。湘潭高新区重点培育新能源、钢材深加工。九华经开区突出发展汽车及零部件、电子信息、先进装备制造。天易示范区侧重先进制造和农产品深加工。开发以韶山、彭德怀纪念馆为代表的红色文化旅游，拓展以齐白石故居为代表的历史文化旅游，发展以农博园和昭山为代表的观光休闲旅游。

五　生态环境协同保护

湘江是长株潭的母亲河，又是城市群的生态轴。需要协调处理好三个城区的流域关系，沿湘江一线设置多层面的监测站点，进行严格的联合防治和管控，将责任具体落实，提高整体对沿江一线生态环境的重视。

长株潭作为多中心城乡复合生态系统，务必统一规划，统筹建设，共同保护，综合治理。三市建成区沿湘江依序展布，形成"一江两岸三城多组团绿心式"空间结构。"一江"是指湘江，"两岸"是指湘江两岸建成区，"三城"是指三市中心城区，"多组团"是指区域内的城镇集群或工业园区，"绿心"是指三市结合部。城市群绿心划定以来，当地环境生态得到有效保护，在国内外产生良好反响，今后要作为生态文明样板区和湖湘文化展示区，切实发挥"绿肺"功能。

六　协同对外开放

长株潭地区应该加强多层次、全方位、宽领域的国际联系，始终坚持走外向型的发展道路。一是应该着力建设国际化的交通网络枢纽，将黄花机场作为主要的国际化窗口，通过各类网络线路同世界大国建立密切的经济贸易、交通、科技联系等。二是在区位条件较好的地方建立国际性的社区，社区应该涵盖教育、商业、金融等多个层面，例如国际学校、总部基地、国际医院、国际融资平台等。三是应该利用优势条件吸引国内外的高水平人才。四是建设高效率的交通、通信、酒店等服务设施来配套国际性会展中心，构建高品质的传媒体系和服务体系。五是设置具有一定规模的企业总部，吸引世界五百强、中国五百强及中国民营五百强在此地区设立总部或者派出机构。

黄花机场是我国中部重要的枢纽机场。黄花综合保税区占地2平方公里，以国际贸易为主线，以"全球价值链"为准绳，聚集国内海关监管区的优惠政策，切实发挥保税物流、出口加工、口岸作业等功能。长沙临空经济示范区位于长沙主城区东侧，规划面积 140 平方公里，重点建设好长沙经开区、空港航空产业功能区、黄花综保区和高铁新城，构建高效率的综合交通枢纽和临空产业集聚区。

把长株潭地区作为一个综合性整体，与岳阳形成多层面的对接，形成有效的哑铃格局，在长江经济带建设中发挥积极的作用。以城陵矶为主港，以湘阴漕溪、临湘江南和鸭栏、华容塔市驿为副港，大力发展江海直达的水陆联运，做大做强口岸经济，重点建设好综合保税区，尤其是肉类、粮食、整车、固废等外贸口岸。改进城陵矶港至香港、澳门的直航，提升城陵矶港至上海洋山退税启运港的直航，以及到东盟、澳大利亚的接力航线。全力构建长沙捞霞、安沙到岳阳新港区的快速物流通道，重点经营集装箱、轿车、工业装备的点对点专门运输。加强岳阳冷水铺站、株洲铁路北站、长沙铁路北站的联合发展联系，联合开行"湘欧快线"，积极融入中欧经济走廊，并在其中发挥积极作用。

B.38
推进长株潭科教资源整合共享：
现状、问题与对策[*]

刘友金　周华蓉^{**}

长株潭城市群是湖南经济的核心增长极。近年来，以长株潭一体化建设为背景，长株潭地区的科教资源整合共享取得明显进展。长沙、株洲、湘潭三市集聚了全省60%以上的高校和高新技术企业、70%以上的科研机构和创业创新平台，创造了全省70%的科技成果，实现全省60%以上的高新技术产业增加值。但是，长株潭科教资源整合和共享仍然存在一些问题，科教资源空间分布高度集中、地区分割、分散管理等现象依然严重，科教资源一体化水平滞后于经济一体化水平。为此，需要进一步做好顶层设计、加强机制建设和平台建设，加快推进长株潭科教资源整合共享，努力把科教资源转化为创新优势。

一　长株潭科教资源空间分布及其整合共享现状

（一）长株潭科教资源的空间分布

长株潭科教资源分布不均衡。从空间分布来看，长株潭科教资源主要集中分布在长沙，长沙市的科教资源占整个湖南省科教资源总量的一半以上，株洲市和湘潭市分布较少。下面分别从高教资源、创新人才、创新平台、科技成果及转化应用四个方面，分析长株潭地区科教资源整合共享现状。

---

* 本文受2017年湖南省两型社会建设专项"长株潭区域科教资源整合与共享机制研究"资助。

** 刘友金，湖南科技大学副校长、教授、博士生导师；周华蓉，湖南科技大学商学院应用经济学博士研究生。

1. 高教资源

长株潭高教资源主要在长沙集聚，湘潭次之，株洲最少。2016 年长沙普通高等学校 51 所，株洲 13 所，湘潭 10 所，从重点高校的数量来看，湖南省 3 所"985"高校、4 所"211"高校均在长沙，11 所一本高校，长沙 8 所，湘潭 2 所。长沙的在校大学生数量是株洲的 6 倍多，湘潭的 4 倍多；长沙的硕士、博士研究生数量是株洲的 37 倍多，湘潭的 6 倍多；长沙高校的教职工人数是湘潭的 5 倍多，株洲的 8 倍多。

2. 创新人才

长株潭地区集聚了湖南省大多数的高教科技资源和科技创新人才。2015 年湖南省有 R&D 活动的单位 3193 个，长株潭占比 45.7%；全省有 R&D 活动的人员 173514 人，长株潭占比 69.2%；全省 R&D 人员当时当量 114869，长株潭占比 68.8%；全省 R&D 经费内部支出 412.67 亿元，长株潭占比 61.4%；2015 年湖南省有研究机构 2758 个，长株潭占比 53.7%，全省研究机构所属 R&D 人员 67331 人，长株潭占比 73.6%。就具体空间布局来看，长株潭的 R&D 人员活动主要集聚在长沙，长沙市有 R&D 活动的单位、R&D 人员、R&D 人员当时当量、R&D 经费内部支出、研究机构、研究机构所属 R&D 人员在长株潭地区所占比重分别为 73.5%、78.2%、80.3%、74.3%、82.4%、82.5%。

3. 创新平台

长株潭地区创新平台众多，湖南省 5 个国家高新技术产业开发区，有 3 个在长株潭区域；到 2017 年，长株潭一本高校有国家级本科教学、实践实验平台等 327 个，其中：长沙有 277 个，占比 84.7%；湘潭 41 个，占比 12.5%；株洲 9 个，占比 2.8%。湖南省高校国家重点实验室、国家工程研究中心、国家工程实验室、国家工程技术研究中心等 33 个国家级创新平台全部在长沙市；湖南省的 9 个企业国家重点实验室均在长株潭地区，其中长沙 4 个，株洲 4 个，湘潭 1 个。

4. 科技成果及转化应用

长沙创新谷、株洲动力谷、湘潭智造谷建设需要强大的智力支持。然而，长株潭地区的专利申请和授权科技成果主要集中在长沙市，2016 年长沙专利申请量在长株潭占比 71.8%，株洲 18.3%，湘潭占比 9.9%；长沙专利授权量在长株潭占比 71.0%，株洲 17.7%，湘潭 11.3%。2016 年长株潭地区规模工业新产品销售收入 4770.77 亿元，占全省规模工业新产品销售收入的 68.6%。就具体空间分布来看，长沙实现规模工业新产品销售收入 3884.95 亿元，占比 55.9%，株洲实现新产品销售收入 520.67 亿元，占比 7.5%，湘潭实现新产品销售收入 365.25 亿元，占比 5.3%，长沙实现了长株潭地区新产品销售收入的 81.4%。

（二）长株潭科教资源的整合共享现状

1. 长株潭高等教育资源整合共享初具规模

长株潭地区高校的合并重组带来规模经济效应。2000 年合并组建中南大学和新的湖南大学，湖南林业学校等并入中南林学院并在 2005 年更名为中南林业科技大学，2003 年，长沙理工大学成立，由长沙交通学院和长沙电力学院组建而成，湖南中医药大学于 2006 年由湖南省中医药研究院与湖南中医学院合并而成；2004 年，湖南工业大学由株洲工学院与湖南城市建设学校合并建成；2000 年，湖南工程学院成立，由湘潭机电专科学校与湖南纺织专科学校合并组成；2003 年湘潭工学院和湘潭师范学院合并组建湖南科技大学。这些高校通过实体合并和集约扩张，实现了学科融合、优势互补，同时集聚了资金，产生规模经济效应。

长株潭高校资源共享共建实践初见成效。2003 年，湖南大学、中南大学和湖南师范大学签署岳麓山地区大学资源共享框架协议，被视为长株潭地区高校教育资源共建共享的开端。2008 年 3 月，湖南大学与湖南师范大学启动文化素质教育精品课程校际共享；2011 年，湖南大学与长沙学院签署全面战略合作协议，鼓励学生到对方学校取得"第二校园学历"。湖南大学分别与中南大学、湖南师范大学签订《关于互开通识选修课程（文化素质课）的框架协议》，2016 年 1 月开始启动实施。

长株潭地区重视高校和企业间的产学研合作，促进科技成果转化应用，以高校为主体的产学研合作效果显著。以湖南大学为例，湖南大学先后与湖南省以及泛珠三角、长三角地区及其他省市的 32 个各级地方政府签订了全面合作或科技合作协议，与 400 多家企业建立了广泛的合作关系，在汽车整车、关键总成及零部件、高效磨削、新型输变电技术及设备、新材料、轻轨交通、风力发电技术、化工、生物技术等领域与企业开展了深入的产学研合作。2016 年长株潭地区产学研省级示范基地有 35 个，其中长沙 22 个，株洲 3 个，湘潭 10 个。

2. 企业和园区合作顺利推进

长株潭地区提出了以企业为主体的"311 工程"。以龙头骨干企业、行业领军企业为主体，提出产业发展的技术瓶颈，从中遴选 30 项重大关键共性技术，开展联合攻关、重点突破，30 项关键共性技术项目已累计实现研发投入11.8 亿元；以拥有省级技术创新平台的大中型企业为主体，支持 100 项重点新产品推进计划，占领市场，培育新的增长点。由创新需求强烈的中小企业组织对 100 项重点专利发明进行产业化开发。2015 年，百项重点新产品项目完成研发投入 6.4 亿元，获取专利 492 项，2016 年"双百计划"项目共投入资金 11.29 亿元，授权专利 426 项，其中发明专利 182 项，带动企业新增销售收入 85 亿元。

长株潭地区国家自助创新示范区逐渐成为湖南省创新驱动发展的核心动力源。2014 年，我国中部地区第一个以城市群为基本单元的国家自主创新示范区——长株潭国家自主创新示范区，进入国家级高新区的"第一方阵"，其以长沙高新区为龙头。在高新区发展的带动作用下，湖南省将近 70% 的科技成果都出自长沙、株洲、湘潭三个城市，并且创造了全省超过 60% 的高新技术产业的增加值，综合创新能力在全国的排名上升 6 位，创新绩效全国的排名也上升 9 位。

长株潭地区科技园和大学城建设初见成效。2000 年 9 月，湖南省提出将岳麓山大学城建设成全国一流、国际知名的大学城。2013 年底，岳麓区与中南大学签订了共建中南大学科技园合作协议并启动"5511 工程"，2014 年，中南大学科技园获批省级大学科技园区，50 多家中小科技型企业入驻园区，孵化科技项目 20 余个，至 2015 年共孵化科技项目 130 余个，建成孵化基地 3 个；2009 年株洲市委、市政府决定启动建设职教科技园，2009 年底开建，2014 年已完成投资 55 亿元，在校学生人数由 2011 年的 4000 余人，增加到的 3 万余人；2003 湘潭市年开始筹划湘潭大学园区，打造高新技术、生物技术工程等先进制造业及物流产业。

3. 长株潭科技资源共享平台建设取得进展

长沙、株洲、湘潭三市接壤，使其具有建设科技资源共享平台的天然优势。湖南省面向公众、使用频数较高、规模较大的科教资源整合与共享平台主要有湖南省科技创新文献共享服务平台、湖南省高校数字图书馆、湖南省科研设施和科研仪器开放共享服务平台和湖南省联合产权交易所等。湖南省科技文献与创新资源共享服务平台建立以数字资源为主的"一站式"科技文献与创新资源服务保障体系，满足政府相关部门、科研院所、大专院校、企业等多层面需要；湖南省高校数字教学图书馆整合了全省38所高校的97个数据库及其馆藏纸本目录，供用户使用；湖南省科研设施和科研仪器开放共享服务平台与省属高校所有省级以上省级重点学科及重点实验室网站链接，是湖南省高校科技创新平台建设的门户网站；湖南省联合产权交易所是经湖南省人民政府批准重组、不以营利为目的的产权交易机构，为科研单位、企业、个人提供产权信息和产权交易的中介服务。由于地理接近、交通便利及信息畅通，长沙、株洲、湘潭三市科技资源共享和协同创新的成本更低，地区间资源共享能够产生"$1+1+1>3$"的效应，有利于加快区域技术进步，增进创新创业活动。

二 长株潭科教资源整合共享的问题与难点

（一）长株潭科教资源整合共享的问题

1. 科教资源整体水平有待提高，且在长株潭区域分布不均匀

一方面，湖南省的科教资源总体水平滞后于经济总量水平。2015年湖南省户籍总人口7200多万人，是我国人口第七大省，湖南省GDP为28902.21亿元，全国排名第九；2015年湖南省技术市场成交额1050578万元，全国排名第十三位，专利（知识产权）申请受理54501项，授权34075项，全国排名分别为第十五位和第十四位。与此同时，湖南省域内重点高校相对较少、重点学科和重点实验室不多、"高精尖缺"人才和高端成果缺乏。显然，为实现长株潭城市群经济社会的快速发展，需要更加强有力的科技支撑和人才后盾。另一方面，尽管长株潭地区科教资源在湖南省遥遥领先，但是在区域内分布不均衡。绝大部分科教资源都集中分布在长沙市，这种科教资源区域分布不平衡的格局，不利于区内科教资源的合作交流，不利于向区内外的产业发展产生更大的

辐射带动作用。

2. 长株潭科教资源整合共享意识薄弱，共建共享效果不明显

以长株潭地区的高等教育资源共享为例，长株潭高等教育共建共享主要集中在长沙的岳麓山地区，且共享资源少、影响面窄，进展缓慢。岳麓山地区大学资源共享协商和协调共建工作处于停滞不前的状态；湖南大学与湖南师范大学开设的共享选修课程只有 10 余门左右，受益学生少；基于《关于互开通识选修课程（文化素质课）的框架协议》，中南大学、湖南大学、湖南师范大学校际互开课程共有 9 门，共享规模较小，效果不明显；湖南省高等学校数字图书馆建有 20 多个电子资源库，但不少学校并不能自由使用，各校图书馆仍以建设专有资源为工作重心。

3. 共享的形式单一，科教资源动态流动不够

目前长株潭地区对教育资源的共享还停留在比较浅的层面，共享的内容和所依托的载体也比较单一，主要是集中在图书期刊资料的共享，选修课互认以及建立一些合作项目上的探索。长株潭各地区间由于行政区划的客观存在和高校、科研院所、企业创新的相对封闭性，各科研主体单位间，甚至同一单位内的不同科研部门和人员之间都存在着资源难以有效整合的问题。如果不能充分整合科教资源，就不能使多数"静态"的科教资源在更大范围内为更多的需求者服务，这会加剧低水平重复建设和资源浪费。

4. 合作对象和资源配比选择不匹配，科教资源共享功利化

湖南省拥有多所国内著名高校，如中南大学、湖南大学、湖南师范大学等，主要分布于长沙市，其教学实力和科研能力明显高于株洲、湘潭的高等院校。对于高校本身来说，只有同与自身层次水平相当的对象合作时，与其进行的资源整合才会对自身的水平提升有帮助，因此就导致实力水平较高的学校在合作过程中缺乏积极性。在实践过程中，具有建设性的科教资源成果还同职称评选、职务升迁以及奖金福利等因素有关，这样就导致科教资源共享容易走偏，从而朝着功利主义的方向发展。

5. 高校与企业之间产学研合作积极性不高

长株潭地区虽然企业众多，但是高校和企业从事科研的利益机制不一致，高校学科方向与地方主导产业契合度不高。高校往往会忽视科技成果的经济效

益，而更加注重社会效益，主要追求的也是科研的学术价值，在基础研究方面会投入更多的时间和精力，轻视实践的应用开发。由于老师在进行职称评选、工作考核的指标大部分仍然与成果报奖、出版著作、学术论文发表以及获得政府资助的科研项目相关联，就导致高校进行科学研究的教师对研究成果的市场开发缺乏深入的思考，最终致使高校整体科技成果转换率普遍偏低。目前长株潭地区校企之间开展的产学研合作大部分都局限在层次较低的基础技术转让、合作或者技术建议、委托共同开发等方面。

6. 地理环境障碍和网络共享环境不佳

三地之间交通便利，共同的湖湘历史文化背景，使得地区之间有较好的文化氛围和较强的凝聚力，这些都是进行资源共享的有利条件，但同时，由于市内交通存在一定的拥堵状态，各校的地理位置也不集中分布，校际互相交往的难度在一定程度上加大了。同时，在网络共享的过程中由于高校使用的是自己校园局域网，就会出现信息安全得不到有效保障、数据协议不一致、软硬件不兼容等突出性的矛盾。数据库和软件结构设计不同步，各自自建数据库的标准不兼容等问题也出现在湖南省高校图书馆资源共享平台上，由于网络环境状态存在一定弊端，这在很大程度上限制了各城市之间的科教资源共享。

7. 科教资源共享规划与长效管理体制缺乏

科教资源能够共享的根本保障是高效的组织管理，而建立科学高效合理的运行机制和相关制度是必要的前提条件。长株潭地区高校数量较多，其相互的隶属关系也较为复杂。不同的管理机构调度资源配置，使得高校之间办学资源的各方面条件差异较大。虽然长株潭地区试图尝试各种形式的资源共享，但是始终都没有建立能够高效的调度资源、进行协调共享的组织机构，而完善运行机制和相关制度又必须依靠强有力的组织机构，所以就导致整个长株潭地区高校科教资源的有效整合缺乏切实可行的长期规划，各组织相关的权利和义务得不到有效的保障。

（二）长株潭科教资源整合共享的难点

1. 平衡共享收益难

不同的主体在参与科教资源共享的过程中都有各自利益集团的追求目标，

在不同的利益主体之间做到利益的平衡是科教资源能高效共享的重要基础性条件，科教资源共享的参与方是教育部直属、湖南省直属或者市级直属的单位，在办学规模以及实力等方面都不一样，都有各自的学科发展特色，目前国内高校"双一流"建设竞争渐趋白热化，对科教资源的争夺十分激烈。在开放的市场大环境下，在同一地理区位的参与共享的各方注定存在一定程度的竞争关系，例如人才、科研经费、项目等。从长株潭地区高等教育信息资源共建共享的实践看，由于不同的高等教育管理单位、信息化建设行政单位、财政部门等条块分割，高校间业务冲突的现象时有发生。

2. 消除制度障碍及文化隔阂难

行政区划存在既定的严格界限、参与共享的各方在文化层面的隔阂、地方利益保护主义以及各地区教育市场的分割性，导致长株潭地区的高校在实施跨市和跨校的资源整合时存在较大的难度。各市行政区划的地区分割阻碍了科教资源的流动，"各自为政"的模式使得科教资源难以得到有效整合。从实际执行的结果来看，往往在地理位置相近或相邻的高校之间会更多地进行科技教育资源的整合和合作，只是依靠少数高校、科研机构和产业之间进行少部分的协同共享创新，这种小范围的协同创新实质上对整个长株潭地区创新绩效影响很小。

3. 完善科教资源共享的知识产权制度难

产权不清推高了科教资源共享的成本，增大了长株潭地区科教资源共享中利益冲突的概率。由于科技资源的复杂性和历史发展阶段的限制，一般的知识产权法规不能及时有效地规范共享行为。共建共享是将成果的效益惠及更加广泛的受众群体，难免会与知识产权保护产生矛盾。如果知识产权制度不完善，将导致拥有良好科教资源的主体为了保护自身权益而拒绝共享。

4. 获取长期持续的资金支持难

长株潭科教资源共享平台的建设需要投入大量的人力、物力、财力，仅靠一个或者少数几个参与主体不足以承担高额的技术研发和资源共享费用。在文献信息资源共享活动中，湖南省教育厅于2006年颁布《湖南省高校数字图书馆管理办法》（以下简称《办法》），湖南省教育厅在其中指出，省教育厅要派出专门的人员对体系进行调控，同时，高校、专家组以及政府部门等应该各自派出相关的业务人员构建专门的机构，但是在《办法》中，却没有明确提出机构运转经费的相关来源。由教育厅根据自身的业务水平和经费需求曾经划拨过 200 万元用于日常的运转建设和相关的奖励，然而，在上海、天津等地，对此方面的投入远远要多于湖南省，与湖南省形成鲜明的对比。

三　推进长株潭科教资源整合共享的对策

（一）推进长株潭科教资源整合共享的总体思路（顶层设计）

对长株潭区域内的科教资源进行高效的共享和整合是一项较为复杂的系统性工程，涉及社会各个层面的众多因素。它对于建成高度联系、分工明确、绿色发展的高效率城市群，进而通过城市群的辐射带动整个湖南发展具有重大意义。因此，想要对长株潭地区的科教资源进行高效合理整合的前提条件，就是要从整体上构思，用全局视角做好顶层设计，同时把握好细节条件。

1. 完善有关科教资源整合共享的法规政策

科教资源实现共享的关键因素之一是制定相关法规制度，政府制定相关的政策。根据长株潭地区的实际情况，应该出台相应的政策或者是地方法规来对科教资源共享加以保障，一是从法律上准确界定各方所拥有资源的权利以及相对应的义务，如果涉及法律保护的资源在共享时需要征得产权方的同意，并且要利用多种渠道丰富科教资源的共享所涵盖的内容；二是确定健全的三方的权利和责任，其中三方就包括资源提供方、资源使用方以及建设管理方；三是明确科教资源开发利用和平台建设的具体规范性措施，例如平台的使用要求等。

2. 加强科教资源共享活动的统一领导和管理

长株潭科教资源的共享和整合是一个复杂的过程，其中会涉及各方的利益，如果不能建立一个有效的统一集中管理方式，就很难解决各地区的利益冲突。建立统一的协调机构是对参与整合各方进行高效调控的可取方式，能较好地平衡各方的利益。但同时不能忽视的是，在共享和整合的过程中必须要遵循市场经济发展的规律，与地区产业发展和企业创新需求紧密结合，这样才能为地区科教资源的共享系统提供稳定的动力保障。

（二）推进长株潭科教资源整合共享的重点措施

1. 建立科教资源整合共享的运行机制

（1）建立科学合理的利益分配机制。一是通过政策优惠、经费补助以及相关工作流程的简化或优化等提高共享服务的水平和质量，可以采用将市场机制与政府的干预相结合的 BOT/BT 等模式，对科教信息资源进行有效的开采，通过有偿的服务将开采出的信息进行一定范围内的共享；二是逐步建立合理的协调机制，可以由参与共享的主体或者相关的政府部门等组成，例如省级教育、科技行政部门等，全方位地统筹监督管理并且共享资源。三是建立投入与产出间的利益平衡机制，科教资源共享不等于无偿共享，需结合新时代社会主义市场经济的特点，采取税收减免、财政补贴、投资奖励等措施，多渠道调动整合共享建设参与主体的积极性。

（2）拓展科技资源共享合作机制。组建各种形式的技术创新战略联盟，例如长株潭地区大学科技园等，充分利用战略联盟的优势探索多层次的合作机制，以此促进长株潭地区的协同创新，使共享的成员有更多的科技资源，参与的主体也更加广泛，提高整体的利用效率，最终推动长株潭地区的创新体系上升到更高的层次。

2. 加强各级科教资源中心建设及共享平台的研发

（1）资源共享平台的建设需要进一步加强。在长株潭已有的科教资源共享平台上，要积极借鉴和学习国外先进的成功共享经验，平台建设的主体要引入高校和科研机构参与进来。

（2）共建共享的内容客体的进一步分类化与规范化处理。长株潭地区进行资源高效合理整合的前提和基础是拥有大量的数据资源，所需数据的海量性导致其来源不统一、结构的差异等问题，会限制共享的实现，因此需要针对不同客体的信息来源和结构对不同的数据进行分类化处理和统一建设。在复杂但是又有序的网络环境下，要对科教信息资源进行统一的标识，让使用者能够便利地进行所需资料的检索和使用，充分提高科教资源的利用效率。

（3）为信息共享提供强大的技术支撑和安全保障。运用统一规范的数据标准对科教信息资源进行描述和加工，使得具有同样标识的信息资源在不同的终端系统也能得到完全一致的加工和组织。同时，要保证各平台和系统的安全性，进行全面的估测，落实安全管理责任，明确到各参与单位，对于此类基础设施的建设一定要保证其安全性。

B.39
加快长沙市产业投资
基金发展的调查与思考

长沙市人民政府研究室*

成立产业投资基金是创新政府投融资资金运用方式、提高政府财政资金使用效率的重要举措。2015 年，长沙市设立产业投资基金并出台《长沙市产业投资基金管理办法》，为放大财政资金引导效应，吸引社会资金投入政府支持领域和新兴产业发挥了积极作用。

一　长沙市产业投资基金基本情况

长沙市产业投资基金分为市本级产业投资基金和各园区成立的产业引导基金，近年来，两类基金发展较为迅速，运营逐渐成熟。

（一）市本级产业投资基金加速发展

实现了资金的有效归集。长沙市产业投资基金是长沙市政府出资设立并按照市场化方式运作的政策性基金。2015 年 12 月，长沙市率先全省设立市级产业投资基金，市本级财政拟在 2015 ~ 2017 年三年内筹集 15 亿元，并拟连续 5 年内按此规模进行投入，共出资 50 亿元作为产业基金母基金，通过市场化投资，吸引社会资本进入，总投资规模达到 300 亿 ~ 400 亿元。截至目前，市本级财政从市发改委、市经信委、市农业委等成员单位共筹集了 12 亿元作为母基金。

运转机制逐步完善。专门设立长沙市产业投资基金管理委员会，作为基金

---

* 课题组成员：袁金明、邹金成、李仲惠、吴颖。

运行最高决策机构,行使投资基金中长期投资规划和年度投资计划等重大事项决策权。按照"政府引导、分类管理、市场运作、科学决策、防范风险"的原则,构建了"募、投、管、退"的市场化运转机制,以及风险防控管理体制机制,并将投资基金纳入全市公共财政考核评价体系,定期组织对基金政策目标、政策效果、投资规模及资产状况进行评估,委托审计机构或聘请第三方审计机构进行专项审计,保障基金运行安全(表1)。

表1 长沙市产业投资基金市场化运作机制

重点环节	运行思路
"募"	主要是市本级财政出资及社会资本注入。市本级财政出资主要来源是:①从现有各口产业专项资金中每年统筹1/3部分;②从2016年起用于产业发展的所有增量资金;③从投资基金收益中留存。市文化产业扶持资金暂不纳入投资基金的资金来源
"投"	产业引导基金作为母基金,主要分为支持类基金、引导类基金和跟投类基金。产业引导基金与拟与社会资本合作设立子基金的一个或多个园区合作发起设立子基金,再通过子基金投向具体产业项目。子基金中的财政出资必须与社会资本"同股同权",且出资比例不得高于30%
"管"	母基金由长沙市长信投资管理公司接受市政府委托承担投资基金运行,子基金由园区会同长沙市长信投资管理公司负责组织选聘专业管理机构进行管理。子基金委托我市法人银行或由我市设有分支机构的商业银行进行资金托管
"退"	由专业管理机构根据市场情况确定退出时机、退出方式、退出价格等,并严格按照协议承担相应违约责任

投资合作效果凸显。2016年10月,设立了市第一支5亿元子基金,与湘江新区、湖南航天有限责任公司及深圳协同资本共同出资发起设立"湖南航天新材料投资基金"引导类子基金,以1.5亿元财政资金撬动社会资本3.5亿元。2016年11月,与清科集团、风云资本、华民资本签订战略合作协议,发起设立规模为100亿元的"长沙智能制造产业投资基金",目前,正在积极推进中。今年,又先后出资2.9亿元和0.5亿元,发起设立资本金10亿元的长沙华自沪鼎产业并购基金和资本金5亿元的望城高新创投先进制造业股权投资基金等两个子基金。目前,市本级产业投资基金子基金增加到4支。

（二）园区产业投资基金体系逐步壮大

1. 运作模式初步建立

目前，望城经开区、长沙高新区产业投资基金设立和运作较为活跃和聚集，长沙经开区、宁乡经开区、浏阳经开区也开展了市场化的基金运作，雨花经开区、金霞经开区已设立产业引导基金方案。

2. 合作领域逐步拓宽

多个园区将合作领域拓宽到保险资金、信托机构、民企资本、交易市场等社会资本领域。特别是长沙高新区，园区引导基金发起设立多个子基金，管理资金规模 13 亿元，共投资了远大住工、力合科技等 38 家园区企业，财政投入累计 9500 万元，撬动社会资本 20 亿元。并参股、控股省内首支天使基金、首支科技成果转化基金、移动互联网投资基金等 20 多支基金，总注册资金达26.9 亿元。

3. 产业引导得到增强

长沙高新区成立股权投资、创业投资和投资管理类企业 400 多家，注册资金总额达 300 多亿元。其中华菱津杉创业投资基金投资的泰谷生物，天使基金投资的远大住工、麦融高科等项目已挂牌新三板。浏阳金阳高新生物医药创业投资基金，加快园区中小企业对接资本市场。长沙经开区的湖南新材料产业创业投资基金已投资 5 个项目，投资金额 1 亿元，对处于初创期、早中期的创新型企业给予了极大的带动作用。

二　长沙市产业投资基金运行中存在问题与不足

产业投资基金自运营以来虽取得了一些成效，但在基金的设立、管理、运营过程中仍存在一些问题和困难，需要重点关注和解决。

（一）产业投资基金认识有些不足

从相关部门来看。有的部门对基金的设立和使用认识不到位，希望组建基金时被统筹的资金能通过一定方式归还，甚至对资金归集存在抵触感，有的部门对基金的运作模式和管理方式缺乏认识。从工业园区来看。有的园区对产业投资基金认识仍停留在行政拨款使用方式上，有的园区不愿意在子基金设立上出资，更希望通过市级财政直接支持园区发展。

（二）产业投资基金发展相对滞后

子基金设立种类偏少。目前，市本级4支产业投资基金都未投资任何项目，且长沙智能制造产业投资基金、湖南航天新材料投资基金仍在募资。基金市场化程度不高。目前市产业投资基金的运作前期管委会和管委会办公室对投资基金的运作干预太多，缺乏市场化运作。园区基金设立进度不一。目前只有长沙高新区、长沙经开区、雨花经开区、浏阳经开区等四个园区建立起了市场化运作的产业投资基金，金霞经开区、望城经开区等园区只进行了前期的探索，其他大部分园区没有设立产业投资基金。

（三）产业投资基金运行仍然不畅

缺乏专业管理机构。专业的基金管理机构注册在长沙的相对较少，子基金选择相关专业机构对接存在地域上的不便利。管理体制有待理顺。长沙市产业投资基金没有单独的运营主体，对子基金所投项目提供产业整合、转型升级等增值服务不够，与社会基金管理机构谈判议价能力不强。同时，相关政府部门职责不清晰，各平台及基金的相关投资项目和投资效益等数据无法及时统计、整合、分析。基金平台亟须整合。园区重点培育产业存在交叉、重叠，造成园区设立的基金在行业上有重复。如智能制造方面，长沙高新区、雨花经开区都设立了专项产业投资基金。

（四）产业投资基金政策有待完善

政策可操作性有待加强。社会资本需求与政策规定有时存在矛盾。资金来源比较单一。目前母基金的资金来源是市本级财政、园区和社会出资，没有引入银行、国企或上市公司作为出资方，在行业和产业导向决策上缺乏市场化、灵敏度不高。缺乏专项配套扶持政策。《长沙市产业投资基金管理办法》还存在不完善的地方，没有规范基金运行关键的细节，缺乏完善的制度保障机制和引导基金退出机制。另外，产业基金管委会成员单位的联席制度尚未建立，各成员单位之间沟通衔接不畅。

三 重庆市产业投资基金运作成功经验借鉴

一是成立高效率的管理团队。成立部门协调小组，由金融、发改、经信、财政等12个相关市级部门共同参与，协调小组通过会议等形式进行政府层面协调，不能达成一致的报市领导决策。成立国有独资的引导基金管理公司，聘请专业管理团队，具体负责引导基金的日常运营和管理。

二是坚持市场化的运作模式。专门成立产业引导股权投资基金公司作为基金具体运作主体，政府在引导基金中只精准把握投向，对引导基金的运营管理不干预（图1）。

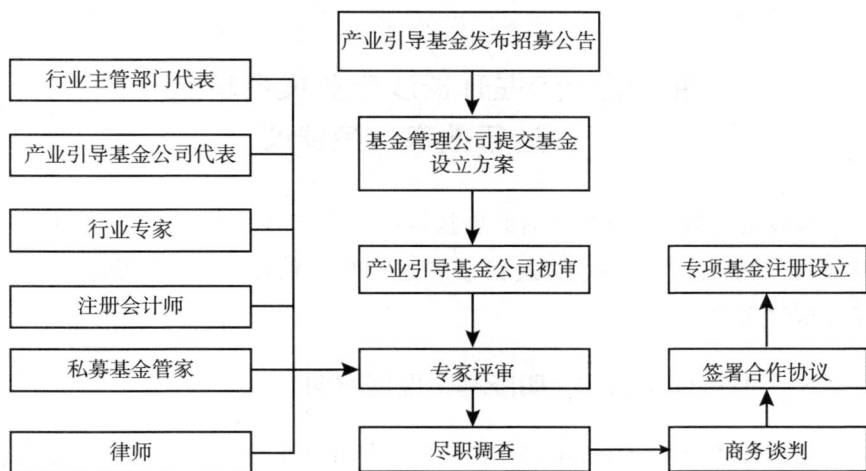

图1 重庆市专项基金发起设立流程

三是构建全过程的监管体系。成立项目投资决策委员会，形成专项基金组织行业专家审议，主管部门派驻观察员监督的项目投资决策机制。成立评审专家委员会，负责评审引导基金与私募投资者合作设立的专项基金，实现与主管部门、引导基金及被投企业的联动。（图2）

四是拓展多领域的投资项目。投资领域覆盖工业、农业、现代服务业、科技、文化、旅游等六大行业及小微企业。同时，市产业投资基金不仅可以投资成长期、成熟期以及拟上市阶段的企业，还可投资初创期、早中期的企业。

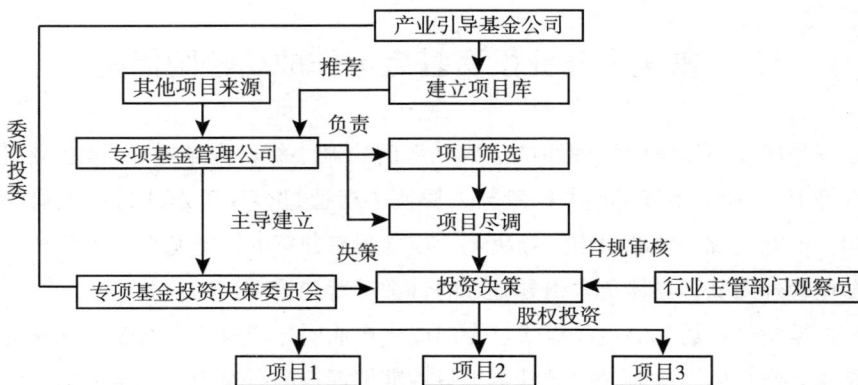

图2　重庆市产业投资基金投资项目决策

四　进一步提升长沙产业投资基金运行效率对策建议

产业投资基金的设立标志着政府扶持产业发展由"喂养式帮扶"向"市场化方式"转变。在全面推进过程中，应正确发挥好政府与市场的作用，力促工作取得实效。

（一）坚持理念引领，明晰基金发展方向

产业投资基金运行过程中需要正确处理好几对关系。政府与市场的关系。要把"有为政府"和"有效市场"有机结合起来，更好地发挥市场在资源配置中的决定性作用和财政资金的杠杆作用。供给与需求的关系。基金的设立不能为设而设，也不能盲目扩大基金规模，导致大量财政预算资金"沉睡"。应通盘考虑，从全市的产业结构、园区的功能定位、市场的潜在需求出发，科学设立子基金，动态调整基金规模。进入和退出的关系。产业投资基金是市场化行为，有收益也有亏损。既要在进入端充分科学分析和决策，规避出现与民争利的现象，又要在过程中强化风险控制，密切关注管理和运营上的漏洞和潜在危机，完善止损机制，确保基金的投资活动在风险可控的前提下运行。部门与机构的关系。政府职能部门应重点加强宏观上的引导和实施过程的监督，基金

的具体运作和管理交给专业的基金管理机构负责，减少行政化干预，协调推进产业投资基金建设。

（二）拓宽资金渠道，壮大基金整体规模

一是逐年扩大财政预算。财政局应主动研究设立方案，结合拟支持的产业发展所需，明确基金设立形式、运作机制、财政出资比例、让利措施等问题，建立基金规模逐年增长机制。二是深化专项资金改革。深化相关部门的财政专项资金改革，设置阶段性目标，逐步提高专项资金中基金使用比例。三是丰富基金参与主体。进一步加大吸引民间资本的参与力度，引入基金、保险、证券、信托机构、本地私募和海外金融资本等社会资本滚动投入。

（三）致力专业运营，提高基金投资效益

一是坚持市场化运作模式。要引进懂市场、熟投资、责权利一致运营主体，建立投资决策、绩效考核等机制，充分发挥专业化管理机构独立决策和法人治理结构制衡作用。二是加强基金风险防控。组织投资、财务、法律等相关领域专家对基金使用方案进行评审。实行母基金和子基金运行情况定期报告制度，密切跟踪子基金经营和财务状况，探索建立风险补偿资金池，当投资发生亏损时，按照投资者投入资金比例和性质，先通过风险补偿资金池弥补损失，仍不能弥补的，再共同分担相应的投资损失。三是建立科学考评机制。制定科学合理的产业投资引导基金绩效评价管理办法，根据基金投资方向、产业培育实效，运用差异化绩效评价指标和评价方法，积极引入第三方评价机构，对基金的运作绩效进行客观、公正评价。四是强化基金激励约束。加强绩效评价结果运用，有针对性地实施激励约束措施，提高产业投资基金的整体运营效率。对于具有基础性、战略性意义的项目，可考虑优先保障社会投资人的合理收益，适当分担损失或让渡一部分收益，甚至是全部收益，激发社会资本投资和创业投资的积极性。

（四）加强政府引导，促进基金健康发展

一是完善基金政策体系。尽快研究出台《长沙市产业投资基金运行总体方案》、市级私募股权投资行业扶持政策，加快制定实施细则，形成科学合

理、流程完备、紧密衔接的政策体系。二是注重基金灵活使用。立足区县、园区重大项目融资需求，产业投资基金的使用方式，可以由一般的子基金向园区基金、天使基金、定向基金、直接投资等多领域发展。三是加快子基金设立。结合长沙产业发展特色，加强与社会资本积极对接，发起设立节能环保、生物医药、电子信息、机器人、检验检测等产业子基金。对已有初步意向的移动互联网、文化产业子基金项目，要加大协调力度，加快设立子基金。

（五）优化服务环境，打造基金良性生态

一是优化政务服务。建立常态化联席制度，简化和规范子基金方案、投资方案的审批流程，实行联席审批，缩短审批周期。优化私募基金的工商注册和变更程序，提供绿色服务通道。二是打造"基金小镇"。积极引导子基金在长沙注册成立基金管理公司，积极引进知名专业基金管理机构，重点打造金融主业突出、特色鲜明的示范性"基金小镇"。三是搭建合作平台。加快打造各经济主管部门、银行金融机构、基金管理公司等在内的市级投融资综合服务平台，不断完善备选项目库，让更多基金管理公司将本市产业投资作为第一选择。

B.40
建立健全湖南省
大数据产业政策的建议

汤建军　姜芳蕊　彭培根*

大数据产业被誉为 21 世纪的"钻石矿"。随着经济社会发展越来越离不开大数据和大数据的大规模应用，近年来，我国先后出台一批政策，通过政务大数据应用引导，有力推动了大数据技术攻关和平台建设。党的十九大强调，要推动大数据发展培育新增长点、形成新动能。预计到 2020 年，我国大数据产业市场规模将达到 8200 亿元。湖南省的大数据产业发展和应用已初具规模，但也存在发展方向不明、基础设施薄弱、高端人才不足等问题，其主要原因是缺乏大数据产业政策支撑，这些问题亟待解决。如何落地实施湖南"创新引领、开放崛起"战略，如何位居中游实现高质量跨越式发展，迫切需要发挥大数据产业政策带动作用。

一　大数据产业已经成为发达国家和
地区增强核心竞争力的关键

信息技术在经济社会中的深度应用推动了数据的几何倍数增长，数据通过解析成为有效信息，对政府决策、企业运营、社会发展、个人成长产生越来越重要影响，大数据已经成为地区发展新的核心竞争力。

基于此，发达国家和地区"春江水暖鸭先知"，率先认识到大数据重要性，相继出台顶层设计和具体举措，鼓励政府和企业运用和发展大数据，"得数据者

---

* 汤建军，博士，湖南省社科联，研究员，党建和政策研究；姜芳蕊，博士，中共湖南省委党校，讲师，公共政策管理；彭培根，硕士，湖南省社科联，助理研究员，区域经济管理和政策研究。

得天下"已经成为全球普遍共识。美英日等发达国家是大数据产业发展的引领者，形成了从发展方向、政策体系及实施方案的系统布局。美国称大数据为"未来的新石油与矿产"，将大数据研究上升到国家战略，从政策、财力、人才等方面予以支持，成效较好。英国早在 2013 年就出台《英国数据能力发展战略规划》，规划投资 1.89 亿英镑发展大数据技术，旨在利用数据产生商业价值、推动经济增长，并建立起世界首个"开放数据研究所"，据测算，今年英国大数据产业至少可以提供 5.8 万个新的就业岗位，可直接或间接推动 2160 亿英镑 GDP 增加。日本把大数据衍生出新兴产业群视为优化社会治理、提振经济发展的主要途径，日本经济研究所预测大数据市场在日本 IT 市场总额中将占 10% 左右。

在国内，随着《促进大数据发展行动纲要》等国家层面政策出台，我国大数据发展的国家顶层设计和总体部署已逐渐形成。2016 年 12 月，工业和信息化部关于印发《大数据产业发展规划（2016~2020 年）》，明确要求要"加快实施国家大数据战略，推动大数据产业健康快速发展"，各省市区纷纷落实中央政策，在大数据资源建设、大数据技术、大数据应用领域涌现出一批新模式、新业态。北京、上海、贵州等地率先出台大数据和云计算发展规划和行动计划，引人关注。北京出台《北京市大数据和云计算发展行动计划（2016~2020 年）》，明确"依托中关村在信息产业的领先优势，快速集聚和培养了一批大数据企业，继而迅速将集聚势能扩散到津冀地区，形成京津冀大数据走廊格局"。上海早在 2013 年就出台了相关政策和行动计划，聚焦推进了医疗卫生、食品安全、智慧交通等六个行业大数据公共服务平台，以及金融证券、互联网、制造业等六个重点领域的大数据应用。贵州 2014 年就启动"云上贵州"系统平台建设，成立专门的政府职能机构，根据规划，到 2020 年贵州大数据产值规模达到 2000 亿元，相关产业产值 4500 亿元。

由此可见，大数据产业已经成为发达国家和地区增强核心竞争力的关键，湖南必须在这方面更加重视，为建设富饶美丽幸福新湖南进一步提供发展契机和转型升级机遇。

二 湖南省大数据产业发展的现状

在大数据产业发展顶层设计方面，全省仍处在专家推动、企业宣贯、技术主导的阶段，全面统筹、应用主导、资源整合、聚合发展的大数据产业顶层设计尚未形成。同时，湖南的生态优势、能源优势、区域优势和战略优势并未充分利用起来，有些方面"起了个早床，赶了个晚集"。比如，虽然早在2015年就出台了《湖南省实施"互联网＋"三年行动计划》，在全国较早拥有ICD平台，却没有走在全国前列，其根本原因是缺乏大数据产业发展配套措施的落地，还存在大数据发展政策落地不到位、强有力扶持政策缺乏、产业来了发展后继无力等问题。互联网企业一经做大做强，就需要在全国乃至全球市场进行竞争，如果湖南没有具有全球竞争优势的顶层设计，湖南互联网企业就难以出湘，就难以与跨国互联网企业抗衡。

在大数据产业基础工程建设方面，大数据是一个庞大复杂的系统，基础工程、基础项目、基础平台建设尤为重要。经过多年的发展，湖南省根据杜家毫书记提出的"五个一"工程的战略部署，正在推进政务云平台和政务大数据平台建设，四大基础数据库中的法人库、地理信息库、人口库和宏观库对接顺利，目前已拥有了一定实力，为全省发展大数据产业提供了良好基础。然而，与先进国家和地区相比，湖南省大数据产业发展还面临着非常严峻的风险和挑战，截至2016年12月，湖南省网民规模为3013万人，排在全国第8位，但普及率仅为44.4%，排在全国第25位之外。产生原因是多方面的，其中重要原因之一是大数据基础工程薄弱，受没有电脑、当地无法连接互联网等上网设施影响。

除基础设施薄弱之外，不足还主要表现为：大数据产业基础薄弱，大数据产业发展成了"无米之炊"，大数据产业链短期难以形成；条块分割体制壁垒、"数据孤岛"和"数据烟囱"现象突出，阻碍了数据的开放和共享；互联网数据大都掌握在百度、新浪、搜狐、阿里巴巴、腾讯、电信运营商等非湘互联网巨头手中，湖南获取困难，成本较高；大数据战略博弈升级，面临着大数据安全风险；数据本身受到著作权、商业秘密权、反不正当竞争保护等多项法定权利的保护，但现行法律对数据产权等问题还存在空白；传统管理思维和体制明显不适应大数据时代治理方式，容易引发新的"权力寻租"和"数字鸿沟"等问题。

在大数据产业应用方面，一方面，应用基础较好。近年来，长沙县利用大数据建立行政执法数据中心，麻阳县通过"互联网＋监督"助推正风反腐，均取得较好成效。同时，全省还拥有中电软件园、中国联通 IDC 中心、欧智通智能终端等大数据相关产业园，拥有国防科技大学、中南大学、湖南大学等优势资源及全国三大超算中心之一的国家超级计算长沙中心的核心优势，拥有北斗导航、高端装备制造、基因工程、新材料等重大前沿技术攻关做基础支撑服务，拥有正在推进建设的湖南省政务云平台和湖南省政务大数据平台等。另一方面，数据开放共享机制缺失。发达国家大数据产业发展的一个重要基础是数据的开放共享，特别是政府的数据分级管理，向社会开放，并带动整个社会数据的共享机制的建立。湖南省乃至我国在政府数据共享上偏保守，即使是政府各部门间的内部整合都比较困难，而各市场主体之间也没有形成一种数据开放和共享的良好机制，大数据产业发展成了"水中花镜中月"，大数据采集、管理、应用、运营和技术装备研发的产业链短期内难以形成。

在人才队伍方面，全省大数据产业发展面临的突出问题是技术和人才的双缺失，海量数据存储管理、数据挖掘技术、非结构化数据处理、图像语音视频数据智能分析、跨学科的大数据分析建模等关键技术落后，相应的专业人才、高层次人才严重不足，特别是领军人才很少，这些都阻碍了大数据产业健康快速可持续发展，造成大数据产业发展后劲不足。

三 加快湖南省大数据产业发展的建议

（一）制定湖南省大数据产业发展战略

1. 制定湖南省大数据产业发展规划

贯彻落实中央《促进大数据发展行动纲要》精神，将"大数据产业发展战略"作为推进科教强省战略的重要抓手。组织各方力量进行专项研究，通盘考虑湖南省大数据产业在国家层面战略发展地位和责任，摸清全省大数据产业"家底"，明确移动数据、数据安全、数据平台、政务数据等为重点发展方向，科学规划未来 5 年乃至更长一段时期湖南省大数据产业发展纲要，打造大数据产业发展应用新高地，推动大数据产业成为湖南省经济社会发展的新引擎。

2. 完善大数据产业发展的配套措施

要借鉴国内外先进经验，出台一批可以在全国乃至全球具有竞争力的特殊扶持配套政策，每年设立不低于100亿元的大数据产业发展基金，优先支持重大创新类和应用型项目，组织大数据产业"路演"，吸引风险投资机构的投资力度，拓宽大数据企业融资渠道，遵循"基础构建、集群聚集、创新突破"的发展路径，以2019年、2022年、2024年和2027年为主要节点，分阶段规划发展，确保规划落到实处。

3. 把大数据产业发展作为"一把手工程"来抓

调研显示，凡是大数据产业发展成效显著的地区，都得益于由党政一把手的强力推进，比如贵州省。建议由一把手亲自披挂上阵，组织考察、制定方案、协调部门间利益、确定责任划分、明确督查督办。在部门设置上，在信息化主管部门中设立湖南省大数据管理局，负责研究拟订并组织实施大数据产业发展战略、规划和政策措施，引导和推动大数据产业的研究和应用工作；在工作机制上，由省政府牵头，建立跨部门、跨地区、跨行业的大数据产业发展协同推进机制，建立常态化的数据互通共享机制。

（二）加强湖南大数据产业基础工程建设

1. 加快大数据基地建设

根据国家需求和自身实际，引导市州和有关骨干企业统筹布局数据中心建设，整合改造一批规模小、效率低、能耗高的分散数据中心。依托国防科技大学、长沙超算中心，重点推进长沙信息产业园等园区开展大数据基地建设。支持金融机构和企业在湖南省建设数据中心，支持有条件的市、县建设大数据应用服务园区，打造大数据万亿产业发展的"孵化器"。引进一批国内外知名云计算、大数据龙头企业，汇聚一批大数据采集、处理、利用的中小企业，形成一批创新型研发平台。

2. 加强大数据基础工程建设

加快网络基础设施建设升级，优化网络结构，提升互联互通质量，实施"智慧湖南"行动计划，加快全省通信骨干网络的扩容升级，推进宽带网络基础设施建设，逐步成为全国重要的"信息港"，为大数据产业发展提供基础和保障。政府牵头示范建设和应用，依托本地等大数据骨干企业，整合银行、工商、税务、交通、教育、民政、社保、卫生计生等多个领域数据资源，统一规范采集标准，避免重复、无效采集，构建信用大数据监管模型，为形成个人档案奠定基础。有重点、分批次建立企业档案，以骨干企业为龙头，与市场、政府进行有效对接，形成市场供给数据库、需求数据库、成果数据库、高层次人才库等，打通成果转化、供需平衡的全链条。加强与国家有关部委沟通衔接，引进国家基础数据库入驻，实现各部门数据资源的互联互通。针对网络信息安全新形势，构建安全、坚实的数据中心网络基础设施，运用区块链等技术，实行分区、分层、分级、分类建设。加快身份管理、人脸识别、DDoS攻击溯源、APT攻击防御等核心技术攻关，建立健全强有力的大数据安全保障体系。

3. 建立基础数据开放共享平台

从政府层面能率先形成数据开放共享机制，市场层面能建立大数据交易中心，按照"开放优先、安全例外、分类分级"的原则，对大数据中心的数据资源进行梳理和开放风险评估，推进整个数据的有序开放共享，让数据资源的获得更加便捷。建立健全大数据共享交换机制，制定和完善数据交换共享清单，对各部门各行业分好工，明晰边界和责任，特别是要明确供需信息管理、数据交割、交换平台运维等方面权责利。构建大数据平台，采取分领域、分阶段的方式推进，先政府后市场，先无偿后收费，先试点后全面，最终实现政府、企业、社会、个人数据的共享交换。

4. 加强大数据相关知识产权保护

尽快建立和完善大数据知识产权保护机制，鼓励和督促各行业建立全面有效的大数据知识产权的行业自律机制和监督机制，保护本行业的核心知识产权，提高和加强企业、个人的数据维权意识，推动大数据产业整体不断完善和发展。

（三）发挥湖南省大数据产业的支撑作用

1. 加快信息类的企业提质增效

从具有海量数据信息和技术优势的企业开始，极力推进大数据的挖掘、分析、应用等，向公众提供全面精准的信息服务，提升信息产品的附加值。瞄准方向，明确重点，率先在 IDC 资源调度、区块链、数据抓取分析、网络安全等共性领域深度应用。鼓励原始创新，加快科研成果市场化，占领战略性新兴产业的新高地。对互联网上的公开数据进行分析和整理，利用数据挖掘技术从中开发出重要的增值信息，不断促进各领域大数据的应用和推广，最终培育出具有核心竞争力的大数据企业。

2. 推进传统产业的重塑

选择湖南的优势重点领域企业比如轨道交通、工业制造、文化教育和现代农业等，提供政策支持、技术帮扶和人才培训，鼓励企业挖掘和分析已有历史数据，为企业战略制定、技术发展提供科学依据，从而不断提升经营管理水平和运行效率，提升企业创新的能力和服务水平。把握湖南农业大省的特点，将生猪养殖、杂交水稻、水产养殖等与大数据联系起来，提升农产品价值，积极引导传统农业企业从产品的开发、生产和销售过程中挖掘信息，找到新的利润增长点。通过售后服务反馈大数据，挖掘额外的增值信息，改进服务水平和产品质量，推动产品从高数量向高质量发展，努力开发出新的营运模式和手段。

3. 拓展大数据产业链

推动大数据与人工智能、云计算、物联网的深度融合。通过引进行业领先企业与培育本地企业相结合的模式，推进数据中心集群建设，开展数据存储服务，形成数据资源洼地。支持有较强集成能力的信息提供商建设大数据服务平台，提供大数据分析公共支撑、重点领域应用等集成共享服务。支持软硬件企业和服务企业垂直整合，与信息内容服务相结合，提供软硬件一体化的大数据解决方案，推动大数据与教育、医疗、交通、环保等领域融合发展，形成全方位的产品和服务供应体系。

4. 建设"智慧湖南"政务大数据

把"智慧湖南"建设作为信息化、城镇化的发展战略，大力推进智慧社区、智慧政府、智慧社会建设。以抓好智慧城市建设为试点，逐步扩大智慧城市建设范围，不断涌现出具有地方特色的智慧城市，对湖南省智慧城市的评估体系进行深入研究，不断提高智慧城市的幸福指数。加大电子政务与社会资源的信息融合，提高政府各部门应用大数据的效率，通过采用政府购买大数据服务等方式，积极推进湖南省大数据产业的发展和示范效用。要抓住湖南政治大省、舆情大省的特点，利用网络爬虫等新技术，将全国乃至全世界的数据汇聚起来，进行分析、开采、挖掘，形成有价值、有意义的信息。

（四）加强湖南省大数据人才队伍建设

1. 完善大数据技术、管理和服务人才培养体系

加强湖南各级政府、企业、高校、社会之间开展合作，系统规划大数据产学研合作，加大数据人才培养力度，加快技术突破。依托省内高校和科研机构的人才优势，大力挖掘、培育大数据专业技术、管理人才。实现学术界和实体界的高度融合，整合双方资源建设科研平台和实验工作室，共同吸引、培育大数据科学家和工程师。围绕国家和湖南各项规划纲要发展大数据的要求和措施，加大大数据全面普及力度，积极组织相关领域的专家进入政府机关、学校、企业、乡村、社区，开展专题讲座和培训，提升全民大数据的知识水平和科技意识。鼓励全省高等院校开设大数据相关的研究生课程，培养新一代数据研究高端人才。

2. 鼓励大数据产业人才来湘兴业创业

实施芙蓉人才计划，推进引才、聚才、铸才、育才、扶才、优才等六大人才工程，力争尽快形成大数据湖湘人才群。大力引进一批活跃在大数据技术发展前沿的专业团队和领军人才，博采众长，为我所用。鼓励高层次人才通过兼职、咨询、讲学、科研和技术合作、技术入股、投资兴办企业或从事其他专业服务等各种"柔性"方式为湖南服务。通过实实在在的举措，吸引中层次人才，形成"腰部"力量，支撑全省大数据产业发展。打破行政区域等界限，支持大数据行业领军人才承担湖南省大数据重大科技项目，为湖南省大数据产业发展提供智力支持。推动大数据国内外知名专家学者与湖南省建立长效科技人才合作机制，建设院士工作站和博士后工作站。

3. 加大对大数据高层次人才特别是领军人才扶持、激励力度

人才是第一资源，对待特殊的人才，必须要有特殊的政策。建议设立湖南省大数据重大研究计划等专项资金，支持省内大学"大数据研究中心"建设。建立健全"高层次人才旋转门"机制，鼓励人才在不同行业转换，诸如高校、企业、科研机构之间，以人才流动推动科研成果转化应用。引导鼓励各类优秀人才向企业集聚，更好地服务重点企业、重点工程、重点项目，努力形成企业人才优先开发的导向机制。在户籍、就医、购房补贴、子女就学、个人所得税等方面享受优惠和便利，从生活上、工作上真心实意关心、爱护人才，做到待遇留人、事业留人、感情留人。

B.41
智能制造与智慧物流产业
联动发展策略研究

——以长沙市为例*

邱立国 赵薇**

推进智能制造、培育新型生产方式是《中国制造2025》的主要任务，为对接《中国制造2025》，推进长沙经济的快速飞跃发展，长沙市第十三次党代会明确提出，长沙要建设国家中心城市，实现基本现代化，把长沙打造成为国家智能制造中心、国家交通物流中心、国家创新创意中心。因此，以新一代信息技术为手段，加快长沙从传统制造业向智能制造、传统物流业向智慧物流的转型升级，推进两业联动发展对于发展长沙经济、建设国家中心城市具有重要意义。

一 长沙市智能制造与智慧物流联动发展的现状

（一）长沙智能制造与智慧物流联动发展优势特色鲜明

近年来，长沙智能制造与物流形成了三大优势。一是基础优势，从2005年到2015年的十多年时间，长沙工业总产值1300亿元飙升近万亿元，而与之密切联系的长沙物流业产值占GDP的贡献率稳步增长，年均增速保持在10%以上，2020年将形成千亿元级产业；二是长沙智能制造形成了一定的比较优势，经过近30年的发展，目前长沙形成了几个大的千亿元的产业集群，其中就包括了智能制造大类的工程机械、电子信息、材料工程等，为智慧物流的发

* 本文是2017年长沙市哲学社会科学规划资助项目（编号：2017CSSKKT35）成果。
** 邱立国，湖南信息职业技术学院副教授；赵薇，湖南信息职业技术学院讲师。

展提供了现实需求；三是具备一定的竞争优势，表现在科研的巨大潜力上，如长沙拥有 60 余所本专科学校、十多家国家重点实验室、一百多家科研院所，特别是享有盛誉的两院院士近 60 人，这些宝贵的资源为长沙智能制造与智慧物流提供了人才保障，长沙人均有效发明专利在全国省会城市排名第四，应用型科技成果转化率达到 85% 以上。

（二）长沙智能制造与智慧物流联动发展领军企业辐射带动力强

目前，长沙智能制造行业已经拥有一批领军企业，在工程机械制造方面以中联重科、三一集团等为大型龙头骨干企业，它们将地理位置定位、物联网、智能感知等现代信息技术应用到工程机械的产品开发中去，还有威胜集团等，目前，入选国家、省、市智能制造试点示范的企业已达到 230 家。在物流行业培育了湖南金霞粮食产业有限公司等多家 5A 级物流企业以及京东自营物流等，这些智能制造、智慧物流的领军企业充分发挥了其辐射功能，它们在长沙智能制造的发展和产业的聚集方面发挥了示范引领作用。

（三）长沙智能制造与智慧物流联动发展顶层设计科学合理

智能制造是一项系统工程，其内容涉及信息技术、生产车间、产品物流等方方面面，科学合理的顶层设计是长沙智能制造的发展总纲领。自 2015 年以来，长沙先后制订了《长沙智能制造三年行动计划》《长沙市"十三五"物流业发展规划》，同时启动智能制造示范企业的项目建设工作，一共分三个批次遴选出两百多家企业作为智能制造示范企业，至 2017 年底，两百多家企业完成了智能制造改造升级，正努力变制造为"智造"，在《长沙市"十三五"物流业发展规划》中提出智慧物流建设，实现长沙物流产业园、长沙智能制造产业的合理布局。

二 长沙市智能制造与智慧物流联动发展存在的问题

（一）智慧物流业发展水平总体低于智能制造业发展水平

在"中国制造 2025"、湖南全力打造全国智能制造业基地的良好环境下，长沙市委市政府抓住国际产业转移的有利时机，充分利用长株潭良好的工业基础和优越的地理位置，顺势推动传统产业结构升级调整，规模以上工业增加值对全市 GDP 的贡献稳中有升，长沙智能制造的发展势头良好，目前长沙业已形成的智能制造体系内部结构比较合理。但长沙的物流业相对于制造业而言，GDP 所占比重还比较低，基础设施比较薄弱，其智慧化发展还面临较多的问题和挑战，我们发现长沙市物流业处在一个发展与调整并存的状态，智能程度偏低，智慧物流的建设才刚刚起步。

（二）长沙市智能制造与智慧物流联动发展相互作用不明显

2001～2016 年，长沙工业年均增速高达 22.4%，目前的产业结构合理，在 21 世纪初，长沙工业由三一重工、中联重科等一批传统的工程机械企业支撑，到目前发展呈现多点支撑的格局，包括工程机械、电子信息、新材料和食品等，实现了单点支撑向多点支撑的突变，2016 年，四大产业总产值达7138.53 亿元，占全市规模工业总产值比重为 61.8%。2016 年，长沙服务业增加值4439.52 万元，占全省比重的 30.6%，但批发零售业、租赁商务服务业、文化体育娱乐业、金融业、公共管理社会保障业所占的比重较大，而交通运输、仓储和邮政业仅占服务业的 6%，物流业特别是智慧物流在长沙制造业发展中所起的作用不明显。通过数据比较不难发现，长沙物流业特别是智慧物流的发展还无法满足长沙智能制造的物流需求。

（三）长沙市智能制造与智慧物流联动发展所需的高技能型、综合型人才匮乏

智能制造与智慧物流的联动发展需要一大批高技能、综合型人才，虽然长沙具有高校云集的优势，但鉴于"智能制造"与"智慧物流"的概念在我国起步较晚，其联动并非将传统的制造业、物流业的简单拼凑，现有相关行业的人力资源匹配度不高，还需要系统地研究，根据其需要培养专业对口、满足需要的高技能、综合型人才，且长沙与深圳、广州等沿海城市地理位置较近，对高层次、高素质的综合型物流人才吸引力有限。因而，长沙的人力资源市场暂时无法满足长沙智能制造与智慧物流两业联动发展中对人才的多样化需求。

三 长沙智能制造与智慧物流产业联动发展的策略

（一）推进智慧物流建设，弥补智慧物流服务智能制造短板

一是以建设智慧长沙为契机，充分发挥政府智能，科学规划、设计长沙智慧物流建设顶层方案。二是加大智慧物流建设的投资、融资力度，建设与完善相应的财经政策、土地使用政策和税收政策，利用政策杠杆支持长沙智慧物流的建设。三是科学合理规划布局长沙智慧物流园，采取原有物流园区提质改造、新布局建设的措施调整发展物流园区，制定具有吸引力的措施吸引与智能制造供应链上的相关物流企业进入园区，促进多种模式并存的智慧物流企业迅速成长。四是发挥长沙市业已形成的智能制造与智慧物流竞争优势，构建长沙智慧物流的技术标准。自主研发符合长沙区域特点的智慧物流新技术，进一步提升长沙智慧物流的自主创新能力，形成符合长沙区域经济发展的智慧物流业先进管理理念和技术，推动全长沙市智慧物流的大发展。

（二）推进智能制造与智慧物流联动发展，凸显相互作用

一是推进智能制造群与智慧物流基地协同发展，强化配套服务功能。根据长沙智能制造产业布局，在智能制造产业聚集地区统筹好物流服务体系，通过扶持自营智慧物流、发展第三方智慧物流相结合的形式，实现长沙智能制造与智慧物流企业的资源互动、资源共享，在提升长沙智能制造的物流服务专业化水平，使得智能制造企业的成本降低的同时带来竞争力的增强。

二是以专业物流满足制造业差异化需求。长沙千亿元级产业集群涉及多个不同行业、不同性质和不同规模的企业，企业的行业属性、规模大小的异质性对物流需求的需求也不一样，因此长沙智慧物流的建设要根据市场细分的原则，专注某一业务的发展，以专业化的服务满足长沙智能制造的需要，智能制造企业必须从供应链的视角摒弃零和博弈模式，整合供应链上的企业资源，对长沙智能制造企业实施业务流程再造和非核心业务外包，实现智慧物流与智能制造的高度融合，整体上提升智能制造与智慧物流产业的竞争力。

三是以信息技术助力两业联动。现代智能制造业与智慧物流业的发展的共

同点就是依托现代信息技术，因此，要充分发挥两业的相互作用，关键在于继续推进信息技术的发展与应用。首先是发挥政府的行政职能，通过政府将智能仓库、无人分拣、机器人、无人驾驶、无人机配送等自动化、智能化装备列为长沙智慧物流业发展重点，为智慧物流建设提供信息互动环境；其次是鼓励智慧物流企业和智能制造企业的生产职能，激发两产业在信息技术上做文章，通过创新研究真正实现智能制造企业与智慧物流企业的数据共享与系统对接。

（三）加大专业人才的培养力度

面对长沙智能制造与智慧物流联动发展所需的人力资源瓶颈问题，长沙市应该发挥其增长优势，尽快建立健全多层次的生产、物流和管理的专业人员培育体系，满足智能制造与智慧物流融合互动发展中对人才多样化的需求。这些人才的培育一方面可以创新长沙智能制造与智慧物流企业的管理理念、改进管理技术。另一方面对于智慧物流服务智能制造产生双赢或多赢局面有很重要的作用。通过多种方式开展智能制造企业和智慧物流领域人员的培训和引进。发挥长沙高校、科研院所、智能制造示范企业的优势，对政府管理部门的管理者、企业的经营者组织两业联动的技术培训班，为长沙市两业联动发展打好人才基础。此外，还应根据长沙市的发展战略规划，制定吸引联动发展人才的优惠政策，积极引进高级专业人才，为两业更好地联动发展提供人才保障。

附　　录

Appendix

B.42
2017年湖南经济与产业发展大事记

　　1月1日，全省第三次全国农业普查现场登记工作在长沙正式拉开帷幕。全省近21万普查人员将佩戴证件上门入户进行登记，全面采用现代信息技术，完成对全省1536个乡镇、2.5万多个行政村、5680多万农村人口的逐一登记。

　　1月7日，首届中部（湖南）进出口商品优供促销对接会暨台湾美食节在长沙金霞跨境保税直购体验中心举行。

　　1月10日，在2016年度商务部绩效评估中，湖南健康养老产业投资基金在各试点省份中居第一位。该基金成立一年多来，储备项目200多个，并已对湖南普亲老龄产业发展有限公司等9个项目开展投资，计划投资总额7.67亿元，已完成投资2.23亿元，所投项目总资产近80亿元，服务养老对象达100万人次以上，有效撬动了健康养老产业发展。

　　1月10日，在长沙举行的湖南补硒工程实施10周年庆典传出消息，经过10年努力，湖南省富硒农业基地已发展到58万亩，这种独具健康特色的功能农业初成"气候"。

　　1月13日，经省政府同意，省发改委、省政府金融办印发《湖南省"十三五"金融业发展规划》，提出从2016～2020年，要将长沙市打造成为区域性金融中心，把金融业培育成全省重要的支柱产业，为地方发展提供强有力的金融支撑。

1月20日，长沙海关举行新闻发布会，晒出2016年湖南外贸"成绩单"：全省货物进出口总值1782.2亿元人民币，同比下降2.1%，但降幅比2015年收窄了1.6个百分点。其中，出口1205.2亿元，同比增长1.5%，进口577亿元，同比下降8.9%。

1月22日，2016年湖南省国民经济和社会发展情况正式发布：经初步核算，2016年全省实现地区生产总值31244.7亿元，同比增长7.9%，高于全国平均水平1.2个百分点。

1月22日，2016年湖南省高新技术企业认定结果出炉，共有870家通过认定，至此全省高新技术企业达到2212家，首次突破2000家大关。数据还显示，2015年全省减免高新技术企业所得税25.5亿元。

1月22日，人民银行长沙中心支行召开2016年度新闻通气会称：至2016年12月末，全省金融机构本外币各项存款余额41996.7亿元，同比增长15.9%，增速高出全国4.64个百分点，并持续快于全国平均水平。全年新增存款5776.1亿元，同比多增337.3亿元。

1月24日，省委常委、常务副省长陈向群宣布湖南长银五八消费金融股份有限公司开业，这是银监会批准的全国第19家、湖南首家持牌消费金融公司。

1月27日，省旅游发展委员会发布消息，2016年，全省接待游客5.65亿人次，同比增长19.47%；其中接待入境游客240.81万人次，同比增长6.53%。实现旅游总收入4707.43亿元，同比增长26.79%；实现旅游创汇10.05亿美元，同比增长17.12%。

2月7日，"迎老乡、回故乡、建家乡"共建新湖南工作推进会召开，湖南省商（协）会组织已达356家，联系会员企业超6万家，总资产规模达3万亿元，内外协同解决社会就业600余万人，成为非公经济发展的重要"助推器"。

2月9日，2016年湖南服务业收获喜人。从省统计局获悉，上年全省规模以上服务业企业累计实现营业收入2577.21亿元，同比增长18.3%，增速居全国第4位、中部六省第1位。

2月10日，省委书记、省人大常委会主任杜家毫率队到浙江省杭州市，考察调研浙江吉利控股集团和娃哈哈集团，并与企业负责人座谈。双方就推进务实高效合作进行了座谈，签署了全面战略合作框架协议。

2月13日，省统计局发布数据：2016年湖南省非公有制经济实现增加值18739.85亿元，同比增长8.7%，占全省地区生产总值的比重达到60.0%，同时为湖南省贡献了超过六成投资和一半以上税收。

2月14日，省统计局发布喜讯，湖南省邮电通信产业突破千亿规模。2016年全省累计完成邮电业务总量1347.86亿元，同比增长50.8%。

2月15日，全省国防科技工作会议召开，会议透露，通过以军带民、以民强军，上年全省军民融合产业实现增加值220亿元，增长20%。

2月16日，《湖南省人民政府关于国有企业发展混合所有制经济的实施意见》已正式下发，湖南国企混改有了"施工图"。《实施意见》明确，分类推进国有企业混合所有制改革，坚持因企施策，一企一策，探索实行混合所有制企业员工持股，确保改革规范有序进行。

2月22日，省政府与中国航空工业集团公司签订战略合作协议，双方将在航空产业园区建设、航空器关键分系统研制、航空零部件和关键基础材料配套、航空综合维修保障等领域开展多层次、多形式的全面合作。

2月23日，中国湖南省——俄罗斯联邦鞑靼斯坦共和国商务论坛在长沙召开。

2月28日，从湖南省科技厅获悉，2016年全省高新技术产业实现增加值6859.2亿元，同比增长16%，高于GDP增速8.1个百分点；占GDP比重达到22%，同比提高0.8个百分点。

2月28日，省统计局发布数据：经国家统计局核定，2016年湖南农林牧渔业实现增加值3725.9亿元，同比增长3.5%，农业生产力进一步提高。

2月28日，湖南省农业综合开发办公室透露，2017年将筹措财政资金1亿元，通过先建后补的方式，支持建设靖州杨梅、安乡小龙虾等10个优势特色产业园，助力湖南农业供给侧结构性改革。

2月28日，浦发银行长沙科创新材料支行正式挂牌，成为全国首家专注于新材料产业的银行机构。全国人大常委会委员、中国工程院院士黄伯云出席活动。

3月2日，省政府在北京先后与国家交通运输部进行会谈，与国家电网公司签署合作协议。

3月15日，省政府与北京汽车集团有限公司在京签署战略合作框架协议，共同推进湖南汽车产业发展，加快制造强省建设。

3月22日，省委经济体制改革专项小组召开2017年度第一次会议。会议明确，今年全省经济体制改革将突出供给侧结构性改革主线，围绕增强发展动力、激发市场活力、提升治理能力、加强试点探索，系统攻坚22项重点改革任务。其中，重点突破改革事项10项，试点示范改革事项6项，基层探索改革事项6项。

3月30日，全省投资暨重点建设工作会召开，会上省发改委发布了2017年首批230个省级重点建设项目名单，总投资达2.9万亿元，其中今年计划投资4868亿元。

3月30日，《湖南省"十三五"少数民族事业发展规划》正式印发。这是新中国成立以来湖南省编制的第一个少数民族事业发展规划，开启了湖南省以专项规划引领民族地区经济社会发展的先河，在湖南省民族工作史上具有里程碑意义。

4月7日，省财政厅发布《湖南省财政"十三五"规划》，"十三五"时期，湖南省财税改革由小步慢跑、边试边行的探索阶段，进入全面实施、立体推进的快车道，目标是基本建立现代财政制度。

4月10日，长江中游城市群省会城市第五届会商会在武汉举行，湘鄂赣皖4省省会签署新的4年合作行动计划，共推经济增长第四极加速崛起。

4月12~21日，应白俄罗斯莫吉廖夫州、塞尔维亚贝尔格莱德市和意大利威尼托大区的邀请，省委书记、省人大常委会主任杜家毫率湖南省代表团访问了上述3国相关地区。访问期间，代表团与当地政府、企业负责人进行了深入交流，并签署了一系列政府或企业间友好协议，就推进双方务实合作和友好交往达成广泛共识，取得丰硕成果。

4月13日，港洽周新闻发布会召开，会上发布，2017年湖南（香港）投资贸易洽谈周定于4月25~29日在香港、澳门和珠三角地区举行，湖南省拟在港洽周对外发布项目500个，其中新型工业化和现代服务业项目359个，占全部发布项目数比重71.8%。

4月17日，合作金库商业银行长沙分行正式开业，成为设立在湖南省的第一家台资商业银行。

4月24日，省发改委发布，2017年，湖南共发布500个重点招商引资项目，总投资达20088.2亿元。与2016年相比，今年重点招商引资项目数量增加25%；项目总投资额增加2.28倍。

4月26日，湘西浦发武陵山扶贫投资发展基金合作协议签约仪式在吉首市举行，这是湖南省首支由商业银行主发起设立的扶贫基金，总规模300亿元。其中，浦发银行出资254.85亿元。

4月26日，作为港洽周专题活动之一的湖南（香港）工业新兴优势产业链合作推介会在香港举行，现场签约41个项目，合同金额645亿元。

4月28日，湖南省政府新闻办召开新闻发布会称，湖南省中部"株洲－湘潭－娄底"正式获批为全国首批老工业城市和资源型城市产业转型升级示范区。

5月2日，湖南昭泰医疗集团与新西兰国家技术转移中心签订战略框架协议，共同推进"中国－新西兰创新转化中心"落户长沙。这将是中国与新西兰创新合作并建立商业连接的重要平台，致力于促进两国科技实体及企业之间的合作。

5月3日，省经信委发布，今年一季度，全省规模以上工业企业实现利润总额421.29亿元，同比增长25.7%，增速居中部六省第二位。其中，制造业实现利润391.15亿元，占全部规模工业利润总额的92.9%，较上年同期提升2.2个百分点。

5月3日，省统计局发布数据：一季度，全省规模以上文化产业2905家企业，共实现营业收入889.98亿元，同比增长14.1%，高出全国平均增速3.1个百分点，发展势头强劲。

5月6日，2017年全国企业家活动日暨中国企业家年会在株洲市拉开大幕，来自全国各地企业家和专家学者汇聚一堂，聚焦智能制造、新能源汽车、通用航空等新兴产业，共商振兴实体经济新路径。

5月12日，长株潭衡"中国制造2025"试点示范城市群建设推进大会在长沙召开。省委副书记、省长许达哲强调，要开拓创新、真抓实干，加快制造强省建设，努力把长株潭衡"中国制造2025"试点示范城市群打造成为湖南制造业转型升级和新常态下经济发展的新典范、新引擎。

5月17日，第十届中国中部投资贸易博览会开幕式暨主旨论坛在安徽合肥滨湖国际会展中心举行。本届中博会以"创新发展新理念'一带一路'新机遇"为主题，将开展高峰论坛、双向投资、展示宣传、交流合作等30多场各类活动，全球60多个国家和地区的4200余嘉宾和客商前来参会。大会期间，湖南省将发布各领域招商项目500个，项目建设投资金额2万亿元。

6月2日，省经信委、省财政厅联合出台《湖南省小巨人企业培育计划实施方案》，引导小巨人企业"专精特新"发展，推动一批"小而强""小而优"的小巨人企业成长为细分行业的"隐形冠军"。湖南省每年将重点培育并认定约200家小巨人企业。

6月2日，长沙海关发布消息，湖南进出口企业突破一万家，其中中小型企业占比最大。

6月3日，从湖南省质监局获悉，国家质检总局正式批复同意长株潭城市群创建"中国制造"质量技术基础综合示范区试点。示范区试点获批，将进一步夯实湖南省质量技术基础，支撑制造强省建设。

6月8日，湘陇经济合作座谈会在长沙召开。省委副书记、省长许达哲出席会议。甘肃省委常委、常务副省长黄强，湖南省政府秘书长王群等出席。双方围绕加强能源、产业、对外开放等领域合作进行了深入探讨。

6月12日，省经信委发布，湖南省军民融合产业发展态势良好，形成了以核、航空、航天、特种装备制造、船舶、民爆化工六个主导产业为骨干，以新能源、新材料、军工电子信息技术为先导的军民融合特色产业格局。2016年，全省军工行业实现主营业务收入1096亿元，同比增长8.2%。

6月17日，2017中部民营经济发展论坛在长沙举办。中部六省民营企业家云集长沙，共同探讨中部民营企业发展新机遇，新思路，并联合发布《中部城市民营企业合作宣言》。

6月17日，首届"生态文明·绿色发展"论坛在益阳市资阳区举行。本次论坛由中国林业产业联合会、省林业厅和益阳市政府共同主办。本次论坛的成功举办，意味着我国推进形成绿色发展方式和生活方式有了"国字号"新平台。论坛上，规模1000亿元的林业私募基金——中国林业战略性新兴产业发展基金成立，资阳区一批重点项目签约。

6月27日，省政府召开长株潭衡"中国制造2025"试点示范城市群建设推进计划新闻发布会，发布实施《长株潭衡"中国制造2025"试点示范城市群建设推进计划（2017～2019）》，为湖南省实施制造强省目标画出了路线图。

7月7～8日，G20峰会在德国汉堡举行。当地时间7月8日15时58分，一趟满载着麦片、烟花设备、厨具等货物的中欧班列从汉堡始发，15天后将抵达湖南省"中南国际陆港中心"霞凝站。这趟班列吹响了"湘欧快线"回程班列常态化运行的号角。

7月13日，从省国资委获悉，上半年省属监管企业经济运行平稳向好，38户监管企业累计实现营业收入1927.21亿元，同比增长23.3%；整体实现净盈利54.21亿元，同比增长509%。

7月14日，在上半年全省商务经济形势分析新闻发布会上获悉，1～6月，全省招商引资实际到位资金3063.76亿元。其中，实际使用外资金额74.56亿美元，同比增长11.5%；实际到位内资2556.75亿元，同比增长15.4%。

7月18日，国家统计局湖南调查总队发布，上半年，湖南城乡居民收入持续增加，消费水平不断提高，市场物价上涨温和，居民人均可支配收入首次半年突破万元，达到10812元，同比增长8.9%。人均消费支出8248元，同比增长9.1%。

7月19日，省政府新闻办举行新闻通报会，通报上半年湖南经济运行情况。上半年，全省实现地区生产总值15275.51亿元，按可比价格计算同比增长7.6%，高出全国平均水平0.7个百分点。

7月20日，人民银行长沙中心支行权威发布金融运行数据称：至6月末，全省金融机构本外币各项贷款余额达到30364.3亿元，同比增长13.7%，增速高出全国1.1个百分点。上半年全省新增贷款2832亿元，同比多增356.6亿元。

7月27日，海关总署发布了"2016年中国外贸百强城市"名单，湖南省岳阳、湘潭、长沙、衡阳4市上榜。

8月2日，浏阳河文化产业园等3家园区、湖南沙坪天利湘绣有限公司等12家基地接过牌匾，成为首批省级特色文化产业示范园区、基地。

8月2日，省统计局发布数据，上半年全省规模以上工业企业累计实现主营业务收入 18180.36 亿元，盈亏相抵后实现利润 855.76 亿元，同比增长 22.2%，创近 6 年同期最高增幅，增速居中部 6 省第二。上半年湖南省规模以上服务业企业共 4670 家，实现营业收入 1361.32 亿元，同比增长 15.7%，高于全国平均水平 2.5 个百分点，增幅在全国排名第七位。

8 月 3 日，中国互联网协会与工信部信息中心联合发布了 2017 中国互联网企业 100 强榜单。腾讯、阿里巴巴、百度分别位列榜单前三。快乐阳光、拓维信息、竞网 3 家湘企入围中国互联网企业百强。

8 月 9 日，省经信委公布了第二批湖南省中小微企业创业创新基地、中小微企业核心服务机构名单。至此，全省共认定 104 家省级中小微企业创业创新基地、266 家省级中小微企业核心服务机构。

9 月 3 日，在厦门举行的金砖国家新开发银行贷款项目签约仪式上，湖南与新开发银行签署长株潭绿心区域生态综合治理项目协议。这是湖南省首次获得新开发银行贷款。签约仪式上，共有来自福建、湖南、江西的 3 个项目分别签约。其中，湖南的长株潭绿心区域生态综合治理项目获得新开发银行 20 亿元人民币主权项目融资贷款。这是湖南省利用国际金融组织和外国政府贷款金额最大的一个项目。

9 月 8 日，省财政厅首次在上海证券交易所成功发行 2017 年第一批湖南省政府专项债券。财富证券、中德证券、申万宏源证券等 16 家券商类金融机构首次作为承销团成员参与债券发行。

9 月 25 日，2017 年泛珠三角区域合作行政首长联席会议在长沙召开。本次会议延续"合作发展、共创未来"主题，将深入贯彻创新、协调、绿色、开放、共享发展理念，认真落实《国务院关于深化泛珠三角区域合作的指导意见》和《泛珠三角区域深化合作共同宣言（2015 年～2025 年)》，在"一带一路"建设深入推进、粤港澳大湾区建设即将启动大背景下，以更深入的合作，共谋未来的发展。

9 月 28 日，世界品牌实验室和世界经理人集团在香港发布 2017 年《亚洲品牌 500 强》排行榜。湖南广电首次跻身亚洲品牌百强之列，排名 100 位。

10 月 8 日，省委办公厅、省政府办公厅印发通知，决定从本月上旬起，在全省开展"贯彻发展新理念 转型升级补短板"讨论活动，进一步统一思想、凝聚共识、提振信心、形成合力，不断提升全省经济发展质量、效益和核心竞争力，加快建设富饶美丽幸福新湖南，确保实现新常态下的新发展，以实际行动迎接党的十九大胜利召开。

10月23日，省统计局发布前三季度湖南经济发展"成绩"：全省地区生产总值24492.29亿元，按可比价格计算，同比增长7.5%，比全国同期平均增幅高0.6个百分点。

10月31日，省工商局发布了湖南省个体私营经济主体前三季度发展情况。截至9月底，湖南省实有个体私营经济主体（包含个体工商户和私营企业）309.45万户、注册资本3.90万亿元，较2016年底分别增长11.42%和23.93%。

11月1日，商务部在武汉发布《长江中游区域市场发展规划》（2017～2020年），将依托湖北、湖南、江西三省交通区位优势，抢抓"一带一路"建设、长江经济带发展等战略机遇，将长江中游区域打造成为全国重要的商贸物流枢纽。

11月3日，在安化召开的全省产业扶贫现场推进会提出，全省打造优质粮油、特色蔬菜、优质水果、品牌茶叶、特色养殖、特色林产品、道地药材、休闲农业与乡村旅游、其他产业等9个扶贫产业集群，为贫困户脱贫栽下"摇钱树"。

11月5日，省委办公厅、省政府办公厅联合印发《对接"北上广"优化大环境行动导则》，明确各级各部门主要负责人是优化大环境行动的第一责任人，并将重点任务细化成88条具体任务，明确了责任分工和进度安排。

11月9日，省内年度规模最大的金融盛会——2017年湘江金融发展峰会在长沙开幕，来自全国各地100余家金融机构负责人齐聚湖南金融中心，共谋长沙版"陆家嘴"加速崛起。

11月14～15日，湖南新能源汽车产业创新与发展峰会在长沙举行，27家世界500强企业、5家中国500强企业、54家行业领军企业联袂亮相。

11月15日，湘潭新松机器人产业园项目在湘潭高新区启动建设，将打造中部地区机器人规模化生产示范基地。省委副书记、省长许达哲宣布项目开工。

11月17日，2017中国企业跨国投资研讨会在长沙举行，来自28个国家和地区的600余位中外嘉宾共聚一堂，共话国际合作。

11月17日，第十三届湘台经贸交流合作会和第二届海峡两岸（长沙）电博会在长沙开幕。开幕式现场，湘台两地 12 个投资及合作项目成功签约，项目总投资达 146.5 亿元。

11 月 18 日，2017 中国中部（湖南）农业博览会暨中国农博峰会在长沙国际会展中心开幕。农博会主体活动之一的绿色养殖与饲料安全高峰论坛举行。会上举行了养殖业重大项目签约仪式，13 个项目进行了现场签约，签约总额达 13.08 亿元。

11 月 21 日，株洲宏达电子股份有限公司今日在深交所创业板敲钟上市，湘股数量增至 99 家。随着奥士康、科创信息两家企业获得上市批文并如期进行新股网上发行，湖南 A 股上市公司不日将突破 100 家整数关口。

11 月 21～24 日，2017 湖南经济合作洽谈暨第八届湘商大会、第五届中国湘南国际承接产业转移投资贸易洽谈会在郴州举行。其间，将开展 6 大主体活动及 5 项专场活动。

11 月 22 日，湖南丝路产业投资基金签约仪式暨"一带一路"离岸数字服务平台发布会在长沙举行。长沙金霞保税物流中心管委会与名城金控集团签订湖南丝路产业投资基金（有限合伙）合作协议，成立国内首支地方政府携手企业服务"一带一路"的政府引导型基金——湖南丝路产业投资基金。

11 月 23 日，邵阳市作为湖南非税收入收缴电子化管理改革工作试点，成功实现非税收入缴库电子化。开创了全国复用国库集中支付电子凭证库进行非税收入电子缴库的先河，也标志着湖南省率先进入非税收入电子缴库时代。

11 月 24 日，中国（湖南）－加纳经贸洽谈会在长沙举行，为进一步落实中非"十大合作计划"，加强中非经贸领域务实合作，为中加两国企业家创造更多投资合作机会搭建平台。

11 月 28～29 日，中国建造 4.0 国际创新论坛暨"一带一路"国家商贸交流洽谈会暨第五届中法城市与建筑可持续发展论坛在长沙召开，这是湖南筑博会的国际交流合作平台。来自俄罗斯、法国、蒙古、加拿大、日本、瑞典等国的专家学者发表了主题演讲。

12 月 5 日，以"众智新材、共创未来"为主题的 2017 军民融合新材料新工艺高峰会议在长沙举行。会上发布了国内首个太空材料商业开发计划。

12 月 13 日，湖南华菱钢铁集团有限责任公司传出消息，2017 年 1～11 月实现销售收入 1109 亿元、利税 85 亿元，成为湖南省省属国企首家年销售收入过千亿的企业。

12月13日，全省高新技术企业认定管理暨科技型中小企业评价政策视频培训会在长沙召开。会上透露，1～11月，全省税务系统支持创新发展为企业减免税收61.37亿元；上年，全省高新技术企业达2000多家，今年有望突破3000家。

12月15日，湖南航空制造业单位"走进中国商飞"产业合作专项对接会在长沙举行。对接会由湖南省航空产业发展领导小组办公室、中国商用飞机有限责任公司、湖南省经信委联合主办，现场签订了8个产学研合作协议。

12月15日，由中联部和俄罗斯公正俄罗斯党国际部共同举办的第八届中俄中小企业合作圆桌会议在长沙举行，副省长隋忠诚，中联部部长助理沈蓓莉，公正俄罗斯党中央委员会主席团成员切帕出席会议。

12月17日，省政府与商务部在北京举行会谈，省委副书记、省长许达哲，商务部部长钟山出席并代表双方签署了省部合作协议。

12月20日，备受瞩目的马栏山视频文创产业园正式揭牌奠基，世界"媒体艺术之都"长沙又将新增一张闪亮名片。

12月22～23日，省委经济工作会议在长沙召开，总结全年经济工作，部署2018年经济工作。会议提出，明年湖南省要大力推进产业项目建设，扎实开展"产业项目建设年"活动，着力抓好100个重大产业建设项目、100个科技创新项目、100个重大产品的创新，引进100个500强企业、100个科技创新人才。

12月23日，省统计局发布最新数据：1～11月，湖南省规模工业增加值同比增长7.1%，比1～10月加快0.3个百分点，增速连续两个月回升。其中，11月当月同比增长9.4%，创今年以来月度最高增速。

12月26日，国家发改委、国家统计局、环保部和中央组织部联合发布2016年各省、自治区、直辖市生态文明建设年度评价结果，湖南名列全国第八。这是我国首次开展生态文明建设年度评价工作，同时是中国官方首次发布绿色发展指数。

12月29日，湖南省（青山桥）皮鞋皮具特色产业园和湖南省（泸溪）高性能复合材料特色产业园挂牌。根据规划，未来5年，这两家特色产业园将围绕产业链，打造创新链，努力建成"百亿园区"。

B.43
全书参考文献

[1] 常德日报评论员：《推进开放强市产业立市 实现常德经济高质量发展》，《常德日报》2017年12月25日，第1版。

[2] 曹娴：《拥抱新能源汽车产业的春天》，《湖南日报》2017年11月16日，第8版。

[3] 常德日报：《只争朝夕奋发作为，大力推进开放强市产业立市》，《常德日报》2017年12月25日，第A03版。

[4] 陈海锋、刘凤桥：《着眼全局推动军民融合》。

[5] 陈焕明：《自主创新示范区，长株潭起航》，《长沙晚报》2015年4月27日。

[6] 陈献春：《运用战略思维找准湖南旅游发展新坐标》，http://news.sina.com.cn/o/2017-04-09/doc-ifyecfnu7850366.shtml，2017-4-09/2018-02-14。

[7] 邓冰、何小锋：《政府引导基金规范发展及有效监管的建议》，《中国财政》2016年第24期，第48~49页。

[8] 杜家毫：《加快建设富饶美丽幸福新湖南》，《新湘评论》2017年第3期，第4~8页。

[9] 段云行：《涟水欢歌奏强音》，《湖南日报》2012年11月11日，第12期。

[10] 工业和信息化部：《轨道交通装备制造业应率先开创发展新模式》，《中国工业报》2015年7月16日，第B03版。

[11] 郭雪萌：《轨道交通行业人才素质需求模型与规模预测》，《学术论文联合对比库》2016年5月27日。

[12] 侯沁：《湖南：打造智能制造示范引领区》，《中国电子报》2017年2月10日，第2版。

[13] 胡经：《湖南前两月规上工业利润增长快》，《中国信息报》2017年4月

6 日，第 3 版。

[14] 胡彦飞：《重庆市产业引导股权投资基金发展现状、问题及对策研究》，《重庆理工大学》2016 年 3 月 16 日。

[15] 湖南日报：《湖南省国民经济和社会发展第十三个五年规划纲要》，《湖南日报》2016 年 4 月 25 日，第 1 版。

[16] 湖南日报评论员：《把供给侧结构性改革推向深入》，《湖南日报》2017 年 12 月 27 日，第 1 版。

[17] 湖南日报评论员：《坚决打好打赢"三大攻坚战"》，《湖南日报》2017 年 12 月 26 日，第 1 版。

[18] 湖南日报社论：《牢牢把握工作主动权，推动湖南经济高质量发展》，《湖南日报》2017 年 12 月 24 日，第 1 版。

[19] 湖南省科技厅：《〈长株潭国家自主创新示范区发展规划纲要（2015～2025 年）〉正式获批》，http：//www. most. gov. cn/dfkj/hun/zxdt/201603/t20160311_ 124655. htm。

[20] 湖南省人民政府：《关于下达〈湖南省 2017 年国民经济和社会发展计划〉的通知》，http：//www. hunan. gov. cn/xxgk/wjk/szfwj/201704/t20170401_ 4824744. html，2017 - 03 - 31/2018 - 03 - 04。

[21] 黄波兰：《促进农产品工业发展的财税政策研究》，《学术论文联合对比库》2013 年 10 月 23 日。

[22] 黄得意、高慧：《湖南推进全域旅游基地建设巡礼》，《中国旅游报》2017 年 10 月 24 日，第 A04 版。

[23] 蒋龙平、杨红伟、高祖吉、张召学：《新湖南 新征程 新作为》，《中国交通报》2017 年 12 月 25 日，第 39 版。

[24] 金香梅：《因城因地施策，确保调控连续性稳定性》，《城乡建设》2017 年第 23 期，第 4 页。

[25] 匡远配、杨洋：《农业产业化带动湖南一二三产业融合》，《湖南社会科学》2017 年第 5 期，第 108～113 页。

[26] 李忠峰、张衡：《全国财政工作会议在京召开》，《中国财经报》2017 年 12 月 30 日，第 1 版。

[27] 梁志峰、唐宇文：《2016 年湖南产业发展报告》，湖南：社会科学文献出

版社，2016。

[28] 梁志峰、唐宇文：《2016 年湖南经济展望》，湖南：社会科学文献出版
社，2016。

[29] 廖疆：《南北车合并后 C 集团营销策略研究》，《学术论文联合对比库》
2016 年 10 月 7 日。

[30] 刘茂松：《湖南"两型社会"建设纵深推进的低碳经济发展战略》，《湖
南社会科学》2011 年第 3 期，第 109～113 页。

[31] 刘茂松：《落实"一带一部"战略　推进"深入的工业化"发展》，《湖
南日报》2016 年 10 月 29 日。

[32] 刘玉峰、赖泳源、郑康如：《2017 湖南一季度实现旅游"开门红"收入 1147
亿》，http：//hunan. voc. com. cn/article/201704/201704191932457646. html，2017
－04－19/2018－02－24。

[33] 鲁文帝：《协同创新，培育军民融合产业集群》，《中国国防报》2017 年
11 月 29 日。

[34] 罗卫国：《株洲打造全球最大轨道交通产业集群》，《中国商报》2016 年
12 月 9 日，第 P04 页。

[35] 马爱国：《以特制胜优质凸显做强做大区域优势特色产品》，《农村实用
技术》2017 年第 5 期，第 19＋18 页。

[36] 马秋林：《加快建设具有国际竞争力的先进制造业基地》，《群众》2016
年第 9 期，第 8～10 页。

[37] 马天禄：《金融助推湖南供给侧结构性改革的思考》，《金融经济》2017
年第 2 期，第 3～4 页。

[38] 苗圩：《全面贯彻党的十九大精神奋力谱写制造强国和网络强国建设新
篇章》，《中国工业报》2017 年 12 月 26 日，第 1 版。

[39] 苗圩：《在全面深化改革中打造制造业强国》，《求是》2014 年第 5 期，
第 15～18 页。

[40] 莫红民、杨慧芳、叶光胜：《地方政府产业基金实践与问题解析——以
浙江为例》，《地方财政研究》2017 年第 3 期，第 4～10＋23 页。

[41] 内蒙古日报（汉）：《内蒙古自治区党委关于认真学习宣传贯彻党的十九
大精神　决胜全面建成小康社会加快建设亮丽内蒙古的决定》，《内蒙古

日报》（汉）2017年11月14日，第1版。

[42] 饶爱玲：《新时代开启新征程　新时代呼唤新作为》，《永州日报》2017年12月27日，第3版。

[43] 山东省人民政府办公厅：《山东省人民政府办公厅关于加快我省轨道交通装备产业发展的指导意见》，http：//news. iqilu. com/shandong/yaowen/2017/0204/3367995. shtml，2017－02－04/2018－03－04。

[44] 申晓勇：《供给侧结构性改革背景下国防科技工业军民融合与产业结构升级研究》，《武汉科技大学学报》（社会科学版），2017年第19（06）期，第668～673页。

[45] 湖南日报：《湖南省经济和信息化委员会．适应新常态　谋求新发展》，《湖南日报》2014年12月23日，第14版。

[46] 孙竞赛：《战略新兴产业》，《学术论文联合对比库》2015年7月6日。

[47] 唐勇：《着力"四个发展"加快转型升级》，《湖南日报》2017年9月28日，第7版。

[48] 农业部农产品加工局：《关于我国农产品加工业发展情况的调研报告》，《农产品市场周刊》2015年第8期，第41～43页。

[49] 田鹏飞：《黑龙江垦区现代农业示范区建设问题研究》，《东北农业大学博士论文》2012年12月1日。

[50] 佟林杰、盖宏伟：《河北沿海区域科教资源开放共享机制研究》，《保定学院学报》2014年第27（03）期，第105～109页。

[51] 汪洋：《把握黄金时期　当好发展先行　努力建设人民群众满意交通——在2017年全省交通运输工作会议上的报告》，《西南公路》2017年3月28日。

[52] 王朝才、龙艳萍、赵全厚、龙小燕：《产业引导基金贵在市场化运作——对重庆市产业引导股权投资基金的调研与思考》，《经济研究参考》2016年第14期，第3~9页。

[53] 王晓红：《詹纯新：用市场推动大装备制造业转型升级》，《中国经济时报》2014年3月12日，第5版。

[54] 王又花、盛正发：《长株潭高等教育资源整合研究》，《湖南人文科技学院学报》2011年第2期，第122～124页。

［55］ 王梓薇：《传统出版与新兴出版融合发展机制探讨》，《现代出版》2015年第6期，第45～49页。

［56］ 魏加宁、朱太辉：《我国中长期经济风险：一个新的评估框架》，《金融监管研究》2015年第6期，第19～33页。

［57］ 温妮、傅中力：《湖南国防科技工业军民融合深度发展研究》，《国防科技》2017年第38（01）期，第77～81页。

［58］ 吴哲：《2020年特殊监管区外贸总额占比超20%》，《南方日报》2016年5月28日，第A05版。

［59］ 伍玲：《项目为王挺起五千亿园区脊梁》，《长沙晚报》2017年12月19日，第7版。

［60］ 伍鹏程：《湖南：把产业项目建设落到实处》，《国际商报》2017年12月26日，第B04版。

［61］ 习近平：《决胜全面建成小康社会　夺取新时代中国特色社会主义伟大胜利》，《人民日报》2017年10月28日，第1版。

［62］ 现代焊接：《全国首个千亿轨道交通装备产业集群落户株洲》，《现代焊接》2014年第2期，第36页。

［63］ 湘声：《坚定信心再出发》，《湖南日报》2017年12月31日，第1版。

［64］ 肖彬：《关于湖南省农产品加工业发展的调查与思考》，《湖湘三农论坛2010·邵阳》2011年第4期，第402～407页。

［65］ 肖霄：《谱写法治中国实践新篇章》，《湖南日报》2017年12月23日，第8版。

［66］ 谢樱：《湖南省军民融合科技创新产业园合作共建正式签约》，《军民两用技术与产品》2017年第3期，第7页。

［67］ 谢忠岩：《努力推动财政改革发展再上新台阶》，《中国财经报》2017年11月28日，第1版。

［68］ 新华社评论员：《牢牢把握高质量发展这个根本要求》，《人民日报》2017年12月21日，第1版。

［69］ 熊园：《明年金融领域重点防范三大风险》，《经济参考报》2017年12月27日，第1版。

［70］ 熊远帆：《长沙经开区：创新驱动强实体　引领发展增长极》，《湖南日

报》2017 年 12 月 19 日，第 13 版。

[71] 许达哲：《政府工作报告》，《湖南日报》2017 年 1 月 24 日，第 1 版。

[72] 严瑜：《全球经济迎来"换挡提速"》，《人民日报海外版》2018 年 1 月 2 日，第 10 版。

[73] 杨洋：《长株潭区域高等教育信息资源共建共享研究》，湘潭大学硕士论文，2015 - 06 - 05.

[74] 尹虹：《朱翔：推进长株潭协同发展　构筑湖南腾飞强大引擎》，《湖南日报》2017 年 11 月 1 日。

[75] 永州日报：《大力实施开放兴市产业强市　努力建设品质活力新永州》，《永州日报》2017 年 12 月 27 日，第 1 版。

[76] 于国安：《山东：政府引导基金　促产业与资本融合发展》，《中国财经报》2015 年 12 月 29 日。

[77] 俞慧友：《科技工作获赞源于真性情》，《科技日报》2018 年 1 月 9 日，第 20 版。

[78] 俞慧友：《做好三个对接，拿下一百个科技创新项目》，《科技日报》2018 年 1 月 9 日，第 20 版。

[79] 袁东敏、吴庆华、陈文东：《区域高等教育资源共建共享策略研究——以长株潭城市群为例》，《当代教育论坛》2013 年第 5 期，第 16 ~ 21 页。

[80] 袁晓楠：《关于地方政府引导基金发展变化的思考》，《农村金融研究》2017 年第 1 期，第 34 ~ 38 页。

[81] 张慧：《产业集聚视角下的军民融合发展问题研究——以陕西省为例》，《技术经济与管理研究》2012 年第 12 期，第 125 ~ 128 页。

[82] 张玉成：《瞄准 2000 亿　株洲石峰区布局五大产业园》，http://www.zznews.gov.cn/news/2015/0622/171511.shtml，2015 - 06 - 22/2018 - 03 - 12。

[83] 赵苡染、陈力：《构建中国特色军民融合金融支持体系》，《中国国防报》2017 年 6 月 15 日。

[84] 中国交通报：《推动交通运输高质量发展　开启交通强国建设新征程》，《中国交通报》2017 年 12 月 26 日，第 2 版。

[85] 《中共交通运输部党组传达学习中央经济工作会议精神》，《交通企业管

理》2018 年第 33（01）期，第 31 页。

［86］中国人民银行货币政策分析小组：《中国货币政策执行报告》，《中国证
券报》2008 年 5 月 15 日，第 A22 版。

［87］中国人民银行长沙中心支行金融运行形势分析小组、曾宪冬、李杜、高
一铭、明峰：《2016 年湖南省金融运行情况及后阶段展望》，《金融经
济》2017 年第 8 期，第 15～17 页。

［88］周庆年：《率先打造五千亿级园区　勇当建设国家中心城市主力军》，
《长沙晚报》2016 年 10 月 8 日，第 A05 版。

［89］周庆年：《长沙高新区全力打造中国麓谷·创新谷》，《中国高新技术产
业导报》2017 年 7 月 31 日，第 4 版。

［90］周月桂：《开放风劲　扬帆远航》，《湖南日报》2017 年 12 月 12 日，第
1 版。

［91］周月桂：《明年是湖南省"产业项目建设年"》，《湖南日报》2017 年 12
月 24 日，第 8 版。

［92］周月桂：《新能源车"军团"驶向世界》，《湖南日报》2017 年 12 月 6
日，第 1 版。

社会科学文献出版社

皮书系列

❖ 皮书起源 ❖

"皮书"起源于十七、十八世纪的英国，主要指官方或社会组织正式发表的重要文件或报告，多以"白皮书"命名。在中国，"皮书"这一概念被社会广泛接受，并被成功运作、发展成为一种全新的出版形态，则源于中国社会科学院社会科学文献出版社。

❖ 皮书定义 ❖

皮书是对中国与世界发展状况和热点问题进行年度监测，以专业的角度、专家的视野和实证研究方法，针对某一领域或区域现状与发展态势展开分析和预测，具备原创性、实证性、专业性、连续性、前沿性、时效性等特点的公开出版物，由一系列权威研究报告组成。

❖ 皮书作者 ❖

皮书系列的作者以中国社会科学院、著名高校、地方社会科学院的研究人员为主，多为国内一流研究机构的权威专家学者，他们的看法和观点代表了学界对中国与世界的现实和未来最高水平的解读与分析。

❖ 皮书荣誉 ❖

皮书系列已成为社会科学文献出版社的著名图书品牌和中国社会科学院的知名学术品牌。2016 年，皮书系列正式列入"十三五"国家重点出版规划项目；2013~2018 年，重点皮书列入中国社会科学院承担的国家哲学社会科学创新工程项目；2018 年，59 种院外皮书使用"中国社会科学院创新工程学术出版项目"标识。

中国皮书网

（网址：www.pishu.cn）

发布皮书研创资讯，传播皮书精彩内容
引领皮书出版潮流，打造皮书服务平台

栏目设置

关于皮书：何谓皮书、皮书分类、皮书大事记、皮书荣誉、
皮书出版第一人、皮书编辑部

最新资讯：通知公告、新闻动态、媒体聚焦、网站专题、视频直播、下载专区

皮书研创：皮书规范、皮书选题、皮书出版、皮书研究、研创团队

皮书评奖评价：指标体系、皮书评价、皮书评奖

互动专区：皮书说、社科数托邦、皮书微博、留言板

所获荣誉

2008年、2011年，中国皮书网均在全国新闻出版业网站荣誉评选中获得"最具商业价值网站"称号；

2012年，获得"出版业网站百强"称号。

网库合一

2014年，中国皮书网与皮书数据库端口合一，实现资源共享。

权威报告·一手数据·特色资源

皮书数据库
ANNUAL REPORT(YEARBOOK) DATABASE

当代中国经济与社会发展高端智库平台

所获荣誉

- 2016年，入选"'十三五'国家重点电子出版物出版规划骨干工程"
- 2015年，荣获"搜索中国正能量 点赞2015""创新中国科技创新奖"
- 2013年，荣获"中国出版政府奖·网络出版物奖"提名奖
- 连续多年荣获中国数字出版博览会"数字出版·优秀品牌"奖

成为会员

通过网址www.pishu.com.cn访问皮书数据库网站或下载皮书数据库APP，进行手机号码验证或邮箱验证即可成为皮书数据库会员。

会员福利

- 使用手机号码首次注册的会员，账号自动充值100元体验金，可直接购买和查看数据库内容（仅限PC端）。
- 已注册用户购书后可免费获赠100元皮书数据库充值卡。刮开充值卡涂层获取充值密码，登录并进入"会员中心"—"在线充值"—"充值卡充值"，充值成功后即可购买和查看数据库内容（仅限PC端）。
- 会员福利最终解释权归社会科学文献出版社所有。

社会科学文献出版社 皮书系列
SOCIAL SCIENCES ACADEMIC PRESS (CHINA)

卡号：555107276152
密码：

数据库服务热线：400-008-6695
数据库服务QQ：2475522410
数据库服务邮箱：database@ssap.cn
图书销售热线：010-59367070/7028
图书服务QQ：1265056568
图书服务邮箱：duzhe@ssap.cn

S 基本子库
SUB DATABASE

中国社会发展数据库（下设 12 个子库）

全面整合国内外中国社会发展研究成果，汇聚独家统计数据、深度分析报告，涉及社会、人口、政治、教育、法律等 12 个领域，为了解中国社会发展动态、跟踪社会核心热点、分析社会发展趋势提供一站式资源搜索和数据分析与挖掘服务。

中国经济发展数据库（下设 12 个子库）

基于"皮书系列"中涉及中国经济发展的研究资料构建，内容涵盖宏观经济、农业经济、工业经济、产业经济等 12 个重点经济领域，为实时掌控经济运行态势、把握经济发展规律、洞察经济形势、进行经济决策提供参考和依据。

中国行业发展数据库（下设 17 个子库）

以中国国民经济行业分类为依据，覆盖金融业、旅游、医疗卫生、交通运输、能源矿产等 100 多个行业，跟踪分析国民经济相关行业市场运行状况和政策导向，汇集行业发展前沿资讯，为投资、从业及各种经济决策提供理论基础和实践指导。

中国区域发展数据库（下设 6 个子库）

对中国特定区域内的经济、社会、文化等领域现状与发展情况进行深度分析和预测，研究层级至县及县以下行政区，涉及地区、区域经济体、城市、农村等不同维度。为地方经济社会宏观态势研究、发展经验研究、案例分析提供数据服务。

中国文化传媒数据库（下设 18 个子库）

汇聚文化传媒领域专家观点、热点资讯，梳理国内外中国文化发展相关学术研究成果、一手统计数据，涵盖文化产业、新闻传播、电影娱乐、文学艺术、群众文化等 18 个重点研究领域。为文化传媒研究提供相关数据、研究报告和综合分析服务。

世界经济与国际关系数据库（下设 6 个子库）

立足"皮书系列"世界经济、国际关系相关学术资源，整合世界经济、国际政治、世界文化与科技、全球性问题、国际组织与国际法、区域研究 6 大领域研究成果，为世界经济与国际关系研究提供全方位数据分析，为决策和形势研判提供参考。

法律声明

"皮书系列"（含蓝皮书、绿皮书、黄皮书）之品牌由社会科学文献出版社最早使用并持续至今，现已被中国图书市场所熟知。"皮书系列"的相关商标已在中华人民共和国国家工商行政管理总局商标局注册，如LOGO（ ▧ ）、皮书、Pishu、经济蓝皮书、社会蓝皮书等。"皮书系列"图书的注册商标专用权及封面设计、版式设计的著作权均为社会科学文献出版社所有。未经社会科学文献出版社书面授权许可，任何使用与"皮书系列"图书注册商标、封面设计、版式设计相同或者近似的文字、图形或其组合的行为均系侵权行为。

经作者授权，本书的专有出版权及信息网络传播权等为社会科学文献出版社享有。未经社会科学文献出版社书面授权许可，任何就本书内容的复制、发行或以数字形式进行网络传播的行为均系侵权行为。

社会科学文献出版社将通过法律途径追究上述侵权行为的法律责任，维护自身合法权益。

欢迎社会各界人士对侵犯社会科学文献出版社上述权利的侵权行为进行举报。电话：010-59367121，电子邮箱：fawubu@ssap.cn。

社会科学文献出版社